国家卫生健康委员会"十三五"规划教材

全国高等学历继续教育（专科）规划教材

供护理学类专业用

急危重症护理学

第3版

主　编　刘雪松

副主编　王欣然　谭玲玲

人民卫生出版社

图书在版编目（CIP）数据

急危重症护理学/刘雪松主编 . —3 版 . —北京：人民卫生出版社，2018

全国高等学历继续教育"十三五"（护理专科）规划教材

ISBN 978-7-117-26126-5

Ⅰ. ①急… Ⅱ. ①刘… Ⅲ. ①急性病 – 护理学 – 成人高等教育 – 升学参考资料②险症– 护理学– 成人高等教育– 升学参考资料 Ⅳ. ①R472.2

中国版本图书馆 CIP 数据核字（2018）第 040415 号

人卫智网	www.ipmph.com	医学教育、学术、考试、健康，购书智慧智能综合服务平台
人卫官网	www.pmph.com	人卫官方资讯发布平台

急危重症护理学

第 3 版

主　　编：刘雪松

出版发行：人民卫生出版社（中继线 010-59780011）

地　　址：北京市朝阳区潘家园南里 19 号

邮　　编：100021

E - mail：pmph @ pmph.com

购书热线：010-59787592　010-59787584　010-65264830

印　　刷：保定市中画美凯印刷有限公司

经　　销：新华书店

开　　本：850×1168　1/16　　印张：18

字　　数：449 千字

版　　次：2007 年 8 月第 1 版　　2018 年 5 月第 3 版
　　　　　2018 年 5 月第 3 版第 1 次印刷（总第12次印刷）

标准书号：ISBN 978-7-117-26126-5/R·26127

定　　价：48.00 元

打击盗版举报电话：010-59787491　E-mail：WQ @ pmph.com

（凡属印装质量问题请与本社市场营销中心联系退换）

数字负责人　王欣然

编　　　者（按姓氏笔画排序）

王欣然 / 首都医科大学宣武医院

刘爱梅 / 山西医科大学汾阳学院

刘雪松 / 哈尔滨医科大学附属第二医院

关持循 / 大连大学护理学院

来和平 / 甘肃中医药大学定西校区

郭瑞红 / 济宁医学院

黄素群 / 重庆医科大学附属第二医院

崔　丹 / 哈尔滨医科大学附属第二医院

谭玲玲 / 南华大学附属第二医院

戴　红 / 大连医科大学

魏志明 / 江苏医药职业学院

编写秘书　崔　丹 / 哈尔滨医科大学附属第二医院

第四轮修订说明

随着我国医疗卫生体制改革和医学教育改革的深入推进,我国高等学历继续教育迎来了前所未有的发展和机遇。为了全面贯彻党的十九大报告中提到的"健康中国战略""人才强国战略"和中共中央、国务院发布的《"健康中国 2030"规划纲要》,深入实施《国家中长期教育改革和发展规划纲要(2010-2020 年)》《中共中央国务院关于深化医药卫生体制改革的意见》,贯彻教育部等六部门联合印发《关于医教协同深化临床医学人才培养改革的意见》等相关文件精神,推进高等学历继续教育的专业课程体系及教材体系的改革和创新,探索医药学高等学历继续教育教材建设新模式,经全国高等学历继续教育规划教材评审委员会、人民卫生出版社共同决定,于 2017 年 3 月正式启动本套教材护理学专业(专科)第四轮修订工作,确定修订原则和要求。

为了深入解读《国家教育事业发展"十三五"规划》中"大力发展继续教育"的精神,创新教学课程、教材编写方法,并贯彻教育部印发《高等学历继续教育专业设置管理办法》文件,经评审委员会讨论决定,将"成人学历教育"的名称更替为"高等学历继续教育",并且就相关联盟的更新和定位、多渠道教学模式、融合教材的具体制作和实施等重要问题进行了探讨并达成共识。

本次修订和编写的特点如下:

1. 坚持国家级规划教材顶层设计、全程规划、全程质控和"三基、五性、三特定"的编写原则。

2. 教材体现了高等学历继续教育的专业培养目标和专业特点。坚持了医药学高等学历继续教育的非零起点性、学历需求性、职业需求性、模式多样性的特点,教材的编写贴近了高等学历继续教育的教学实际,适应了高等学历继续教育的社会需要,满足了高等学历继续教育的岗位胜任力需求,达到了教师好教、学生好学、实践好用的"三好"教材目标。

3. 本轮教材从内容和形式上进行了创新。内容上增加案例及解析,突出临床思维及技能的培养。形式上采用纸数一体的融合编写模式,在传统纸质版教材的基础上配数字化内容,以一书一码的形式展现,包括PPT、同步练习、图片等。

4. 整体优化。不仅优化教材品种,还注意不同教材内容的联系与衔接,避免遗漏、矛盾和不必要的重复。

本次修订全国高等学历继续教育"十三五"规划教材护理学专业专科教材10种,将于2018年出版。

第四轮教材目录

序号	教材品种	主编	副主编
1	护理学导论(第3版)	张金华	夏立平　张涌静　沈海文
2	护理管理学(第4版)	郑翠红　张俊娥	韩　琳　马秀梅
3	护理心理学(第4版)	曹枫林	曹卫洁　张殿君
4	健康评估(第3版)	桂庆军	王丽敏　刘　蕾　李玉翠
5	内科护理学(第4版)	魏秀红　任华蓉	杨雪梅　李红梅　罗　玲
6	外科护理学(第4版)	芦桂芝　韩斌如	崔丽君　郑思琳　于亚平
7	妇产科护理学(第4版)	柳韦华　郭洪花	刘立新　吴筱婷
8	儿科护理学(第4版)	仰曙芬	高　凤　薛松梅
9	急危重症护理学(第3版)	刘雪松	王欣然　谭玲玲
10	临床营养学(第3版)	史琳娜	李永华　谭荣韶　葛　声　张片红
11*	基础护理学(第2版)	杨立群　高国贞	崔慧霞　龙　霖
12*	社区护理学(第3版)	涂　英　沈翠珍	张小燕　刘国莲
13*	临床护理技能实训	李　丹	李保刚　朱雪梅　谢培豪

注:1.＊为护理学专业专科、专科起点升本科共用教材

2.＊为配有在线课程

评审委员会名单

前　言

急危重症护理学是急诊医学的重要组成部分，是伴随急诊医学和危重病医学发展起来的护理学科，实践证明只有将准确的诊断治疗与优良的护理工作相结合，才能取得最佳的急救医疗效果。这就要求临床护理人员具备较高的理论水平、扎实的实践技能及较强的专业素养。为了适应我国医疗卫生事业的迅速发展，培养高素质、综合能力过硬的急危重症护理人才，本编写组聚集了来自全国10所高等医学院校及临床一线的专家共同对《急危重症护理学》(第2版)进行了修订。

本版教材共十一章，包括绪论、灾难救护、急诊评估与分诊、心搏骤停与心肺脑复苏、创伤、休克、急性中毒、急性脏器功能衰竭、其他常见急危重症、急诊感染控制、常用救护技术。本书编写在继续坚持"三基""五性""三特定"原则的基础上，针对高等学历继续教育的培养要求，重点突出了教材的科学性与适用性，注重基本技能的实用性与可操作性。在编写内容上，不但将与其他医学学科教材重复的内容进行整体优化，同时还对本书内容进行重新整合，便于学生理解和学习。如以急诊医疗服务体系为主线，综合介绍院前急救、急诊科救护、重症监护的设置、管理和工作任务，使学生可以对相关知识形成对比，更好地理解各部分内容的特点，加深理解。同时，增加灾难救护、急诊评估与分诊、急诊感染控制等新章节，使教材紧跟急危重症护理学的发展趋势。将救护技术单列为一章，凸显急救技能培养在急危重症护理学教学中的重要地位。本书保留了上版书中一些学生比较容易接受和学习的版块，如一些章节内设有"相关链接"部分，介绍危急重症护理学的新进展，并与该学科的基础知识相结合，体现学科发展的与时俱进；增加了更多临床"案例"，引导学生讨论，培养学生解决临床实际问题的能力。在编写形式上，在每章前设有"学习目标"，明确教学重点与难点；在每章后增加"学习小结""复习思考题"两个模块，便于学生总结知识要点，巩固学习效果。考虑高等学历继续教育的教学特点，在编写过程中尽量使教学内容条目化、突出标题，同时借助图表的方式，使整体内容简明扼要、重点突出、难点清晰。**为了启发读者阅读和提高临床分析思维能力，融合部分扫描二维码即可查看。**

本教材主要供护理专科学生使用，也可作为临床护理人员和其他专科及本科学生的学习参考书使用。

本教材的完成得益于全体编者的精诚合作。他们在编写过程中本着科学严谨、创新求是的精神字斟句酌，付出了艰辛的努力。本书的编写也得到了主编与各参编单位的多位领导、专家及临床工作者默默的支持与指导，在此一并表示感谢！

本书的全体编者都以高度认真负责的态度参与了编写工作。为了进一步提高本书的质量，殷切希望使用本教材的师生和同行们提出宝贵意见，以求再版时改进与完善。

刘雪松

2018 年 3 月

目　录

第一章　　绪　论

1

学习目标

掌握 急危重症护理学、急救医疗服务体系、急救绿色通道的概念；院前急救、急诊科及重症监护室的工作任务。

熟悉 急危重症护理学的研究范畴；熟悉院前急救、急诊科和重症监护病房的设置与管理。

了解 急危重症护理学的起源与发展、学习的必要性及学习方法。

第一节　急危重症护理学概述

急危重症护理学（emergency and critical care nursing）是以挽救患者生命、提高抢救成功率、促进患者康复、减少伤残率、提高生命质量为目的，以现代医学科学、护理学专业理论为基础，研究急危重症患者救治、护理和管理的一门综合性应用学科，是护理学的重要组成部分。

一、急危重症护理学的起源和发展

现代急危重症护理学的起源，可追溯到 19 世纪中叶，1854—1856 年的克里米亚战争期间，南丁格尔带领 38 名护士前往战地救护，使前线的英国伤病士兵的死亡率从 42% 以上下降到 2.2%，这充分说明了有效的抢救和精心的护理对危重伤病员的救护成功起重要的作用。1863 年，南丁格尔还提出在手术室旁建立术后恢复病房的设想，这间"术后恢复病房"便是现代"监护病房"的雏形。

20 世纪 50 年代初，北欧暴发脊髓灰质炎大流行，许多患者因呼吸肌麻痹不能自主呼吸。M.Cara 教授组建了一个紧急救护系统，将患者集中并辅以"铁肺"治疗，配合相应的特殊护理技术，效果良好，这就是世界上最早用于监护和治疗呼吸衰竭患者的"监护病房"。

20 世纪 60 年代后期，现代监护仪器设备（如：心电示波、电除颤器、人工呼吸机、血液透析机）的应用，监测与治疗技术的更新，促进了重症监护病房（intensive care unit，ICU）的建立。随着急诊医学与重症医学日益受到重视，急救护理技术和重症监护技术进入了有抢救设备配合的新阶段，急危重症护理学也得到了进一步发展，而且在救治急危重症患者方面发挥了重要作用。

此后，以美、德、法为代表的一些国家开始组建了急救医疗服务体系，提出了急救事业国际化、国际互助和标准化方针，讨论了急救车必要的装备内容、国际上统一急救电话号码，交流了急救经验等。与之呼应，急危重症护理学也发展迅速，急诊护士和危重症护士学会相继成立，培养了大量的专科护士人才。

我国现代急危重症护理事业也经历了从简单到逐步完善并形成学科的发展过程。早期，只是将危重患者集中在靠近护士站的病房或抢救室，以便于护士密切观察病情和护理；将外科手术后患者先送到术后复苏室，待患者清醒后再转入病房；没有专门的急诊，急诊只是医院门诊的一个部门。20 世纪 70 年代末，心脏手术的开展推动了心脏术后监护病房的建立，随后各专科或综合监护病房相继成立。1980—1983 年，原卫生部先后颁布了"加强城市急救工作""城市医院急诊室建立"等文件，北京、上海等地正式成立了急救中心，各医院也先后成立了急诊科。1989 年，原卫生部将医院建立急诊科和 ICU 作为医院等级评定的条件之一，明确了急诊和危重症医学在医院建设中不可或缺的地位，我国急危重症护理学随之进入了快速发展阶段。中华护理学会、各省市急诊护理工作委员会与危重病监护委员会等学术团体积极开展专科培训和学术活动，各学校也开设了"急救护理学""急危重症护理学"等课程，培养了大批急危重症护理人才，进一步推动了急危重症护理学的发展。

二、急危重症护理学的特点

急危重症护理学与急诊医学和危重症医学同步建立与成长，它经历了急诊护理学、急救护理学、急危重症护理学等名称上的变化，涵义也得到了极大拓展。除了包括急危重症医学和急危重症护理学的基础和临床理论外，还包括护理学各分支学科的部分相关内容，此外，还涉及与其相关学科理论的研究，如心理学、伦理学。这些学科交叉渗透，相互联系和相互作用，特别是与人文社会科学的融合必然会赋予其新的内涵和发展，使其既有学科独立性，又具有跨学科综合性，是跨学科协同性教学实施的最佳科目之一。

三、急危重症护理学的研究范畴

急危重症护理学研究范畴主要包括以下六个方面。

（一）院前急救

院前急救又称院外急救，是指急、危、重症患者进入医院之前的救护，包括现场救护、转运及途中监护等，是急救医疗服务体系的首要环节。院前急救反映国家、社会对重大伤害和疾病的应急能力，以及公民对疾病的自我救治和救助他人的知识和能力。

（二）急诊科救护

急诊科救护是指医院急诊科的医护人员接收到各种急诊伤病员，对其进行抢救治疗和护理，并根据病情变化，对患者做出出院、留院观察、立即手术、收住专科病房或收住 ICU 的决定。急诊科救护是院前急救的继续，又是医院内急救的第一线，是急救医疗服务体系的重要中间环节。急诊科的建设情况直接影响急救医疗服务体系（emergency medical service system，EMSS）的最终救治效果，是医院管理水平、医护人员基本素质和急救技术水平的综合体现。

（三）重症监护

重症监护是指受过专门培训的医护人员应用现代医学理论，利用各种先进的急救设备和监测仪器在 ICU 对危重症患者进行的全面监护和治疗。ICU 是危重症患者集中监测与强化治疗的一种特殊场所，是急救医疗服务体系的第三个环节。ICU 是医学发展的需要，是医院现代化的一个标志，越来越多的医院都相继设置了 ICU。

（四）灾难救护

灾难指自然或人为的严重破坏带来的重大伤害，具有突发性、群体性、复杂性、破坏性等特点，常造成大量的人员伤亡和财产损失。灾难造成的大量伤病员，需要动用大量的医疗卫生资源，涉及所有临床医学及预防医学。它既是社会的一项任务，也是一项社会公益事业。

（五）急救医疗服务体系的完善

完善急救医疗服务体系，需要研究如何建立、充实和完善 EMSS。通过科学管理、创新管理模式和方法，合理利用有限医疗资源，使 EMSS 组织结构严密、行动迅速，能把有效的救治快速地提供给急、危、重症患者。

（六）急危重症护理人才培训和科研工作

合格的急危重症护理人员应具备多层面的知识与技能，能及时果断地处理各种复杂情况。为满足急危重症护理工作的需要和适应社会发展的需求，必须通过各种途径对急危重症护理人才不断进行培训，必须加强急危重症护理科学研究工作，使急危重症护理教学、科研及实践紧密结合，从而促进急危重症护理事业的发展。

四、急危重症护士的资质要求

（一）急危重症护理工作者的素质要求

1. **高尚的思想道德素质** 对患者要有深切的同情心、社会责任感和救死扶伤的人道主义精神；具有良好的急救意识和应变能力，树立"时间就是生命"的观念；同时要有团队协作精神，与其他医务人员紧密配合，齐心协力抢救患者，真正做到全心全意为人民服务。

2. **扎实的业务素质和能力** 具有扎实的急危重症护理基础理论和专业理论知识，熟练应用各种基本技能和急救专科技术，准确操作各种抢救仪器和设备；熟悉各种急救用药的药理作用、给药方式与剂量；培养敏锐的观察力和准确的判断力，具有迅速地发现问题、解决问题的应变能力；要求知好学，不断地拓宽知识领域，勇于创新，培养科研能力。

3. **良好的身体素质和心理素质** 急危重症护理工作的突发性、紧急性和风险性，要求急危重症护理人员必须锻炼身体，做到身心健康，才能胜任急救工作；另外，应保持良好的身体状态和精神心理状态，善于人际沟通和交流，才能更好地与医生和患者及家属建立和谐的医护、护患关系。

（二）急危重症护士资质认证

很多发达国家对急诊和危重症护士已实行资质认证制度，要求注册护士在经过专门培训并获得证书后方可成为专科护士。我国的急危重症专科护士资质认证尚处在尝试阶段，没有统一的资格认定标准。2006 年在上海市护理学会的组织下，上海市开始进行急诊及危重症护士认证工作，对全上海各级医院在急诊科或 ICU 工作 2 年以上的注册护士，分期、分批进行包括最新专科理论学习、医院实训基地临床实践在内的培训，考核合格发放适任证书。安徽省立医院也在 2006 年建立了第一个急诊急救专科护士培训基地。现在北京等地已相继开展急诊急救专科护士培训工作，急救专科护士数量不断上升。

相关链接　　　　　　国外急救护士的资质认证

在美国，成为急诊护士的条件包括：①具有护理学士学位；②取得注册护士资格；③有急诊护理工作经历；④参加急诊护士学会举办的急救护理核心课程学习并通过急诊护士资格认证考试。

日本在 1995 年正式开始进行急诊护理专家的资质认证，认证条件有：①临床工作 5 年以上；②急危重症护理领域工作 3 年以上；

③护理系毕业，且取得急危重症护理领域所规定的学分。

新加坡、荷兰等国家对急救和危重症护士的资质认证也有各自的要求，待遇也优于普通护士。

大多数国家还要求每5年必须重新进行1次资格审查，审查条件包括：实践（工作）时间、科研成绩、专科新知识学习情况。

第二节　急诊医疗服务体系概述

急救医疗服务体系（emergency medical service system，EMSS）是以院前急救、医院急诊、危重症监护病房和各专科的"生命绿色通道"为一体的现代化急救网络。即：院前急救负责现场急救和途中救护；医院急诊科和ICU负责院内救护。各部分分工明确、关系密切，形成有效的急救网络，为急危重症患者铺设了一条生命救治的绿色通道。它既适合平时的急诊急救，也适合大型灾害或意外事故的急救。

急救医疗服务体系的基本任务就是及时将医疗措施送到急危重症患者身边进行现场初步急救，然后将其安全护送到医院急诊或ICU作进一步诊治，为抢救急危重症患者生命及改善预后争取时间。EMSS在概念上强调了急诊的即刻性、连续性、层次性和系统性，使传统的医疗就诊模式发生了转变，为危重患者能得到争分夺秒的救治提供了可行的安全体系。

理论联系实践　　　急救医疗服务体系的参与人员

1. 伤病员本人和第一目击者，即应参与实施初步急救并能正确进行呼救的人员；

2. 急救医护人员，一般情况下，救护车上应配备1~2名合格的医护人员，参加随救护车在现场和转运途中的救护；

3. 医院急诊科的医护人员，伤病员送到医院，由急诊科的医护人员进行确定性治疗。

一、院前急救

案例 1-1

患者女性，62岁，家处市区，与儿子同住，既往身体健康。晨起活动中突感胸闷气短、心前区不适，休息约10分钟后未能缓解，遂呼叫儿子，儿子立即拨打"120"急救电话。120急救车于10分钟后赶到，立即给予患者现场抢救，并送往医院急诊科，患者经抢救成功，脱离危险。

院前急救（prehospital emergency care）也称院外急救（out hospital emergency care），是指在医院外的环境中对各种危及生命的急症、创伤、中毒、灾难事故等伤病员进行现场救护、转运及途中监护的统称，即在患者发病或受伤开始到医院就医之前这一阶段的救护。院前急救是EMSS中第一个重要环节，及时有效的救护，对于维持患者生命、防止再损伤、减轻患者痛苦、提高抢救成功率、减少致残率，具有极其重要的意义。其含义有广义与狭义之分，广义的院前急救指由救护人员或目击者对伤病员进行救治活动，而狭义的院前急救则专指由专业急救机构的救护人员在患者到达医院前实施现场救治和途中监护。广义与狭义概念的主要区别在于是否有公众参与。为了实现非医务人员和专业医务人员的救护相结合，应大力开展急救知识和初步急救技能的普及工作，使在现场的第一目击者能首先给伤病员进行必要的初步救护。

（一）院前急救设置

国内外多数急诊专家认为，一个有效的院前急救组织须满足以下标准：①以最短的反应时间快速到达患者身边，并根据患者病情将其送到合适的医院；②能提供最大可能的院前医疗救护；③平时能满足该地区院前急救需求，灾难事件发生时应急能力强；④合理配备和有效使用急救资源，获取最佳社会、经济效益。为达到上述标准，需要满足以下设置。

1. 布局合理、急救半径小的急救网点　急救网点布局合理，救护半径小，以便接到呼救后的急救人员能在最短的时间内赶到现场，展开急救工作。一般拥有30万以上人口的地区，应建有一个院前急救中心（站）。要求急救半径城市为3~5km，农村为10~15km；急救反应时间为市区15分钟以内，郊区30分钟以内。

2. 良好的通讯网络　建立健全、灵敏的通讯网络是提高急救应急能力的基础。大面积的通讯网络覆盖，可为大众提供获得急救医疗服务的入口、及时派遣适当的车辆和人员、及时通知医院，以及在线医疗控制。

理论与实践　　　　　　　**电话呼救技巧**

1. 牢记急救电话，我国统一的医疗急救电话号码是"120"，国际急救电话为"999"。

2. 清楚说明呼救人的姓名、电话号码，患者的姓名、性别、年龄和联系电话。

3. 详细说明患者的确切地点或者周围明显的建筑标记。

4. 告诉接线员目前患者最紧急的情况。

5. 说明灾害事故或突发事件造成伤害的原因、性质、程度、受伤人数、现场已采取的救护措施等。

3. 安全有效的运输工具 我国大部分城市的急救运输工具主要是救护车，主要分为三类：救护指挥车、转运救护车和急救救护车。救护车的装备根据其用途，从简单的运输车辆发展到复杂而有效的"流动急诊室"，应尽量配齐各种常用急救药品、物品、器械及仪器设备，并保持车辆及用品完好。地面运输适合于大部分患者或伤者，尤其是在城区或近郊地区，在时间紧急时可以考虑空中运输。

4. 经过专业培训的急救人员 院前急救人员应由素质优秀的医护人员组成，应有良好的职业道德与业务能力，能熟练掌握急救知识与操作，掌握相关医学知识，具有较强的独立分析问题、解决问题的能力。除了急救专业人员，社会公众往往是第一目击者，对他们进行培训也至关重要。

5. 科学合理的器械装备 救护车是用于运送急救资源、抢救患者和运输患者的专用车辆。应根据院前急救工作的实际情况，在保证临时够用的前提下，科学合理地配备。一般普通急救车应装备有：①担架与运送保护用品，包括普通或折叠式担架、床垫、床单、枕头、被子、胶布等；②止血用品，包括止血带、止血钳等；③人工呼吸器具，包括简易人工呼吸器、开口器、压舌板、医用氧气等；④绷带和夹板，包括三角巾、急救包、纱布等；⑤手术器械，包括手术刀、剪刀、镊子等；⑥急救用具，包括救生带、安全帽、救生具、非常信号用具、患者标记卡片等；⑦护理用品，包括瓶皿、纱布盘、洗手盆、胶皮手套、便器、冰袋、体温计、血压计、消毒棉等；⑧消毒药，包括碘伏、酒精、过氧化氢等；⑨一般消毒液，包括含氯消毒液、手消毒剂、次氯酸盐消毒剂、肥皂液等；⑩洗眼用品和必要的药物等。监护型救护车除普通救护车配备外，还应配备：心电监护仪、除颤（起搏）器、气管插管装置、呼吸机、吸引器、氧气瓶、抗休克裤、血糖测定仪、铲式担架、小手术包，以及适当增加各类药品和固定器材。

6. 对大型抢险救灾的指挥和组织能力 统一领导和调度是大型抢险救灾工作迅速而有条不紊进行的重要保证。权威的管理组织或指挥中心应依附于当地卫生行政管理部门的直接领导或依附于当地政府统筹安排的协调机构，这样有利于其协调救护人员、车辆、伤病员与各医疗单位，为伤病员的救援提供可靠组织保证。

（二）院前急救管理

相关链接 《院前医疗急救管理办法》的施行

经 2013 年 10 月 22 日国家卫生计生委委务会议讨论通过，2013 年 11 月 29 日，国家卫生和计划生育委员会令第 3 号公布。该《办法》分总则、机构设置、执业管理、监督管理、法律责任、附则 6 章 41 条，自 2014 年 2 月 1 日起施行。该办法的施行对于加强院前医疗急救管理，规范院前医疗急救行为，提高院前医疗急救服务水平，促进院前医疗急救事业发展有重要意义。

院前急救就管理内容而言，主要环节有：通讯、运输、急救技术、急救器材装备、急救网络和调度管理等。其中通讯、运输和急救技术是院前急救的三大要素。

院前急救就运转模式而言，在不同国家和地区有着不同的模式。

1. 国外模式

（1）英美模式：也称非执业医师模式，即消防、医疗、警察等合一的运行模式。主要由急诊医疗技术员、受过一定医学训练的消防救险人员等进行急救任务，其现场急救以维护生命体征为主，不主张采取过多的药物治疗，强调的是"急"，以快速到达医院为目的。

（2）法德模式：也称执业医师模式，主要由资深的急诊执业医师和护士为主进行急救任务。理念是当患者出现紧急情况时，医院应走向患者而不是患者走向医院，强调尽可能将急诊科的医疗救护功能移到事发现场，在现场进行有效救治，以节省转送时间，强调的是"救"。

2. 国内模式　我国由于幅员辽阔，各地经济发展不平衡，院前急救模式尚未统一，处于多种模式并存的状态。见表 1-1。

表 1-1　我国院前急救模式的类型和特征

类型	特征
独立型（北京模式）	实行院前急救、急诊科抢救、ICU 监护救治一条龙的急救医疗服务体系。承接全市的 120 指挥调度，日常医疗急救和突发事件的紧急医疗救援等任务
依托型（重庆模式）	急救中心依托在一所大型综合医院，属于该医院的一个职能部门（急诊科），日常工作范围是提供院前急救服务并把患者运送至本单位诊疗
指挥型（广州模式）	急救中心自成体系的独立指挥系统，而无自己的现场急救人员、设备、救护车和院内病房，日常工作是受理急救呼救电话并协调、调动该地区其他医疗部门的医务人员和救护车提供院前急救服务
单纯型（上海模式）	急救中心不设床位，日常工作是提供院前急救服务，并将患者运送至各个医院。院内治疗由各协作医院负责
附属消防型（香港模式）	院前急救隶属于消防署，采用救护和消防、司警统一的通讯网络，报警电话为"999"，有先进的通讯、交通运输、救护设备及训练有素的救护专业队伍。优点是更有利于灾难、意外事故的快速联合行动

（三）院前急救工作任务

院前急救因急救的对象、环境、条件与医院内大不相同，院前急救有其自身的特点：突发性、紧迫性、艰难性、复杂性、风险性等。因此，实施院前急救时应把握好以下原则：①确保现场安全；②复苏优先；③先救治后转送；④科学管控、提高效率。

院前急救的目的是采取及时有效的急救措施和技术，最大限度地减少痛苦，降低伤残率，降低死亡率，为医院抢救打好基础。其主要工作任务包括以下几个方面：

1. 平时对呼救患者的院前急救　呼救患者一般分为两类：一类是有生命危险的患者，如急性心肌梗死、窒息、大出血、昏迷等，称为危重患者，占 10%~15%，其中要就地进行复苏抢救的特别危重患者不足 5%；另一类是病情紧急但短时间内不会发生生命危险的患者，如骨折、急腹症、普通外伤等，占呼救患者中的大多数，现场处理的目的在于稳定病情、减轻患者在转运过程中的痛苦和避免并发症的发生。

2. 突发公共卫生事件或灾难性事故发生时的紧急救援　对此类情况进行救援，除了平时急救的要求，还应与其他救灾人员如消防、公安和交通等部门密切配合，同时也要注意自身的安全。

3. 特殊任务时的救护值班 主要指在当地举办大型集会、重要会议、体育活动或重要外宾来访等特殊情况时进行的救护值班。

4. 通讯网络中的枢纽任务 院前急救的通讯网络在整个急救过程中不但承担着急救信息的接受任务，还要承担着传递信息、指挥调度及与上级领导、救灾急救指挥中心、急救现场、救护车、医院急诊科的联络，起到承上启下、沟通信息的枢纽作用。

5. 普及急救知识 急救知识的普及教育可提高民众的急救意识及自救、互救能力，并从而使他们成为能开展院前急救的"第一目击者"。因此，院前急救机构有义务通过广播、电视、报刊等媒体对公众普及健康知识和急救知识，提高全民自救互救水平。

相关链接　　　　　院前急救的"生命链"

1. 早期识别求救
2. 早期心肺复苏
3. 早期电除颤
4. 有效的高级生命支持
5. 完整的心搏骤停后的治疗

二、急诊科救护

急诊科是 EMSS 重要的中间环节，24 个小时不间断接收各种急、危、重症患者，是医院急诊诊疗的首诊场所，其医疗技术水平直接关系到患者的生命安危，是医院管理水平、医护人员基本素质和急救技术水平的综合体现。因此，急诊科应当配备有独立的就诊区域、完善的急诊急救装备和足够训练有素的医护人员。

（一）急诊科设置

按照原卫生部（2009）《急诊科建设与管理指南（试行）》规定，急诊科应当具备与医院级别、功能和任务相适应的场所、设施、设备、药品和技术力量，以保证急诊工作及时有效开展。

1. 急诊科区域布局

（1）预检分诊处：设在急诊科入口处醒目位置，有救护车直达的通道，方便接收或转送急诊患者。分诊护士由经验丰富的护士担任，对来诊患者进行病情评估和分级，然后进行分流和分区救治。分诊处备有常规检查用物（如血压计、听诊器、体温表、压舌板、手电筒等），以及各种书写表格；设有一定数量的候诊椅、诊察床、转运车和洗手池等设备；简单的伤口处理用品（如无菌敷料、包扎用品、固定骨折用品等）、防护用品（如口罩、手套、隔离服、手卫生用品等）和便民服务用品（如纸杯、手纸、呕吐袋）等；医院应安装计算机设备，录入患者的一般资料和就诊情况，便于资料的保存和查询；配备电话、呼叫器、对讲机、闭路电视监控系统等通讯设施，便于及时联系相关医生，了解工作状况，组织抢救。

（2）抢救室：应紧邻分诊处，能对多名危重患者同时实施抢救。抢救室有宽敞的空间，足够的电源插座，以及多张抢救床，床旁设中心吸氧装置、负压吸引装置、轨道式输液架和滑轨式帷帐。墙壁配有常用抢救流程图，如心搏骤停抢救流程图、脑出血抢救流程图、脑外伤抢救流程图等。室内配有基本的抢救器械与检查器械，如呼吸机、多功能监护仪、除颤仪、洗胃机、心电图机、临时起搏器、输液泵、微量注射泵、血气分析仪、吸引装置、简易呼吸囊、气管插管用品、开口器、洗胃用品、导尿包、气管切开包、静脉切开包、胸穿包、腹穿包、一次性输液注射用物、无菌手套、无菌物品等。常备的抢救药物有抗休克药、中枢兴奋药、止血药、利尿药、升压药及各种常用液体等。有条件的医院应设立专科抢救室，如外科创伤抢救室、洗胃抢救室等，以便于抢救工作的有序进行，防止交叉感染。

（3）诊疗室：依医院特色和条件而异，大多设有内科、外科、神经内科、妇科、儿科、骨科、耳鼻喉科、眼科、口腔科、皮肤科等诊疗室。室内除一般检查常规用物，还应根据各专业特点增加各科需要的特殊设备和物品。

（4）清创室或急诊手术室：位置应靠近抢救室和外科诊室，可以为外伤患者施行清创缝合术，为随时有生命危险不宜搬运的患者施行急诊手术。目前仅有少数医院设置了条件较好的手术室，大多数医院仅设置了清创室。

（5）治疗室和处置室：设在各诊疗室中央，便于为急诊患者进行各项基本护理操作，室内应有治疗柜、治疗台、无菌物品和注射等相关配套设施。处置室用于使用后的物品及一次性物品的集中处理。

（6）急诊观察室：根据急诊患者流量和专业特点设置床位，由专职医护人员负责。凡不符合住院条件，但暂时无法确诊，病情危重尚需急诊观察的患者，可进入观察室留观，留观时间原则上不超过72小时。急诊观察病房的设施与普通病房类似，工作制度、人员安排等也与普通病房相似。

（7）急诊病房：急诊病房的设施按照住院部病房的标准配备。急诊病房住院患者疾病谱广泛，往往涉及多专科。医院通过设立急诊病房来缓解急诊患者住院难的矛盾，以弥补医院某些专科设置的缺失，便于患者的分流。

（8）重症监护室（EICU）：EICU应配备中心监护装置、呼吸机、除颤仪等各种急救设备，可对患者进行体温、呼吸、血压、心电、血氧饱和度、血流动力学等多种功能的监测。

（9）隔离室：为防止医院内感染，需要设置特殊隔离室并配有专用厕所。当发现疑似传染病的患者时，应立即送入隔离室暂时留置，确诊为传染病后，及时转送到传染病房或传染病院接受治疗。

（10）辅助部门：有急诊医技部门，如检验室、药房、B超室、X光室、CT室等配套部门；配有支持部门，如挂号处、收费处、后勤安保等，以缩短就诊时间，为患者提供更加快捷的就诊方式。

2. 急诊科人员设置

（1）急诊人员资质：急诊护士应具有3年以上临床护理工作经验，经规范化培训合格，掌握急危重症患者的急救护理技术、常见急救护理操作技术的配合及急诊护理工作内涵与流程。

（2）人员编制：急诊科的护士编制根据医院急诊科的规模、就诊量、观察床位数、日平均抢救人数及教学功能等，按一定比例配备。急诊科设科护士长1名，护士长1~2名，主任护师、主管护师、护师和护士若干名，形成三级人员负责制的护士梯队。急诊患者与护士比例为10：1；急诊抢救室和监护室护士与病床比为（2.5~3：1）；留观室护士与床位比为0.6：1，急诊病房护士与病床比为（0.4~0.6：1）。

3. 急诊科物资设置

（1）通讯、信息设置：急诊通讯装置有电话、呼叫器、对讲机和闭路电视等；有条件的医院可建立急诊临床信息系统，为医疗护理、感染监控、医技和后勤保障等部门及时提供信息，并实现与卫生行政部门和院前急救信息系统的对接。

（2）仪器设备：包括心脏复苏机、除颤仪、呼吸机、简易呼吸器、心电图机、心电监护仪、给氧设备、负压吸引器、洗胃机和快速床旁检验设备等。

（3）转运设备：转运床、平车、轮椅等。

4. 急诊科药品设置
包括心肺复苏药物、呼吸兴奋药、血管活性药、利尿脱水药、抗心律失常药、镇静药、止血药、解热止痛药、常见中毒的解毒药、平喘药、激素类药、纠正电解质酸碱失衡类药、局部麻醉药等。

（二）急诊科管理

1. 急诊科护理人员管理
急诊科应当建立健全各项规章制度，完善各种突发事件的应急预案，护理人员必须严格遵守执行各项规章制度、岗位职责和相关诊疗规范、操作规程，保证医疗服务质量和安全。

（1）急诊科人员工作制度：首诊负责制、危重患者抢救制度、患者身份识别制度、急诊观察室制度、急诊预检分诊工作制度、危急值报告制度、医嘱执行制度、交接班制度、危重患者转运制度、消毒隔离制度及护理人员培训教育制度等。

（2）常见突发事件的应急预案：①常见急症的应急预案，如心搏骤停、过敏性休克、急性中毒、严重外伤等；②突发事件的应急预案，如停水停电、意外伤害（自杀、烫伤、坠床）等；③灾难批量伤员的应急预案，如传染病暴发流行、成批食物或气体中毒、火灾事故等。

2. 急诊科仪器设备管理
急诊科需成立仪器设备管理小组，保证急救设备完好率100%，处于应急备用状态，有应急调用机制。

（1）医院医疗器械处（科）对急诊科医疗设备有仪器总账，急诊科设有分账，账目要清楚，账务相符。

（2）急救仪器做到"五固定、两及时"管理：定品种数量、定点放置、定人保管、定期消毒灭菌、定时检查维护；及时维修、及时请领报废。

（3）新仪器进行调试合格后方可投入使用，并由医院医疗器械处（科）与急诊科共同提出"三定标准"，即定使用寿命、定收费标准、定使用效率。

（4）所有仪器设备均应制订相应的操作规程，制作标牌明示操作方法，连同使用登记本悬挂在仪器旁，便于仪器的正确使用。

（5）对相关工作人员进行定期培训，掌握仪器设备的相关知识，熟练操作步骤。

（6）各种急救仪器和设备均进行严格的交接班登记，每班次检测其功能状态。

（7）仪器设备根据功能状态分开放置，功能良好悬挂"正常"标识，出现故障者悬挂"待修"标识。

3. 急诊科药品管理

（1）根据医院要求和急诊科的情况，保存一定基数的急救药品，便于临床应急使用，工作人员不得擅自取用。

（2）根据药品种类与性质（如针剂、内服、外用、剧毒药等）分别放置，编号定量，定位存放，逐班交接，每日清点，保证备用状态，专人管理。

（3）定期检查药品质量，防止积压变质。如发生沉淀、变色、过期、药瓶标签与盒内药品不符、标签模糊或经涂改者不得使用。

（4）抢救药品必须固定在抢救车上或设专用抽屉存放加锁，定位存放，专人管理，定期检查。

（5）抢救结束后，应及时清点，补齐药品，以备后用。

（6）特殊药品，按有关规定管理，并接受有关部门的指导，监督检查。

4. **护理质量管理** 急诊护理工作质量管理是急诊科管理的核心，是不断完善和持续改进的过程。运用各种护理管理手段，合理配置人力和物力资源，充分调动护理人员的主动性，不断规范护理行为，采用目标管理与过程管理相结合的方法，力求急诊护理管理工作制度化、规范化、程序化。

（1）保持稳定的急诊护理队伍。

（2）提高分诊准确率，保证患者得到及时的抢救和治疗。

（3）提高危重患者的抢救成功率，提高急诊急救的护理工作质量。

（4）保证患者身份识别的准确性。

（5）建立完善的急救备用药品和物资的管理机制，做到急救物品完好率100%，医疗器械消毒灭菌合格率100%。

（6）规范护理文件的书写，包括急诊登记本、抢救记录、留观记录、交班报告等，护理文件具有法律作用，要求记录迅速、真实、清楚、完整，不能随意编造。

（7）保证畅通的医患沟通。

相关链接　　　　急救绿色通道

定义：急救绿色通道是指医院为急危重症患者提供快捷高效的服务系统，包括在分诊、接诊、检查、治疗、手术及住院环节上，实施快速、有序、安全、有效的急救服务。

范围：包括各种急危重症需要紧急处理的患者，常见以下急诊患者：①各种急症患者，休克、昏迷、呼吸及心搏骤停、严重心律失常、急性严重脏器功能衰竭的生命垂危者。②无家属陪同且需急诊处理的患者。③批量患者，如外伤、中毒等。

管理要求：①醒目标志、抢救优先；②合理配置、规范培训；③正确分诊、有效分流；④首诊负责、无缝连接；⑤分区救治、优化流程；⑥定期评价、持续改进；⑦规范运行、有效救治。

（三）急诊科工作任务

1. 急诊科承担着医疗、教学、科研、培训等各项任务，具体如下。

（1）急诊科24个小时开放，负责急诊患者的接收、分诊和处置。

（2）急救制订各种急诊抢救预案：对生命受到威胁的急、危重患者或伤员进行及时有效的抢救。同时在保障急诊工作正常进行的前提下，做好人力、物力准备，随时做好承担意外灾难性事故的抢救工作。

（3）教学与科研：承担医疗护理教学工作，开展相关急危重症救护研究，提高急救质量。

（4）培训：采取多种形式培训急诊专业医师和护士，建立健全各级各类急诊人员的岗位职责、规章制度、技术操作规范培训和急诊专科护士培养。

2. 急诊科的工作流程分为接诊、分诊和处理三部分。见图 1-1。

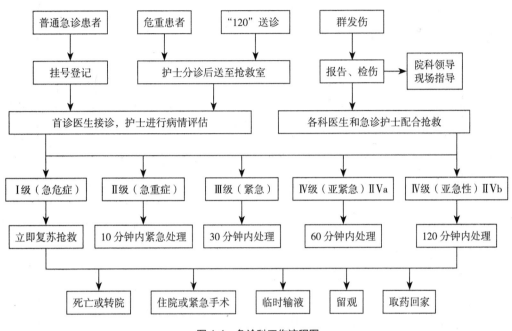

图 1-1　急诊科工作流程图

三、重症监护

重症监护病房（intensive care unit，ICU），是重症医学学科的临床实践基地，它对因各种原因导致一个或多个器官与系统功能障碍危及生命或具有潜在高危因素的患者及时提供系统的、高质量的医学监护和救治技术，是医院集中监护和救治重症患者的专业科室。其职能是对急危重症患者进行集中监测、强化治疗和护理，最大限度地确保患者的生命及随后的生存质量。

（一）重症监护病房设置
1. ICU 的环境区域设置及布局

（1）医疗区域：主要为病室，分为开放式、半封闭式或全封闭式，至少配置 1~2 个单间，用于隔离患者。病室内设有空调、湿化器，或装配气流方向从上到下的空气净化系统，能独立控制室内温度和湿度，有条件的医院应采取层流病房。每个床单位应配备床头灯、应急照明灯、紫外线消毒灯。为减少交叉感染，安装足够的感应式洗手设施和手部消毒装置。开放式 ICU 病床每床占地面积为不小于 18 平方米，以保证足够的空间，做到相对隔离。现代 ICU 的设置如同手术室，病床离开墙壁，各种设置安装在病床两侧，靠近患者的头部，因而能从全方位监护患者，使各种监护仪、设置和设备都在随手可取之处，目前这种设置被称为"生命岛"。病房建筑装饰需遵循不产尘、不积尘、耐腐蚀、防潮防霉、防静电、容易清洁和符合防火要求的总原则。

（2）医疗辅助区域：包括中央监护站、通道、治疗室、配药室、仪器室、医护人员办公室、值班室、示教室、家属接待室、营养准备室和库房等。其中的中央监护站应处于医疗区的中央位置，以便观察患者的病情和及时给予处理。通道要分为人员和物流通道，人员通道又分为工作人员通道和患者通道，以减少各种干扰和交叉感染。

（3）污物处理区域：包括清洁室、污物处理室和盥洗室等，设在医疗区的一端。

（4）医务人员生活区域：包括休息室、更衣室、进餐室等，与医疗区相对隔开。

（5）其他：ICU应具备完善的通讯系统、网络与临床信息管理系统、广播系统。

2. ICU 的人员设置

（1）ICU人员资质：ICU必须配备足够数量、受过专门训练、掌握重症医学的基本理论、基础知识和基本操作技术，具备独立工作能力的医护人员。

（2）ICU人员编制：ICU专科医师的固定编制人数与床位比为（0.8~1∶1）以上；专科护士的固定编制人数与床位比为（2.5~3∶1）以上，每班护士人数与床位比为（1∶1~2）。ICU可根据需要配备适当数量的医疗辅助人员，如护理员、卫生员、维修员等。

3. 仪器设备配置
不同等级医院的ICU在设备的配置上可能存在一定的差异，但是一定数量和标准的设备是建立ICU的前提条件。

（1）根据设备的功能可以分为监测设备和治疗设备，常用的监测设备有各种监护仪、心电图机、血气分析仪、影像学和超声检测设备等，常用的治疗设备有输液装置、除颤仪、起搏器、辅助呼吸装置、血液净化装置、麻醉机等。

（2）根据仪器设备的重要性可分为必配设备和选配设备。必配设备有：①多功能活动床及床周设施，每个病床床头应有氧气、负压吸引、压缩空气接口、多功能电源插座和升降功能的轨道输液装置等；②抢救车；③床旁多功能监护仪、便携式监护仪和中心监护仪，可以进行心电、血压、脉搏、呼吸、体温、血氧饱和度、有创压力监测等基本生命体征监护；④简易呼吸器和多功能呼吸机；⑤急救仪器：起搏器、除颤仪、气管导管、咽喉镜、吸引器及各种急救器械包等；⑥血气分析仪；⑦麻醉机；⑧静推泵和输液泵。选配仪器：血液净化仪器、输液加温设备、主动脉内球囊反搏、纤维支气管镜、辅助检查设备等。

（二）重症监护病房管理

1. 人员管理
ICU实行院长领导下的科主任负责制，科主任负责科内全面工作，定期查房、组织会诊和组织抢救任务。ICU实行独立与开放相结合的原则，独立即ICU有自己的医护团队，设有一整套强化治疗手段。开放即更多地听取专科医生的意见，把更多的原发病处理留给专科医生解决。护士长负责监护室的管理工作，包括安排护理人员工作、检查护理质量、监督医嘱执行情况及护理文书书写等情况。护士是ICU的主体，承担着监测、护理、治疗等任务，能进行24小时观察，临床工作中最直接得到患者第一手临床资料的就是护士。当病情突然改变时，要能在几秒钟、几分钟内准确及时进行处理。所以，ICU护士应该训练有素，熟练掌握各种抢救技术。要有不怕苦、不怕脏的奉献精神，要善于学习，与医生密切配合。

2. **制度管理** 制订各项规章制度是做好抢救工作的基本保障。为了保证工作质量和提高工作效率，除执行各级政府和各级卫生管理部门的各种法律法规、医疗核心制度外，还需要建立健全以下各项规章制度，包括各级医护人员岗位责任制度、查房制度、交接班制度、消毒隔离制度、护理文件书写规范、ICU 出入制度、ICU 压疮管理及会诊制度、物资管理制度、仪器的使用与维修保养制度等。

3. **感染的控制** 详见"第十章　急诊感染控制"。

（三）重症监护病房护理工作任务

ICU 是危重患者的集合地，病种多、病情变化快是其特点。其工作任务就是利用先进的医疗设备为危及生命的重症患者提供高级监测治疗技术和高质量的医疗服务，对急危重症患者进行生理功能的监测、生命支持、防止并发症，最早时间捕捉到有重要意义的短暂动态变化并及时予以反馈，以促进和加快患者的康复。

1. **收治对象** ICU 收治范围包括临床各科的危重患者。凡急性病变或慢性病急性恶化的患者，经过集中强化治疗和护理，度过危险阶段，有恢复希望的患者均为收治对象。包括：①创伤、休克、感染等引起多系统器官衰竭的患者；②心肺复苏后需对其功能进行较长时间支持者；③严重多发伤、复合伤的患者；④物理、化学因素导致急危病症，如中毒、溺水、触电、虫蛇咬伤和中暑的患者；⑤有严重并发症的心肌梗死、严重心律失常、心力衰竭、不稳定性心绞痛的患者；⑥各种术后重症，尤其是有严重合并症者；⑦严重水、电解质、渗透压和酸碱失衡的患者；⑧各种代谢性疾病危象者；⑨各种原因大出血、昏迷、抽搐、呼吸衰竭等各系统器官功能不全需要支持者；⑩脏器移植术后及其他需要加强护理者。

2. **收治程序**

（1）准备工作：ICU 护士接到收治患者的通知后，应立即准备床单位，将备用床改为暂空床；连接监护仪至待机状态；准备氧气、呼吸机，并调节呼吸机参数使其处于待机状态；准备吸引器、吸痰管等用物；准备气管插管用物和抢救用物。

（2）妥善安置患者：患者抵达时，ICU 护士与医师一起接待患者。予以舒适体位；神志清楚的患者予以心理护理，消除其对陌生环境的恐慌、焦虑；连接监护仪、呼吸机等仪器设备；需要抢救的患者应配合医师积极进行抢救；检查患者输液通路、引流管、皮肤完整性等；与护送患者的医务人员交接患者病情等；告知患者家属 ICU 监护特点、探视制度等；完成各项记录单。

第三节　学习急危重症护理学的必要性和方法

一、学习必要性

随着社会的进步，机械化程度的提高，建筑业、高速公路等建设的迅猛发展，交通事故、工伤事故等引起的创伤频频发生；随着人民生活水平的提高、疾病谱的改变，心脏病、脑出血及某些危害机体健康的其他急症明显呈上升趋势；自然灾害频发，由此造成的伤害越来越多。为了做好这些急诊急救工作，提高急危重症的救治成功率，降低致残率、死亡率，学习急救护理与重症监护基础理论知识与技术十分必要。

急危重症护理学系统地介绍救护及监护理论与现代化救治使用的先进仪器使用知识，而其他学科没有这种完整的介绍。如果不学习该学科，临床护士未来在面对急危重症患者时会无能为力或不能作出有效处理。通过急危重症护理学课程的学习与实践，可培养临床护士对常见急危重症的处置与护理能力，提高对突发事件的应对能力及掌握生命器官综合救护知识与监护能力。

国内外目前均非常重视急危重症护士的培训工作，除学习课程外，还开设有各种继续教育项目，并举办急危重症专科护士培训这一更高层次的培训形式。一些发达国家，如美国、日本、英国、瑞典、荷兰、丹麦等国，不但重视急危重症护士的培训工作，还对急危重症护士实行资质认证制度，以保证其质量。

二、学习方法

（一）前后联系，突出特点

急危重症护理学是继医学基础理论和专业课后的一门综合性较强的课程，跨度大，涉及多学科、各年龄段，但又具有自身"急""危""重"的特点。因此，学习过程中要与前期课程联系，将已学过的基础知识和技能与急危重症护理紧密结合，适应急救"急"的特点。

（二）变抽象为具体，理论联系实际

急救医疗服务体系的运行和组织、急危重症的救治措施和监护理论及技能等部分内容比较抽象、复杂，学习中要善于将抽象具体化，理论联系实际。例如，在仿真实验室演练急救技能、结合实际案例、观看视听教材、进行实际操作或到医院见习等，以培养敏锐的观察能力和应急应变能力，为今后的临床工作打下良好的基础。

（三）自主学习，终生学习

牢记"健康相托，生命所系"，急救与人的生命息息相关，只有努力学习，才能不负重托。医学科学在基础理论、治疗措施、药物和监护手段等方面日新月异，急救技术、水平及急救仪器设备越来越进步，越来越现代化、人性化。因此，要培养自主学习的能力，树立终生学习的理念，才能不断更新知识和技能，才可以随时应付各种突然而至的急危重症，处理各种复杂的病情。

（刘雪松）

急危重症护理学是一门综合性的跨学科的护理学科，主要培养学生对急、危、重症的识别、紧急救护能力。其研究范畴主要包括院前急救、院内急诊救护、重症监护、灾难救护、急诊医疗体系的完善和急危重症护理人才培训和科研工作。急救医疗服务体系是由院前急救、医院急诊、危重症监护病房和各专科的"生命绿色通道"为一体的现代化急救网络。

院前急救是指在医院外的环境中对各种危及生命的急症、创伤、中毒、灾难事故等伤病员进行的现场救护、转运及途中监护。急诊科是医院急诊诊疗的首诊场所，应当配备有独立的就诊区域、完善的急诊急救装备和足够训练有素的医护人员。ICU是医院集中监护和救治重症患者的专业科室，其职能是对急危重症患者进行集中监测、强化治疗和护理，最大限度地确保患者的生命及随后的生存质量。

复习参考题

1. 急救医疗体系包括哪几部分？

2. 院前急救的原则有哪些？

3. 简述急救绿色通道。

4. 如何学好急危重症护理学？

第二章　　灾难救护

2

学习目标	
掌握	掌握灾难现场的医学救援。
熟悉	熟悉灾难救援的心理干预。
了解	了解灾难的定义及医疗救援准备。

第一节 概 述

灾难是一种自然或人为的破坏事件。随着人类社会的发展和进步，各种灾害事件频发，导致大量人员伤亡和财产损失，灾难发生呈现大规模、长久化的趋势。因此，灾难救援被推到一个前所未有的高度。提高医务人员应对各种自然灾难、公共卫生安全事件、意外事故、社会治安等突发事件的应对能力，成为当今社会各界关注的焦点。我国是世界上少数自然灾难最严重的国家之一，灾难种类多、发生频率高、分布地域广、造成损失大。护士作为灾难医疗救援队伍中的主力军，发挥着重要作用，其灾难医学救援知识和技术的熟练掌握，对于减少灾难所致人员伤亡，提高受灾人群的健康水平具有重要意义。

一、灾难的定义

灾难（disaster）是指给人类和人类赖以生存的环境造成破坏性影响的事件总称。世界卫生组织（WHO）对灾难的界定是：任何能引起设施破坏、经济严重受损、人员伤亡、人的健康状况及社会卫生服务条件恶化的事件，并且其破坏力超过所发生地区应用本身资源应对的能力。联合国"国际减灾十年"专家组定义灾难是一种超出受影响地区现有资源承受能力的人类生态环境的破坏。从灾难的定义可以看出，灾难必须具有两个要素：其一，灾难是自然或人为的破坏事件，具有突发性；其二，灾难的规模和强度应超出受灾地区自身的应对能力。需要国内或国际的外部援助以应对这些后果，而一般本地可以应对的突发事件不属于灾难的范畴。

二、灾难的原因与分类

灾难的分类方法较多，人们习惯上将灾难分为两大类：自然灾难（natural disasters）和人为灾难（man-made disasters）。目前，人们对"自然灾难完全是自然的结果"这一错误认识已经有深刻反省，认识到自然灾难发生的许多后果往往与人为因素有关。因此，在很大程度上，灾难的严重程度是由人的行为决定的。2005年世界减灾大会发表的《兵库行动框架》一文中首次提出用"自然灾难相关灾难"取代"自然灾难"的表述。

灾难的具体分类如下：

1. **自然灾难相关灾难** 包括气象灾难、水旱灾难、地震灾难、海洋灾难、地质灾难、生物灾难、森林草原火灾和传染病等。

2. **人为灾难** 包括环境污染、爆炸、工矿商贸等企业的各类安全事故所致灾难，卫生灾难，矿山灾难，科技事故灾难，以及战争及恐怖袭击所致灾难等。

相关链接 灾难的严重后果

2004年12月26日的印度洋海啸造成了15万人死亡，2万人失踪，52.5万人受伤。

2008年全球有超过24.5万人在自然灾难和人为灾难中丧生，受灾人数达到 2.11 亿。这其中包括 5 月 12 日中国汶川突发的大地震，造成 69 227 人死亡，374 643 人受伤，17 923 人失踪。

2010 年 1 月 12 日海地首都太子港突发地震，造成约 30 万人死亡。

2010 年 1 月 28 日联合国机构"国际减灾战略"在瑞士日内瓦发布全球自然灾难最新统计报告中指出：2000—2009 年全球共发生 3800 多起自然灾难，造成 78 万余人丧生，近 20 亿人受到影响，经济损失高达 9600 亿元。

第二节　灾难医疗救援准备

一、灾难医学救援发展及组织管理

（一）灾难医学救援的发展趋势

随着我国经济实力及综合国力的不断提高，我国应对灾难的体制、机制也在不断完善，灾难医疗救援队伍的水平和能力有所发展，但仍存在着一些问题，如灾难医学救援组织机构不健全，专业人员、技术、物资和设备缺乏，参与救援单位多、协调沟通难，各地区灾难救援水平不平衡，缺乏灾难监测统计系统，以及灾难医学相关立法不健全等。我国当前制定了防灾减灾的三步走目标，经过未来 30~40 年努力，将全面实现世界领先水平的防灾减灾战略目标。

1. 我国防灾减灾发展现状

（1）灾难应对的机制与体制逐渐完善：当前，我国灾难应急体制是以中国共产党为领导，国务院各部门具体负责、社会各组织积极参与的一套符合我国国情的灾难应急体制。

（2）灾难应对能力不断提升：从国家角度看，我国经济水平稳步上升，国家在应对灾难的技术及物质支持上提供了充分的保障；从媒体角度看，媒体在应对灾难时，客观报道灾情，引导公众舆论往积极健康的方向发展，科学普及防灾减灾知识；从公众角度看，在一次又一次的灾难中，不断积累了应对灾难的知识，增强了防灾减灾意识。

（3）灾难应对的方法不断创新：要想成功地应对各种日趋复杂的灾难，就要掌握领先的防灾救灾方法。近几年政府不断加大防灾减灾科技技术的研究力度，各种新型技术为防灾减灾提供了重要的保障。

2. 灾难医学救援体系的组成　是指以国务院为指导，以国家民政部、国家卫生和计划生育委员会等部门为主要力量，各部门协调，以《国家突发公共事件总体预案》等法规为指导，由应急组织管理指挥系统、应急工程救援保障体系、综合救援的应急队伍等组成的一套应对突发公共事业的网络体系，包括指挥协调系统、危机应对准备系统、信息网络系统、预警与监测系统、法律保障系统、应急处理预案等方面。

3. 灾难救援专业人员医学相关教育和培训　医务人员的灾难医学专业知识和技能的教育

培训，可以帮助医务人员了解灾难医学救援网络，理解自己在网络中的地位和职责，以及如何配合相关部门完成灾难救援工作。同时，也应提升灾难救援医学的理论和实践研究。灾难医学和灾难护理学近些年才在世界范围内得到认可和发展，亟须加强相关理论研究。逐步完善灾难医学的理论基础，鼓励国内外学术交流，积极参与国际救援行动，及时总结经验，是保障我国灾难救援医学发展的重要措施。

4. 我国已颁布了一些与灾难或突发公共卫生事件应急准备有关的规定，但至今还没有针对灾难医学及灾难救援建立相关法律。建立完善灾难医学立法是实施灾难救援的保障，也是灾难医学管理机构指挥管理和协调救援工作的保障。

（二）制订医疗单位的灾难应急机制

灾难救助和灾难后支援是这个社会乃至全世界共同关注的问题，需要许多部门、机构的共同参与，其中医院的医疗救援贯穿于救助的全过程。为了进一步加强各级卫生部门对灾难医疗救援的应对能力，国家先后颁布多项规定，对灾难事故的防范和应急处置提出了规范。各级医疗单位的灾难应急预案应包括以下内容。

1. 医疗单位应有明确灾难事故发生应急处置指挥体系、组织机构及其工作职责，明确人员疏散、报警、指挥程序及现场抢救程序等事项，做到职责明确、井然有序。

2. 医疗单位全体工作人员应在发生灾难事故时主动及时到达现场，由指挥部统一指挥立即投入救灾与抢险救援工作，有组织地开展医疗救护工作。

3. 应将人员的疏散、转移和应急救治作为首选工作，尽最大可能避免和减少人员伤亡。

4. 对在灾难或突发事件中受伤的人员及转移出的伤员进行检伤分类，采取相应的救护措施。

5. 明确规定伤员转送至其他医疗机构的原则、程度、途中救护措施、交接手续等。

6. 定期对医疗单位全体人员进行灾难事故应急处置知识和技能的培训，并组织灾难事故应急预案模拟演练。

二、灾难医学救援队伍建设

（一）灾难医疗救援队的组建

1. **灾难医疗救援队是灾难救援体系中的重要组成部分**　灾难的特点决定了受灾地区的资源供给无力承载救灾及维持生活的需求，需要外界帮助。因此，灾难救援队的作用极为重要。

2. **灾难救援中医疗机构的组建**　灾难环境中，医疗机构的双重特性（既是受灾主体，又是抗灾主体）让现场救援变得举步维艰。灾难中需要医疗机构采取较为灵活的组织运行模式，以小组为单位的灾难医疗救援队在灾难环境中更能发挥医疗救援的作用。

3. **灾难救援中的医护人员**　灾难具有突发性、紧迫性、非预期性。无论是政府部门、专业科学机构、还是公众，在灾难发生时往往都无法做到冷静、有组织地应对。特别是在灾难初期，所采取的干预措施均是非常规化的。因此，需要医护人员因地制宜，力求以最少的资源消耗、最快的速度，保护尽可能多的受灾群众得到医疗救助。所以，必须要有一批经过专门灾难医疗救援培训的医护人员，才能在灾难发生时迅速承担起灾难环境下的紧急医任务。

4. 灾难医疗救援队组建的投入　随着社会经济高速发展，一些突发公共卫生事件的隐患逐渐凸显，突发公共卫生事件时有发生。我国灾难救援工作发展缓慢，基础薄弱。所有体系的实施联系都是由人来完成的，所有应急预案都由人来制定和执行，灾难现场或医疗机构具体的救治工作要由技术精湛、经验丰富的医护人员来完成。因此，在救援体系建设中，专业救援队伍的建设至关重要。

（二）灾难医疗救援队的组建模式

1. 行政层次分类模式

（1）国家级灾难医疗救援队：为满足不同级别灾难救援的需要，达到高效救援的目的，国内外都会在不同行政层次上建立不同的灾难医疗救援队。国家级别灾难医疗救援队通常规模较大、数量少，由国家部门投入组建、直接领导，能够承担更大规模的灾难救援，特别是跨区域甚至国际灾难救援。

相关链接　　　　　　　　　我国的国家级灾难医疗救援队

　　我国的国家地震灾难紧急救援队是在 2001 年 4 月 27 日由时任国务院副总理温家宝同志亲自授旗成立的，对外名称为中国国际救援队。先后参加 2003 年新疆地震、2003 年阿尔及利亚地震、2004 年印度尼西亚地震海啸、2005 年巴基斯坦地震、2008 年汶川地震、2010 年海地地震等多次国内外灾难救援，表现出其较高的专业能力，并充分展示了国际人道主义精神。2008 年之后，我国又在北京、广州、四川等地组建多支国家卫生应急救援队。由国家财政统一拨款，地方财政配套支持，当地主要灾难应急救援力量联合组建，直接受国家卫生行政部门和防灾相关部门的领导调配。

（2）地方级灾难医疗救援队：地方级灾难医疗救援队是指由省市卫生行政部门、应急管理部门牵头组建的省市灾难医疗救援队，同时还包括各医院组建的灾难救援队。地方级灾难医疗救援队通常财政支持有限，规模相对较小，主要负责本区域灾难应急医疗救援任务。

2. 专业分类模式

（1）综合型灾难医疗救援队：其组建及训练针对各种类型的灾难，并不局限于某些灾难类型。此类救援队通常在灾难类型多样的区域由综合性医院或医疗机构组建。例如，中国红十字 999 紧急救援队，即为综合型灾难医疗救援队的代表，在国内多次各类灾难救援中均可见到他们的身影。这类救援队救援资源和救援力量都相对集中，便于管理，避免针对不同类型灾难组建多支救援队的管理难题，是目前国内外灾难医疗救援队建设的主体。

（2）专业型灾难医疗救援队：除综合型灾难医疗救援队外，针对部分专业性较强的突发公共卫生事件，例如：核辐射、生物传染病、化学中毒、恐怖袭击等，由相关管理部门组建专业化医疗救援队伍。

3. 组建主体分类模式

（1）以军队医疗为主体的灾难医疗救援队：国内外都有以军队医疗为主体的灾难医疗救

援队。2006年，我国《国家突发公共事件总体应急预案》就明确提出：中国人民解放军和中国人民武警部队是突发公共事件处置的骨干力量。我国国家地震灾难紧急救援队就是以军队医疗为主体的灾难医疗救援队的典型例子。

（2）以地方医疗为主体的灾难医疗救援队：地方医疗机构在社会体系中承担着公共卫生医疗、保健及疾病预防等社会职能。在突发公共卫生事件中也义不容辞地承担着应急医疗救援任务。多数省、市、县级别的灾难医疗救援队都以地方医疗体系为主体建立灾难医疗救援队，在医疗救援工作中发挥了很好的作用。

（3）以军民结合为主体的灾难医疗救援队：由军队医疗机构和地方医疗机构联合组成灾难医疗救援队，在国际上也不少见。我国也有类似的尝试，例如，2008年汶川特大地震时，广州军区武汉总医院与湖北省红十字会联合组建灾难医学救援队，在实际救援工作中起到良好的作用。

三、灾难医学救援中护士的角色与素质要求

（一）护士的角色要求

《护士条例》规定，护士有义务参与公共卫生和疾病预防控制工作。发生自然灾难、公共卫生事件等严重威胁公众生命健康的突发事件，护士应当服从安排，参加医疗救护，护士在灾难救援的不同阶段起着不同的作用。国外学者将灾难的医学救援分为三个阶段，即准备/预备期、反应/实施期和恢复/重建/评价期。

1. **第一个阶段** 准备/预备期即灾难前的作用，护士的角色着重于预防、保护和准备。护士的应急准备训练分三个层次：①个人的准备，包括身体、情感、军事技能、家庭支持等准备。②临床技能训练，主要包括创伤救护的技能、伤员分类和现场疏散，对伤员的评估、个人防护设备的使用等。③团队训练，包括操作能力、相关知识、领导和管理能力，以及单位整合和认同的共同训练。

2. **第二个阶段** 反应/实施期即灾难中的作用，护士的主要角色包括与其他灾难救援人员的通信联系，建立伤员接收点（安置点）并进行伤员分类，对其他人员（如担架员、志愿者）的工作进行安排，安排伤员分流或转诊，救援区域的安全保障及合理分配工作人员职责等。

3. **第三个阶段** 恢复/重建/评价期即灾难后的作用，护士要对安置区内的伤员进行护理，并给予合理的转诊。进行灾难设施的重建工作，恢复医院设施和修复损坏的设备。尤其重要的是对现有的灾难应急反应计划进行评价，发现其不足，并提出修改意见。

（二）护士的素质要求

1. **高尚的医德** 要求护理人员不畏艰险，把伤员的痛苦和生命放在第一位，忧伤员之忧，想伤员所想，视伤员如亲人，具有无私的奉献精神。

2. **积极而稳定的情绪** 情绪是客观事物能否符合人的主观需要而引发的一种外在表现形式。在灾区面对危险的环境和失去家园的心理脆弱的伤员，护理人员要很好地控制个人的负面情绪，始终保持情绪的积极、稳定、乐观，全身心投入到伤员的医疗救助工作中，忙而不乱地完成各项工作。

3. **独立思考能力**　灾区伤员多、病种多、伤情复杂，医护人员数量少，而需要救治的伤员多，这些客观情况要求护理人员要有独立思考的能力，在救治过程中及时发现问题，解决问题。

4. **良好的沟通技巧**　沟通是指人与人之间传达思想、观点或交换信息的过程。沟通分为语言沟通和非语言沟通。护士可利用工作间隙，综合运用语言和非语言沟通方式，多与伤员交流，促进伤员以积极的心态配合救治。

5. **体能的准备**　灾区的环境恶劣、生活条件差，护理人员每天要救治大批伤员，不能按时休息，生活缺少规律，并且随时有被疾病传染的危险。因此，强健的体魄、充沛的精力和良好的身体素质是对灾难护理人员最基本的要求。

（三）护士的技能要求

1. **加强伤员病情观察，快速判断危重伤情**　护理人员依据快速检伤分类方法对伤员进行简单分类，尽一切努力确保危重伤员得到优先救治，伤情稳定后优先转送。

2. **掌握基本的急救技能**　现场伤员伤情复杂且严重，护士要坚持危重者优先、救命第一的原则进行救援，掌握基本的急救技能。包括：①建立和保持通畅的气道的护理技能：如手法开放呼吸道、清除口鼻分泌物、必要时协助行气管插管或气管切开等。②穿刺技术：输液通道是补液、扩充血容量、抗休克的必备通道，是药物、血液和营养制品的供给线，是伤员的生命通道，因此，护士应熟练掌握穿刺技巧。③必要时就地取材、完善护理用具，为有效救治抢得先机，如树枝、布条制作夹板、绷带；棉布和报纸制作颈托等。④做好转运和护送途中的护理是伤员获得进一步救治的前提，同时转运途中保证吸氧、补液等治疗的有效性。

第三节　灾难现场的医学救援

灾难的发生可分为超急期、进展期和稳定期。超急期是初发阶段，所有人员都可能面临危险，受到伤害，此时医疗救援人员的职责是在确保自身安全的同时启动应急预案，随时准备救援。进展期时，现场相对安全，伤员大量出现，医疗救援人员的责任是在现场建立医疗救援区，对陆续出现的伤员进行检伤分类和急救处置。进入稳定期，现场基本安定，医疗救援人员的责任是对大批伤员进行快捷、有效的现场救治并合理分流。灾难现场医疗救援的程序包括搜救、评估和检伤分类、现场救治、转运及灾难恢复过程中的防疫、治疗。下面重点介绍伤员的检伤分类、现场救护和转送护理。

一、伤员的检伤分类

灾难医疗救援以全面救护与重点救护相结合为原则，其目的是在短时间内尽可能多地抢救伤员。灾难发生时，急救医疗资源往往十分匮乏，及时、有效的检伤分类对高效率、高质量的灾难救援尤为重要，通过准确的检伤分类将伤员分为不同的优先等级，有利于合理高效地应用医疗救援资源，也是护士重要的工作职责之一。

（一）检伤分类的目的

是将众多的伤员分为不同等级，按伤情的轻重缓急有条不紊地展开现场医疗救治和梯队顺序后送。其目的是在资源有限的情况下，让尽可能多的伤员获得最佳的治疗效果。

（二）检伤分类的原则

1. 优先救治病情危重但有存活希望的伤员。

2. 分类时不要在单个伤员身上停留时间过长。

3. 分类时只做可稳定伤情而不过多消耗人力的简单处置。

4. 对没有存活希望的伤员放弃治疗。

5. 有明显感染征象的伤员要及时隔离。

6. 在转运过程中对伤员动态评估和再次分类。

需要注意的是，以上仅用于灾难或突发事件现场医疗救援资源不足，无法满足每个伤员的救治需求时，为最大限度地提高伤员存活率而遵循的原则。

（三）检伤分类的等级、标志和救治顺序

在灾难现场检伤分类通常将伤员分为4类，并标以醒目的颜色标志，通常采用红、黄、绿、黑四色系统。

1. **第一优先** 红色标志。表示紧急治疗。含义：伤情危重，危及生命，生命体征不稳定，需立即给予基本生命支持，并在1小时内转运到确定性医疗单位救治。

2. **第二优先** 黄色标志。表示延缓治疗。含义：有较重的损伤但伤情相对稳定，此类伤员应急救后优先后送，在4~6小时内得到有效治疗。

3. **第三优先** 绿色标志。表示轻伤。含义：轻伤员，可以等待治疗；能自己行走的伤员或较小的损伤，不需要立即入院治疗。

4. **第四优先** 黑色标志。表示伤情过于危重，致命伤。含义：已死亡、没有生还可能性、治疗为时已晚的伤员。

（四）检伤分类方法

1. **简明检伤分类与快速急救系统（START）** 由美国学者提出，作为院前识别伤员轻重缓急的工具，特别适用于灾难现场分类，是灾难现场最常用的分类方法。通过评估伤员的行走能力、呼吸、循环和意识四方面进行检伤分类。见表2-1。

本法适合在灾难较大，出现较多伤员的场合使用，简单、便捷、准确、检伤人员少等特点，对每名伤员分检时不超过1分钟，已得到国际普遍认可。具体操作见START检伤分类流程图。见图2-1。

2. **Jump START** 是对START修正后用于灾难现场受伤儿童（1~8岁）检伤分类的方法。分组方法和分类依据与START相似，但基于儿童的特殊生理特点，研究者对分类依据做了调整，包括：①对能行走的轻伤组伤员，强调再次分类。②对开放气道后仍无呼吸的患儿，要

表2-1 START检伤分类法

颜色标识	优先程度	病情判断
红色	立即，第一优先	呼吸≥30次/分；桡动脉搏动不能触及，或毛细血管充盈时间>2秒；不能遵从指令
黄色	延迟，第二优先	不能行走，且不符合红色和黑色
绿色	轻伤，第三优先	可自行行走至指定的安全地点进一步评估
黑色	死亡，第四优先	尝试开放气道也无呼吸

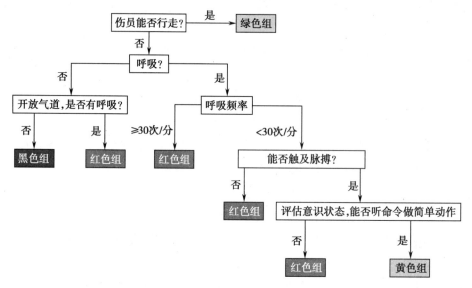

图2-1 START分类流程

检查脉搏，如可触及脉搏，则立即给予5次人工呼吸，并分到红色组；对于无自主呼吸者则分入黑色组。③对有呼吸的患儿，如呼吸频率<15次/分或>45次/分，分入红色组。④使用AVPU量表来评估患儿的意识状态，即警觉（alert）、语言（verbal）、疼痛（pain）和无反应（unresponsive），根据患儿对A、V和P的反应或无反应来指导分组。具体操作见流程图。见图2-2。

3. Triage Sieve 将伤员分为优先级1、优先级2、优先级3和无优先级四组。分类依据为自行行走、气道开放、呼吸频率和脉搏，但其生理参数临界值与START不同，如呼吸频率<10次/分或>29次/分为异常，脉率>120次/分为"优先级1"。具体操作见流程。见图2-3。

二、伤员的安置与救护

（一）伤员的安置原则

遵守安全第一的现场伤员安置原则，灾后的伤员可集结到相应安全的区域，优先选择易于搭建临时建筑或帐篷、易于进行救灾活动的安全地域，该区通常离灾难现场有足够的距离，以确保人员安全。可以通过步行、轮椅、担架等辅助设施将伤员运送至安全区域。

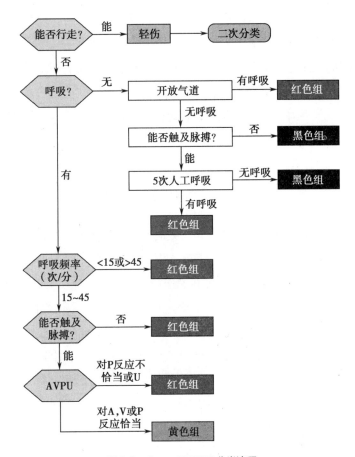

图 2-2 Jump START 分类流程

　　伤员在检伤分类区经伤情评估和分类后，安置于伤员治疗区，治疗区一般设在比较安全的建筑物或帐篷内。具体实施中应该根据伤员人数、灾难现场环境、场地大小、医疗救援人力、物力资源等情况酌情设立几个特定功能分区。对不同级别的伤员进行分区和分级处理，有利于提高抢救效率，避免出现混乱情况。如果伤员人数不多，治疗区可与检伤分类区合并，以减少对伤员的搬动。如果人数较多，则应独立分区设置，以免空间不够而互相干扰。如果人数众多，则还要将分区细分为轻、

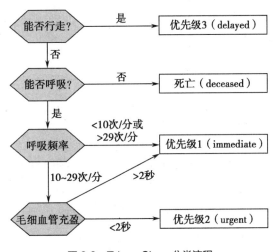

图 2-3 Triage Sieve 分类流程

重和危重区，可更有效地运用人力，提高抢救效率。对于重伤和危重组伤员，应再次进行病情评估和二次分类。并根据分类结果将伤员转送至确定性的医疗单位，按检伤分类的结果处理伤员，先处理红色组（危及生命者），其次处理黄色组（重伤），再处理绿色组（轻伤），明显死亡或是尸体应留在最后处理。如果死亡者较多，可在较隐蔽处设临时太平间，注意一定要有专人看守，以免尸体被任意翻动或遗物遭窃。

（二）伤员的现场救护原则

1. 现场救护的原则与范围　灾难现场救护的目的是挽救生命，减轻伤残。其救治原则应遵循先救命后治伤，先重伤后轻伤；抢救先于诊断，先救"生"再救"人"的原则。

（1）具体救治原则：①先复后固：先进行心肺复苏，再固定骨折。②先止后包：大出血时先采取一切办法止血，再消毒创口进行包扎。③先重后轻：优先抢救危重伤员，后抢救轻伤员。④先救后送：对生命体征不稳定者，转运途中可能有危险，应先抢救再后送。⑤急救与呼救并重：批量伤员，紧急救治的同时，呼唤支援。⑥搬运：搬运过程中要随时注意观察伤员的伤情变化。

（2）现场救护的范围：①对呼吸、心搏骤停的伤员，立即进行初级心肺复苏。②对昏迷伤员，安置合适体位，保持呼吸道通畅，防窒息。③对张力性气胸伤员，用带有单向引流管的粗针头穿刺排气。④对活动性出血的伤员，采取有效止血措施。⑤对有伤口的伤员行有效包扎，对疑有骨折的伤员进行临时固定，对肠膨出、脑膨出的伤员行保护性包扎，对开放性气胸者做封闭包扎。⑥对休克或有休克先兆的伤员行抗休克治疗。⑦对有明显疼痛的伤员，给予止痛药。⑧对大面积烧伤伤员，给予创面保护。⑨对伤口污染严重者，给予抗菌药物，防治感染。⑩对中毒的伤员，及时注射解毒药或给予排毒素处理。

2. 现场救护的程序　①根据灾难现场伤员的情况，协助医生对伤员的伤情进行初步评估，迅速判断伤情。②现场救治的主要内容：维持伤者呼吸道通畅，及时清除异物，解除呼吸道梗阻，可使用口咽通气道；对呼吸障碍或呼吸停止者进行人工呼吸、气管插管；对发生心搏骤停者实施心肺复苏；对意识丧失者采取侧卧位，防止窒息；固定骨折肢体；迅速止血；对低血容量伤者及时补充血容量。③稳定伤员的情绪，减轻或消除强烈刺激对其造成的心理反应。

三、伤员的转送

在灾难救援现场，除根据损伤机制、类型对受伤人员进行现场检伤、分类与处置外，还需要对大量伤员进行搬运、转送。由于受灾现场地形复杂、环境恶劣、次生灾难发生概率大、医疗资源及医务人员缺乏，致使大量现代化转运工具无法展开工作。因此，护士需做好转送前的准备、转送中的护理和转送后的交接工作，对于保障伤员的安全、减轻痛苦、预防和减少并发症、提高救治效果具有十分重要的意义。

（一）转送前救护要点

1. 转送指征和时机

（1）转送伤员时，对抢救现场、转送路途中的安全，派专人进行评估，及时清除潜在危险因素，确保转运安全。

（2）根据患者病情和搬运经过通道的情况决定搬运的方法和体位。

（3）转送指征：符合以下条件之一者可转送。①应在现场实施的救治措施都已完成，如出血伤口的止血、包扎和骨折的临时固定等。②确保伤员不会因搬动和转送而使伤情恶化甚至危及生命。

（4）暂缓转送指征：有以下情况之一者应暂缓转送。①病情不稳定，如出血未完全控制、休克未纠正、骨折未妥善固定等。②颅脑外伤疑有颅内高压、可能发生脑疝者。③颈髓损伤有呼吸功能障碍者。④心、肺等重要器官功能衰竭者。

2. 伤员转送前的准备 ①做好必要的医疗处置，严格掌握转送的指征，确保转送途中伤员的生命安全。②准备好转送工具和监护、急救设备及药品。③转送前对每一位伤员进行全面评估和处理，注意保护伤口。④做好伤员情况登记和伤情标记，并准备好相关医疗文件。

（二）不同工具转送的途中救护要点

1. 担架转送伤员的护理

（1）担架搬运时一般患者脚向前，头向后，医务人员应在担架的后侧，以利于观察病情，如有意外情况，随时停下进行处理。伤员一旦上了担架，不要轻易更换，以免增加伤员不必要的损伤和痛苦。

（2）妥善系好固定带，行进过程中担架要平稳，防止颠簸。在上、下坡时，要使担架保持水平状态，注意防止伤员从担架上跌落。

（3）对清醒患者，要表明身份，消除伤员对救护人员的紧张、焦虑情绪。

（4）移离担架时，先抬起伤员，再移至床上，切忌拖拉而造成皮肤擦伤。

（5）应注意以下问题：①必须先急救，妥善处理后才能搬动。②运送时尽可能不摇动伤员的身体。③在人员、器材未准备完好时，切忌随意搬动。④昏迷者的转运，最为重要的是保持呼吸道通畅，要随时观察伤者，防止误吸发生。

2. 卫生车辆转送伤员的护理

（1）对汽车或列车车厢统一编号，备好各种物资、器械、药材、护理用具和医疗文件等。

（2）根据伤病情及有无晕车史等，遵医嘱给予止痛、止血、镇静、防晕车等药物。

（3）将出血、骨折、截瘫、昏迷等重伤员安排在下铺，每台车或每节车厢安排 1~2 名轻伤员，协助观察和照顾重伤员。安置合理体位，防坠床。

（4）加强病情观察，保证途中治疗护理工作。

（5）安排危重伤员先下车，清点伤员总数，了解重伤员伤情，做好交接。

3. 卫生船转送伤员的护理

（1）为伤员创造良好的转运环境，晕船者预先口服茶苯海明（乘晕宁），伤员因晕船所致呕吐应及时清理干净，并将头转向一侧，防止窒息发生。

（2）使用固定带将伤员妥善固定于舱位上。

（3）保持自身平衡，妥善实施护理操作。

（4）病情观察及其他护理措施同陆路转送的护理。

4. 空运伤员的护理

（1）伤员的位置应合理摆放，大型运输机中伤员可横放两排，中间留出过道，休克者应头部朝向机尾。若为直升机，伤员应从上至下逐层安置担架，重伤员应安置在最下层。

（2）空中温度和湿度均较低，对气管切开者应用雾化器、加湿器等湿化空气，或者定时给予气管内滴入等渗盐水。对使用气管插管者，应减少气囊中注入的空气量，或者改用盐水充填，以免在高空中因气囊过度膨胀压迫气管黏膜而造成缺血性坏死。

（3）外伤致脑脊液漏者，因气压低漏出量会增加，需用多层无菌纱布保护，及时更换敷料，预防逆行感染，中等以上气胸或开放性气胸者，空运前应反复抽气，或做好胸腔闭式引流，使气体减少至最低限度。

（4）其他护理工作同陆路转送的护理。

第四节　灾难心理干预

一、灾难救援中的心理评估

在灾难救援中，救援人员既要面对家园损毁、亲人伤亡或遭受伤害的受灾者，又要面对不可预测的灾难危险现场，甚至自身生命都受到威胁，这不可避免地使其产生一系列心理和生理反应。一般情况下，对突发灾难的短暂不适反应均属于正常的应激反应。但如果应激反应超过救援人员心理所能承受的范围，就会产生严重心理问题，甚至出现精神疾病。

（一）灾难救援人员心理反应的影响因素

灾难救援人员心理问题的产生受到应激源、应激主体（个体）及其所处环境三方面的影响。

1. **应激源**　灾难救援人员在灾难环境下受到灾难性质、强度、持续时间、可预测性、可控制性、等级数量的影响。另外，还受灾难应激源数量及其积累作用的影响，如在一年中救援人员反复多次进入灾难场景，其出现心理问题的概率将明显增加。

2. **应激主体（个体）**　主要受到救援人员的个性特征、认知评价、早期经历、应对方式、躯体健康水平以及遗传等因素的影响。低水平的社会经济状况、先前存在心理问题或疾病、应对压力的能力较低、有过丧失重要亲密关系人的经历、童年有创伤史等，均是灾难救援人员出现心理问题的高危因素。在应激主体中，认知评价是造成心理问题的核心因素，而心理问题的产生多源于对灾难救援的不合理信念所导致的认知歪曲。

3. **环境资源因素**　包括自然环境资源和社会环境资源。自然环境资源主要指救援人员在救灾过程中可利用的自然资源，如物质支持和救灾现场条件等。社会环境资源主要是指社会支持系统，如家庭、社会及国家等层面给予的认可、支持和保证。

（二）灾难救援人员常见心理疾病的类型

1. **急性应激障碍**　又称急性应激反应或急性心因性反应，是一种由创伤性事件强烈刺激引发的一过性精神障碍。本病可发生于任何年龄，在灾难幸存者中发生率可达 50%。多数患者在遭受刺激后数分钟或数小时出现精神症状。历时短暂，可在数小时、几天或 1 周内恢复，预后良好。如处理不当可有 20%~50% 的人转为创伤后应激障碍，长期痛苦，难以矫治。主要诊断标准如下。

（1）症状标准：以异乎寻常的和严重的精神刺激为原因，并至少有下列一项，即：①有强烈恐惧体验的精神运动性兴奋，行为有一定盲目性。②有情感迟钝的精神运动性抑制（如反应性木僵），可有轻度意识模糊。

（2）严重标准：社会功能严重受损。

（3）病程标准：在受到刺激后若干分钟至若干小时发病，病程短暂，一般持续数小时至一周，通常在一个月内缓解。

（4）排除标准：须排除癔症、器质性精神障碍、非依赖物质所致精神障碍及抑郁症。

2. 创伤后应激障碍　又称为延迟性心因性反应，是一种由异乎寻常的威胁性或灾难性心理创伤导致延迟出现和长期持续的精神障碍。因其病程较长、社会功能明显受损而受到关注。主要诊断标准如下。

（1）症状标准：遭受对每个人来说都是异乎寻常的创伤性事件或处境（如天灾人祸）后出现。

1）病理性重现：反复出现创伤性体验，并至少有下列 1 项。①不由自主地回想受打击的经历。②反复出现有创伤性内容的噩梦。③反复发生错觉、幻觉。④反复发生触景生情的精神痛苦，如目睹死者遗物、旧地重游，或周年日等情况下会感到异常痛苦和产生明显的生理反应，如心悸、出汗、面色苍白等。

2）持续的警觉性增高：至少有下列 1 项。①入睡困难或睡眠不深；②易激惹；③集中注意困难；④过分地担惊受怕。

3）对与刺激相似或有关情境的回避：至少有下列 2 项。①极力不想有关创伤经历的人与事；②避免参加能引起痛苦回忆的活动，或避免到引起痛苦回忆的地方；③不愿与人交往，对亲人变得冷淡；④兴趣爱好范围变窄，但对与创伤经历无关的某些活动仍有兴趣；⑤选择性遗忘；⑥对未来失去希望和信心。

（2）严重标准：社会功能受损。

（3）病程标准：精神障碍延迟发生（即在遭受创伤后数日至数月后，罕见延迟半年以上才发生），符合症状标准至少已 3 个月。

（4）排除标准：排除情感性精神障碍、其他应激障碍、神经症、躯体形式障碍等。

二、灾难伤员的心理干预

心理干预方案如同治疗方案一样，是心理辅导的基本工作框架，它规定了心理咨询和心理治疗的核心要素。一个完整的心理干预方案应包括的技术要素主要有：①拟干预心理问题的选择；②问题的界定和确定诊断；③制定长期目标，即为解决靶心问题而设计的总体的和全面的远期目标；④制定短期目标；⑤制定干预措施；⑥评估干预效果。

（一）灾难救援中的心理评估
1. 心理评估的目的
（1）筛查：通过心理评估从受灾人群中筛选出需要进行心理干预的高危人群。

（2）判定：对于重点人群的个体通过详细的心理评估，确定其心理问题及严重程度，以便制订有针对性的干预措施。

（3）追踪：干预过程中在不同时间点上进行阶段性评估，以了解前期干预的效果，并为下一阶段干预措施的制订调整提供依据。

2. 心理评估的原则

（1）尊重：即尊重评估对象，应征得评估对象的自愿和知情同意，对评估对象无条件地接纳、关注和爱护。

（2）保密：恪守职业道德，向评估对象承诺保密，不向无关人员透露。

（3）针对性：目的要明确，事先明确评估问题。

（4）综合性：综合运用访谈、观察和心理测验等评估方法，从多渠道收集信息，进行综合分析，从而做出可靠的诊断。

（5）与干预相结合：保证在能持续进行心理干预的前提下进行心理评估。

3. 心理评估的实施　可分为急性期和恢复期（远期）两个阶段。

（1）急性期评估：是指灾难后约 1 个月。这个时期是幸存者完成生命救助，生活安全得到基本保证，但心理处于混乱、孤立绝望、产生各种应激反应的时期。急性期心理评估的主要内容是：①针对幸存者当前需求和担忧收集信息，识别风险因素。②筛查识别高危人群，作为心理干预的重点人群。

（2）恢复期评估：通常指灾难后 3 个月、6 个月、1 年和 2 年。这个时期的心理评估主要是在了解受灾人群整体心理健康状况的基础上，对适应障碍、抑郁、焦虑、恐惧等心理障碍进行评估诊断，并在不同时间点上进行阶段性随访评估，检验心理干预的效果，调整心理干预措施。

（二）灾难救援中伤员的心理干预

1. 帮助当事人脱离创伤事件及情境，找到安全住所或暂时避开与创伤场景有关的刺激，可通过相关组织和社会支持给当事人提供实际的帮助，迅速脱离创伤事件现场，这有助于避免进一步受到创伤的可能性。

2. 建立良好的合作关系，提高当事人对治疗的依从性。经验表明，接近当事人的最佳方式是为他提供具体的帮助，如食物、水、毯子等。要使当事人认识到别人的心理陪护是必要的，并让其了解心理辅导的目标和基本过程。

3. 在取得当事人知情同意的情况下，运用心理学问卷或量表等评估创伤对其情感、认知和行为影响的性质和严重程度。

4. 选择合适的治疗方式，住院或门诊治疗。大部分伤员会选择门诊治疗，但病情较重又缺乏家庭照顾者建议选择住院治疗。

5. 尽快协助伤员建立社会支持系统，良好的家庭、社会支持和保险状况是阻止创伤后应激障碍发生的保护因素。个体对社会支持的满意度越高，创伤后应激障碍发生的危险性就越小。因此，心理干预者必须协助当事人尽快找到可能的社会支持来源和促进其他人提供物质和精神支持，鼓励当事人接受别人的关心和协助。

6. 鼓励当事人尽量把自己的感觉表达出来，不要觉得难为情。鼓励当事人通过对家人或朋友讲述有关的经历来面对这种创伤。

7. 向当事人保证这种急性应激反应在短期内会过去，但要让当事人认识到，在危机事件周年纪念日或其他特殊的日子，自己的情感反应可能会加重，鼓励当事人通过与支持者的交往和制订某种行动计划来为这种纪念日的触发做好应对准备。

8. 建议当事人不要用药物或酒精来应对创伤反应，训练当事人学习诸如深呼吸、肌肉放松等放松方法和从事建设性的活动来应对应激反应的焦虑和紧张。

三、灾难救援人员心理健康防护

为确保灾难救援人员的心理健康，促进其功能康复，灾难心理学研究已经成为救援工作的重要内容。对灾难救援人员心理问题的预防和干预还需做好以下三方面工作：①做好灾难事前心理训练。②迅速有效地为其提供心理危机干预。③专业有效的心理干预和治疗是促进其康复的必要条件。

（一）灾难事前心理训练

事前训练可以有效降低救援人员出现心理问题的可能性。灾难事前心理训练内容包含：救援人员的职业道德教育、现场救援的基本知识、心理学的基本知识和救援中释放心理压力的方法等。当参与救援的人员掌握了相关的知识后，不仅可以提高自身的心理素质，解决自身的心理问题，而且还能在灾难救灾中帮助灾民解决类似的问题，从而从生理与心理上救助灾民，提高救灾的质量和速度。

（二）灾难救援人员心理危机干预

是一种在紧急情况下的短程心理治疗，要在短时间内帮助灾难救援人员渡过难关。

1. **心理危机干预遵循的三个基本原则** ①尽量使危机当事人接受支持和帮助。②尽力帮助当事人坦然面对危机，采取适当的应对行为。③与当事人沟通相关信息，获得其信任，并减轻其紧张情绪。

2. **心理危机干预的模式** 心理危机干预的模式包括平衡模式、认知模式和心理社会转变三种模式。

（1）平衡模式：主要的目的在于帮助当事人重新获得危机前的心理平衡状态。此模式最适合于危机最初阶段的干预。

（2）认知模式：主要目的在于通过学习和训练新的自我说服，使当事人的思想变得更为积极，更为肯定。认知模式最适合于危机稳定下来并接近危机前平衡状态的当事人。

（3）心理社会转变模式：主要目的是评估与危机有关的内外部因素。从个体内部和外部因素着手，考虑其对当事人的心理影响，并测定与危机有关的内外部困难，帮助当事人选择替代他们现有的行为、态度和使用情境资源的办法，从而帮助当事人将适当的内部资源、应付方式、社会支持和情境资源结合起来，最终获得对自己生活的自主控制。

研究者认为将这三种模式整合在一起，形成一种统一的、综合的模式对于进行有效的危机干预是很有意义的。

（三）心理健康的应对措施

在心理健康的应对中，进行动态、全程的心理评估极其重要，这对于及时、准确地把握救援人员心理问题的严重程度具有重要意义。应遵循基本的六个步骤。①明确问题：从当事人的角度来确定和理解其所发生的心理危机问题，以同情、真诚、尊重、接受和关心的态度进行倾听，帮助当事人宣泄紧张、恐惧和悲痛的情绪，从而产生治疗效果。②确保安全：干预者要将当事人对自我和他人的生理和心理的伤害和危险降到最低；以科学和事实为依据，告诉当事人所担心的事情不会发生或只有很小的可能发生。③提供支持：干预者要无条件地接纳当事人，与当事人积极地沟通与交流，使其认识到干预者是完全可以信任的，也是能够给予其关心和帮助的人。④提出应对方法：突发灾难后的幸存者，常常会失去希望，失去信心。干预者要让当事人认识到有许多变通的应对方式可供选择，并帮助其确定能现实处理其问题的最适合的方法。⑤制订计划：干预者要充分考虑当事人的自控能力和自主性，并与当事人共同制订行动计划，来矫正其情绪的失衡状态。⑥获得承诺：回顾和改善有关计划和行动方案，并获得当事人的直接而真诚的承诺，以便当事人会坚持按照预定计划和方案行事。

（戴 红）

学习小结

灾难护理，是研究在各种自然灾难和人为事故所造成的灾难性损伤条件下，实施紧急护理救治、疾病预防和卫生保障的一门科学。灾难护理学以护理人员在灾难中的角色为特征，从护理的视角描述了护士在防灾减灾准备阶段、现场救援及灾后恢复阶段中的灾难必备的知识和技能、伤员管理、护理人员自我心理问题的纾解等阐述，让人们重新认识了护理人员在灾难应急准备和反应中的作用，并建立了相关的专业机构，这标志着我国灾难护理救援事业进入了新的旅程。

复习参考题

1. 如何对灾难现场伤员进行快速检伤分类？

2. 如何做好灾难后的心理健康救援工作？

3. 灾难救援中护士应承担的角色有哪些？

第三章　急诊评估与分诊

3

03章

学习目标	
掌握	急诊分诊概念、急诊分诊程序及分诊技巧。
熟悉	急诊护理评估和分诊作用。
了解	分诊护士资质及素质要求。

患者女性，42 岁，因交通事故车祸所致外伤由 120 救护车于 22：00 送达急诊科。入院时患者神志不清，头部有约 7cm 头皮裂伤，出血不止。患者无呼吸困难，无脑脊液漏。查体：P 110 次 / 分，R 28 次 / 分，BP 87/48mmHg。

思考：

1. 你作为急诊护士应对该患者进行哪些初级评估？

2. 按照四级分诊系统，该患者的病情严重程度是几级？

3. 分诊护士应给予怎样的处理？

第一节　急诊评估

急诊护理评估（patient in emergency department），又称急诊患者评估，是收集急诊患者主观和客观资料的过程。急诊患者常因各种急症就诊，其病情和临床表现与慢性病不同，尤其是急危重症患者，病情急而来势凶猛，病情变化快，严重者甚至在短时间内会有生命危险。因此，急诊护士思维与其他科室护士相比有其自身特点，急诊护士在接诊分诊患者时应具备清晰的思路，系统掌握急诊护理评估方法，瞬间识别危及患者生命的状况，准确判断疾病或损伤的症状体征，快速决定就诊救治级别，达到最大限度挽救患者生命的目的。

急诊护理最初评估（initial assessment）分初级评估（primary assessment）和次级评估（secondary assessment）两个阶段。

一、初级评估

初级评估又称快速评估，是指对来院急诊就诊患者进行有重点地快速收集资料，并将资料进行分析、判断、分类和分科，一般应在 2~5 分钟内完成，对急危重症患者，应做到一进急诊就立即进行评估。初级评估遵循 A-B-C-D-E 的顺序，包括：气道及颈椎；呼吸功能；循环和脑灌注；神志状况；暴露患者，可简单记忆为 ABCDE。主要目的是快速识别有生命危险需要立即抢救的患者，如果发现其中任何一项不稳定，均应立即送往抢救室进行抢救。

1. A—气道及颈椎（airway patency with simultaneous cervical spine protection for trauma patient）患者是否能交谈或者是否有胸腹起伏；有无气道梗阻，如舌后坠、松脱牙齿 / 口腔内异物、呕吐物 / 分泌物、出血块、口唇或咽喉部肿胀等，其中舌后坠是意识不清患者气道阻塞最常见的原因，如果气道部分或完全阻塞，应立即将患者送入抢救室，采取措施开放气道，院外已建立的人工气道是否通畅并妥善固定；听诊两肺呼吸音是否对称；观察自主呼吸情况，对创伤患者同时注意固定颈椎予以制动。

2. B—呼吸功能（breathing effectiveness）　检查患者是否有自主呼吸、呼吸是否正常、胸廓有无起伏、两侧胸廓起伏是否对称。如果患者有呼吸，观察呼吸频率、节律、深浅度、皮肤颜色、应用辅助呼吸肌、颈静脉充盈、气管位置、软组织及胸骨完整程度；听诊呼吸音是否存在或减弱。对于外伤患者应注意张力性气胸、连枷胸合并肺挫伤及开放性气胸所造成的换气功能障碍、气管移位、软组织和胸骨完整性受损。如果患者没有呼吸或呼吸不正常，应立即将患者送入抢救室，给予辅助呼吸，或进行气管插管。呼吸困难者，给予吸氧，球囊-面罩人工辅助通气。

3. C—循环和脑灌注（circulation/cerebral perfusion effectiveness） 检查有无脉搏、脉率是否正常、每分钟脉搏次数、脉搏强弱、节律（规则/不规则）、外出血情况、毛细血管充盈时间、皮肤颜色（红润/苍白/黄/青紫）和湿度（干/湿）及温度（冷/暖/热），判断循环功能状况。测量血压以了解循环功能，但应注意血压有时不能反映早期周围循环灌注不良状况；皮肤颜色和毛细血管充盈；患者是否清醒，患者的反应，脑组织灌注不足会导致意识改变，但意识清醒的患者仍有潜在出血的可能；皮肤颜色、湿度和温度可帮助判断创伤患者的循环血量情况，大量失血时，面部和四肢皮肤可呈现灰白或苍白、皮肤湿冷等休克表现。

4. D—评估神经缺损（disability） 评估患者是否有神经功能的缺损或障碍，基本的神经功能评估包括清醒程度及瞳孔反应，清醒程度可应用 AVPU 法或格拉斯哥昏迷评分量表（Glasgow Coma Scale，GCS）。AVPU 法是指：A（alert）—患者完全清醒；V（vocal）—患者对语言刺激有反应；P（pain）—患者对疼痛刺激有反应；U（unresponsive）—患者对任何刺激都没有反应。评估神经功能的另一个基本方法是评估患者双侧瞳孔的大小及对光反应情况。如果患者意识不清，瞳孔大小不等，对光反应迟钝，提示患者出现脑部损伤，如脑出血或脑水肿等。

5. E—暴露患者/环境控制（exposure/environment control） 评估时可移除患者的衣物以评估和识别潜在的疾病或损伤症状，注意给患者保暖和保护其隐私。如果身上有各类管道，应查看管道是否通畅，固定是否牢固安全，是否有明显标记。注意患者保暖并保护其隐私。

二、次级评估

经过初级评估后，患者的初步情况稳定，没有生命危险，应该进行次级评估。次级评估的目的是识别疾病与损伤的指征，评估方法包括从头到脚法（head-to-toe approach）与系统法（systems approach），评估内容包括问诊、生命体征测量、各系统重点评估。这些评估可以同时进行，在 3~5 分钟内完成分诊级别的确定。患者病情发生变化或有疑问时应重新评估和分诊。

1. **问诊** 目的是了解患者来院就诊的主要原因。耐心倾听患者的主诉，注意患者及陪诊者的情绪反应、面部表情，灵活问诊。如为创伤，认真询问受伤经过，以评估直接、间接和相关伤势。非外伤，询问发病的原因、诱发因素、既往史、本次疾病发作时伴随的症状、院前用药及治疗效果等。问诊需要护士具备良好的沟通技巧、有效控制问诊时间。

2. **生命体征** 包括体温、脉搏、呼吸、血压和血氧饱和度，是反映患者当时生理状况的重要指标，应按照患者病情需要进行测量。生命体征测量可以在次级评估之前进行，特别是同时救治危重或受伤患者的时候。测量时需注意细节和评估患者的病情，如对头部受伤、疑似脑卒中患者，测量生命体征同时还需判断患者意识情况，并注意评估患者瞳孔的变化情况。

（1）体温：所有急诊就诊患者均应测量体温，因为有时体温异常可能是患者患病的唯一表现。

（2）脉搏：注意评估脉搏次数、强弱、是否规律、心率和脉率的差异等。对电子技术的依赖往往削弱了触摸脉搏评估心律失常的作用，应注意避免。排除心理或环境因素，正常范围以外的脉搏可能是异常生理状况的迹象。

（3）呼吸：对主诉呼吸系统问题，如哮喘、COPD、肺炎、创伤、气胸、血胸、胸骨或肋骨骨折、肺栓塞、药物中毒等患者，应评估呼吸次数、节律、深度、对称程度、辅助呼吸肌应用等。准确评估有时需要观察整整 1 分钟的呼吸状况。

（4）血压：如果就诊患者为出血、休克、创伤或药物中毒等，有必要测量左右上肢血压，计算脉压（收缩压 - 舒张压）、休克指数（脉搏 / 收缩压）。如脉压降低，说明心排血量降低，周围血管阻力代偿性增高，而休克指数 >0.9 可能表明有休克。

（5）脉搏血氧饱和度（SpO_2）：脉搏血氧饱和度测量可有助于评估呼吸或血流动力学受损、意识改变、严重疾病或损伤等，有助于判断疾病的严重程度或治疗的有效性。

3. **重点评估**　疼痛伴随各系统评估。

重点评估内容主要是采集病史和"从头到足"的系统检查。不同的病变可能具有相同的症状，分诊护士需要结合患者主诉和生命体征与检查所见，必要时应用其他检查结果，进行综合分析和判断。分诊问诊的目的是为了判断疾病的严重程度，而不是为了诊断，明确这一点非常重要。病情变化或有疑问时应重新评估和分诊。

（1）神经系统：评估患者的精神状态（清醒 / 不清醒、不合作、有敌意、定向力差、歇斯底里等）；说话能力（如是否连贯、有无失语、发音含糊等）；行为（是否有暴力倾向、自杀、伤人、自闭、抑郁、躁狂等情况）；意识状态（有无意识丧失、持续时间、有无逆行性遗忘、昏睡）；其他有无血肿（位置、大小、范围），有无头晕、恶心、呕吐，步态（稳定、不稳定）等。

（2）呼吸系统：评估患者的呼吸频率、节律和效果（有无费力、气促和出汗）；是否可闻及喘息 / 喘鸣音；有无流涎；呼吸时胸部扩张情况（是否对称、有无疼痛，如有疼痛，其部位、性质等）；有无咳嗽、咯痰（痰的量、色、质、性状，是否易于咯出）；听诊呼吸音（呼气时和吸气时是否一样，有无喘息、捻发音）等。

（3）心血管系统：评估患者心率、心律、血压、脉搏情况；脉搏搏动性质；有无胸痛、放射痛、心悸、气促、出汗、头晕、晕厥、面色苍白、踝关节水肿；是否使用血管活性药物，如舌下含服硝酸甘油（开始含服时间、剂量、浓度、持续时间、效果）等。

（4）消化系统：评估患者有无恶心、呕吐（呕吐频率，呕吐物的颜色、量、性质等）；大便习惯，有无便秘腹泻（腹泻的频率、颜色）；有无咖啡色呕吐物或黑便；有无背痛（部位）；触诊腹部（是否腹软、膨隆或坚硬，有无疼痛）；有无腹部手术史；肠鸣音存在或消失等。

（5）泌尿系统：评估患者的排尿频率；是否有排尿困难、会阴部疼痛、灼热感；有无血尿现象（是否明显、有无血块）；有无尿急 / 排尿不畅、尿潴留；有无腰痛、肋脊角钝痛等。

（6）骨骼肌系统：评估患者局部有无红、肿、畸形或伤口；有无局部疼痛或压痛；评估肢体活动范围、末梢循环和感觉；评估肢体活动度（是否伴有疼痛、麻痹、感觉异常）；毛细血管充盈时间等。

（7）产科 / 妇科：评估患者的末次月经（量、时间和持续时间）；对孕妇要询问预产期，胎动、胎心音情况；有无阴道出血（颜色、性状、量）或阴道溢液；有无羊水漏出或胎膜破裂（流出液体的颜色）；有无腹痛（频率、性质）。如为经产妇，要了解生产方式（顺产、剖宫产），有无流产史等。

（8）皮肤：皮肤完整性、皮肤颜色、温度和弹性；如为外伤，记录皮肤擦伤部位，伤口大小、深度、有无分泌物；如有压疮，评估压疮部位、面积、程度；有无皮疹、水疱等。

（9）其他：①眼睛，评估患者有无局部发红、疼痛、流泪；眼球活动（正常、减弱、无）；视觉灵敏度；有无视物模糊，复视；瞳孔大小和对光反应；有无眼前房积血，眼中线状物、片状物等。②耳，评估患者有无疼痛，分泌物，乳头压痛；有无急性听觉丧失；耳鸣等。③鼻，评估患者有无鼻出血（单侧/双侧）；有无分泌物、异物；有无鼻窦疼痛；疼痛与呼吸运动的关系等。④喉，评估患者有无喉咙痛、异物感；声音嘶哑或说话困难；有无语言障碍、舌体肿胀，流涎、下颌固定等。

第二节 分 诊

一、急诊分诊概述

急诊分诊是急诊患者救治过程中的第一个重要环节。为了保证病情危急需要立即抢救的患者能够得到及时最佳的救治，同时让等候治疗的患者需求得到关注，需要由有经验的急诊科护士根据分诊原则及程序，迅速对所有来诊患者按疾病轻重缓急进行分诊，对短时间内有生命危险的患者立即实施抢救。急诊分诊直接关系到急诊服务的质量、急诊患者的救治速度及患者与家属对医院服务的满意程度。

（一）急诊分诊概念

分诊的概念最早起源于法语。第二次世界大战中"分诊"已应用到医疗工作中，但那时的分诊的理念与现在完全不同。现在意义的急诊分诊（triage）通常是指急诊患者到达急诊科后，由分诊护士快速、准确地评估其病情严重程度，判别分诊级别，根据不同等级安排就诊先后秩序及就诊诊室，科学合理地分配急诊医疗资源的过程。分诊的目标是在正确的时间、正确的地点对正确的患者实施正确的医疗帮助。分诊不仅仅是决定谁优先救治，还需考虑患者的救治过程需要哪些医疗资源。

（二）急诊分诊作用

1. **安排就诊顺序**　分诊可帮助护士在日益拥挤的急诊科快速识别需要立即救治的患者。急诊分诊就是根据病情轻重缓急合理安排就诊顺序，确定治疗优先权。优先使最严重的患者能够获得最及时的治疗，保证患者的安全，提高工作效率。当资源严重短缺时，如灾害急救，分诊的原则就是根据国际标准，使用黑红黄绿统一标记快速进行检伤分类，决定是否给予优先救治和转运，以救治更多的伤员。急诊科接待与处理日常急诊就诊的各种患者，24小时开放随时接诊，急诊患者应经分诊护士评估。

2. 急诊患者信息登记　所有的急诊患者都要进行急诊信息登记，内容包括就诊日期、时间（精确到分），患者姓名、性别、年龄、家庭地址，初诊/复诊，初步诊断等，若是发热患者应记录就诊时测量的体温，患者的转归（急诊留观、入院、转院、急诊手术、死亡）。医护人员要及时总结，如每日小结一次就诊人次，每月总结一次工作量。

3. 紧急处置　急诊患者到达后，分诊护士对患者初步评估后，应该快速对其情况进行分析评估与判断，发现病情危重、危及生命的患者应先安排入抢救室进行急救，其他患者可根据所属科室安排进入相应专科诊室等候诊治。急诊患者经初步处理后，根据专科特点运送至各病区、监护室、手术室、导管室、留观室。需要转院的患者需先与对方医院联系，妥善安排120救护车，转运患者做到无缝衔接，保证患者安全。

4. 建立公共关系　急诊分诊护士通过快速、准确、有效的分诊，使危重患者的医疗需求立即得到关注，并通过健康教育或适时的安慰，与急诊科其他人员有效沟通，迅速与患者建立和谐的护患关系，增加患者满意度。

5. 统计资料的收集与分析　应用计算机预检分诊系统对急诊患者的信息进行录入、保存，通过对信息的整理、统计和分析，为急诊科管理、科研和教学提供基础数据和决策依据。

（三）分诊的原则

首先要掌握的原则是一定要注意患者的生命体征。生命体征直接反映患者的病情轻重缓急。其他的原则还包括：先救命后分诊、先危后重的原则；对于急而不危的患者，同样应当引起重视。而对于危而不显的患者，一定要更加关注。另外，还要注意精神差的年轻人、贫血的患者（当血红蛋白低于4g的时候，患者可能出现猝死）。另外，在不能准确对患者进行评估时，一定要找医生共同评估患者情况，以便做下一步的安排。

（四）分诊处的设置

分诊处又称预检分诊处，应设在急诊科入口处醒目位置。分诊护士一般由经验丰富的护士担任，负责患者的预检、分诊工作。分诊处备有血压计、听诊器、体温表、压舌板、手电筒等常规检查用物，以及各种书写表格。设有一定数量的候诊椅、诊察床和洗手池等设备。急诊患者经过护士分诊后，按照病情的危重程度给予不同的处理，危重患者通过分诊后及时送入抢救室抢救。医院应安装计算机设备，录入患者的一般资料和就诊情况，便于资料的保存和查询。分诊室还应配备电话、呼叫器、对讲机、闭路电视监控系统等通讯设施，便于及时与相关医生联系，了解工作状况，组织救治。

急诊科面向全社会开放，患者来自社会各个阶段，文化修养、个人素质、心理状态、经济条件、社会背景、发病过程各个不同，对疾病的认识和承受能力有很大差异。患者就诊，常以主诉急性症状为主。分诊护士要凭借扎实的专业知识、丰富的临床经验及对各种急性症状的鉴别诊断能力、灵活的应变能力，通过观察、询问获取信息，初步了解患者病情，决定进一步处理的顺序。

对救护车转来的患者或严重创伤、急性中毒、大量出血、发病骤急等患者，护理人员应主动到急诊室门口接待患者，与护送人员简单交接，并迅速判断伤病严重程度，危重者立即送抢救室急救。

二、急诊分诊程序

（一）急诊常用分诊方法

分诊的方法众多，不同地区医疗机构所采用的分诊方法也不同。概括来说，急诊分诊方法可分为三大类。

1. 交通指挥分诊法（traffic director） 此类分诊方法通常由非医护人员负责接待每一位患者，凭直觉决定患者是否需要在急诊科接受立即救治。

2. 现场检查分诊法（spot-check triage） 通常适用于就诊患者人数较少的急诊科，当患者到达时，呼叫护士到急诊分诊处，进行简单的护理评估和分流。

（1）询问：通过问诊，得到患者的主观资料，即主诉及其相关的伴随症状，并了解患者对疾病的感受，心理状态与行为反应及社会情况，了解与现病史有关的既往史、用药史、过敏史等。在问诊过程中应注意识别患者及家属倾向性的表述，根据病情有目的地进行诱问，使收集的资料真实全面。

（2）观察：护士运用眼、耳、鼻、手感官来收集患者的客观资料，即主要的体征。用眼观察患者的一般状况，如意识、精神状态、面容表情、肤色、颈静脉、体位及发音等改变所代表的意义；观察排泄和分泌物的色、量、质的改变所代表的意义。用耳去辨别身体不同部位发出的声音如呼吸音、咳嗽音、心音、肠鸣音等变化所代表的意义。用鼻去辨别患者发出的特殊气味所代表的意义。用手去触摸患者的脉搏来了解其频率、节律及充盈度，触摸疼痛部位来了解疼痛涉及范围与程度，触摸患者的皮肤来了解体温等。可借助压舌板、电筒、体温计、血压计、听诊器等进行护理查体，还可用心电图机、快速血糖仪等仪器进行检查，收集资料。

（3）查体：如有必要，时间允许情况下，对患者的头部、颈部、胸部、腹部、骨盆、脊柱及四肢进行重点查体或全身系统检查，收集资料。

3. 综合分诊法（comprehensive triage） 由急诊科护士根据患者生理、心理、社会等综合需要进行分诊，现在绝大部分国家和地区的综合医疗机构基本采用此类分诊方法。在分诊中，临床上将常用分诊技巧概括为分诊公式，由于公式易记，实用性强，所以较常用。常用的如下。

（1）SOAP 公式：是四个英文单词第一个字母的缩写。

S（subjective，主观感受）：收集患者的主观感受资料，包括主诉及伴随的症状。

O（objective，客观现象）：收集患者的客观资料，包括体征及异常征象。

A（assess，估计）：将收集的资料进行综合分析，得出初步判断。

P（plan，计划）：根据判断结果，进行专科分诊，按轻、重、缓、急有计划地安排就诊。

理论与实践　　　　　　　SOAP 公式的应用

患者男性，56 岁，外伤送来急诊。

S：患者步行过马路时被汽车撞倒，感头痛、胸闷。

O：患者神志清楚，左侧肩、膝有伤，左眉角破损、淤青，视力无改变。

A：患者需排除颅内、胸腔内部损伤的可能性。

P：急呼神经外科医师检查。

（2）PQRST 公式：是五个英文单词第一个字母组成的缩写，适用于疼痛的患者。

P（provoke，诱因）：疼痛发生的诱因及加重与缓解的因素。

Q（quality，性质）：疼痛的性质，如绞痛、钝痛、电击样、刀割样、针刺样、烧灼样等。

R（radiate，放射）：有否放射痛，向哪些部位放射。

S（severity，程度）：疼痛的程度如何，若把无痛到不能忍受的疼痛用 1~10 的数字来比喻，相当于哪个数的程度。

T（time，时间）：疼痛开始、持续、终止的时间。

理论与实践　　　　　　　　PQRST 公式的应用

患者男性，21 岁，腹痛伴呕吐一次来急诊。

P：无明显诱因。

Q：绞痛。

R：初起时位于脐周，2 个小时后转为右下腹。

S：轻时为 4，重时为 9。

T：5 个小时前起病，时重时轻，逐渐加重。

高度怀疑患者为急性阑尾炎，分诊到外科就诊。

（3）CRAMS 评分：CRAMS 评分是主要采用循环、呼吸、运动、语言 4 项生理变化加解剖部位的一种简易快速、初步判断伤情的方法。为便于记忆，以 CRAMS 代表，每项正常记 2 分，轻度异常记 1 分，严重异常为 0 分，总分 8 分。CRAMS 记分是总分越小，伤情越重。

C（circulation，循环）：毛细血管充盈正常和收缩压≥100mmHg 为 2 分，毛细血管充盈延迟和收缩压 85~99mmHg 为 1 分，毛细血管充盈消失和收缩压 <85mmHg 为 0 分；

R（respiration，呼吸）：正常为 2 分，急促、浅或呼吸频率 >35 次 / 分为 1 分，无自主呼吸为 0；

A（abdomen，腹胸部）：无压痛为 2 分，有压痛为 1 分，肌紧张、连枷胸或有穿通伤为 0 分；

M（motor，运动）：运动自如为 2 分，对疼痛有反应为 1 分，无反应或不能动为 0 分；

S（speech，语言）：正常为 2 分，谵妄为 1 分，讲不清完整的词语为 0 分。

4. 分诊要求

（1）急诊预检分诊护士必须由熟悉业务、责任心强的护士来担任。

（2）必须坚守工作岗位，临时因故离开时必须由护士长安排能胜任的护士替代。

（3）预检分诊护士对来急诊科（室）就诊的患者，按轻、重、缓、急依次办理分科就诊手续，并做好预检分诊登记，包括姓名、性别、年龄、职业、接诊时间、初步判断、是否传染病、患者去向等项目，书写规范，字迹清楚。

（4）如有分诊错误，应按首诊负责制处理，即首诊医生先看再转诊或会诊，护士应做好会诊、转科协调工作。

（5）遇急危重患者应立即将其送入绿色通道，要实行先抢救后补办手续的原则。

（6）遇成批伤病员时，对患者进行快速检伤、分类，分流处理，并立即报告上级及有关部门组织抢救。

（7）遇患有或疑患传染病患者来院急诊，应将其安排到隔离室就诊。

（8）对于由他人陪送而来的无主患者，先予分诊处理，同时做好保护工作。神志不清者，应由两人以上的工作人员将其随身所带的钱物收拾清点并签名后上交保卫科保存，等亲属来归还。

（二）病情严重程度分类系统

经资料收集、分析判断，根据患者病情一般可将患者分为四类。

1. **Ⅰ类濒危患者**　病情可能随时危及患者生命，需立即采取挽救生命的干预措施，急诊科应合理分配人力和医疗资源进行抢救。临床上出现下列情况要考虑为濒危患者：气管插管患者，无呼吸/无脉搏患者，急性意识障碍患者，以及其他需要采取挽救生命干预措施患者，这类患者应立即送入急诊抢救室。

2. **Ⅱ类危重患者**　病情有可能在短时间内进展至1级，或可能导致严重致残者，应尽快安排接诊，并给予患者相应的处置及治疗。患者来诊时呼吸循环状况尚稳定，但其症状的严重性需要很早就引起重视，患者有可能发展为1级，如急性意识模糊/定向力障碍、复合伤、心绞痛等。急诊科需要立即给这类患者提供平车和必要的监护设备。严重影响患者自身舒适感的主诉，如严重疼痛（疼痛评分≥7），也属于该级别。

3. **Ⅲ类急症患者**　患者目前明确没有在短时间内危及生命或严重致残的征象，应在一定的时间段内安排患者就诊。患者病情进展为严重疾病和出现严重并发症的可能性很低，也无严重影响患者舒适性的不适，但需要急诊处理缓解患者症状。在留观和候诊过程中出现生命体征异常者，见表3-1，病情分级应考虑上调一级。

表3-1　生命体征异常参考指标（急诊病情分级用）

| 项目 | <3个月 | 3个月~3岁 | | | 3~8岁 | >8岁 |
		3~6个月	6~12个月	1~3岁		
心率	>180		>160		>140	>120
	<100	<90	<80	<70	<60	<60
呼吸*	>50		>40		>30	>20
	<30		<25		<20	<14
血压-收缩压（mmHg）**	>85		>90+年龄×2			>140
	<65		<70+年龄×2			<90
指测脉搏氧饱和度	<92%					

注：* 评估小儿呼吸时尤其要注意呼吸节律；** 评估小儿循环时需查毛细血管充盈时间和发绀，病情评估时血压值仅为参考指标，有无靶器官损害是关键，血压升高合并靶器官损害，则分级上调一级；成人单纯血压升高（无明显靶器官损害证据）时，若收缩压>180mmHg，则病情分级上调一级；要重视低血压问题，收缩压低于低限者分级标准均应上调一级

4. Ⅳ类非急症患者 患者目前没有急性发病症状，无或很少不适主诉，且临床判断需要很少急诊医疗资源（≤1 个）的患者，见表 3-2。如需要急诊医疗资源≥2 个，病情分级上调 1 级，定为 3 级。

表 3-2 急诊患者病情分级的医疗资源

列入急诊分级的资源	不列入急诊分级的资源
实验室检查（血和尿）	病史查体（不包括专科查体）
ECG、X 线	POCT（床旁快速检测）
CT/MRI/ 超声	
血管造影	
建立静脉通路补液	输生理盐水或肝素封管
静脉注射、肌注、雾化治疗	口服药物
	处方再配
专科会诊	电话咨询细菌室、检验室
简单操作（n=1）	简单伤口处理
如导尿、撕裂伤修补	如绷带、吊带、夹板等
复杂操作（n=2）	
如镇静、镇痛	

（三）分诊程序

分诊是根据患者主诉、主要症状和体征进行初步判断，分清疾病的轻重缓急及隶属专科，以便安排救治程序及指导专科就诊的技术。分诊程序应及时而简洁，包括：分诊问诊、测量生命体征、分诊分流、分诊处理、分诊护理和分诊记录。

1. 分诊问诊 首先要热情问候来诊患者和家属，主动介绍自己，询问患者不适，目的是了解患者就诊的原因。可应用以下模式进行问诊。

1）SAMPLE：是六个英文单词首字母组成的单词，主要用于询问病史。

S（sign and symptom）：症状与体征；

A（allergy）：过敏史；

M（medication）：用药情况，如询问"有无服过药？"；

P（pertinent medical history）：相关病史，如"有无慢性疾病？"；

L（last meal or last menstrual period）：最后进食时间，对育龄女士询问最近一次经期时间；

E（event surrounding this incident）：围绕患病前后情况，如询问"是什么令你不适？"。

2）OLDCART：亦为英文单词首字母组成的单词，用于评估各种不适症状。

O（onset）：是发病时间，即"何时感到不适？"；

L（location）：部位，即"身体哪个部位感到不适？"；

D（duration）：持续时间，即"不适多长时间了？"；

C（characteristic）：不适特点，即"怎样不适？"；

A（aggravating factor）：加重因素，即"是什么引起不适？"；

R（relieving factor）：缓解因素，即"有什么可舒缓不适？"；

T（treatment prior）：来诊前治疗，即"有没有服过药 / 接受过治疗？"。

2. **测量生命体征**　问诊时同时测量生命体征，作为就诊的基本资料，包括血压、脉搏、体温、呼吸、血氧饱和度、格拉斯哥昏迷指数评分等。如果发现生命体征不稳定或不正常，应立刻将患者送往抢救室。

3. **分诊分流**　根据患者的主观和客观的数据，进行简单的医疗体检，然后进行分诊分类和分科，按照分诊分类结果，安排患者就诊或候诊。对等待诊治的患者，也不可以掉以轻心，要随时进行观察，必要时重新评估、紧急处理。一般应在 2~5 分钟内完成。高质量的分诊能使患者得以及时救治，反之，则有可能因延误急救时机而危及生命（图 3-1）。

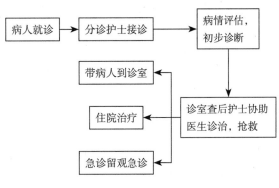

图 3-1　分诊流程图

4. **分诊处理**　处理是将进入急诊科的患者，经评估、分诊后，根据不同的病种和病情，给予及时、合理的处置。

（1）急危重患者处理：病情危急的患者开通急救绿色通道，立即进入抢救室紧急抢救，或施行急诊手术，之后送入急诊重症监护病室进行加强监护治疗。在紧急情况下，如果医生未到，护士应先采取必要的应急措施，以争取抢救时机。如给氧、吸痰、建立静脉通路、气管插管、人工呼吸、胸外按压、除颤等，以及紧急给药，如镇静解痉、降血压、降颅压药等。

（2）一般患者处理：由专科急诊就诊处理，视病情分别将患者送入专科病房、急诊观察室或带药离院。

（3）传染病患者处理：疑患传染病患者应将其进行隔离，确诊后及时转入相应病区或转传染病院进一步处理，同时做好传染病报告工作与消毒隔离措施。

（4）成批伤病员处理：遇成批伤病员就诊时，护士除积极参与抢救外，还应协助应急预案的启动、急救物品、药品、仪器的准备、人员的分工、救治区域分区设置、组织实施有效急救措施、患者及家属安抚等协调工作，尽快使患者得到分流处理。

（5）特殊患者处理：因交通事故、吸毒、自杀、刑事案件等涉及法律问题者，给予相应处理的同时应立即通知有关部门；"三无"患者：无身份证明（姓名和居住地）、无法定监护人或责任承担机构及人员、无抢救治疗经费的患者）应先处理，同时设法找到其亲属。

（6）患者转运处理：对病重者需辅助检查、急诊住院、转 ICU、去急诊手术室或转院，途中均须由医护人员陪送、监护，并做好交接工作。

（7）清洁、消毒处理：按规定要求做好用物、场地、空间清洁消毒，以及排泄物的处理。

（8）各项处理记录：在急诊患者的处理中应及时做好各项记录，执行口头医嘱时，应复述一次，经二人核对后方可用药，抢救时未开书面医嘱或未做记录，应及时补上，书写要规范清楚，并做好交接工作，对重患者进行床头交班。

5. **分诊护理**　在日常工作中，分诊之后应引导一般急诊患者到相关科室就诊，按患者所需给予适当的处理和帮助。有需要时，再次分诊分类。对病情复杂难以确定科别者，按首诊负责制处理。危重患者应由分诊护士先送入抢救室进行抢救，之后再办理就诊手续。任何需要紧急处理的危重患者，分诊护士都必须及时通知医生和护士，必要时配合抢救护士酌情予以急救处理，如 CPR、吸氧、心电监护、建立静脉通道等。

6. **分诊记录**　不同的医疗单位可能有不同的记录要求和格式，如应用计算机或纸质病历。但分诊记录的基本要求是清晰而简单。基本记录内容包括：患者到达急诊的日期与时间、分诊时间、患者年龄与性别、生命体征、病情严重程度分级、过敏史、分诊护士签名等。亦可根据 SOAPIE 格式进行记录。

S（subjective assessment）：为主观数据评估，应简单；

O（objective assessment）：客观数据评估，为快速重点体检；

A（analysis of data）：为数据分析，包括病情严重程度分级；

P（plan of care）：护理计划；

I（implementation）：实施分诊时所提供的护理，包括诊断性检查、现场救治措施、或启动的感染控制措施；

E（evaluation）：评价或再评估，记录对救治措施的任何反应或病情变化情况。

7. **分诊注意事项**

（1）初次评估中，全面评估患者的整体情况，如出现气道、呼吸、脉搏不稳定、不清醒，须立刻送往抢救室抢救，实行先抢救后补办手续的原则。

（2）不是每一名患者都必须经过分诊处，才可进入抢救室。如严重创伤或生命危在旦夕，事前已由相关救援单位（如院前急救"120"）通知急诊科，即可不经过分诊处，直接送入抢救室。

（3）保证分诊准确，定期评价急诊分诊系统，合理利用急诊科资源。定期评价急诊分诊系统和对分诊护士进行考核与培训非常重要。

（4）如有分诊错误，应按首诊负责制处理，即首诊医生先看再转诊或会诊，分诊护士应做好会诊、转科协调工作。

（5）遇成批伤员时，应立即报告上级及有关部门，同时按所在医疗单位规定进行快速检伤、分类、分流处理。

（6）遇患有或疑似传染病患者，应按规定将其安排到隔离室就诊。

（7）遇身份不明的患者，应先予分诊处理，同时按所在医疗单位规定进行登记、报告，并做好保护工作。神志不清者，应由两名以上工作人员清点其随身所带的钱物，签名后上交负责部门保存，待患者清醒或家属到来后归还。

（四）分诊护士资质

急诊分诊工作是一项要求高，工作量大，工作节奏快，具有一定压力而又责任重大的急诊专科护理工作，分诊护士在其中扮演者重要的角色。

1. **急诊分诊护士基本要求**

（1）接受急诊分诊系统的培训，且至少具有一定的急诊临床护理工作经验；

（2）善于沟通，具有良好的沟通技巧；

（3）具有良好的心理素质；

（4）决策果断，应变能力强；

（5）善于提问；

（6）拥有丰富的急诊常见疾病、相关的人体解剖、病理和生理知识；

（7）熟练掌握和应用护理评估技能评估患者；

（8）掌握疾病控制和感染预防的相关知识；

（9）善于学习，能够不断提高急诊分诊水平；

（10）掌握急诊相关的法律医学知识；并具有较强的急救能力。

2. 急诊分诊护士素质要求

（1）思想素质：急诊分诊护士应具备高尚的医德。对患者要有深切同情心，树立时间就是生命的观念，具有急救意识和应变能力。同时要有团队协作精神，与医生及其他医务人员密切配合，齐心协力抢救患者。工作认真负责，任劳任怨，不怕脏、不怕累、不怕危险，有献身精神，真正做到全心全意为人民服务。

（2）业务素质：①有扎实的专业理论知识。急诊分诊护士应具有扎实的基础理论和专业理论知识，还应尽可能多学习、掌握与急救护理相关知识，不断拓宽知识领域。②有娴熟的护理操作技能。急诊分诊护士必须掌握各种抢救设备的操作方法，技术精湛，动作娴熟，争分夺秒抢救患者生命。在某些情况下，医生未到达之前需要护士作出常规预处理，如建立静脉通道、吸氧、吸痰和止血等。③掌握急救技术和设备的使用。掌握抢救仪器及监护设备的性能与使用方法，能正确分析、判断常用的监测数据，在急救过程中能及时、准确、迅速地完成各项急救技术。④具有高度的责任心。⑤具有敏锐的观察力，善于捕捉有用的信息，有批判性思维，勇于技术创新。

（3）身体和心理素质：急诊分诊护士应保持良好的精神、心理状态和稳定的情绪，处事不乱不惊，应对从容。对患者诚恳正直、热情有礼，掌握沟通的技巧，与患者和家属达到协调的合作关系。始终保持头脑清醒，思维敏捷，有条不紊，善于分析思考问题，能从复杂多变的状态中作出快速准确判断，妥善处理各种问题。此外，由于急诊科工作的特殊性，医患关系的日趋复杂性，要求护士需具备相应的法律意识，既要尊重患者的权利，又要保护自身安全利益。同时，要注意锻炼身体，只有做到身心健康，才能胜任急诊急救工作的需要。

（魏志明）

急诊科是所有急诊患者入院治疗的必经之路，接诊分诊是急诊科首要的工作任务，接诊过程中重点是对患者的初级评估和次级评估，通过接诊了解患者情况，然后进入分诊阶段，分诊过程中需要运用各种分诊技巧，如SOAP、PQRST等分诊公式的应用，通过分诊分清患者病情的轻重缓急，按照优先顺序安排就诊，病情危急的患者开通急救绿色通道，立即进入抢救室紧急抢救；一般患者由专科急诊就诊处理，视病情分别将患者送入专科病房、急诊观察室或带药离院；疑患传染病患者应将其进行隔离，做好传染病报告工作与消毒隔离措施；特殊患者如交通事故、吸毒、自杀、刑事案件等涉及法律问题者，给予相应处理的同时应立即通知有关部门。急诊科护士应具备高尚的医德。对患者要有深切的同情心，树立时间就是生命的观念，具备急救意识和应变能力。

复习参考题

1. 试述急诊分诊的作用？

2. 试述病情严重程度分类系统？

3. 简述急诊分诊程序有哪些？

心搏骤停与心肺脑复苏

4

04章

第一节　心搏骤停

案例 4-1

患者男性，58 岁，因"反复胸闷、胸痛 2 周，加重 30 分钟"急诊入院。入院时神清语明，痛苦面容，略烦躁。查体：T 37.6℃，BP 115/75mmHg，P 62 次 / 分，R 18 次 / 分。心电图示胸部 V_1~V_5 导联 ST 段压低，T 波倒置。实验室检查：血清心肌酶检查 CPK、CK-MB、AST 明显增高，血清肌钙蛋白 T（TnT）阳性，诊断为"冠心病、心肌梗死"。入院后 20 分钟患者突发意识丧失，呼之不应，呈现喘鸣样呼吸，颈动脉搏动消失，全身发绀，心电监护示 QRS 波群消失，代之以大小不等、形态各异的颤动波，频率为 220 次 / 分。

思考：

1. 该患者出现了什么状况？

2. 接下来该如何处理？

心搏骤停（sudden cardiac arrest，SCA）指患者的心脏正常或无重大病变的情况下，受到严重的打击，致使心脏突然停搏，有效泵血功能消失，引起全身严重缺血、缺氧。若及时采取正常有效的复苏措施，有可能恢复，否则可导致死亡。

猝死（sudden death）是指平素健康的人或病情比较稳定或正在改善中的患者，突然意外发生循环呼吸停止，一般在发病 6 个小时内死亡。急性症状发作后 1 个小时以内以意识突然丧失为特征，由心脏原因引起的死亡称心源性猝死。

一、心搏骤停的原因

（一）心源性因素

心源性因素即由心脏本身的病变所致。在心血管疾病中，以冠状动脉粥样硬化性心脏病最常引起心搏骤停，由急性冠脉综合征导致的心搏骤停多数发生在急性症状发作 1 小时内，其他疾病有心肌病变并发严重心律失常、心脏瓣膜功能不全、主动脉疾病等。

（二）非心源性因素

非心源性因素即因其他疾病或因素影响心脏所致。

电击伤、溺水、自缢、严重的电解质紊乱、酸碱失衡、严重创伤、药物中毒或过敏、麻醉或手术操作意外等均可引起心搏骤停。

二、心搏骤停的类型

（一）心室颤动

心室颤动（ventricular fibrillation，VF）又称室颤，是心搏骤停最常见的类型。心室肌发生极不规则、快速而又不协调的颤动。心电图表现为 QRS 波群消失，代之以大小不等、形态各异的颤动波，频率可为 200~400 次 / 分。治疗前先行心脏按压术，若无效应行电除颤。见图 4-1。

图 4-1 心室颤动

（二）心室停搏

心室停搏（ventricular systole，VS）又称心室静止。心肌完全失去电活动能力，心电图上无心电波型，呈一直线或偶有 P 波。见图 4-2。

图 4-2 心室停搏

（三）无脉性电活动

无脉性电活动（pulseless electrical activity，PEA）过去也称心电 - 机械分离（electromechanicaldissociation，EMD），指心肌仍有生物电活动，但失去了有效的机械功能。心电图间断出现宽而畸形、振幅较低的 QRS 波群，频率为 23~30 次 / 分。此时心肌无收缩排血功能，心脏听诊时听不到心音，周围动脉打不到搏动。见图 4-3。

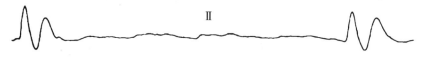

图 4-3 无脉性电活动

（四）无脉性室性心动过速

无脉性室性心动过速（pulseless ventricular tachycardia，PVT 或 VT）心电图表现为 3 个或 3 个以上的室性期前收缩连续出现，QRS 波群形态畸形，时限超过 0.12 秒，ST-T 波方向与 QRS 波群主波的方向相反，心室率通常为 100~250 次 / 分，心律基本规则，但大动脉没有搏动。因为室颤猝死的患者，通常先有室性心动过速。

以上四种类型，在心电和心脏活动方面各有其特点，共同的结果是心脏丧失有效收缩和排血功能，使血液循环停止而引起相同的临床表现。其中室颤为最常见。室颤多发生于急性心肌梗死早期或严重心肌缺血时，是冠心病猝死的常见原因，也见于外科心脏手术后，其复苏成功率最高。

三、心搏骤停的临床表现

1. 意识突然丧失或伴短阵抽搐。
2. 大动脉搏动消失，血压测不出，心音消失。
3. 呼吸断续，呈叹息样，继而停止，多发生在停搏 30 秒内。
4. 瞳孔散大、固定。
5. 面色苍白或发绀。

四、心搏骤停的诊断

患者突然意识丧失、大动脉搏动消失即可明确诊断心搏骤停。对于专业急救人员，要求检查脉搏，以确认循环状态，而且检查颈动脉所需时间应在 10 秒钟以内。切忌反复检查多次听心率、测血压丧失宝贵的抢救时机。

第二节　心肺脑复苏

心肺脑复苏（cardiac pulmonary cerebral resuscitation，CPCR）是针对心搏停止所导致的全身血液循环中断、呼吸停止、意识丧失所采取的一系列及时、规范、有效的急救措施。心肺复苏应使患者仰卧在坚固的平（地）面上。如要将患者翻转，颈部应与躯干始终保持在同一个轴面上。如果患者有头颈部创伤或疑有颈部损伤，只有在绝对必要时才能移动患者。对有脊髓损伤的患者，若不适当地搬动可能造成截瘫。应将双上肢放置身体两侧，这种体位更适于 CPR。

相关链接　　　　　　国际复苏联合会

国际复苏联合会（International Liaison Committee on Resuscitation，ILCOR）1992 年 11 月 22 日在英国布莱顿成立，具体任务是开展心肺脑复苏国际间的学术讨论、对有争议或证据不足的复苏问题开展科学研究、传授或培训 CPR 理论与技能，收集、系统回顾和分享复苏领域的信息资源、发表反映国际学术共识性的文献。该联合会的成立为国际上一些主要的急救医学与复苏组织搭建起一个交流的论坛。

相关链接　　心肺复苏与心血管急救指南

　　心肺复苏与心血管急救指南（Guidelines for Cardiopulmonary Resus Citation and Emergency Cardiovascular Care），CPR 与 ECC 指南，是基于对复苏文献资料的大量研究，并由多名国际复苏专家和美国心脏协会心血管急救委员会及专业分会进行深入探讨和讨论后编写。按惯例每 5 年修订一次。目前采用的版本为《2015 美国心脏协会心肺复苏与心血管急救指南》。

相关链接　　急救链

　　1992 年美国心脏协会正式提出"急救链""生存链"，指对突然发生心搏停止的成年患者通过一系列规律有序的步骤所采取的救护措施。《2010 美国心脏协会心肺复苏与心血管急救指南》指出成人"急救链"包括立即识别心搏骤停并启动急救反应系统、早期心肺复苏、快速除颤、有效的高级生命支持、综合的心搏骤停后治疗五个环节。2015 年新指南建议对生存链进行划分，把院内和院外出现心搏骤停的患者区分开来，确认患者获得救治的不同途径，见图 4-4、图 4-5。急救链中各个环节紧密相连，任何一个环节中断，都可能影响患者预后。

院内心脏骤停

图 4-4　院内心搏骤停急救链

院外心脏骤停

图 4-5　院外心搏骤停急救链

一、基础生命支持

基础生命支持（basic life support，BLS）又称初期复苏或现场 CPR，指通过有效的人工循环、呼吸道管理、通气给机体组织暂时的血氧供应，直至延续到建立高级心血管生命支持或恢复患者自主循环、呼吸活动，或延长机体耐受临床死亡的时间。主要步骤包括：立即识别心搏骤停并启动 EMSS 系统；早期 CPR；有条件时，早期除颤终止室颤。2015 年指南中继续执行循环支持 - 开放气道 - 呼吸支持，即 CAB 顺序。理由是：人工呼吸毕竟需要开放气道、固定头位、密封口、口对口呼吸、取 / 安放球囊 - 面罩呼吸器等都较费时，即刻开始30 次胸外按压比 2 次人工呼吸耽搁时间少。2015 年指南提出新的医务人员成人 BLS 流程图，见图 4-6。

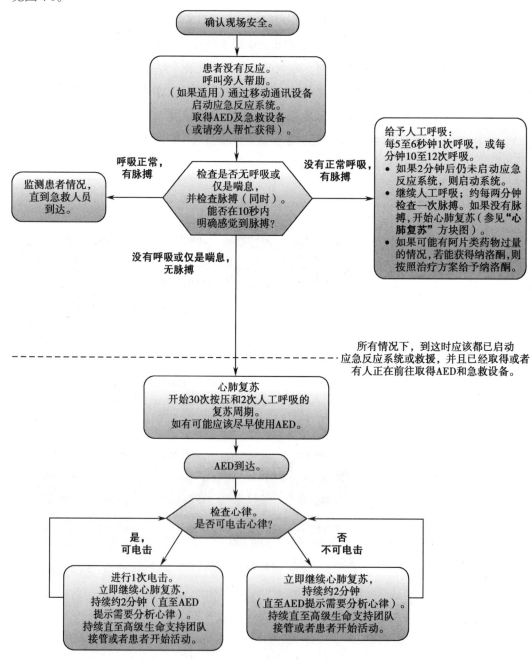

图 4-6 医务人员成人基础生命支持（BLS）流程

（一）循环支持

成人胸外心脏按压时，手掌根部与胸骨长轴重合，双肘伸直，有节奏地垂直下压，见图 4-7。

1. **按压部位** 胸骨中下 1/3 交界处，即胸部正中、两乳头之间。

2. **按压手法** 双手掌根重叠，紧贴患者胸部皮肤，垂直下压。

3. **用力方式** 抢救者双臂绷直，双肩在患者胸骨上方正中，垂直向下用力。有规律地进行，不能间断，不能冲击或猛压。下压及向上放松的时间应大致相等。放松时定位的手掌根部不要离开胸骨定位点，但应使胸骨不受任何压力。

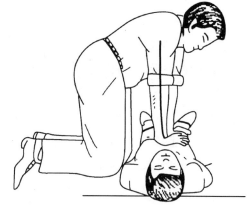

图 4-7　胸外心脏按压

4. **按压频率** 复苏者应用力、快速地按压，胸外按压速率 100~120 次 / 分。

5. **按压深度** 使胸骨下段及相连的肋软骨下陷大于 5cm，但是不超过 6cm。胸骨下压时间及放松时间各占 50%。保证每次按压后胸廓回弹。

6. **按压与人工呼吸比例** 单人复苏（包括专业与非专业人员）30：2。对于专业人员提供的 2 人成人复苏，使用 30：2 的按压与通气之比，心脏按压必须同时配合人工呼吸。

7. **间歇时间** 尽可能减少胸外按压的中断。操作过程中，若救护者相互替换，可在完成一组按压、通气后的间隙中进行，不得使复苏抢救中断时间超过 10 秒。

8. **评价按压效果** 胸外心脏按压的有效标志有：①缺氧情况明显改善；②散大的瞳孔缩小；③按压时可扪及大动脉搏动；④有知觉反射、呻吟或出现自主呼吸。

相关链接　　　　　　　　医务人员成人胸外心脏按压与以往的改变

《2015 美国心脏协会心肺复苏与心血管急救指南》中，医务人员成人胸外心脏按压与以往的改变如下。

1. 胸外按压速率改为每分钟 100~120 次。

2. 胸外按压的幅度改为至少 5cm 而不超过 6cm。

3. 尽可能减少胸外按压的中断，判断减少按压中断的标准是由胸外按压在整体心肺复苏中占的比例确定，所占比例越高越好，目标比例为至少 60%。

4. 进一步强调了高质量心肺复苏（包括以足够的速率和深度进行按压，保证每次按压后胸廓回弹，尽可能减少按压中断，并避免过度通气）。为使每次按压后胸廓充分回弹，施救者必须避免在按压间隙倚靠在患者胸上。

（二）开放气道

意识不清的患者由于下颌肌肉张力消失，其直接支撑的舌及间接支撑的会厌松垂，舌根后坠，可造成气道阻塞。由于舌附于下颌，若用手将下颌向上抬，并向前移，舌将离开咽喉部，气道即可开放（见"第十一章　第一节　手法开放气道术"）。开放气道的同时清除患者口中的异物和呕吐物，用指套或指缠纱布清除口腔中的液体分泌物。清除固体异物时，一手按压开下颌，另手食指将固体异物钩出。

（三）呼吸支持

1. 检查呼吸　开放气道后，先将耳朵贴近患者的口鼻附近，感觉有无气息，再观察胸部有无起伏动作，最后仔细听有无气流呼出的声音。用少许棉花放在口鼻处，可清楚地观察到有无气流。若无上述体征可确定无呼吸，判断及评价时间不得超过 10 秒钟。大多数呼吸或心搏骤停患者均无呼吸，偶有患者出现异常或不规则呼吸，或有明显气道阻塞征的呼吸困难，这类患者开放气道后即可恢复有效呼吸。若开放气道后发现无呼吸或呼吸异常，应立即实施人工通气。如果不能确定通气是否异常，也应立即进行人工通气。

2. 口对口呼吸　口对口呼吸是一种快捷有效的通气方法，呼出气体中的氧气（含16%~17%）足以满足患者需求。人工呼吸时，要确保气道通畅，捏住患者的鼻孔，防止漏气，急救者用口唇把患者的口全部罩住，呈密封状，缓慢吹气，每次吹气应持续 2 秒钟以上，确保吹气时胸廓隆起，通气频率 10~12 次 / 分。为减少胃胀气的发生，对大多数成人在吹气持续 2 秒钟以上给予 10ml/kg（700~1000ml）潮气量可提供足够的氧合。注意避免过度通气。

3. 口对鼻呼吸　口对口呼吸难以实施时应推荐采用口对鼻呼吸，尤其是患者牙关紧闭不能开口、口唇创伤时。救治溺水者最好应用口对鼻呼吸方法，因为救治者双手要托住溺水者的头和肩膀，只要患者头一露出水面即可行口对鼻呼吸。

4. 口对面罩呼吸　通过透明有单向阀门的面罩，急救者将呼气吹入患者肺内。这样可避免与患者口唇直接接触。有的面罩有氧气接口，呼吸同时可供给氧气。用面罩通气时应双手把面罩紧贴患者面部，加强其闭合性则通气效果更好。

5. 球囊 - 面罩装置　使用球囊 - 面罩可提供正压通气。一般球囊充气容量约为 1000ml，足以使肺充分膨胀，但急救中挤压气囊难保不漏气。因此，单人复苏时易出现通气不足，双人复苏时效果较好。双人操作时，一人压紧面罩，另一人挤压皮囊。

（四）早期除颤

1. 早期电除颤对心搏骤停者存活的重要性表现在以下几点：①心搏骤停者早期多表现为室颤；②治疗室颤最有效的措施是电除颤；③除颤的成功率随时间延长而降低，每延迟 1 分钟下降 10%；④室颤有在数分钟内转变为心室停搏的倾向。

2. 方法　根据除颤器的不同，电除颤的方法有手动除颤和自动除颤两种。

（1）手动除颤

1）操作步骤：①选择能量，成人单向波除颤器 360J，双向波除颤器 150~200J；②选择方式，非同步；③安放电极位置，右电极安放在右锁骨下胸骨右缘第二肋间处，左电极安放在左侧腋中线心尖处；④电极板，涂以导电糊，两电极应相距 10cm 以上并与皮肤紧密接触；⑤充电，按压充电按钮等待指示灯闪亮；⑥除颤放电，确定无人接触患者身体，同时两手按下放电按钮；⑦电击后即刻做 5 组 CPR（30∶2），再次查心律，判断是否再除颤。

2）注意事项：①除颤所用电极板大小取决于胸壁的阻抗，同时还取决于电流量。成人电极板通常直径为 8~10cm，也可用于 10kg 以上小儿；②应密切注意每次除颤后的复律情况，如需要应迅速进行下一次操作。连续 3 次除颤仍无效，应注意纠正酸中毒、低氧血症和低体温，给予肾上腺素后再除颤。如果第 4 次除颤仍无效，可给胺碘酮、利多卡因或大剂量肾上腺素，在用每种药后的 30~60 秒钟内除颤。每次给药后可除颤 1 次，即 CPR、药物、除颤、CPR、药物、除颤；也可以连续除颤 3 次，即 CPR、药物、除颤、除颤、除颤、CPR、药物、除颤、除颤、除颤；③若除颤成功节律恢复后又恶化回到室颤，并不表明需要增加除颤电能，这时使用药物如胺碘酮、利多卡因可以提高再次除颤的成功率并防止反复。

（2）自动除颤：自动体外除颤仪（AED）是利用成熟的、可靠的计算机装置，通过声音和图像指导急救人员除颤的装置。由心脏节律分析系统指导电击除颤系统，故兼有自动诊断、自动除颤和自动阻抗补偿功能。AED 除颤操作程序：打开电源→粘贴电极→自动分析心律→电击除颤。当院外发生心搏骤停且现场有 AED 时，应从胸外按压开始心肺复苏，并尽快使用 AED。

问题与思考　　　　　*若成人在未受监控的情况下发生心搏骤停，先电除颤还是先心肺复苏？*

理论与实践　　　　　合理安排复苏程序

　　　　　　　　　　　　由于在 CPR 初期，胸外按压的重要性高于通气支持，并且气管插管也较难实施，即使是熟练的操作者也很难在 10 秒内完成，所以气管插管应选择合适时机。当电除颤 2~3 次后仍未成功或心脏复律后不能维持，或叹息样呼吸完全停止，通过有效的胸外按压仍未恢复，或虽有叹息样呼吸但非常浅慢，全身发绀明显，此时应紧急开放气道。但对于缺氧性心搏骤停，尤其是新生儿，以及由溺水、药物过量或创伤引起的心搏骤停患者，以及任何原因心搏骤停发生 5 分钟后，复苏程序应当为"ABC"。

二、高级心血管生命支持

高级心血管生命支持（advanced cardiac life support，ACLS）主要是在 BLS 基础上应用辅助设备及特殊技术，建立和维持有效的通气和血液循环，识别及治疗心律失常，建立有效的静脉通路，改善心肺功能及治疗原发疾病。

（一）控制气道

1. **口咽气道**　可使舌根离开咽后壁，解除气道梗阻。
2. **鼻咽气道**　将鼻咽通气管外涂润滑油，插入鼻孔，并沿鼻腔下壁插入至下咽部，以解除气道梗阻。
3. **气管插管**　能有效地保持呼吸道通畅，便于清除气道分泌物，并可与简易人工呼吸器、麻醉机或呼吸机相接行人工通气。
4. **环甲膜穿刺**　遇有插管困难而严重窒息的患者，可用 16 号粗针头刺入环甲膜，连接

"T"型管输氧或经穿刺套管通气以保证患者氧供。

5. **气管造口** 为了保持较长期的呼吸道通畅，易于清除气道分泌物，减少呼吸阻力和呼吸道解剖无效腔，可行气管造口。主要用于心肺复苏后仍然长期昏迷的患者。

6. **识别和处理气道异物梗阻** 任何患者突然呼吸骤停都应考虑到气道异物梗阻（FBAO）。头面部损伤患者的血液和呕吐物、食物哽噎、饮酒后致血中乙醇浓度升高、有义齿和吞咽困难的老年患者等易发生 FBAO。要将 FBAO 与虚脱、卒中、心脏病发作、惊厥或抽搐、药物过量以及其他因素引起的呼吸衰竭等急症相鉴别。FBAO 患者只要气体交换良好，就应鼓励其继续咳嗽并自主呼吸，急救人员不宜干扰患者自行排除异物的努力，但应守护在患者身旁，并监护患者的情况，如果梗阻仍不能解除，则应启动 EMSS。FBAO 患者如果表现为气体交换不良或完全气道梗阻，应行 Heimlich 手法（见"第十一章 第一节 海姆立克手法"），并启动 EMSS。若发生意识丧失，应开始 CPR。事实上，胸部按压有助于无反应患者解除 FBAO。

（二）氧疗和人工通气

1. **简易呼吸器法** 简易呼吸器由一个有弹性的皮囊、三通呼吸阀门、衔接管和面罩组成。在皮囊后面空气入口处有单向活门，以确保皮囊舒张时空气能单向流入。其侧方有氧气入口，有氧气条件下可输氧 10~15L/min，使吸入氧气浓度增至 75% 以上。

2. **机械通气** 气管插管机械通气可保证足够供氧，呼吸参数易于控制，是最有效的人工呼吸。人工通气理想指标：$PaCO_2$ 降至 35~45mmHg，PaO_2 上升超过 80mmHg。

（三）进一步循环复苏

有许多改良的循环支持方法，包括插入性腹部加压 CPR、主动加压 - 减压 CPR、充气背心 CPR、机械（活塞）CPR、同步通气 CPR、交替胸腹加压 - 减压 CPR 和一些有创 CPR，这些方法的使用限于医院内。不能把循环支持方法作为延期复苏或 ACLS 失败后的补救措施，这样做无任何益处。目前还没有一种改良方法可代替标准 CPR。

1. **插入性腹部加压 CPR（IAC-CPR）** 即常规胸外按压时，于两次胸部按压间隙，另一抢救者按压一次腹部，以增加舒张期血压，产生较大的主动脉反流。其作用相当于主动脉内气囊反搏时提高冠脉血流。操作时，给予腹部加压的救护者双手应作用于中腹部，当胸部按压时腹部放松，反之腹部按压时胸部放松，由此内脏器官不易被损伤。对于腹主动脉瘤患者、孕妇及近期腹部手术的患者，进行 IAC-CPR 的安全性和有效性尚缺乏研究。

2. **主动加压 - 减压 CPR（active compression decompression CPR，ACD-CPR）** 在两次按压之间设法产生较大的胸部扩张，使胸腔产生负压，加速静脉回流及空气吸入，使按压时的胸内压增加，血流速度加快。与标准 CPR 相比，应用于心搏骤停可极大地增加心肺的血液循环。用 Amba 心脏泵进行 ACD-CPR 是近年来对 CPR 的一大改进。ACD-CPR 具有主动的按压和减压作用，产生的血流动力学效果明显较标准 CPR 好。

3. **有创 CPR** 直接心脏挤压是一种特殊的复苏方法，可为脑和心脏提供接近正常的血流灌注。实验研究表明，心搏骤停早期，经短期体外 CPR 无效后，直接心脏挤压可提高患者的存活率。但是如果时间延迟（心搏骤停 25 分钟以后），再使用心脏挤压并不会改善抢救效果。急诊开胸心脏挤压，需要有经验的抢救队伍，并能在事后给予最佳护理，故不建议列为常规，尤其不能把这一方法作为长时间复苏的最后努力。

开胸指征：①胸部穿透伤引起的心搏骤停；②体温过低、肺栓塞或心脏压塞；③胸廓畸形，体外CPR无效；④穿透性腹部损伤，病情恶化并发生心搏骤停。

4. 机械人工循环 为更有利于长途转运中继续进行胸外心脏按压术，提供更适当的挤压频率、深度和时间，现有电动、气动和手动控制的胸外机械压胸器可供选择。

（四）药物治疗

1. 给药途径 有心腔内注射、静脉注射、骨内通路、气管内给药几条途径。因心腔内注射的诸多缺点，故目前不主张心腔内注射，而主张静脉注射、骨内通路或气管内给药。

（1）静脉给药：为首选给药途径，以上腔静脉系统给药为宜。最好的途径为经肘静脉插管到中心静脉。经锁骨下静脉或颈静脉插管对进行CPR操作有一定妨碍，手、腕及小腿部外周静脉通道最不理想。

（2）骨内通路给药：如果无法建立静脉通路，可选择骨内通路给药。

（3）气管内给药：可经气管内途径给予脂溶性药物，包括肾上腺素、阿托品、利多卡因和纳洛酮。非脂溶性药物如碳酸氢钠和钙，不能用这个途径。药物经气管插管或环甲膜穿刺注入气管，迅速通过气管、支气管黏膜吸收进入血液循环。一般以常规剂量溶解在5~10ml注射用水中，自气管导管远端推注，以便药物弥散到两侧支气管。此方法仅作为给药的次要选择途径。

2. 常用药物

（1）肾上腺素：是复苏时使心搏恢复最主要的药物，其具有直接兴奋 α 及 β 肾上腺素受体的作用，可兴奋窦房结产生起搏效应，加速房室传导，使心率加快，产生正性肌力作用，使心肌收缩力加强，排血量增加而使心脏复苏。目前主张早期、大剂量、连续使用，每3~5分钟1mg重复给药。

（2）血管加压素：是非肾上腺素能血管收缩药，也能引起冠状动脉和肾血管收缩，有利于恢复自主循环。40U静脉或骨内给药即可替代首剂量或第二次剂量的肾上腺素。

（3）胺碘酮：心搏骤停患者如为VF或无脉性VT，可用胺碘酮初始剂量300mg，溶于20~30ml生理盐水或葡萄糖溶液内静脉推注。若无效，再给予150mg静脉推注或维持滴注。

（4）利多卡因：当心室颤动不易除去或因室性快速性心律失常导致心搏骤停，复苏时可先给1%利多卡因5~10ml，然后用肾上腺素或电击除颤，以减少复跳后发生顽固性心室颤动或心动过速等心律失常的可能。主要用于不能获得胺碘酮时，代替胺碘酮。

（5）去甲肾上腺素：去甲肾上腺素是一种血管收缩药和正性肌力药。药物作用后心排血量可以增高，也可以降低，其结果取决于血管阻力大小、左心功能状况和各种反射的强弱。严重的低血压（收缩压<70mmHg）和周围血管阻力低是其应用的适应证。将去甲肾上腺素4mg加入250ml含盐或不含盐液体中，起始剂量为0.5~1.0μg/min，逐渐调节至有效剂量。顽固性休克需要去甲肾上腺素为8~30μg/min。需要注意的是给药时不能在同一输液管道内给予碱性液体。

（6）多巴胺：作为药物使用的多巴胺既是强有力的肾上腺素能样受体激动药，也是强有力的周围多巴胺受体激动药，而这些效应均与剂量相关。多巴胺用药剂量为2~4μg/（kg·min）时，主要发挥多巴胺样激动剂作用，有轻度的正性肌力作用和肾血管扩张作用。

用药剂量为 5~10μg/（kg·min）时，主要起 β₁ 和 β₂ 受体激动作用，另外，在这个剂量范围内 5-羟色胺和多巴胺介导的血管收缩作用占主要地位。用药剂量为 10~20μg/（kg·min）时，α 受体激动效应占主要地位，可以造成体循环和内脏血管收缩。复苏过程中，由于心动过缓和恢复自主循环后造成的低血压状态，常常选用多巴胺治疗。多巴胺和其他药物合用（包括多巴酚丁胺）仍是治疗复苏后休克的一种方案。

（7）碳酸氢钠：心搏骤停引起缺氧和二氧化碳潴留，导致代谢性酸中毒和呼吸酸中毒时，应使用碱性药物。最常使用的碱性药物为碳酸氢钠。当患者在电除颤复律和气管插管后酸中毒持续存在时，为静脉给予碳酸氢钠的指征。应测定动脉血 pH 值和二氧化碳分压指示碳酸氢钠用量，保持血液 pH 在 7.25 以上即可。

（8）镁剂：镁剂是治疗药物引起的尖端扭转型室速的有效方法，即使在不缺镁的情况下，也可能有效。给药方法：负荷量为 1~2g（8~16mmol），加入 50~100ml 液体中，5~60 分钟给药完毕，然后，静脉滴注 0.5~1.0g（4~8）mmol/h，根据临床症状调整剂量和滴速。但不建议 AMI 患者常规预防性补镁。心搏骤停者一般不给镁剂，除非怀疑患者心律失常是由缺镁所致或发生尖端扭转型室速。应注意快速给药有可能导致严重低血压和心搏骤停。

（9）阿托品：可作为引起临床症状（低血压、缺血引起胸部不适、意识变化、休克症状）的持续性心动过缓等待起搏时的治疗措施。不建议在治疗无脉性心电活动 / 心搏停止时常规性地使用阿托品。

问题与思考　　　　　　　在成人高级心血管生命支持过程中，护士应了解哪些问题和重大变更以协助医生合理有序地应用急救药物？

（五）生理参数监测

1. **心电、血压监测**　及时连接心电监护仪或除颤仪心电示波装置或心电图机进行持续心电监测，以及时识别及处理心律失常；进行脉搏、血压或有创动脉压监测，以判断复苏质量及自主循环是否恢复。

2. **二氧化碳波形图定量分析**　有条件者为气管插管患者持续使用二氧化碳波形图进行定量分析。它可用来确认并监测气管插管的位置。还可根据呼气末二氧化碳（PETCO₂）值判断胸外按压是否有效及检测自主循环是否恢复。无效胸外按压时 PETCO₂ 较低，如果小于 10mmHg，应尝试提高心肺复苏质量。如果 PETCO₂ 突然持续增加（通常≥40mmHg），说明自主循环可能恢复。

（六）同步电复律

同步电复律是使心肌细胞同步去极化以恢复稳定节律。它用于治疗伴有灌注不足、低血压或心力衰竭等症状的室上性或室性心动过速。

1. **室上性快速心律失常**　心房纤颤首剂量双相波选择 120~200J，单相波 200J；心房扑动和其他室上性快速心律失常首剂量单相波或双相波均采用 50~100J 的低能量。首次电复律失败者应逐渐提高剂量。

2. **室性心动过速**　首剂量能量为 100J 的单相波或双相波同步电复律电击对成人稳定性

单型性室性心动过速的疗效较好。如果对第一次电击没有反应，应逐步增加剂量。

3. **注意事项** ①如果两次电复律失败，或复律成功后心动过速又反复，在进行第三次电复律前需应用抗心律失常药。注意纠正低氧血症、酸中毒、低血糖或低体温；②室颤、无脉性室性心动过速或不规则室性心动过速不能采用同步电复律，而应给予高能量的非同步电击，即除颤。

（七）心脏起搏

心脏起搏（artificial cardiac pacing）是通过人工心脏起搏器发放脉冲电流，通过导线和电极的传导刺激心肌，使之兴奋和收缩，从而替代正常心脏起搏点，控制心脏按脉冲电流的频率有效地搏动。包括非侵入性经皮起搏和侵入性经中心静脉心内起搏。对于无脉心搏骤停患者，并不建议将起搏作为常规处理。对于有脉搏且有症状的心动过缓患者，若药物治疗无反应，应准备行经皮起搏，如经皮起搏失败，可行经中心静脉心内起搏。

（八）治疗可逆病因

在救治心搏骤停的过程中，应尽可能迅速明确引起心搏骤停的病因，并及时治疗可逆病因，如低血容量、缺氧、酸中毒、低钾血症／高钾血症、低温、张力性气胸、心脏压塞、中毒、肺动脉血栓形成、冠状动脉血栓形成等。

三、心搏骤停后治疗

（一）心搏骤停后治疗的目标

复苏后期的主要治疗目标是完全恢复局部器官和组织的微循环灌注。单纯恢复正常血压和改善组织的气体交换，并不能提高生存率。值得注意的是全身各器官系统，特别是肾脏等内脏微循环的恢复，对防止心搏骤停后缺氧缺血致 MODS 的发生起重要作用。

1. **复苏后治疗的近期目标**

（1）提供心肺功能支持，满足组织灌注，特别是大脑的灌注。

（2）及时将院前心搏骤停患者转运至医院急诊科，再转运至设备完好的重症监护病房。

（3）及时诊断心脏停搏的原因。

（4）完善治疗措施，例如可以给予抗心律失常药物，以免心搏再次停搏。

2. **长期关键目标** 心搏骤停后患者的综合治疗策略的主要目标是在经过培训的多学科环境中，持续地按综合治疗计划进行治疗，以恢复正常或基本正常的功能状态。复苏后，患者的身体状况会发生很大变化，有的患者可能完全康复，血流动力学和大脑功能均恢复正常。相反，有的患者可能仍处于昏迷状态，心肺功能仍不正常。所有患者都需要仔细地反复地评估其一般状况，包括心血管功能、呼吸功能和神经系统功能。

（二）心搏骤停后的治疗措施

1. **呼吸系统** 自主循环恢复后，患者可有不同程度的呼吸系统功能障碍。一些患者可能仍然需要机械通气和吸氧治疗。机械通气辅助的程度可根据患者动脉血气结果、呼吸频率和呼吸的费力程度来调节。当自主呼吸变得更加有效时，机械通气辅助程度应逐渐减少，减少间断控制通气的频率，直至完全变成自主呼吸。临床上可以依据一系列动脉血气结果和（或）无创监测，如脉搏氧饱和度监测，来调节吸氧浓度、PEEP 值和每分钟通气量等。

2. **心血管系统** 心血管系统的评估必须包括全面的血管检查、生命体征和尿量的观察。对于危重患者，经常需要插入肺动脉导管进行有创血流动力学监测。肺动脉漂浮导管可以用来测量肺循环压力，如果心排血量和肺动脉嵌压均降低，需要在补充液体后重新测量压力值和心排血量。如果充盈压正常的情况下，仍持续存在低血压和低血流灌注，需给予正性肌力药物（多巴酚丁胺）、血管收缩药（多巴胺或去甲肾上腺素）或配伍用血管舒张药（硝普钠或硝酸甘油）治疗。

3. **中枢神经系统** 血液循环停止 10 秒，可因大脑严重缺氧而出现神志不清，2~4 分钟后大脑储备的葡萄糖和糖原将被耗尽，4~5 分钟后 ATP 耗竭，10~15 分钟脑组织乳酸含量持续升高。对于无意识的患者，应维持正常或轻度增高的平均动脉压，减轻颅内压增高，以保证最好的脑灌注压。因为高温和躁动可以增加需氧量，所以必须维持正常体温并控制躁动；可选用的药物有苯巴比妥、苯妥英钠、地西泮或巴比妥酸盐，此类药物还可对抗缺血缺氧后兴奋性氨基酸激活对脑的损伤。头部应抬高 30°，并保持居中位置以利于静脉回流。

4. **推荐低温治疗** 恢复自主循环后在重症监护病房应继续进行系统的心搏骤停后综合治疗，其中包括低温治疗。对于接受复苏的心搏骤停者，应考虑低温治疗。降低核心体温能保护心肌，减轻心肌再灌注损伤，低温对脑也有保护作用，可能通过降低颅压和预防脑缺血性损伤来发挥作用。

四、心肺复苏并发症的观察与处理

（一）心肺复苏常见并发症

胸外按压的主要并发症是肋骨骨折，以及骨折断端损伤肺组织造成气胸或者血气胸。气管插管损伤或留置较久易导致喉头水肿、声带瘫痪、声音嘶哑或气管黏膜坏死、出血等。心肺复苏还可发生心律失常、心力衰竭、肺水肿、肺部感染、呼吸衰竭、脑水肿及脑衰竭等并发症，也可发生急性肾衰竭。

（二）复苏并发症的观察与处理

1. **胸部外伤** 单纯肋骨骨折可用胶布固定胸壁，有气胸者作引流，有严重出血时应开胸止血。

2. **气管插管相关并发症** 使用激素减轻局部反应。气管插管留置时间不宜过长，必须保持较长时间者，应作气管切开。

3. **密切观察患者的症状和体征，加强监护** 注意观察患者的意识、瞳孔、心率、脉搏、呼吸、血压、末梢循环及尿量的变化，及时发现意识障碍、呼吸困难、血压升高或下降等患者病情加重的迹象。进行心电、呼吸系统监护。

4. **应用甘露醇** 无低血容量及低血压时，尿量每小时少于 0.5ml/kg，则可以使用甘露醇，首次用量 0.5~1g/kg 快速静脉输入，能减轻脑水肿、降低颅内压，尚可以保护肾脏，使肾血流量及尿量增加，防止缺血对肾脏造成的损害。如有急性肾衰竭，应做血液透析或者腹膜透析。

5. **控制抽搐**　抽搐常是严重脑缺氧的表现，多在复苏后数小时内出现。抽搐时耗氧量会成倍增加，脑静脉压及颅内压升高，脑水肿可以迅速发展，故必须及时予以控制。对偶发的、较轻的抽搐临床上常用地西泮 10~15mg 或哌替啶 50mg，配合异丙嗪 25mg 肌内注射或静脉缓慢注入予以控制。若四肢明显呈肌强直性抽搐，持续时间较长或者发作频繁，应迅速使用强效抗痉挛药，或者交替使用镇静药并配合肌松药控制抽搐。

6. **防治继发感染**　心搏骤停患者由于昏迷及体内环境失调、营养供应困难、机体防御能力降低、应用肾上腺糖皮质激素等原因，容易并发感染，因此，应加强基础护理，保持口腔及五官的清洁，防止角膜溃疡及角膜炎的发生；勤翻身叩背、湿化气道、排痰、应用抗菌药物等，防止压疮及肺部感染的发生；保持室内空气清新，定时通风；注意所用物品的清洁卫生；气管切开吸痰及更换内套管、留置导尿膀胱冲洗等时，应加强无菌操作，防止逆行性感染。

五、婴儿和儿童心肺复苏术的特点

1. **基础生命支持程序**　儿童、婴儿与成人一样，BLS 为 CAB 顺序；而新生儿为 ABC 顺序，因为新生儿心搏骤停的病因几乎都是窒息。

2. **摸脉搏**　1 岁以上小儿，颈动脉搏动易触及。1 岁以下小儿，由于颈部短而圆胖，颈动脉很难迅速找到且有可能压迫气道，可摸肱动脉或股动脉搏动。如果在 10 秒钟之内没有触摸到脉搏或不确定已触摸到脉搏，应立即开始胸外按压。

3. **胸外按压**　为使按压有效，小儿应放在坚硬的平面上。对没有头颈外伤的婴儿，施救者可用前臂支持婴儿的躯干，用手托住婴儿的头和颈，注意婴儿的头不要高于身体的位置，这有利于保持气道通畅，施救者的另一只手施行胸外按压，按压后前臂托起婴儿行口对口鼻人工呼吸。

（1）按压方法

1）双指按压法：适合于 1 位施救者操作。一手施行胸外按压的同时，另一只手可用于固定头部，或放在胸后轻轻抬起胸廓，使头部处于自然位置。这样在按压后能及时给予人工呼吸，而不需要重新安置头部位置。

2）双手环抱按压法：两拇指重叠或并列压迫胸骨下 1/2 处，双手围绕患儿胸部，适合于 2 位施救者同时操作，一位胸外按压，另一位人工呼吸。与双指按压法相比，双手环抱按压法可产生更高的动脉收缩压和冠状动脉灌注压。

3）单掌按压法：适用于 1~8 岁小儿。将一手的掌根部置于患儿胸骨下 1/2 处，注意不要压迫剑突，手指抬起离开肋骨，仅手掌根保持和胸骨接触。手臂伸直，凭借体重，垂直下压。

4）双掌按压法：适用于 8 岁以上小儿胸外按压，按压方法基本和成人相同。

（2）按压速率：每分钟至少 100 次。

（3）按压幅度：至少为胸部前后径的 1/3，婴儿大约为 4cm，儿童大约为 5cm。

4. **人工呼吸方法**　对 1 岁以下婴儿可采用口对口鼻方法，如果施救者口较小，施行口对口鼻方法有困难，可采用口对鼻方法。1~8 岁小儿与成人一样，采用口对口法。

5. **按压通气比率**　在置入高级气道之前，单人施救时的按压通气比率与成人一样，为30：2；两名医务人员施救时的按压通气比率为 15：2。新生儿除外心脏病因导致的骤停，使用 3：1 的比率。

6. 电击除颤 可考虑使用 2J/kg 的剂量作为初始除颤能量，随后至少为 4J/kg 并可以考虑使用更高能量级别，但不超过 10J/kg 或成人最大剂量。为 1~8 岁小儿使用 AED 除颤，应使用儿科型剂量衰减 AED，如果没有，也可使用普通 AED。对于 1 岁以下婴儿建议使用手动除颤器，如果没有，需要儿科型剂量衰减 AED。如果两者都没有，可以使用普通 AED。

BLS 人员进行高质量 CPR 的要点总结，见表 4-1。

表 4-1　BLS 人员进行高质量 CPR 的要点总结

内容	成人和青少年	儿童 （1 岁至青春期）	婴儿 （不足 1 岁，除新生儿以外）
现场安全	确保现场对施救者和患者均安全		
识别心搏骤停	检查患者有无反应 无呼吸或仅是喘息（即呼吸不正常） 不能在 10 秒内明确感觉到脉搏 （10 秒内可同时检查呼吸和脉搏）		
启动应急反应系统	如果您是独自一个人 且没有手机，则离开患者 启动应急反应系统并取得 AED 然后开始心肺复苏 或者请其他人去，自己则立即开始心肺复苏； 在 AED 可用后尽快使用	有人目击的猝倒 对于成人和青少年，请遵照左侧的步骤 无人目击的猝倒 给予 2 分钟心肺复苏 离开患者，启动应急反应系统 并获取 AED 回到该儿童身边并继续心肺复苏； 在 AED 可用后尽快使用	
没有高级气道的按压 - 通气比	1 或 2 名施救者 30：2	1 名施救者 30：2 2 名以上施救者 15：2	
有高级气道的按压 - 通气比	以 100~120 次 / 分的速率持续按压 每 6 秒给予 1 次呼吸（每分钟 10 次呼吸）		
按压速率	100~120 次 / 分		
按压深度 *	至少 5cm	至少为胸部前后径的 1/3 大约 5cm	至少为胸部前后径的 1/3 大约 4cm
手的位置	将双手放在胸骨的下半部	将双手或一只手 （对于很小的儿童可用） 放在胸骨的下半部	1 名施救者 将 2 根手指放在婴儿胸部中央，乳线正下方 2 名以上施救者 将双手拇指环绕放在婴儿胸部中央，乳线正下方
胸廓回弹	每次按压后使胸廓充分回弹，不可在每次按压后倚靠在患者胸上		
尽量置少中断	中断时间限制在 10 秒以内		
心肺复苏程序	C-A-B		
通气：在施救者未经培训或经过培训但不熟练的情况下	单纯胸外按压		
使用高级气道通气（医务人员）	每 6 秒钟 1 次呼吸（每分钟 10 次呼吸） 与胸外按压不同步 每次呼吸大于 1 秒时间 明显的胸廓隆起		
除颤	尽快连接并使用 AED。尽可能缩短电击前后的胸外按压中断；每次电击后立即从按压开始心肺复苏		

　* 对于成人的按压深度不应超过 6cm；AED：自动体外除颤器；CPR：心肺复苏。

六、器官捐献

（一）心肺复苏和器官捐献

根据中国人体器官分配与共享系统（China Organ Transplant Response System，COTRS）科研部给出的数据显示：截至 2015 年 12 月 31 日，系统中等待供体的肝移植患者有 2000 多人，等待供体的肾脏移植患者有 2 万多人，我国存在较多的器官移植受体人群。近年来，随着我国公民对器官移植认识的加深和观念的转变，中国公民捐献例数迅速增长。《2015 美国心脏协会心肺复苏与心血管急救指南》中对器官捐献的建议为：所有心搏骤停患者接受复苏治疗，但继而死亡或脑死亡的患者都应被评估为可能的器官捐献者。未能恢复自主循环而自愿终止复苏的患者，可以考虑为可能的肝肾捐献者。心搏骤停经心肺复苏后出现脑死亡的患者，因采取了较完善的供者器官功能维护措施，并在心肺复苏过程中接受缺血预处理，减轻缺血再灌注损伤等治疗，使其成为器官移植的良好供体，与因其他原因出现脑死亡的捐献者相比，心搏骤停后出现脑死亡的捐献者所捐献的器官在即时和长期功能上没有发现区别，移植器官的成功率也与其他病症的器官捐献者相近。有研究表明，心肺复苏后脑死亡器官捐献供者供肾移植的效果良好。目前，公民自愿捐献是移植器官唯一的合法来源，器官捐献使不幸离世的器官捐献者的生命在陌生人身上得以延续，重获新生。

相关链接　　　　　　中国人体器官分配与共享系统

2011 年 4 月 6 日，由中国器官分配与共享研究中心负责研发的，基于《核心政策》构建的自动化计算机系统——COTRS 正式投入使用。COTRS 负责严格遵循国家分配政策，执行自动化、无人为干预、以患者病情紧急度和供受者匹配程度医学数据作为唯一排序原则的器官分配过程，以具体落实《人体器官移植条例》要求的公平、公正、公开的器官分配。

2011 年 4 月 23 日，COTRS 成功实施了第一例公民去世后捐献器官的分配。截至 2013 年 5 月，已有 626 个器官移植等待者获得通过分配系统分配的器官重获新生。

（二）器官捐献的医学伦理

器官移植与一般的医疗技术不同，因为有供体和受体，涉及很多伦理学问题。我国同世界上很多国家一样，存在器官移植技术不断发展，但伦理学的发展和法规的建设滞后的问题。我国目前尚缺乏脑死亡标准，也没有脑死亡立法。

脑死亡概念最早由法国神经病学家提出来，意思是"超昏迷"（beyond coma），用来描述与呼吸能力不可逆丧失联系在一起的不可逆的深度昏迷状态，指在大脑结构上遭受大面积不可逆损害的患者所处的一种状态。脑死亡标准可以看作是对过去心肺死亡标准的精确化。"死亡就在于作为整体的大脑功能不可逆地停止"这一概念在伦理学和法律上得到广泛的接受，从 20 世纪 70 年代开始，关于脑死亡定义的发展引起了许多国家成文法的改变，人们普遍认识到：脑死亡等于全身死亡。我国现阶段由于各地区医疗诊断条件水平不同，因此，心肺死亡标准与脑死亡标准共存比较符合我国国情。

（刘雪松）

学习小结

心搏骤停是指在患者的心脏正常或无重大病变的情况下，受到严重的打击，致使心脏突然停搏，有效泵血功能消失，引起全身严重缺血、缺氧。若及时采取正常有效的复苏措施，有可能恢复，否则可导致死亡。心搏骤停有四种心电图表现：心室颤动、心室停搏、无脉性电活动、无脉性室性心动过速，其中心室颤动最为常见。患者突然出现意识丧失、大动脉脉搏消失即可明确诊断心搏骤停。针对心搏骤停的患者，应采用包括胸外按压、开放气道、人工呼吸在内的基础生命支持技术与进一步生命支持技术以及心搏骤停后治疗技术，及早恢复患者的循环和呼吸功能，保护重要脏器，以达到挽救生命的目的。护士是观察院内患者病情变化的第一目击者，其反应速度和急救技能至关重要。护士应将急救护理思维贯穿于整个抢救过程，及时准确地按生存链的要求进行CPR，迅速完成急救状态下的各种处置，正确配合医生操作，密切观察病情变化，以赢得救治时间。

复习参考题

1. 如何正确判断患者是否出现心搏骤停并对其进行急救和护理？

2. 为何CAB的BLS顺序优于ABC？

第五章 创 伤

5

学习目标	
掌握	多发伤的救治原则及护理要点。
熟悉	多发伤的概念、临床表现，多发伤的伤情评估。
了解	创伤分类及创伤评分系统；各类创伤的病理生理。

第一节 概 述

创伤（trauma）的含义可分为广义和狭义两种。广义的创伤，也称损伤（injury），是指人体受外界某些物理性（如机械性、高热、电击等）、化学性（如强酸、强碱、农药杀毒剂等）或生物性（虫、蛇、犬等动物咬蜇）致伤因素作用后所出现的组织结构的破坏和（或）功能障碍。狭义的创伤是指在机械性致伤因素作用下，引起机体组织结构完整性破坏或功能障碍。

创伤是目前人类致残和死亡的主要原因之一，是现代社会的一个严重问题。流行病学统计资料显示创伤患者的死亡呈现三个峰值分布：第一个死亡高峰为伤后数分钟内，多由于严重脑、脑干、高位脊髓伤、心脏、主动脉或其他大血管破裂所致，只有极少可能被救活。第二个死亡高峰为伤后数分钟至数小时之间，多由于脑、胸或腹内血管或实质性脏器破例，严重多发伤，股骨或骨盆骨折等大量失血所致，这是抢救存活的关键时刻，称为"黄金时刻"。第三个死亡高峰为伤后数日或数周，多因严重感染或器官衰竭所致。创伤救治已成为急诊医学、急救护理学的重要内容。

一、创伤分类

为了实施高效率的救护，尽快对伤员做出正确的诊断和及时有效的救治，须对创伤进行分类，根据伤情进行抢救。

（一）按致伤因素分类

分为烧伤、冻伤、挤压伤、刃器伤、火器伤、冲击伤、化学伤、核放射伤及复合伤等。

（二）按伤后皮肤完整性分类

1. **开放性创伤**（open injury） 皮肤完整性破坏，有伤口或创面，暴露组织或脏器，有出血、容易污染。主要见于刀切割伤、砍伤、刺伤、火器伤、撕裂伤等。

2. **闭合性创伤**（closed injury） 创伤后皮肤保持完整。主要见于挫伤、挤压伤、扭伤、关节脱位等。

（三）按受伤部位分类

根据创伤部位分为颅脑损伤、胸部损伤、腹部损伤、四肢损伤、脊柱脊髓损伤等。

（四）按伤情严重程度分类

1. **轻伤** 绿色预警，无生命危险，现场无需特殊处理的伤员。伤员意识清楚，损伤轻，如轻度撕裂伤、扭伤、局部烧伤等。

2. **重伤** 橙色预警，暂时无生命危险，生命体征平稳的伤情，力争在 12 小时内急救处理。如胸部外伤不伴有呼吸衰竭；腹部损伤不伴有大出血；深部软组织伤未发生休克；颌面部损伤未发生窒息等。此类伤员严密观察病情变化，注意避免转为危重伤员。

3. **危重伤** 红色预警，有生命危险需紧急处理的伤情。分类核查表列出的危及生命的条件包括：①收缩压 <90mmHg、脉搏 >120 次 / 分、呼吸次数 >30 次 / 分或 <12 次 / 分；②头、颈、胸、腹或腹股沟部穿透伤；③意识丧失或意识不清；④腕或踝以上创伤性断肢；⑤连枷胸；⑥有两处或两处以上长骨骨折；⑦3 米以上高空坠落伤。

（五）按受伤组织及器官数目分类

创伤累及单个组织器官为单个伤，累及多个组织器官或致伤因素多样造成的损伤情况复杂得多，具体可分以下几种。

1. **多发伤（multiple injury）** 是指在单一机械致伤因素作用下，同时或相继遭受两个以上的解剖部位或脏器的创伤，且至少有一处是可以危及生命及安全的严重创伤或并发创伤性休克者。

2. **多处伤** 是指同一解剖部位或脏器有两处以上的损伤。如火器伤引起的肝破裂、脾破裂或小肠多处破裂与穿孔。

3. **复合伤** 两种或两种以上不同致伤因素作用下，造成机体同一或多处组织器官创伤。

4. **联合伤** 分为狭义和广义两种。狭义是指胸腹联合伤，因为胸腹两个解剖位置仅以膈肌相隔，极易相互累及，所以通常把此两处伤称为联合伤。广义联合伤也属多发伤。

二、创伤后的病理生理变化

创伤后机体在局部和全身两方面可发生一系列病理变化以维持机体自身内环境的稳定。严重创伤性反应超过机体调节功能时，可损害机体本身，容易发生并发症。

（一）局部反应

创伤的局部反应主要为炎症反应，一般在伤后 48 小时内创伤局部组织在多种生长因子的调控下先出现小血管收缩，后迅速扩张和充血，血管通透性增高，水分、电解质、血浆蛋白、白细胞（中性粒细胞和单核细胞等）浸润至组织间隙，局部表现为红、肿、热、痛和功能障碍。伤后 3~5 天局部炎症反应逐渐消退，炎症反应被抑制。适度的局部炎症反应是非特异性的防御反应，有利于清除坏死组织、杀灭细菌及组织修复。但过于强而广泛的炎症反应，则可引起血液循环障碍，发生组织坏死，造成炎症损害，同时大量渗液可引起血容量减少，导致休克、器官功能障碍等严重损害。

（二）全身反应

严重创伤后，机体释放大量的炎性递质及细胞因子，使机体发生一种非特异性的应激反应。

1. **神经 - 内分泌系统反应** 在精神紧张、疼痛、有效血容量不足等因素共同作用下，下丘脑 - 垂体 - 肾上腺皮质轴和交感神经 - 肾上腺髓质轴分泌大量儿茶酚胺、肾上腺皮质激素、抗利尿激素、生长激素和胰高血糖素；同时，肾素 - 血管紧张素 - 醛固酮系统也被激活。上述 3 个系统相互协调，共同调节全身各器官功能和代谢，启动机体代偿功能，保护机体重要脏器。

2. 体温变化 机体创伤后释放大量的炎性介质，如肿瘤坏死因子、白细胞介素等作用于下丘脑体温调节中枢可引起机体发热。

3. 代谢变化 创伤后，由于神经内分泌系统的作用，机体分解代谢增强，出现基础代谢率增高，能量消耗增加，糖、蛋白质、脂肪分解加速，水电解质代谢紊乱。

4. 免疫反应 严重创伤可使人体免疫功能紊乱，防御能力降低。其免疫功能紊乱的机制较为复杂，一般认为与免疫抑制因子、免疫抑制细胞和神经 - 内分泌 - 免疫功能网络有关。免疫功能降低是伤后各种并发症，尤其是感染和多器官功能衰竭的重要原因。

（三）组织修复

创伤修复是由伤后增生的细胞和细胞间质充填、连接或代替缺损的组织。理想的修复也称完全修复，是完全由原来性质的组织细胞修复缺损组织，修复其原有的结构和功能。由于人体各种组织细胞固有的再生增殖能力不同，大多数组织伤后由其他性质细胞（多为成纤维细胞）增生代替完成。

1. 组织修复过程 分为 3 个阶段。

（1）局部炎症反应阶段：在伤后立即发生，伤口内形成纤维蛋白网，此阶段持续 3~5 天，主要是血管和细胞反应、免疫应答、血液凝固和纤维蛋白的溶解。目的是清除坏死组织，为组织再生和修复奠定基础。

（2）肉芽形成阶段：由新生毛细血管与成纤维细胞构成的肉芽组织，再合成胶原纤维，同时上皮细胞增生覆盖，充填伤口，形成瘢痕，使伤口愈合。

（3）组织塑性阶段：主要是胶原纤维交联增加、强度增加；多余的胶原纤维被胶原蛋白酶降解；过度丰富的毛细血管网消退及伤口黏蛋白和水分减少等，最终达到受伤部位外观和功能的改善。

2. 创伤愈合的基本类型

（1）一期愈合（又称原发愈合）：是最简单的愈合类型，也是组织的直接结合。这类愈合主要发生于组织缺损少、创缘整齐、无感染，呈线状，伤口愈合快、功能良好。

（2）二期愈合（又称瘢痕愈合）：指伤口边缘分离、创面未能严密对合的开放性伤口所经历的愈合过程。组织修复以纤维组织为主，不同程度地影响结构和功能恢复。治疗和护理创伤，应采取恰当措施，创造条件，争取达到一期愈合。

三、创伤评分系统

统一、规范的严重创伤程度评估是准确快速评估患者伤情、患者检伤分类后送与救治、救治结局质量评估、质量评估促进的基本条件与基础。创伤评分是对创伤严重程度、结局与救治质量进行评估，指导创伤患者分类救治的客观手段之一。创伤患者的损伤严重程度应采用创伤评分进行规范评估。现临床上可应用中华创伤数据库信息平台 APP 来进行快速、准确、简便的评估。

（一）创伤评分分类

1. 按院前急救评估分为 GCS、院前指数（PHI）、创伤指数（TI）。

2. 按院内急救评估分为修正创伤记分（RTS）、CRAMS 评分、简明损伤定级（AIS）、损伤严重度评分（ISS）。

3. 按出院时评估有功能独立评分（FIM）。

4. 按专科治疗分为器官损伤定级标准（OIS）、急性生理与慢性健康评分（APACHE）、改良面部损伤严重度评分（RFISS）、胸部穿透伤进程评分（PTTCS）、眼创伤评分等。

（二）常用的创伤评分方法

1. 院前急救评分

（1）院前指数（pre-hospital index，PHI） 包括收缩压、脉搏、呼吸、意识四个项目，每项 0~5 分，四项得分相加即为院前指数（PHI），评分 0~3 分为轻伤员，评分 4~5 分为中度伤员，评分 6 分以上为重伤员，得分越高伤情越重。只适用于 15 岁以上的创伤患者。见表 5-1。

表 5-1 院前指数（PHI）

参数	级别	分值	参数	级别	分值
收缩压（mmHg）	>100	0	呼吸（次/分）	正常（14~28）	0
	86~99	1		费力或浅 >30	3
	75~85	3		缓慢 <10 或需插管	5
	<74	5			
脉搏（次/分）	51~119	0	神志	正常	0
	>120	3		模糊或烦躁	3
	<50	5		不可理解的言语	5

（2）创伤指数（trauma index，TI） 一般是在事故现场用于检伤分类，主要参照创伤部位及患者生理变化，加上创伤类型估计测算的分数，按照其异常程度各评 1、3、5、6，相加积分（5~30 分）即为 TI 值。TI 值：5~9 分为轻伤；10~16 分为中度伤；>17 分为重伤。现场急救人员可将 TI 值 >10 分的患者送往创伤中心或大医院救治。创伤指数记分方法。见表 5-2。

表 5-2 创伤指数（TI）

项目	1	3	5	6
部位	肢体	躯干背部	胸腹	头颈
创伤类型	切割伤或挫伤	刺伤	钝挫伤	弹道伤
循环	正常	BP<102mmHg（13.6kPa）P>100 次/分	BP<79.5mmHg（10.6kPa）P>140 次/分	无脉搏
意识	倦怠	嗜睡	半昏迷	昏迷
呼吸	胸痛	呼吸困难	发绀	呼吸暂停

2. 院内急救评分

（1）CRAMS 评分法　　CRAMS 是循环（circulation）、呼吸（respiration）、腹部（abdomen，包括胸部）、运动（motion）及言语（speech）五个英文单词第一个字母组成的缩写字。具体内容见"第三章　第二节　急诊分诊程序"。

（2）简明创伤定级法（abbreviated injury scale，AIS）：是院内评分的主要方法，将各种损伤予以数字化，目的是便于资料收集、积累和计算机输入。AIS 由诊断编码和伤情评估两部分组成。AIS-90 字典中将身体分为 9 个区域，共 7 位数组成，例如：130212·4，第 1 位数表示身体区域，1~9 代表头、面、颈、胸、腹部、盆腔、脊柱、上肢、下肢、体表；第 2 位数表示损伤的解剖结构类型，1~6 分别代表全区域、血管、神经、器官、骨骼、LOS（头伤者意识丧失）；第 3、4 位数表示具体受伤器官代码，使用 02~99 表示，如肝脏排第 18 位，故编码为"5418XX"；第 5、6 位数表示损伤类型、性质、程度；第 7 位数即小数点后的数字为伤情评分，分六级：1 轻度、2 中度、3 较严重、4 严重、5 危重、6 致死性。

（3）损伤严重程度评分（injure severity score，ISS）：ISS 是以解剖损伤为基础的相对客观和容易计算的方法，适用于多发伤和复合伤者的伤情评估。将人体分为 6 个分区，见表 5-3。在计算 ISS 时只将全身 6 个分区损伤较严重的 3 个分区中，各取一个最高 AIS 值求得其平方之和。ISS≥16 分为重伤标准，分值越高，则创伤越严重，死亡率越高。

表 5-3　ISS 的区域编码

编码	代表区域
1	头部或颈部：脑、颈髓、颅骨、颈椎骨
2	面部：口、眼、鼻、耳和颌面骨骼
3	胸部：内脏、横膈、胸廓、胸椎
4	腹部或盆腔内脏、腰椎
5	肢体或骨盆、肩胛带
6	体表

3. 专科治疗评分　　在此主要介绍急性生理学及既往健康评分（acute physiology and chronic health evaluation，APACHE），APACHE 评分系统是目前常用的 ICU 危重患者病情定量评估的方法，也是对患者病情严重程度和预测预后较为科学的评估体系，该评分系统先后有 APACHEI-Ⅳ，但目前最常用的是 APACHE Ⅱ。APACHE Ⅱ 评分包括三部分，即急性生理评分、年龄评分及慢性健康评分，最后得分为三者之和，最高分为 71 分，得分越高病情越重。见表 5-4。

表 5-4 危重症评分系统（APACHE Ⅱ评分表）

1. 急性生理评分系统（APS）（A）

生理参数／分值	+4	+3	+2	+1	0	+1	+2	+3	+4
肛温（℃）	≥41	39~40.9		38.5~38.9	36~38.4	34~35.9	32~33.9	30~31.9	≤29.9
平均动脉压（mmHg）	≥160	130~159	110~129		70~109		55~69		≤49
心率（bpm）	≥180	140~179	110~139		70~109		55~69	40~54	≤39
呼吸（bpm）	≥50	35~49		25~34	12~24	10~11	6~9		≤5
A-aDO$_2$（mmHg）	≥500	350~499	200~349		<200				
或 PaO$_2$（mmHg）					>70	61~70		55~69	<55
动脉血 pH值	>7.7	7.6~7.69		7.5~7.59	7.33~7.49		7.25~7.32	7.15~7.24	<7.15
或 HCO$_3^-$（mmol/L）	≥52	41~51.9		32~40.9	22~31.9		18~21.9	15~17.9	<15
血清钠（mol/L）	≥180	160~179	155~159	150~154	130~149		120~129	111~119	<110
血清钾（mol/L）	≥7	6~6.9		5.5~5.9	3.5~5.4	3~3.4	2.5~2.9		<2.5
血清肌酐（μmol/l）	≥309	169~308	133~168		53~132		<53		
血细胞比容（%）	>60		50~59.9	46~49.9	30~45.9		20~29.9		<20
WBC（10^9/L）	≥40	20~39.9		15~19.9	3~14.9		1~2.9		<1

GCS 评分 =15- 实际 GCS 分值

续表

APS 部分总分 =12 项生理评分总和 + (15-GCS)

2. 年龄（B）和慢性病（C）评分

年龄（岁）(B)	分值	合并慢性病（C）	分值
≤44	0	择期手术后	2
45~54	2		
55~64	3	非手术或急症手术后	5
65~74	5		
≥75	6		

APACHE Ⅱ 总积分 =A+B+C

注：①有急性肾衰竭时肌酐分数加倍；②有血气分析时用动脉血 pH，无血气分析时可用静脉血 HCO_3^- 代替；③$FiO_2≥0.5$ 时只记录 $A-aDO_2$，$FiO_2<0.5$ 时记录 PaO_2

第二节 多发性创伤

案例 5-1

患者男性，31岁，因重物砸伤头面部、胸部多处，1个小时后送入抢救室。深昏迷，双侧瞳孔散大固定，直径5cm，对光反射消失，T 36.1℃，P 56 次 / 分，R 12 次 / 分，BP 37/15mmHg，SpO_2 68%；颅骨缺失，脑组织外露伴活动性出血，颌面部开放性损伤，右侧胸壁可见反常呼吸运动。

思考：

1. 该患者是否属于多发伤？

2. 该如何为患者提供救治与护理？

一、概念与特点

多发性创伤是指单个致伤因素作用于人体，导致机体同时或相继有两个或两个以上解剖部位或脏器的损伤，且至少有一处是可以危及生命的严重创伤或并发创伤性休克者。

多发伤因创伤部位多、处理矛盾多、治疗难度大，而群体性严重创伤伤员数量多，伤情复杂，容易发生漏诊和误诊，造成高死亡率，因此，必须快速进行伤情判断和分类，及时进行抢救和治疗。

二、伤情评估

（一）快速现场环境评估

院前急救人员在进入事故现场前，一定要对现场环境进行彻底全面的评估，充分了解事件性质及救援的相关协作部门，以期在进入现场前有充足的医疗准备及完备的个人防护措施，以免造成事件严重程度进一步扩大，伤亡人数不断增多，甚至造成救援人员在工作中受到不必要的伤害。具体流程见图5-1。

（1）接到指令前往事发现场途中应通过电话了解现场情况，包括事件性质、大体伤员数量、大致的事故严重程度、相关协作部门（如公安、消防）是否已经到达现场等，并根据了解到的情况尽可能地指导现场人员进行自救互救。

（2）到现场后迅速观察现场环境，明确事件

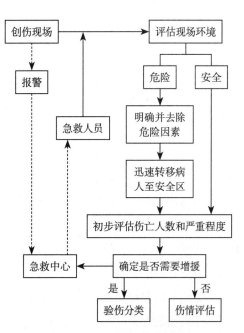

图 5-1 现场环境评估流程图

性质，了解大致伤亡人数，伤情种类，并准备好必要的防护措施（口罩、手套、防护服、护目镜、防毒面具等）。选择合适的泊车位置，救护车车头尽量远离事故现场方向停放。

（3）明确警戒线、警戒标志是否齐备，观察现场是否仍有不确定的危险因素（如明火、塌方、滚石、滑坡、高压电线、燃气燃油泄漏、高速行驶的机动车等），要确保现场环境的安全，这样才能保证急救人员自身、患者以及旁观者的安全。如果现场环境不安全，要去除危险因素，并迅速将所有患者转移至安全区。作为一名院前急救团队的人员，在实施救援的同时将团队成员置身险境是极不明智的行为。

（二）快速的伤情评估

在院前急救中如果创伤现场是单个伤病员，则经快速现场环境评估和处置后直接进行伤情评估；但如果是多个伤病员，则首先应进行检伤分类，然后先对重伤员进行伤情评估与处置，这一流程可简单归纳为 DRCAB 评估流程。在这一流程中，强调只进行必要的基本检查，只对可能立即危及生命的情况给予最简单有效的处置，旨在保证伤员的基本生命安全。DRCAB 评估流程如下。

1. D——Danger　现场评估救护者、患者及周围人员的安全是第一重要的，这一理念不厌其烦的予以重申，救援人员在进入现场前一定要确保周围环境的安全。另外，对于伤员周围环境的审查往往会提示该伤员可能的受伤机制和伤情轻重。

2. R——Response　意识状态的评估，评估意识状态、瞳孔大小、瞳孔对光反射、有无偏瘫或截瘫，迅速判断伤员是否清醒，是否有所反应。最好是根据 Glasgow 评分对伤员进行意识状态的评估。对于意识丧失、呼吸停止及大动脉搏动不能触及的伤员，立即进行心肺复苏。

3. C——Circulation　循环状态的评估，主要包括：脉搏、末梢循环，以判断伤员出血情况，同时也应迅速观察患者全身有无可见的活动性出血，并采取相应的止血措施，这是在创伤早期挽回伤者生命的重要手段。

（1）血压的快速评估：紧急情况下可采取手触评估血压，可触及桡动脉、股动脉或颈内动脉，则收缩压分别为 80mmHg、70mmHg、60mmHg。

（2）失血情况的快速评估：血液从体表伤口流出呈鲜红色、连续柱状喷出为动脉性出血；呈暗红色，缓慢或断续流出或漏出为静脉性出血；自伤处渐渐流出呈小点状的红色血液，从伤口表面渗出，看不见明显的血管出血，为毛细血管出血。可采取毛细血管充盈时间的评估方法，即救护人员用手指压迫伤员拇指的甲床使其颜色变白，除去压力后伤员甲床恢复红润的时间超过 2 秒，预示已经发生组织灌注不足。

4. A——Airway　气道的评估。溺水、火灾、泥石流等通常引起患者不同程度的气道梗阻，特别是火场逃生的伤员，气道梗阻往往在数分钟到几小时的时间内迅速发生。此外，一部分重度颅脑损伤的患者及受伤前曾饱食的伤员，往往在治疗过程中出现不自主控制地大量喷射性呕吐，从而导致吸入性的气道梗阻。而一旦出现气道梗阻而未能及时干预，患者往往会在几分钟内失去生命。作为院前急救医生，不仅需要能够对各种伤员的气道条件进行准确评估，还要清楚地认识到其有可能进一步加重的发展趋势，以便在创伤早期对患者的气道提前给予适当的保护。

5. B——Breathing　呼吸的评估，包括呼吸频率、节律以及双侧的呼吸音是否对称，需要使用听诊器听诊双侧胸壁的肺尖、肺底 4 个听诊区。大部分气道通畅的患者都能够出现自主呼吸，但一部分患者的自主呼吸并不能维持机体自身的氧供需求，这种情况需要给予一些有效的呼吸支持手段——鼻导管吸氧、面罩吸氧、无创正压通气（NPPV）、间竭正压通气（IPPV）或徒手面罩加压气囊辅助通气等。即便是有正常自主呼吸的严重创伤患者，通常仍然建议常规给予低流量鼻导管吸氧，以尽可能地提高患者血液中的氧含量，以便在创伤大量失血时能够维持机体的基本氧供。

理论与实践　　　　GCS 评分表的临床应用

　　　　颅脑损伤患者在严密观察瞳孔、生命体征的同时，进行 GCS 评估，能够准确及时地反映患者病情变化。一般说，意识模糊的患者得分在 13 分左右，半昏迷患者得分在 8~12 分，昏迷患者得分在 7 分或 7 分以下，见表 5-5。GCS 评分逐渐上升，作为病情好转的标志；GCS 升降不定，说明病情反复；GCS 持续下降，说明病情加重。GCS 评分结果有利于帮助制定护理计划，采取不同的护理措施，及时有效地进行护理。

表 5-5　GCS 评分表

睁眼反应（E）	语言反应（V）	肢体运动（M）
4 分：自然睁眼	5 分：回答正确	6 分：遵嘱动作
3 分：呼唤睁眼	4 分：回答错误	5 分：定位动作
2 分：刺痛睁眼	3 分：可说出单字	4 分：刺激回缩
1 分：刺激无反应	2 分：可发出声音	3 分：疼痛屈曲
	1 分：无任何反应	2 分：刺激伸直
		1 分：无任何反应

（三）初步全身评估

　　经过快速伤情评估和救护后，应详细检查全身，及时进行全面评估，决定治疗的顺序和方案。包括伤员的姓名、性别、年龄、体重、体位、表情、活动能力、出血情况及从头到脚各个部位详尽检查。根据伤情评估结果将救治预警分为三个级别：绿色预警——生命体征基本平稳，没有生命危险，多为单部位受伤；橙色预警——生命体征不稳定，不救治患者会死亡，常为多个部位严重损害；红色预警——生命体征极其不稳定，不迅速处置 4 小时内死亡，难以逆转的濒死状态；黑色预警——死亡。可采用从头到脚顺序检查法，以减少漏诊、误诊。按照以下内容详细收集伤情资料。

　　1. 头部　多发伤中颅脑损伤的发生率占 2/3~3/4，休克发生率达 26%~68%。评估意识变化（GCS 评分）、瞳孔大小及对光反射是否良好、头部有无伤口及血肿、凹陷，脑神经系统功能检查。

　　2. 颈部　观察颈部外形与活动，有无损伤、出血、血肿等，特别应注意排除有无颈动脉损伤、颈项强直、颈后部压迫、颈椎损伤等。

3. **胸部**　胸部损伤的发生率仅次于四肢和颅脑损伤。胸部损伤早期诊断主要依靠体检、胸部 X 片、CT 检查、胸腔穿刺等。注意检查锁骨有无异常隆起或变形，有无压痛；胸廓有无畸形、出血，吸气时胸廓起伏是否对称，有无胸廓挤压痛可判断有无肋骨骨折，根据有无反常运动可判断有无连枷胸；胸腔穿刺是迅速、简单、可靠的诊断血气胸的方法。

4. **腹部**　评估的关键是确定有无腹内脏器的损伤，从而决定是否需要剖腹探查。实质性脏器或大血管破裂能引起严重内出血及休克而腹膜炎较轻，可造成早期死亡；空腔脏器的损伤可因内容物污染腹腔导致严重腹膜炎。评估腹部外伤时注意外力作用的位置，如有下位肋骨骨折者应警惕有无肝脾破裂。注意评估腹痛、腹胀、腹膜炎的范围及程度。腹腔穿刺是诊断闭合性腹部外伤简单、有效的方法。可采用腹部 X 线平片、CT、超声等辅助检查来帮助诊断。

5. **泌尿系统**　泌尿系统损伤最多见于男性尿道损伤，肾、膀胱次之。主要表现为血尿、排尿困难、尿外渗。大出血可引起休克，血与尿渗入腹腔可引起腹膜炎症状。血尿伴排尿困难时，导尿是简单、实用的诊断方法，如导尿管插入顺利，并导出血尿，可以考虑膀胱及以上部位的泌尿系统损伤；如导尿管插入困难，应考虑尿道损伤。可采用超声、CT、膀胱镜等辅助检查来帮助判断伤情。

6. **骨盆骨折**　占多发伤的 40%~60%，骨盆骨折常有强大暴力外伤史，X 线及 CT 可确诊。常表现为骨盆变形，骨盆分离试验及骨盆挤压征阳性。注意判断是否并发腹腔内脏器的损伤、膀胱破裂、尿道、直肠损伤等。

7. **脊柱与脊髓损伤**　脊柱骨折常用严重外伤史。评估关键是判断是否伴有脊髓损伤，脊髓损伤是脊柱损伤最重的并发症，表现为损伤以下脊髓平面感觉和运动障碍。翻身时必须采用轴线翻身方法，保持身体稳定，以免发生继发性脊髓损伤。X 线、CT、MRI 等影像学检查有助于判断损伤部位、类型、移位情况等。

8. **四肢**　多发伤中最多见，占 60%~90%。大多数骨折一般只有局部症状，如伤肢疼痛、肿胀、功能障碍，局部压痛、畸形、异常活动、骨擦音、骨擦感等。股骨骨折和多发性骨折可引起血管、神经损伤，甚至导致休克等全身反应，应注意检查远端动脉搏动有无减弱或消失、皮肤苍白、皮温下降、毛细血管充盈时间、肢体感觉、反应等。前臂掌侧和小腿的损伤可导致筋膜间隔综合征，即由骨、骨间膜、肌间膜、深筋膜形成的骨筋膜室内肌肉和神经因急性缺血而产生一系列早期综合征。可继发肌肉和神经缺血坏死，应警惕。

（四）持续动态评估

在完成全身评估后，按照评估结果进入救治阶段，创伤后易并发心功能不全、呼吸功能不全、急性肾衰竭、肝功能不全、应激性溃疡、凝血功能障碍、多器官功能不全等，所以应持续对患者进行评估，通过严密监测症状和体征，结合实验室、影像学检查评价治疗效果及病情变化。目前常用的 ICU 严重创伤危重患者病情定量评估的方法是 APACHE Ⅱ 评分系统，常采用此量表对患者进行持续动态评估。

（五）转运途中评估

在转运途中首要的一项至关重要的工作就是与接收医院取得联系，建立绿色救治通道，简要地向院内急诊医务人员报告伤员情况，请求做好接诊准备，为伤员的院内救治争取宝贵的时间；同时在途中要密切关注伤员生命体征的变化，以及止血包扎与固定情况，观察包扎敷料有无渗血。

三、救治与护理

严重创伤规范化救治体系主要包括以下几方面内容：①建设规范的严重创伤救治团队；②建立严重创伤救治的院前、院内的救治流程和技术规范；③实施规范的严重创伤程度评估；④院前与院内之间开展严重创伤的信息交换及联动预警；⑤规范严重创伤救治人员系统化培训；⑥建立严重创伤救治信息平台；⑦规范创伤救治医院／中心所需条件及要求。

对多发伤伤员的抢救，应遵循"先救命，后治伤；先重后轻，先急后缓。"的原则，救治措施必须做到迅速、准确、有效。

（一）院前现场救护

严重创伤所致的早期死亡大都发生在伤后 30 分钟内，若能在伤后 5~10 分钟内给予救命性措施，伤后 30 分钟内给予医疗急救，则 18%~25% 受害者的生命可获得挽救。

主要内容包括快速进行现场环境评估、检伤分类、脱离危险环境、保持呼吸道通畅、维持血液循环、气胸的处理、伤口的处理等。具体内容详见"第一章 第二节 院前急救"相关内容。

（二）紧急转运救护

对伤员进行初步急救护理后，必须迅速转送到医院做进一步检查和治疗，减少伤残率，降低死亡率。在转运途中，需进行持续动态评估及途中评估。确定接收医院或创伤中心：对红色预警的严重创伤患者，应送就近医院治疗；对黄色或绿色预警的创伤患者，应选择区域性创伤救治医院或救治点。根据伤情轻重缓急有计划地进行转运，危重伤员可望存活者首先转运。在转运途中电话联系接收医院，转运患者的数量、伤情、预计到达时间等信息，根据伤员情况做好接诊准备。到达接收医院后患者的交接内容包括：患者的预警级别、伤情评分评估表、主要伤情、次要伤情、已经采取的急救措施（止血带时间等）、急需的急救措施和其他特殊情况。具体内容详见"第二章 第三节 灾难现场的医学救援"相关内容。

（三）院内急诊救护

院内救治流程主要包括提前了解现场情况、启动相应级别的预警、患者交接、院内救治伤员等。在送到医院急诊科后，应立即对其伤情行进一步判断后分类，对严重创伤患者采用APACHE 评分系统评分，针对危及生命的主要伤情，迅速采取有针对性的救治措施。

1. **提前了解患者情况** 在接到急救准备信息时，主动提前了解拟送达患者的数量（如超出容纳能力，提出分流至其他医院要求）、预警级别、预计到达时间、主要的伤情、评分、必需的急救措施、其他特殊情况。

2. **启动相应级别预警** 通知各创伤救治团队的值班医师在患者到达医院前赶到急诊室，并根据预警级别做好相应的急救联运和后勤准备。

3. **患者交接** 指院前急救人员将患者送达后，与院内救治人员再次确定预警级别、伤情评估、主要伤情、次要伤情、已经采取的急救措施（止血带时间等）、急需的急救措施和其他特殊情况等。

4. 有效给氧　应充分给氧以改善机体缺氧状态，迅速充分开放气道，必要时及时给予建立人工气道，给予吸氧或呼吸机辅助通气，尽早提高血氧含量，解除呼吸功能紊乱。

5. 进一步循环支持　主要是抗休克治疗，注意不要在受伤肢体的远端选择静脉通路，以免补充的液体进入损伤区内。已建立的 2 条血管通路确保有效，保证扩充血容量的速度和急救药物的有效使用。有条件者应建立中心静脉置管或 PICC，在患者已发生休克建立静脉通路困难的情况下，因中心静脉插管耗时相对较长，对操作人员的要求较高。现临床上逐步开展骨髓腔内注射技术，可使液体和药物在几秒钟内到达中央循环系统。应补充有效循环血量，必要时输血。留置导尿，注意观察并记录每小时尿量。

相关链接　　　　骨髓腔内给药

　　　　　　　　　　骨髓腔内输液又称骨内置管或骨髓内置管，可在紧急情况下建立输液、输血、复苏给药途径，同时还可采集标本送检，可作为暂时性应急措施，直至建立其他静脉通路。操作简单，可在 30 秒内完成，解剖标志易于识别，穿刺成功率高，被称为"永不萎陷的静脉"。适用于复苏时静脉穿刺 3 次失败或时间超过 90 秒，以及静脉输液困难而又需快速补液或紧急用药时。但穿刺局部有感染征或胫骨、骨盆骨折时禁用。通常在 1~2 个小时内建立常规血管通路，留置时间最多不能超过 24 个小时，以免增加感染的机会。骨髓腔输液装置类别较多，国外主要有 FAST 输液器、骨髓输液枪、手转骨髓腔输液器、直针式骨输液器、电钻式等，国内正在研发弹枪式穿刺装置。常用穿刺部位有肱骨、股骨、锁骨、胫骨内踝，成人常选用胫骨上端。骨髓腔内输液并发症少见，但最常见的是液体渗漏皮下或骨膜下。

---

6. 早期抗感染治疗　严重创伤感染的渠道有种，既可来源于开放的创面，也可来自各种导管使用中消毒不当造成的院内感染，还可来自肠道的细菌移位、长期使用广谱抗生素发生的二重感染。而感染激发的全身性炎性反应综合征（systemic inflammatory response syndrome，SIRS）可发展为多器官功能障碍综合征（multiple organ dysfunction syndrome，MODS）、多器官衰竭（multiple organ failure，MOF），是创伤后期死亡的最主要原因。因此，应遵循无菌原则，彻底清创，询问过敏史，按医嘱使用抗生素，开放性伤口需加用破伤风抗毒素。其次应注意预防院内感染，如留置尿管，引流管、深静脉置管、气管插管等，应注意定期消毒、无菌操作，完善消毒隔离制度，增强医务人员的无菌观念。

7. 进一步伤口处理　伤员入院后在确保有效扩充血容量后应协助医生尽早清创，实施安全、有效的止血、包扎、固定措施，伤情严重者需进行手术处理。

8. 配合检查　采集血、尿标本尽快送检，配合行心电图、X 线、B 超、CT、MRI 等，疑有腹腔内出血时，可行腹腔穿刺术，结合 B 超检查结果，若诊断有腹腔出血，应立即输血，防治休克，并做好术前准备，尽快行剖腹探查术。

9. **做好术前准备** 伤员需要行手术治疗时，应迅速行交叉配血、药物过敏试验、备皮、病历准备、病员服、手术部位标记等准备。

10. **病情观察** 严密观察病情变化，特别是对严重创伤怀疑有潜在性损伤的患者，应与医生做好充分沟通，必须持续监测生命体征及相应的症状、体征的变化，协助医生做好进一步的检查。若发现病情变化应立即通知医生紧急处理。

11. **镇静止痛和心理护理** 剧烈疼痛可诱发或加重休克，所以在不影响病情观察的情况下可以按医嘱选用药物镇静止痛并行疼痛评分。有颅脑外伤及呼吸抑制者禁用吗啡及哌替啶。减少患者的痛苦，有利于患者配合治疗，并有利于对患者进行有效的心理护理，伤员遭受生理、心理的巨大打击，医护人员应与家属一起多安慰、鼓励、陪伴患者，让其重拾战胜疾病的信心。

12. **做好基础护理**

（1）皮肤护理：严重多发伤患者由于疾病而不能自主活动、翻身，生活自理能力下降或丧失，应预防压力性损伤发生，定时协助患者翻身，做好大小便管理，定时清洁皮肤。必要时可使用新型敷料（如泡沫敷料）进行减压。

（2）安全防护：患者因疼痛、自理能力差等原因，可能会出现烦躁、不配合等情况，应注意必要时给予保护性约束，避免非计划性拔管及坠床事件等发生。

（3）营养支持：应注意补充高蛋白、高纤维素、高热量的饮食，不能经胃肠道吸收的患者可给予胃肠外营养支持。

（黄素群）

学习小结

本章内容介绍了创伤分类方法，多发伤、多处伤、复合伤、联合伤的区别，主要是致伤因素及损伤部位、严重程度的不同。其次了解几种常用的创伤评分方法。

详细讲述多发伤伤情评估的方法，首先判断是否有致命伤，如发生呼吸道阻塞、呼吸或心跳停止、大出血等危及生命时，需要对其进行紧急生命救治，通过快速的伤情评估，从头到脚的顺序检查法及持续动态评估对患者伤情有一个整体动态的评估和判断。

最后重点阐述了多发伤的救治与护理，应遵循"先救命，后治伤，先重后轻，先急后缓"的原则，救治措施必须做到迅速、准确、有效。院内急救重点阐述急诊科救护措施，如生命体征的管理、控制出血，以及镇静止痛、防止感染、病情观察等。

复习参考题

1. 试述多发伤、复合伤、联合伤之间的区别。

2. 试述多发伤的救治与护理要点。

3. 试述多发伤伤情评估的方法。

第六章　休　克

6

06章

第一节　概　述

　　休克（shock）指机体由于受到外来或内在的强烈致病因素打击或两者共同作用而出现的以机体代谢异常和循环功能紊乱为主的一组临床综合征，这些致病因素包括大出血、创伤、中毒、烧伤、窒息、感染、过敏及心脏泵功能衰竭等。有效循环血量锐减是所有休克的共同特点。有效循环血量是指单位时间内通过心血管系统的血量，但不包括储存于肝、脾和淋巴血窦中或停滞于毛细血管中的血量。有效循环血量的维持取决于充足的血容量、足够的心排血量和适宜的外周血管张力，任何一个因素发生严重异常，都可能导致循环血量减少，发生休克。

一、分类

（一）病因学分类

　　休克按病因学可以分为以下几种类型。

　　1. **低血容量性休克**　包括失血性、烧伤性和创伤性三种，见于严重创伤、骨折、挤压伤导致的外出血和内脏破裂出血、消化道出血、烧伤、失液等，创伤是急性低血容量性休克最常见的原因。

　　2. **感染性休克**　是临床上最常见的休克类型，见于各种感染性疾病，如肺炎、败血症、急性重症胰腺炎等。

　　3. **心源性休克**　见于各种心脏病变，如急性心肌梗死。

　　4. **过敏性休克**　见于某些药物（如青霉素）、血清制剂、麻醉制剂、动物毒液进入机体后发生的过敏等。

　　5. **神经源性休克**　见于创伤、剧烈疼痛刺激、高位脊髓麻醉或损伤、过度惊吓、某些药物（如氯丙嗪）等。

（二）血流动力学分类

　　休克按血流动力学可以分为以下几种。

　　1. **低血容量性休克（由于循环血容量不足）**　常见病因包括出血、胃肠道丢失、液体向血管外转移等。

　　2. **分布性休克（血流的分布异常）**　特点是外周血管扩张，毛细血管通透性增加，液体渗漏，有效循环血量下降，前负荷降低。常见于感染性、神经源性、过敏性休克等。

　　3. **心源性休克（由于心泵功能不全）**　常见病因包括急性心肌梗死、左心衰竭、右心衰竭和严重心律失常等。

　　4. **梗阻性休克（心脏外血流阻塞）**　某些患者的血容量并无不足，但由于回心血和（或）心排出通路梗阻，导致组织灌注量减少。常见病因有缩窄性心包炎、心脏压塞和大面积肺栓塞等。

二、病理生理

有效循环血容量锐减和组织灌注不足是各类休克共同的病理生理基础。

（一）微循环改变

1. **微循环痉挛期** 又称休克早期或缺血缺氧期。当循环血容量锐减时，低血压促使交感神经兴奋，释放大量的儿茶酚胺，连同体内的其他体液因子，如血管紧张素Ⅱ、加压素、血栓素、内皮素及白三烯等进入血液系统，使微动脉、后微动脉、毛细血管前括约肌和微静脉、小静脉持续痉挛，真毛细血管开放数量减少，动-静脉短路开放，毛细血管内血流速度减慢，组织灌注量减少，造成组织器官缺血缺氧。休克早期由于心、脑对儿茶酚胺不敏感，脑动脉和冠状动脉收缩不明显，使血流重新分布，保证了心、脑等重要生命器官的血液供应。此期如能积极寻找并去除病因，休克往往能得到纠正，此阶段为休克的代偿期。

2. **微循环扩张期** 又称休克中期或淤血缺氧期。微循环血量由于小血管长时间痉挛而进一步减少，使组织缺血缺氧加重。缺氧代谢后产生大量的乳酸、丙酮酸，导致微动脉和毛细血管前括约肌舒张，而毛细血管后小静脉扩张小于前者。大量血液进入并淤滞于毛细血管网内，使微动脉及毛细血管网内的静水压增高，水分和血浆蛋白外渗至血管外，血液浓缩，使循环血容量进一步减少，回心血量减少，心排血量及血压进行性降低，此阶段为可逆性失代偿期。

3. **微循环衰竭期** 又称休克晚期或弥散性血管内凝血（DIC）期。随着血液的进一步浓缩，血液黏稠度增高，血液中高凝和酸性物质蓄积促使血液在毛细血管内形成广泛的微血栓，产生DIC。DIC的发生造成各种凝血因子大量消耗，纤维蛋白溶解系统被激活，导致严重出血。严重缺氧使细胞内的溶酶体膜损伤，释放出蛋白溶解酶使细胞自溶，破坏细胞膜的完整性，导致各组织、器官出现功能性和器质性损害。休克进展到DIC阶段，预示病情危重。此阶段为休克的不可逆期。

（二）代谢改变

1. **无氧代谢引起代谢性酸中毒** 休克时由于微循环严重障碍，组织缺血、缺氧，细胞有氧代谢抑制，糖无氧代谢增强使乳酸增多。同时，由于缺血使肝脏对乳酸的代谢能力下降，乳酸堆积，从而引起乳酸性酸中毒。早期休克由于在大量出血、创伤、严重感染等因素的刺激下，在血压下降和血乳酸增多之前，可出现二氧化碳分压下降和呼吸性碱中毒，后期随着休克肺的出现，机体出现呼吸性酸中毒，使机体处于混合型酸碱平衡紊乱的危险状态。

2. **能量代谢障碍** 休克时机体处于应激状态，交感-肾上腺髓质系统和下丘脑-垂体-肾上腺皮质轴兴奋，使机体肾上腺糖皮质激素和儿茶酚胺明显增高，抑制蛋白合成，促进蛋白分解。另外，以上激素水平变化可促进糖异生、抑制糖降解，导致血糖水平升高。在应激状态下，脂肪分解代谢明显增强，成为危重患者机体获取能量的主要来源。

3. **炎症介质释放和缺血再灌注损伤** 休克可刺激机体释放过量的炎症介质（白介素、

集落刺激因子、肿瘤坏死因子、干扰素和血管扩张剂氧化亚氮等），形成"瀑布样"连锁放大反应。可引起脂质过氧化和细胞膜破裂，引起组织器官序贯性受损。

4. 细胞损伤　休克时由于代谢性酸中毒和能量不足影响到细胞膜的屏障功能，细胞膜受损后通透性增加、细胞膜上离子泵（Na^+-K^+泵、钙泵）功能障碍，表现为细胞内外离子及体液分布异常，如钠、钙离子进入细胞内不能排出，钾离子则无法进入细胞内，导致血钠降低、血钾升高。同时细胞外液随钠离子进入细胞内后，引起细胞肿胀、坏死和细胞外液减少。大量钙离子进入细胞内后不但激活溶酶体，使线粒体内钙离子升高，并破坏线粒体，使线粒体肿胀、细胞氧化磷酸化障碍而影响能量生成。

（三）器官功能受损

休克发生后，随着微循环的改变，各主要器官（肺、肾、心、脑等）也相应受到影响，可同时或相继出现一个或多个脏器功能受损，甚至导致机体死亡。

1. 肺　休克发生时，肺是最常受累的器官之一。休克晚期，由于肺部广泛微血栓栓塞，血液淤滞造成严重缺氧，促使细胞自溶后损伤肺毛细血管内皮细胞和肺泡上皮细胞。血浆及红细胞自损伤的血管壁进入肺泡间质及肺泡内，形成肺水肿。大量外渗的血浆蛋白黏附于肺泡壁，形成透明膜。Ⅰ型和Ⅱ型肺泡上皮细胞的受损，分别导致肺顺应性降低和肺泡表面活性物质分泌减少，使肺泡萎陷。以上这些原因导致肺泡通气量与肺毛细血管血液灌流量比例失调，肺的通气及换气功能受损，临床上出现以进行性动脉血氧分压降低和呼吸困难进行性加重为主要表现的急性呼吸衰竭，称休克肺或急性呼吸窘迫综合征（acute respiratory distress syndrome，ARDS）。约 1/3 休克患者死于此原因。

2. 肾　休克早期由于血流重新分布，使肾血流灌注量严重减少，导致肾小球滤过率降低，发生肾衰竭，因此时肾脏没有器质性病变，当肾血流恢复后，肾功能也可迅速恢复，称功能性肾衰竭。休克晚期，肾脏毛细血管内大量血栓形成，使肾持续严重缺血，血红蛋白、肌红蛋白堵塞肾小管及肾小球，引起肾小管及肾小球的变性坏死，产生器质性肾衰竭。

3. 心　心源性休克时，机体伴原发性心功能障碍，其他类型休克在休克早期，由于血流的重新分布，通过机体自身的代偿可使心功能维持正常。休克晚期，心排血量和主动脉压力降低，使冠状动脉灌注量减少，心肌缺血缺氧，发生心功能不全。另外，心脏毛细血管内大量血栓的形成，引起心肌局灶性坏死，进而发展为心力衰竭。

4. 脑　休克早期，由于血流的重新分布，对脑功能的影响较小。但休克晚期，心排血量降低，动脉压过低导致脑的血流量急剧减少，脑缺血缺氧引起脑毛细血管周围胶质细胞肿胀，毛细血管血浆外渗至脑细胞间隙，出现脑水肿，导致脑功能障碍。严重时甚至形成脑疝，机体可由兴奋转抑制，甚至昏迷。

5. 肝　休克时，肝脏血液灌注量减少，血液淤滞后引起肝脏缺血、缺氧，由于肝血管窦和中央静脉内微血栓形成，引起肝小叶中心坏死，造成肝脏受损。

6. 胃肠道　休克时胃肠道缺血缺氧，消化液分泌减少及胃肠道蠕动减慢，使消化功能障碍；持续缺血引起胃肠道黏膜糜烂，发生应激性溃疡；肠黏膜屏障功能受损及肠道内细菌移位，可导致全身炎症反应综合征（systemic inflammatory response syndrome，SIRS）。

第二节 休克的急救护理

一、各种休克的救护

（一）低血容量性休克的救护

案例 6-1

患者男性，40 岁，有多年胃溃疡病史，入院前一天出现黑便 2 次。入院查体：神志淡漠，BP 60/40mmHg，P 130 次 / 分，脉搏细弱，皮肤苍白、冰冷。入院后患者出现黑便 1 次。以往血常规检查结果正常。给予止血、输液和支持对症治疗。患者 24 小时尿量约 50ml。实验室检查：Hb 90g/L，pH 7.3，$PaCO_2$ 30mmHg，$[HCO_3^-]$16mmol/L，血细胞比容 25%。

思考：

1. 该患者目前处于什么状况？

2. 该患者的救治原则是什么？

3. 针对该患者应采取哪些护理措施？

1. **定义** 由于失血或失液引起有效循环血容量严重不足导致的休克称低血容量性休克，是临床最常见的休克类型。如创伤、大血管破裂、肝脾破裂、食管静脉曲张破裂及产后大出血等引起的失血，肠梗阻、剧烈呕吐、腹泻、大汗、烧伤早期等引起的失液。

2. **临床表现** 失血性休克多表现为冷型休克（低排高阻型休克），突出的表现特点是 "5P"：皮肤苍白（pallor）、冷汗（prespiration）、虚脱（prostration）、脉搏细弱（pulselessness）、呼吸困难（pulmonary deficiency）。最初反应为交感神经兴奋，表现为精神紧张、烦躁、皮肤苍白、出冷汗、四肢末端发凉、脉细速，血压可正常但脉压小；若出血量大或在较晚期血压常下降，并有呼吸困难。

相关链接　　　失血量的临床估计方法

1. 休克指数 = 脉搏 / 收缩压（mmHg）

正常值为 0.54，休克指数为 1 时失血量约为循环血量的 23%（成人约为 1000ml），休克指数 1.5 时约为 33%（成人约为 1500ml），休克指数为 2 时约为 43%（成人约 2000ml）

2. 来院时收缩压 <80mmHg 时，失血量 >1000ml

3. 颈外静脉塌陷时，失血量在 1500ml 以上

4. 一侧大腿骨非开放性骨折时，失血量达 500~1000ml

5. 典型骨盆骨折无尿路损伤时，失血量达 1000~1500ml

6. 胫骨骨折时，失血量约 500ml

7. 上腕骨骨折时，失血量 350ml

8. 一条肋骨骨折时，失血量为 125ml

临床上，根据失血量等指标可将失血性休克分成四级（以体重70kg的成年男性为例）：①Ⅰ级（早期）：失血量<750ml，占血容量的比例<15%，心率（HR）≤100次/分，血压正常或稍增高；②Ⅱ级（代偿期）：失血量750~1500ml，占血容量比例的15%~30%，HR>100次/分，呼吸增快（20~30次/分），血压下降，皮肤苍白、发凉，毛细血管充盈延迟，轻至中度焦虑，尿量减少（20~30ml/h）；③Ⅲ期（进展期）：失血量1500~2000ml，占血容量比例的30%~40%，HR>120次/分，呼吸急促（30~40次/分），血压明显下降，神志改变，如萎靡或躁动不安，尿量明显减少（5~20 ml/h）；④Ⅳ级（难治期）：失血量>2000ml，占血容量的比例>40%，HR>140次/分，脉搏细弱，呼吸窘迫（>40次/分），血压明显下降，皮肤发绀、湿冷，意识障碍，无尿。

3. 实验室检查

（1）血常规：红细胞、血红蛋白、血细胞比容（Hct）随着出血量的增多呈进行性减少。

（2）血气分析：低氧血症、代谢性酸中毒。休克早期呼吸性碱中毒，晚期呼吸性酸中毒。

（3）凝血功能：包括血小板计数、凝血酶原时间（PT）、活化部分凝血活酶时间（APTT）、国际标准化比值（international normalized ratio，INR）和D-二聚体。若PT和（或）APTT延长至正常值的1.5倍，应考虑凝血功能障碍。

4. 救治原则
低血容量性休克的救治原则为：尽早补充血容量和尽快去除休克病因同时进行。

（1）尽早补充血容量：是抗休克的首要措施，也是根本措施。临床上常以血压、尿量并结合中心静脉压的监测指导补液的量及速度。补液时应注意以下几方面。

1）输液通路的准备：低血容量休克时为保证液体复苏速度，改善组织灌注，必须尽快建立有效静脉通路。

2）复苏液体的选择：复苏液体可以选择晶体液、胶体液和血液。①晶体液：常用的有等渗性溶液生理盐水、乳酸林格液，以及高渗性溶液如3%和7.5%的氯化钠溶液，休克患者不给含糖液体，以免引起和加重再灌注损伤。晶体液的输注可补充血容量和细胞外液。但晶体液输注的缺点在于毛细血管通透性增加的情况下，会引起肺水肿和组织间隙水肿，加重休克的病情。②胶体液：包括羟乙基淀粉、白蛋白、右旋糖酐和血浆等。胶体液的输注可提高血浆胶体渗透压，同时将组织间隙水分吸入血管内，可迅速、长效地维持有效血容量及心排血量，改善和恢复全身组织器官及微循环血液灌注，保障氧的运输。③血液：新鲜血的携氧能力强，不但能增加心排出量、改善微循环，还能解决缺氧状况。临床上输血指征为血红蛋白≤70g/L，血红蛋白降至70g/L时应考虑输血。大量失血时应注意补充凝血因子。

3）补液原则：需多少，补多少。先采用晶体液，后选用胶体液。30分钟内快速补充500~1000ml晶体液或者300~500ml胶体液，重复直至首次复苏容量达到20~40ml/kg的晶体液和0.2~0.3g/kg的胶体液。失血量大者，除晶体液和胶体液，尚应适当补充红细胞或全血。晶体液与胶体液的比例通常为3:1。无论用晶体液或胶体溶液，也无论用量多少，必须维持血细胞比容在0.25以上。

（2）尽快去除休克病因：尽快纠正引起血容量丢失的病因。对于存在失血又无法确定出血部位的患者，密切评估防止休克发生及进展，对于出血部位明确、存在活动性失血的休克患者，应尽快进行手术或介入止血。

（3）纠正酸碱失衡：组织灌注不足可致代谢性酸中毒，快速发生的代谢性酸中毒可引起严重低血压、心律失常，甚至死亡。使用碱性药物可改善酸中毒。但不主张常规使用碱性药物，因为血液过度碱化可使氧解离曲线左移，不利于组织氧供。紧急情况或pH<7.2时，可适当应用，常用的碱性药物是5%的碳酸氢钠溶液。

（4）血管活性药物的使用：低血容量性休克的患者一般不常规使用血管活性药物。在积极进行容量复苏的情况下，对于存在持续性低血压的患者，可选择使用。临床上常用于治疗低血容量性休克的血管活性药物如下。

1）多巴胺：<2.5μg/（kg·min）主要作用于脑、肾和肠系膜血管，使血管扩张，保证脑灌注及增加尿量；2.5~10μg/（kg·min）时主要作用于β受体，增强心肌收缩能力，增加心排出量，但也增加了心肌氧耗；>10μg/（kg·min）时以血管α受体兴奋为主，能收缩血管，增加外周阻力。抗休克时主要采用的是小剂量多巴胺静脉给药，心源性休克时多采用中剂量。

2）多巴酚丁胺：可使心肌收缩力增强，同时扩张血管和减少后负荷。

3）去甲肾上腺素、肾上腺素：用于难治性休克，以增加外周阻力来提高血压，同时也不同程度地收缩冠状动脉，因此，可能加重心肌缺血。

（5）糖皮质激素的应用：糖皮质激素应用于休克的作用在于能增强心肌收缩、扩张血管、提高机体反应力、降低毛细血管通透性及稳定细胞膜等，因此，糖皮质激素可应用于各种类型休克。抗休克时应用糖皮质激素的原则是：早期（休克发生后4个小时内）、大剂量、短周期（一般不超过72小时）使用。

（6）防治DIC：早、中期休克经充分扩充血容量和使用血管扩张剂后，微循环障碍一般可得到改善。如出现DIC早期指征，应尽早使用肝素抗凝治疗，必要时，还可使用抗纤维蛋白溶解药物，如氨甲环酸、复方阿司匹林和低分子右旋糖酐等。

（7）防治器官衰竭：改善组织器官血流灌注及积极采取针对性治疗措施，防治器官衰竭。

1）休克肺：持续氧疗。保持呼吸道通畅，及时吸痰，抗感染等。适当应用呼吸兴奋剂（尼可刹米或洛贝林），必要时使用呼吸机采用PEEP模式机械通气。

2）急性肾衰竭：及时补充血容量，纠正水、电解质紊乱及酸碱失衡，酌情使用利尿剂，如呋塞米（速尿）静脉注射。必要时血液透析、血液滤过或腹膜透析，以减少蓄积的毒素及炎性介质。

3）心力衰竭：控制输液量，使用强心、利尿药物。

4）保护脑功能：使用脱水剂及糖皮质激素减轻脑水肿，降低颅内压。合理使用兴奋剂及镇静剂，以降低脑的耗氧量。适当补充促进脑细胞代谢的药物，如胞磷胆碱钠（胞二磷胆碱）、脑蛋白水解物（脑活素）、三磷酸腺苷二钠等。

5. 护理要点

（1）快速、有效扩充血容量：是救治低血容量性休克的关键环节。为保证救治效果，应采取以下护理措施。

1）及早建立有效静脉通路：对于重症患者，至少建立2条以上静脉通路，以保证大量液体、血液及药物的输入。可选用静脉留置针，也可行深静脉置管。深静脉置管首选上腔静脉，既可输入各种抢救药物，还可监测中心静脉压。在急诊及ICU，目前已将双腔、三腔等中心静脉导管普遍应用于抗休克急救，减少药物对外周静脉的刺激。

2）合理补液：补液时按照"先输入晶体液，后输入胶体液，晶胶搭配合适"的原则输液。在输液过程中根据血压、CVP及尿量变化及时调整输液速度，宜先快后慢。

3）准确记录出入量：在输液过程及抢救阶段，应准确详细记录输入液体的名称、总量、时间、速度等，并记录每小时出入量及24小时总量，为后续治疗提供可靠的依据。

（2）安置适宜体位：安置患者于休克卧位。平卧，抬高头、躯干20°~30°，抬高下肢15°~20°，以利于增加回心血量和减轻呼吸负担。保持患者安静，避免不必要的搬动。

（3）保暖：低血容量性休克患者往往体温偏低，低体温易导致心搏变慢、血液凝固。急救时应注意以下几点。

1）现场应去除患者身上潮湿衣物，减少非损伤部位的暴露，使用毛毯等物品包裹伤员。

2）尽量将患者放置于有空调的病房，调节适宜室温或使用棉被保暖。禁用热水袋、电热毯在体表加温，以免周围血管扩张，进一步减少重要器官的血液灌注。

3）快速输入大量液体扩充血容量时，可采用输液加温器适当升高输入液体温度。输库血时，应将库血在室温下放置15~20分钟后再输入。

4）密切观察体温变化，每4个小时测温一次。

（4）维持有效气体交换：休克时由于肺循环血量及肺泡表面活性物质减少可出现肺不张，甚至由于呼吸中枢抑制而使气体交换发生障碍。为防止肺部并发症的发生，应采取以下护理措施。

1）采用鼻导管或面罩吸氧，根据脉搏血氧饱和度及动脉血气结果调整吸入氧浓度。

2）及时清除呼吸道分泌物，保持呼吸道通畅。

3）病情允许时，鼓励患者深呼吸、有效咳嗽，协助患者活动双上肢，以利肺扩张，减轻肺不张，增加肺泡气体交换量。

4）协助气管插管或气管切开，做好机械通气的护理。

（5）使用血管活性药物的护理：休克治疗时，虽经扩充血容量救治，但血压仍低、组织灌注仍无改善时，应使用血管活性药物。使用时应注意以下几点。

1）血管活性药物具有渗透压高的特点，从血流速度慢的外周浅静脉输注易刺激血管壁，如果药物外渗可引起皮下组织坏死，有条件时应在中心静脉通路使用。

2）为避免血压剧烈波动，应采用微量注射泵静脉泵入。一般从小剂量、低浓度、慢速度开始。当生命体征和病情平稳后，应逐渐降低药物浓度，减少药物剂量及减慢输入速度，以减轻药物不良反应。

3）用药期间严密监测血压、心率及心律的变化，及时调整输入速度。

4）详细记录用药后反应，要求连续、动态、真实的记录。

（6）预防感染：休克急救时，大量有创性导管放置于患者体内，如动脉血压导管、中心静脉导管、尿管、气管插管、气管切开导管及胃管等，护理中稍有疏忽，极易导致感染，使病情加重。各项治疗及护理操作应严格按照无菌技术规范进行，操作前后、接触患者前后严格执行手的消毒。

（7）加强生活护理：做好患者的皮肤护理，按时更换体位，防止压疮；烦躁或神志不清的患者，应加床旁护栏，以防坠床；昏迷患者注意双眼角膜保护，防止角膜干燥导致坏死。

（8）做好心理护理：休克患者由于病情重、治疗及护理操作多，易产生焦虑、恐惧及濒死感，医务人员在抢救时要态度温和，冷静沉着，各项操作细致、轻柔，及时安慰患者及家属，指导患者配合治疗及护理，以减轻患者紧张和恐惧的情绪，帮助患者树立战胜疾病的信心。

（二）感染性休克的救护

案例 6-2

患者女性，55 岁，2 日前进食后 1 小时出现上腹正中隐痛，呈持续性，向腰背部放射，伴发热、恶心、频繁呕吐，呕吐物为胃内容物和胆汁，吐后腹痛无缓解。发病以来无咳嗽、胸痛、腹泻。既往有胆石症多年，无慢性上腹痛史，无反酸、黑便史，无明确心、肺、肝、肾病史。查体：T 38.8℃，P 122 次/分，R 28 次/分，BP 78/36mmHg，SpO_2 80%。实验室检查：Hb 120g/L，WBC $23×10^9$/L，尿淀粉酶 32U（Winslow 法）。患者烦躁不安、表情痛苦、面色苍白、周身皮肤湿冷、四肢末梢凉，患者入院前 12 小时无尿，上腹部轻度肌紧张，压痛明显，可疑反跳痛。

思考：

1. 该患者目前处于什么状况？

2. 该患者的救治原则是什么？

3. 针对该患者应采取哪些护理措施？

1. **定义**　感染性休克（septic shock）指由各种病原微生物及其毒素或者抗原抗体复合物激活体内潜在反应系统，导致微循环障碍、代谢紊乱、重要脏器灌注不足等征象，也称脓毒性休克。是临床常见的休克类型之一。常见病因有革兰阴性杆菌引起的脓毒症、腹膜炎、化脓性胆管炎、泌尿系感染等；革兰阳性球菌所致的脓毒症、中毒性肺炎等；病毒及其致病微生物引起的流行性出血热、脑炎等。

2. **临床表现**

（1）感染史：感染性休克常有严重感染基础，应注意有无近期手术、创伤、器械检查、急性感染等。临床表现为高热、寒战、出血、栓塞、心动过速、神志改变及白细胞计数增高等。

（2）休克的表现：感染性休克按血流动力学表现分为高动力型（暖休克）和低动力型（冷休克）两种，见表 6-1。

3. **实验室检查**

（1）血常规：白细胞计数多升高，中性粒细胞增加。血细胞比容和血红蛋白增高，提示血液浓缩。并发 DIC 时，血小板进行性减少。

（2）血气分析：多见低氧血症、代谢性酸中毒。早期休克有呼吸性碱中毒，晚期可见呼吸性酸中毒。

（3）病原学检查：在抗菌药物治疗前常规进行血、渗出液和脓液培养，分离出致病菌后作药敏试验。

表 6-1　感染性休克的临床表现

临床表现	高动力型（暖休克）	低动力型（冷休克）
意识	清醒	躁动、淡漠、嗜睡、昏迷
皮肤	潮红或粉红，不湿、不凉	苍白、发绀或花斑，湿凉或冷汗
脉搏	无力、慢，可触及	细速或不清
脉压	>30mmHg	<30mmHg
毛细血管充盈时间	<2 秒	延长
尿量	>30ml/h	0~30ml/h
致病菌	多见于 G$^+$ 球菌感染	多见于 G$^-$ 杆菌感染

4. 救治原则

（1）及早液体复苏：感染性休克时均有血容量不足，可用胶体或晶体液进行扩充血容量。在早期复苏的最初 6 小时内组织低灌注复苏目标包括：①中心静脉压达到 8~10cmH$_2$O；②平均动脉压≥65mmHg；③尿量≥0.5ml/（kg·h）；④中心静脉氧饱和度或者混合静脉氧饱和度分别≥70% 或≥65%。

（2）控制感染：是治疗感染性休克的主要环节。主要措施是应用抗生素和处理原发病灶，确认感染性休克后应在 1 小时内尽早静脉给予抗生素治疗。

理论与实践　　　　　抗生素用于治疗感染性休克的使用原则

1. 需要在使用抗生素前采集血样进行血培养和药敏试验。

2. 对病原体不明的感染，要尽早使用强而广谱的抗生素，必要时可联合使用抗生素，以便全面覆盖可能的病原菌。

3. 一旦病原明确，尽早使用针对性强的窄谱抗生素。

4. 使用抗生素的同时，积极查找病因，去除原发病灶。

5. 鉴于抗生素使用广泛且量大，要注意防范二重感染。

（3）应用血管活性药物：临床上常首选去甲肾上腺素、多巴胺，其他还有盐酸肾上腺素和多巴酚丁胺等。在使用血管活性药物时要监测心电血压。

（4）糖皮质激素的应用：糖皮质激素具有抗感染、抗过敏、抗毒素、抗休克等作用，临床上常用氢化可的松和地塞米松。

（5）纠正酸中毒：纠正酸中毒可以增强心肌收缩力，恢复血管对血管活性药物的反应性，防止 DIC 的发生。常用的碱性药物为 5% 碳酸氢钠溶液。

（6）其他治疗：改善细胞代谢、器官功能支持、防止并发症等。

5. 护理要点

（1）维持正常体温

1）严密观察体温变化，每 4 小时测量一次体温。

2）降温：高热时，体温每上升 1℃，可增加机体代谢 7%，耗氧量增加，不利于休克的纠正。对高热患者应采取物理降温联合药物降温等措施，使体温降至 38℃ 以下。临床常用的降温设备有降温毯、冰帽等。

（2）抗生素的使用：遵医嘱正确使用抗生素，应做到按时、按量给药，保持24小时血中抗菌药物的有效血药浓度，防止二重感染的发生。抗生素使用期间，注意观察药物的疗效和不良反应。

其余护理要点详见低血容量性休克的护理要点。

（三）心源性休克的救护

案例6-3

患者女性，55岁。因"间断胸痛半月，突发加重5小时"入院。体检：BP 86/53mmHg，HR 96次/分，SpO_2 90%，肺部听诊双下肺少许湿啰音，触诊四肢发凉。实验室检查：心肌肌钙蛋白T（TnT）>2.0μg/ml，肌酸激酶（CK）8635U/L，肌酸激酶同工酶（CK-MB）514U/L，血肌酐118μmmol/L，心电图：胸导联 V_2 导联ST段轻度抬高，右束支传导阻滞及房室传导阻滞。入院诊断：急性广泛前壁心肌梗死。

思考：

1. 该患者发生的休克类型为哪一类？

2. 此类休克患者的救治措施是什么？

1. **定义** 各种心脏病变引起心泵功能衰竭，导致心排血量急剧减少，有效循环血容量和组织器官灌注量明显下降，导致微循环障碍、周围循环衰竭及全身组织缺氧的临床综合征称心源性休克。最常见于急性大面积心肌梗死。心源性休克是休克中的危重症，抢救不及时会危及患者生命。

2. **临床表现**

（1）具有原发心脏疾病的表现：如胸闷、胸痛、气促、心脏扩大、心前区抬举感、心律失常等。

（2）休克的表现：如血压下降、循环不良、意识改变、呼吸深快、尿量减少、心动过速等。

3. **实验室检查**

（1）血清心肌酶学检查：血清天冬氨酸氨基转移酶（谷草转氨酶，AST/GOT）、乳酸脱氢酶（LDH）及其同工酶 LDH_1、肌酸磷酸激酶（CPK）及其同工酶（CPK-MB）均明显升高。

（2）心肌肌钙蛋白测定：心肌肌钙蛋白I（cTnI）及T（cTnT）在急性心肌梗死3~6小时即可明显升高。

（3）血常规：白细胞计数及中性粒细胞增多，血细胞比容和血红蛋白增高，并发DIC时血小板进行性降低，出、凝血时间延长。

（4）血气分析：低氧血症、代谢性酸中毒。休克早期有呼吸性碱中毒，晚期有呼吸性酸中毒。

（5）心电图：如有心肌梗死，可出现病理性 Q 波，ST 段呈弓背抬高，在急性心肌梗死超急期出现高大不对称的 T 波，后期 T 波降低至倒置。

（6）影像学检查：超声心动图有助于诊断心源性休克并排除其他原因所致的休克。冠状动脉造影可以发现梗死的血管，有助于判断预后。

4. 救治原则　心源性休克的救治原则为积极抗休克与维持心泵功能同时进行。

（1）病因治疗：急性心肌梗死发生时应及时给予溶栓治疗或急性冠状动脉旁路手术，重建冠状动脉血流，保证心脏的有效血供。积极纠正严重的心律失常，尤其是室性心动过速或室颤。

（2）一般治疗

1）降低心肌耗氧量：绝对卧床休息，有效止痛。由急性心肌梗死所致胸痛，可采用盐酸吗啡 3~5mg 或盐酸哌替啶（杜冷丁）50mg，静脉注射或皮下注射。同时给予苯巴比妥（鲁米那）镇静。若休克已得到改善，患者血流动力学稳定，可应用丙泊酚通过微量注射泵缓慢静脉推注，在临床中有很好的镇静效果。

2）建立有效的静脉通道。

3）持续面罩吸氧。病情危重时行气管插管或气管切开，行机械通气。

4）保暖。

（3）补充血容量：由于心源性休克的病因是心泵衰竭引起的有效循环血容量不足，因此，既要补充血容量纠正休克，同时还要控制补液速度及量，以防加重心泵的负担，引起肺水肿。一般 24 小时输液量控制在 2000ml 以内。在输液时，应注意监测血压、脉搏、呼吸、静脉充盈情况、CVP 及每小时尿量。

（4）血管活性药物的应用：首选盐酸多巴胺，同时兼具正性肌力作用。

（5）强心苷的应用：在心源性休克伴发快速性心律失常时，可考虑使用洋地黄制剂。临床常用去乙酰毛花苷（西地兰）0.2~0.4mg，稀释后静脉缓慢推注。心源性休克未伴有严重心律失常时，推荐使用非洋地黄类血管扩张剂。

（6）其他治疗：包括纠正酸中毒、激素应用、机械性辅助循环（主动脉内气囊反搏、体外反搏）及并发症的防治等。

5. 护理要点

（1）镇痛、镇静剂使用的护理

1）观察镇痛、镇静剂对患者血流动力学的影响，根据血压情况及时调整用药量，防止血压过低。

2）镇痛、镇静剂对呼吸中枢有一定的抑制作用，对未开放气道的患者在使用期间，应密切观察患者呼吸的频率、节律及深度，防止舌后坠及呼吸停止。

（2）强心药物使用的护理：静脉注射去乙酰毛花苷（西地兰）时，应在监护仪监测条件下，在观察患者心率的同时，稀释后以 >5 分钟以上的速度静脉注射。

（3）补充血容量：由于心源性休克的病因是心泵衰竭引起的休克。因此，在扩充血容量救治时，严防加重心泵负担，扩充血容量应在严格的监测条件下慎重补液。

（4）加强心理护理：由于心源性休克胸痛发生突然，并且疼痛剧烈，患者往往恐惧、躁动不安，使心肌耗氧量增加，加重心功能不全。在抢救中，医务人员应沉着冷静、快速救治，增加患者信心，以主动配合抢救。其余护理要点同本章"低血容量性休克"的护理要点。

（四）过敏性休克的救护

患者男性，22 岁，诊断为左肩下疖肿，医嘱给予青霉素 160 万 U 肌内注射，每日两次。患者无青霉素过敏史，护士给患者做青霉素皮试结果阴性后，肌内注射青霉素 160 万 U，不到 30 秒，患者出现头昏，自述"心里难受"，随即意识丧失，面色苍白，手脚冰凉，脉搏消失，血压测不到。

思考：

1. 该患者发生的休克类型为哪一类？
2. 此类休克患者的救治措施有哪些？

1. **定义**　外界某些抗原进入已致敏的机体后引起变态反应，导致肥大细胞和嗜碱性粒细胞释放过敏介质，引起组胺和缓激肽等大量释放入血，毛细血管通透性增高，血浆外渗，在短时间内使组织灌注量及回心血量急剧减少，此类休克为过敏性休克。过敏性休克常突然发生，情况紧急，甚至危及生命。大部分患者常于接触抗原后几分钟内发生，有 10% 的患者于接触抗原后 30 分钟后出现，仅有极少数患者发生症状时是在连续用药的过程中。

2. **临床表现**

（1）具有休克的表现：面色苍白、头晕、出汗、恶心、胸闷、心悸、呼吸困难、脉搏细速、血压急剧下降到 80/50mmHg、意识障碍等。

（2）在休克出现前或休克发生时伴有过敏相关表现。

1）皮肤黏膜表现：过敏性休克最早、最常出现的表现。局部乃至全身皮肤潮红、瘙痒、出汗，继以广泛、短暂出现的荨麻疹和（或）血管神经性水肿，可出现喷嚏、水样鼻涕、声音嘶哑，甚至影响呼吸。

2）呼吸道阻塞症状：是最多见的表现，也是最重要的死因。患者出现喉头堵塞感、胸闷、气促、喘鸣、呼吸困难、发绀，上述症状是由于喉头水肿和支气管痉挛造成的，严重者因窒息而死亡。

3）循环衰竭症状：如心悸、苍白、出汗、脉速而弱、四肢厥冷、血压下降与休克等。有冠心病病史者在发生本症时由于血浆浓缩和血压下降，常易伴发心肌梗死。

4）神经系统症状：如头晕、乏力、眼花、神志淡漠或烦躁不安、大小便失禁、抽搐、昏迷等。

5）消化道症状：如恶心、呕吐、食管梗阻感、腹胀、肠鸣、腹绞痛或腹泻等。

3. **实验室检查**　过敏性休克的诊断与治疗一般不需影像学检查等辅助检查。除常规心电图检查外，辅助检查如血常规、血液生化指标、血气分析、血氧饱和度监测、尿常规等，主要用于评估反应的严重程度或在诊断不详时用于支持诊断或鉴别诊断。

4. **救治原则**　由于过敏性休克导致喉头水肿堵塞呼吸道，起病急、发病快，因此，急救时必须当机立断、迅速就地抢救，在患者未脱离危险时，尽量减少不必要的搬动。

（1）脱离过敏原：立即中断过敏原继续进入体内是抢救过敏性休克的关键环节。

　　1. 如过敏性休克发生于药物注射中，应立即停止注射，并可在药物注射部位之近心端扎止血带，视病情需要每15~20分钟放松止血带一次，防止组织缺血性坏死。

　　2. 如过敏性休克发生于接触环境、空气中的过敏原，在保障患者安全的前提下，迅速脱离现场。

　　3. 如过敏性休克发生于肢体药物注射或受昆虫蜇刺之后，在注射或受蜇刺肢体近心端扎止血带以延缓吸收，以0.05%肾上腺素2~5ml局部注射进行封闭。

　　4. 如怀疑食物或口服药物所致，应立即停止摄入可疑致敏食物或药物。

　　（2）立即使用肾上腺素：是抢救过敏性休克的首选药物。立即皮下注射0.1%肾上腺素0.3~0.5ml，症状未改善，间隔5~10分钟重复上述处理。重症患者，可用0.1%肾上腺素0.1~0.2ml稀释后缓慢静脉注射，症状未缓解，间隔5~10分钟重复静脉注射。

　　（3）使用糖皮质激素：是治疗过敏性休克的次选药物。及早静脉注射地塞米松10~20mg，或氢化可的松200~400mg，或甲基泼尼松龙1~2mg/kg。

　　（4）使用抗组胺药：可用盐酸异丙嗪（非那根）25~50mg肌内注射，还可用10%葡萄糖酸钙注射液10~20ml静脉注射。

　　（5）使用血管活性药物：常用重酒石酸间羟胺（阿拉明）、盐酸多巴胺静脉滴注。

　　（6）氧疗及呼吸管理：面罩高浓度吸氧。平卧，松解领扣、裤带，清理呼吸道分泌物，确保呼吸道畅通，必要时气管插管。

　　（7）补充血容量：输液量加大加快，利于改善全身及局部循环，同时促进过敏物质的排泄。可选用平衡液、低分子右旋糖酐、葡萄糖注射液。最初30分钟内应输液5~10ml/kg，约250~500ml。输液量及速度根据血压、尿量及CVP调节，防止肺水肿。

　　（8）休克改善后续处理：休克改善后，如血压仍波动者，可持续静滴血管活性药；有血管神经性水肿、风团及其他皮肤损害者，可每天口服泼尼松（强的松）、氯苯那敏（扑尔敏）等，分次给药。

　　（9）观察：高达25%的患者在1~8小时内（双相期）过敏性休克症状可复发，对于抢救成功的患者，应留院密切观察24小时，以防过敏性休克再次发生。

　　5. 护理要点

　　（1）及时用药：肾上腺素要立即注射，糖皮质激素也要及早使用。使用血管活性药物时注意观察血压、CVP及尿量等。

　　（2）维持有效气体交换：即刻使患者取平卧位，松解领、裤等扣带，如患者有呼吸困难，上半身可适当抬高；如意识丧失，应将头部置于侧位，抬起下颌，以防舌根后坠堵塞气道；清除口、鼻、咽、气管分泌物，畅通气道，面罩或鼻导管吸氧（高流量）。严重喉头水肿有时需协助进行气管切开术；对严重而又未能缓解的气管痉挛，有时需协助气管插管和辅助呼吸。对进行性声音嘶哑、舌水肿、喘鸣、口咽肿胀的患者，应推荐早期选择性插管。

　　其余护理要点同本章"低血容量性休克"的护理要点。

（五）神经源性休克的救护

1. 定义　机体在剧烈的刺激下引起的神经调节血管张力被阻断，引起反射性血管扩张，周围血管阻力降低，大量血液淤积在微循环中，回心血量减少，有效循环血容量突然急剧减少而导致的血压下降，此类休克为神经源性休克。常发生于严重创伤、强烈疼痛刺激、脊髓高位麻醉或深度麻醉、过度惊吓等。

2. 临床表现

（1）有强烈的神经刺激，如剧烈疼痛、创伤等。

（2）疼痛、面色苍白、头晕、出汗、恶心。

（3）胸闷、心悸、呼吸困难。

（4）脉搏细速、血压下降。

3. 实验室检查　同过敏性休克一样，神经源性休克的诊断与治疗一般不需影像学检查等辅助检查。除常规心电图检查外，辅助检查主要用于评估反应的严重程度或在诊断不详时用于支持诊断或鉴别诊断。

4. 救治原则　神经源性休克的救治原则为纠正血管扩张和维持有效循环血容量。

（1）对症处理：去除神经刺激因素，尽量就地急救。立即平卧，下肢抬高，以增加脑部血供。如有意识丧失，采用手法开放气道，以防舌根后坠堵塞气道。面罩高浓度短期内吸氧。

（2）使用肾上腺素：立即皮下或肌内注射 0.1% 肾上腺素 0.3~0.5ml；重者可将 0.1% 肾上腺素 0.5ml 加入 50% 葡萄糖注射液 40ml 中稀释后静脉注射，也可用 1~2mg 加入 5% 的葡萄糖液 100~200ml 中静脉滴注。

（3）镇痛：剧烈疼痛引起的休克需要应用镇痛药物。临床中常用盐酸吗啡 5~10mg 或盐酸哌替啶 50~100mg 肌内注射。在 ICU，广泛应用枸橼酸芬太尼等药物，通过微量注射泵持续静脉内注射缓解患者的疼痛。

（4）补充有效血容量：一般选用生理盐水、平衡液、右旋糖酐或中分子羟乙基淀粉。

（5）应用糖皮质激素：地塞米松 5~10mg 静脉注射，或氢化可的松 200~300mg 静脉滴注。

（6）维持正常血压：对收缩压低于 80mmHg 者，可用重酒石酸间羟胺（阿拉明）或盐酸多巴胺使血压增高。

（7）其他治疗：包括及时评估患者，积极病因治疗，加强各脏器保护等。

5. 护理要点

（1）严密监测血压变化，防止血压过低。保证重要脏器的血流灌注，防止并发症发生。

（2）保证输液通道的快速补液。

（3）注意血管活性药物及镇痛剂使用的护理观察，及时调整用药。

其余护理要点同本章"低血容量性休克"的护理要点。

二、休克患者的监测

（一）一般监测

1. 血压　动脉血压反映心肌耗氧、心脏后负荷及周围循环血流情况，可以及时了解休克治疗过程的有效性。早期休克对血压的影响不大，可采用无创式袖带测压；中、晚期休克患者血压逐渐下降，体表测量不明显，为减少测量误差应尽量采用有创式动脉连续测压。收缩压低于 90mmHg，脉压小于 20mmHg 提示休克存在；血压回升，脉压增大，提示休克好转。

2. **脉搏** 休克时脉搏的变化常常出现在血压下降前。注意监测脉搏的速率、节律和强度。若脉率增快、细弱，脉律紊乱，为休克恶化；脉搏逐渐增强，脉律转为正常，为抗休克有效。

3. **意识** 意识反映脑组织血流灌注的情况。早期休克对脑组织灌注的影响较小，缺氧不明显，因此，患者表现神志清楚、烦躁、反应良好；中、晚期休克脑血流急剧减少，缺氧明显，患者意识表现由兴奋转为抑制，甚至昏迷。

4. **尿量** 尿量不但反映肾血流灌注情况，还为抗休克扩充血容量治疗时提供可靠依据。治疗休克期间，应留置导尿管，观察每小时尿量及尿比重的变化。

（1）尿量 <17ml/h，比重增加，提示肾血管仍处于收缩状态或血容量仍明显不足。应继续进行液体复苏。

（2）血压正常，尿量少，尿比重降低，提示发生急性肾衰竭，应谨慎液体复苏。

（3）在未使用利尿剂的情况下，尿量稳定在 30ml/h 以上，提示休克已基本纠正。

5. **皮肤温湿度及色泽** 肢体温湿度和色泽反映外周血流灌注情况。

（1）四肢皮肤苍白湿冷，轻压指（趾）甲或口唇时颜色变苍白，在松压后局部皮肤颜色由白转红的时间 >3 秒，称毛细血管充盈试验阳性，提示循环功能障碍，休克病情重。

（2）四肢皮肤温暖、干燥，轻压指（趾）甲或口唇时，局部暂时缺血呈苍白，松压后局部皮肤颜色由白转红的时间 ≤2 秒，称毛细血管充盈试验阴性，提示病情较轻或休克缓解。

（二）血流动力学监测

1. **中心静脉压** CVP 是右心房或胸腔段腔静脉内压力，反映全身血容量与右心功能之间的关系，通过放置中心静脉导管测得，是评估血容量的主要指标之一。CVP 正常值 5~12cmH$_2$O。<2~5cmH$_2$O 时，表示右心房充盈不良或血容量不足；>15~20cmH$_2$O 时，提示右心功能不良或血容量超负荷。临床实践中，强调连续监测 CVP，动态观察其变化趋势，以准确反映右心前负荷情况。

2. **漂浮导管监测**

（1）肺毛细血管楔压（PCWP）：应用 Swan-Ganz 漂浮导管置入肺动脉及其分支内测得，可反映肺静脉、左心房和左心室的功能状态，临床应用于输液治疗的指导、休克类型的鉴别。正常 PCWP 值为 6~15mmHg。<6mmHg 时，提示血容量不足；>15mmHg 时，反映左房压力增高，如急性左心衰竭导致肺水肿时。临床实践中，若发现 PCWP 增高，即使 CVP 正常，也应限制输液量。

（2）每搏输出量（SV）和心排出量（CO）监测：休克发生时，SV 与 CO 可不同程度降低。在休克治疗期间，应连续监测 SV 与 CO，以动态监测复苏的效果与心功能。

（三）氧代谢监测

1. **氧供（DO$_2$）和混合静脉血氧饱和度（SvO$_2$）** 动态监测结果对于评估低血容量休克早期复苏效果有较大意义。

2. **动脉血乳酸** 动脉血乳酸增高常先于休克的其他表现，是反映组织缺氧高度敏感的指标之一。因此，持续动态监测动脉血乳酸浓度对休克早期的诊断、判断组织缺氧情况、输液指导和估计预后具有重要意义。动脉血乳酸正常值为 1~2mmol/L，持续高水平的血乳酸（>4mmol/L）提示患者预后不佳。

3. 胃黏膜内 pH 值（pHi）和胃黏膜内 CO_2 分压（$PaCO_2$） 反映胃肠道血流灌注情况和损害程度，对复苏效果的评估有一定价值。

（崔　丹）

学习小结

休克是由多种原因引起的以机体有效循环血容量减少、组织灌注不足、细胞代谢紊乱和器官功能受损为主要病理生理改变的临床综合征。主要表现为脸色苍白或发绀、四肢湿冷、脉搏细速、血压下降、尿量减少、意识改变以及酸中毒和电解质紊乱等，严重者可发生DIC和多脏器功能衰竭，导致患者死亡。

对于低血容量性休克，应尽早补充血容量和尽快去除引起休克的病因，并合理使用血管活性药物、纠正酸中毒、应用糖皮质激素，以迅速恢复有效循环血量，维护重要脏器功能，预防DIC；

对于感染性休克，在积极抗休克的同时，要积极行抗感染治疗；对于心源性休克，积极抗休克与维持心泵功能要同时进行；过敏性休克发生后要立即中断过敏原继续进入体内，并予以0.1%肾上腺素0.3~0.5ml即刻皮下注射，同时给予抗休克、抗过敏、吸氧、维持气道通畅等处理；神经源性休克要立即去除刺激因素，并纠正血管扩张和维持有效循环血容量。各类休克患者均要注意取休克卧位，并予以吸氧、保暖，密切观察和监测血压、脉搏、神志、尿量、皮肤温、湿度及中心静脉压等。

复习参考题

1. 试述低血容量性休克、感染性休克、心源性休克、过敏性休克及神经源性休克在救治上有何异同。

2. 试述低血容量性休克的护理要点。

第七章　急性中毒

7

07章

第一节　总　论

　　某种物质进入人体达到一定量，损害某些组织和器官的生理功能，破坏组织结构，引起一系列临床症状和体征，称为中毒。引起中毒的物质，称为毒物。常见毒物有农药、药物、工业性毒物、有毒动植物等。中毒可分为急性中毒和慢性中毒两大类。短时间内大量毒物或剧毒物进入人体，迅速引起症状甚至危及生命，称为急性中毒，特点是发病急，症状重，发展变化迅速，须及早发现和治疗，否则会造成严重后果。长时间接触并吸收少量毒物，在人体内蓄积引起的中毒称为慢性中毒，特点是发病隐匿，不易发现。中毒的发生影响个人及家庭生活，给社会带来严重负担，特别是急性中毒常威胁患者生命，护理人员应掌握其发生发展及救治护理原则，为急性中毒患者提供及时、有序、快捷、有效的救治和护理。

一、病因

（一）生活性中毒
　　多见于用药过量、误食或意外接触有毒物质、自杀或谋害等情况。

（二）职业性中毒
　　某些原料、辅料、中间产物或成品有毒，在生产、运输、保管、使用过程中，如不注意劳动保护，不遵守安全防护制度，与这些有毒物密切接触将发生中毒。

二、毒物的体内过程

（一）中毒的途径
　　毒物可经过消化道、呼吸道、皮肤黏膜、静脉等途径进入人体引起中毒。

　　1. **呼吸道**　气体、烟雾、气溶胶、蒸气、粉尘等形态的毒物大多经呼吸道进入人体而引起中毒，如一氧化碳、硫化氢、砷化氢等中毒。呼吸道是毒物吸收最快的一种途径。

　　2. **消化道**　是生活性中毒的常见途径，如有机磷杀虫药、毒蕈、乙醇、河豚等中毒。胃和小肠是毒物在消化道吸收的主要部位。胃肠道内 pH 值、毒物的脂溶性及其电离的难易程度都是影响毒物吸收速度的主要因素。另外，胃内容物的量、胃排空时间、肠蠕动等因素对其吸收速度也有影响。

　　3. **皮肤黏膜**　皮肤是人体的天然保护屏障，多数毒物不会经过健康完整的皮肤吸收。但以下几种情况，毒物可经皮肤吸收。如：①脂溶性毒物，如有机磷杀虫药、苯类，可穿透皮肤的脂质层吸收。②腐蚀性毒物，如强酸、强碱，造成皮肤直接损伤。③局部皮肤有损伤、环境高温、高湿、皮肤多汗等情况。

　　4. **静脉**　如经静脉注射毒品。

（二）毒物的分布、代谢、排泄
　　1. 毒物在体内的分布取决于毒物透过细胞膜的能力和对各组织成分的亲和力。影响毒物分布的因素主要有：①毒物与血浆蛋白的结合力；②毒物与组织的亲和力；③毒物对体内某些屏障（如血-脑脊液屏障等）的穿透能力；④毒物的理化性质与透过生物膜的能力等。

2. 毒物吸收后主要在肝脏通过氧化、还原、水解、结合等作用进行代谢。大多数毒物经代谢后毒性降低，但也有少数毒物在代谢后毒性反而增强，如对硫磷（1605）氧化成对氧磷，毒性增加约300倍左右。

3. 体内毒物主要经肾脏排出。气体和易挥发的毒物吸收后，部分以原形经呼吸道排出。大多数重金属如铅、汞、锰以及生物碱由消化道排出。有些毒物可经汗腺、唾液腺、乳腺（乳汁）、胆道（胆汁）等排出。毒物从体内排出的速度和毒物的溶解度、挥发度、与组织的结合程度以及排泄器官的功能状态有关，同时也与血液循环的状态有关。

三、中毒机制

毒物的种类繁多，中毒机制并不完全一致。

1. **造成局部刺激和腐蚀** 强酸、强碱等可吸收组织中的水分，并与蛋白质或脂肪结合，引起局部组织刺激、腐蚀、变质、坏死。

2. **导致组织缺氧** 窒息性毒物如一氧化碳、硫化氢、氰化物等可阻碍氧的吸收、转运和利用。刺激性气体（如氯气）可引起肺炎或肺水肿，影响肺泡内气体交换而导致缺氧。

3. **抑制中枢神经** 强亲脂性毒物如有机溶剂、吸入性麻醉剂等可通过类脂含量较高的血脑屏障，进入脑内，抑制脑功能。

4. **抑制酶的活力** 很多毒物可通过其本身或代谢产物，抑制酶的活力，通过破坏细胞内酶系统引起中毒。如有机磷杀虫药可抑制胆碱酯酶活力，氰化物可抑制细胞色素氧化酶活力，重金属可抑制含巯基酶的活力。

5. **干扰细胞膜和细胞器的生理功能** 如四氯化碳在体内经代谢产生自由基使细胞膜中的脂肪酸发生过氧化，从而导致线粒体、内质网变性，细胞死亡。

6. **竞争受体** 如阿托品可阻断毒蕈碱受体。

四、病情评估

（一）健康史

详细了解中毒的病史是诊断中毒的首要环节。

1. 神志清楚的患者可询问患者本人，神志不清或企图自杀的患者应向患者的家属、同事、亲友或现场目击者了解情况。

2. 怀疑一氧化碳中毒时，及时了解室内炉火、烟囱、煤气及当时室内其他人员是否也有中毒表现。

3. 怀疑食物中毒时，应询问患者的进餐情况、进餐时间和同时进餐的其他人员有无同样症状，并注意搜集剩余食物、呕吐物或胃内食物送检。

4. 怀疑生活性中毒的患者，要了解患者的生活情况、精神状态、长期服用药物的种类及发病时身边有无药瓶、药袋，家中药物有无缺少等。

5. 怀疑职业性中毒患者，应询问职业史，包括工种、工龄、接触毒物的种类和时间、防护条件、中毒人数等。对任何中毒都要了解发病现场的基本情况，及时查明所接触的毒物，为诊断提供可靠依据。

（二）临床表现

1. 皮肤黏膜症状　①皮肤及口腔黏膜灼伤：主要见于强酸、强碱等引起的腐蚀性损害。②发绀：引起血液氧合血红蛋白不足的毒物中毒可产生发绀，如亚硝酸盐、苯胺或硝基苯等中毒。③樱桃红色：见于一氧化碳、氰化物等中毒。④黄疸：毒蕈、鱼胆或四氯化碳中毒损害肝脏会出现黄疸。⑤大汗、潮湿：常见于有机磷杀虫药中毒。

2. 眼部症状　①瞳孔扩大：见于阿托品、曼陀罗等中毒。②瞳孔缩小：见于有机磷杀虫药、毒扁豆碱、毒蕈、吗啡等中毒。③视力障碍：见于甲醇、苯丙胺等中毒。④辨色异常：绿视、黄视，见于洋地黄中毒。

3. 呼吸系统症状　①呼吸道刺激症状：见于强酸雾、甲醛等中毒，表现为咳嗽、胸痛、呼吸困难，重者可出现喉痉挛、喉头水肿、肺水肿、急性呼吸窘迫甚至呼吸衰竭等。②呼吸减慢：见于催眠药、安定药、吗啡等中毒。③呼吸加快：如水杨酸、甲醇等酸性毒物引起的中毒，可兴奋呼吸中枢，使呼吸加快。

4. 消化系统症状　①毒物均可引起呕吐、腹泻等急性胃肠炎表现，严重者可致胃肠穿孔及出血坏死性肠炎。②口腔炎：腐蚀性毒物如汞蒸气、有机汞化合物等中毒可引起口腔黏膜糜烂、齿龈肿胀和出血等。③肝脏受损：毒蕈、四氯化碳等中毒可损害肝脏引起黄疸、转氨酶升高、腹腔积液等。

5. 神经系统症状　①中毒性周围神经病：如铅中毒所致的脑神经麻痹，砷中毒所致的多发性神经炎。②中毒性脑病：某些毒物如有机磷杀虫药等通过直接作用于中枢神经系统，引起各种神经系统症状及脑实质的损害。

6. 循环系统症状　①休克：强酸、强碱引起严重化学灼伤后可导致血浆外渗，有效循环血量减少，发生低血容量性休克；严重巴比妥类药物中毒可抑制血管中枢，引起外周血管扩张，血压下降，发生休克。②心律失常：洋地黄、夹竹桃、三环类抗抑郁药及氨茶碱等中毒可引起心律失常。③心搏骤停：洋地黄、奎尼丁、锑剂等中毒可因心肌毒性作用而导致心搏骤停；可溶性钡盐、棉酚等中毒可导致严重低钾血症，使心搏骤停。

7. 血液系统症状　出现溶血性贫血、出血、白细胞减少、再生障碍性贫血等，如氯霉素、抗肿瘤药、肝素及蛇毒等中毒。

8. 泌尿系统症状　出现血尿、肾衰竭等症状。

（1）肉眼血尿：见于影响凝血功能的毒物中毒。

（2）镜下血尿或蛋白尿：见于升汞、生鱼胆等中毒。

（3）绿色尿：见于麝香草酚中毒。

（4）橘黄色尿：见于氨基比林等中毒。

（5）灰色尿：见于酚或甲酚等中毒。

（6）蓝色尿：见于含亚甲蓝的药物中毒。

（7）结晶尿：见于扑米酮、磺胺等中毒。

9. 其他症状

（1）呼出气、呕吐物及体表气味：①酒味：酒精、甲醇、异丙醇和其他醇类化合物等中毒。②蒜臭味：见于有机磷杀虫药中毒。③苦杏仁味：见于氰化物、苦杏仁等中毒。④氨味：见于氨、硝酸铵等中毒。⑤其他特殊气味：见于汽油、煤油、松节油、苯等中毒。

（2）发热：见于阿托品、二硝基酚或棉酚等中毒。

（三）辅助检查

1. 血液学检查

（1）血红蛋白检测：碳氧血红蛋白浓度增高见于一氧化碳中毒，高铁血红蛋白血症见于亚硝酸盐、苯胺、硝基苯等中毒。

（2）动脉血气分析：低氧血症见于刺激性气体、窒息性毒物等中毒。

（3）凝血功能检查：凝血功能异常多见于抗凝血类灭鼠药、水杨酸类、肝素、蛇毒、毒蕈等中毒。

（4）酶学检查：全血胆碱酯酶活力下降见于有机磷杀虫药、氨基甲酸酯类杀虫药等中毒。

（5）其他：如血清电解质、血糖、肝功能、肾功能等检查。

2. 毒物检测

（1）可采集患者的血液、排泄物、呕吐物、剩余的食物、抽吸的胃内容物、遗留毒物、药物和容器等送检。

（2）对所采集的标本注意妥善封装，使用洁净的玻璃瓶或瓷罐盛装。

（3）所有标本都要加贴标签，注明标本名称、中毒者姓名、取材日期、送检要求等。

（4）检验的标本尽量不加防腐剂并及时送检。

毒物检测敏感性较低、对技术条件的要求较高，由于毒物理化性质的差异，很多中毒患者不能检测到毒物。虽然毒物检测理论上是诊断中毒最好的方法，但诊断中毒时也不能单纯依赖毒物检测。

五、救治原则

（一）立即终止与毒物接触

1. **吸入性中毒**　应迅速将患者抬到室外通风良好、空气新鲜处，及时清除呼吸道分泌物，保持呼吸道通畅，尽早氧气吸入，注意保暖。

2. **接触性中毒**　应立即脱去污染的衣物，用大量清水反复冲洗毒物接触的皮肤、黏膜，彻底清洗毛发、眼、指甲、会阴部和皮肤的皱褶处，局部一般不用化学拮抗药。切忌用热水冲洗。皮肤接触腐蚀性毒物时，冲洗时间应达到15~30分钟。特殊毒物可选用相应的中和剂或解毒剂冲洗，特殊毒物及清洗液见表7-1。

表7-1　特殊毒物及清洗液

清洗液	适用的毒物
10% 酒精	苯酚、苯胺、硝基苯、溴苯、二硫化碳
5% 碳酸氢钠或肥皂液	酸性毒物（有机磷、甲醛、汽油、溴化烷等）
2% 醋酸或 3% 硼酸	碱性毒物（氨水、氢氧化钠、碳酸钠、硅酸钠等）
1% 碳酸氢钠	磷化锌或黄磷

（二）急救处理

严重中毒导致心跳呼吸骤停者，立即进行心肺复苏；循环衰竭者，立即建立静脉通道、输血、补液抗休克，使用管活性药物维持循环；呼吸衰竭者，立即开放气道，进行机械通气，维持呼吸功能；肾衰竭者；控制水的摄入、控制高血钾、控制酸中毒、控制感染、进行透析；密切观察患者的生命体征。

（三）清除尚未吸收的毒物

此项措施对口服中毒者尤为重要。毒物清除越早、越彻底，病情改善越明显，预后越好。

1. 催吐

（1）适应证：催吐适用于神志清楚并能配合的患者。

（2）禁忌证：以下患者不宜使用催吐法，昏迷、惊厥、吞服强酸强碱等腐蚀性毒物、食管静脉曲张、主动脉瘤、消化性溃疡、体弱、妊娠、高血压、冠心病、休克者禁用。

（3）催吐方法：①物理催吐法，让患者取左侧卧位，头略低，饮温开水 300~500ml，用手或压舌板刺激咽后壁、舌根而诱发呕吐，可反复使用，直至胃内容物完全呕吐出为止，此法简单易行，奏效迅速，并可在任何环境下立即施行。②药物催吐，吐根糖浆 10~20ml 加入 200ml 水中分次口服。

2. 洗胃

（1）洗胃必须尽早进行，服毒后 4~6 小时内洗胃效果最好。但如果摄入毒物量较大、毒物为脂溶性不易吸收或固体颗粒、有肠衣的药片，即使超过 6 小时，仍有部分毒物残留，需进行洗胃。

（2）洗胃时，应注意以下事项：①首先抽出全部胃液，留取标本作毒物分析，然后注入适量温开水反复灌洗，直至冲洗液清亮、无特殊气味为止。②一次洗胃液体总量至少为 2~5L，有时可达 6~8L。③洗胃结束拔除胃管时，应先夹闭胃管尾部，以防拔管过程中管内液体反流进入气管引起误吸。

（3）有机磷杀虫药中毒时，导致胃肠功能紊乱，肠道中毒物可能因肠道逆蠕动而进入胃内，可在拔除洗胃管后留置普通胃管反复洗胃。

（4）吞服强酸强碱等腐蚀性毒物患者，洗胃可引起消化道穿孔，一般不宜采用。

（5）昏迷、惊厥等患者洗胃时，应注意呼吸道保护，避免发生误吸，导致吸入性肺炎或窒息。

（6）洗胃液的选择：可根据毒物的种类选用适当的洗胃液，洗胃液选择及注意事项见表 7-2。

3. 导泻 洗胃后可由胃管灌入泻药，以清除肠道内的毒物。目前临床常用甘露醇导泻。一般不用油类泻药，以免促进脂溶性毒物的吸收。严重脱水、口服强腐蚀性毒物者禁止导泻。

4. 全肠道灌洗 是一种快速清除肠道毒物的新方法，适用于口服中毒超过 6 小时及导泻无效者。使用高分子聚乙二醇等渗电解质溶液连续灌洗，速度为 2L/h，可在 4~6 小时内清空肠道，因效果显著，已逐渐取代肥皂水连续灌肠。

表 7-2 洗胃液选择及注意事项

洗胃液	适用的毒物种类	注意事项
清水或生理盐水	砷、硝酸银、溴化物、不明原因中毒者	儿童用生理盐水
1：5000 高锰酸钾	镇静催眠药、有机磷杀虫药、氰化物、阿片类、生物碱、砷化物等	对硫磷中毒禁用
2% 碳酸氢钠	有机磷杀虫药、苯、铊、汞等	
0.3% 过氧化氢	阿片类、氰化物、高锰酸钾等	0，0-二甲基-膦酸酯（敌百虫）及强酸中毒禁用
1%~3% 鞣酸	吗啡类、洋地黄、阿托品、颠茄、莨菪、草酸、乌头、毒蕈、藜芦等	
10% 氢氧化镁悬液	阿司匹林、草酸、硝酸、盐酸、硫酸等	
5%~10% 硫代硫酸钠	氰化物、碘、汞、铬、砷等	
10% 活性炭悬浮液	河豚毒、生物碱及其他多种毒物	
液体石蜡	硫磺、氯乙烷、四氯化碳等	
鸡蛋清、牛奶	腐蚀性毒物、硫酸铜、铬酸盐等	
3%~5% 醋酸、食醋	氢氧化钠、氢氧化钾等	再用清水洗胃

（四）促进已吸收毒物的排出

1. 促进毒物经肾脏排泄

（1）使用利尿剂：强效利尿药如呋塞米或 20% 甘露醇可增加尿量，促进苯巴比妥、水杨酸类、苯丙胺等毒物排出。

（2）静脉输液：如无脑水肿、肺水肿和肾功能不全等情况者，可大剂量快速静脉滴注葡萄糖液或其他晶体溶液（速度以 200~400ml/h 为宜）。

（3）碱化尿液：改变尿液的 pH 值可促进毒物排出，静脉滴注 5% 碳酸氢钠可碱化尿液，使尿液的 pH 达到 8.0，促进弱酸性毒物（如苯巴比妥、水杨酸类）离子化，减少肾小管的吸收而加速其排泄。

（4）酸化尿液：输注维生素 C 或氯化铵等，可使碱性毒物酸化，有利于排出。禁用于急性肾衰竭者。

2. 供氧 高压氧疗已广泛用于急性中毒的治疗，尤其对一氧化碳中毒的患者，高压氧是一种特效治疗，可促进碳氧血红蛋白解离，加速一氧化碳的排出，减少迟发性脑病的发生。

3. 血液净化

（1）血液透析：①用于清除血液中分子量较小、不与蛋白或其他成分结合的水溶性毒物，如苯巴比妥、水杨酸类、甲醇、茶碱等。②氯酸钾或重铬酸盐中毒引起的急性肾衰应首选血液透析。③血液透析应尽早采用，一般在中毒 12 小时内进行效果最好。

（2）血液灌流：用于清除脂溶性或与蛋白质结合的毒物，如巴比妥类、百草枯等，是目前最常用的急性中毒抢救措施。应注意血液中的正常成分也会被吸附而排出，所以灌流时需密切监护患者并及时进行补充。

（3）血浆置换：用于清除与血浆蛋白质结合率高，不易被血液透析和血液灌流清除的毒物，尤其是生物毒素，如蛇毒、毒蕈碱中毒及砷化氢等溶血性毒物中毒，还可清除患者由于肝衰竭所产生的大量内源性毒素，补充血液中的有益成分，如活性胆碱酯酶。本疗法效果好，但操作复杂，价格较高，有传播病毒性疾病的危险。

（五）特效解毒药的应用

1. 金属中毒解毒药 多为螯合剂。

（1）依地酸钙钠：最常用，可与多种金属形成稳定、可溶的金属螯合物而排出体外，用于铅中毒。

（2）二巯丙醇：可与某些金属形成无毒、难解离，但可溶的金属螯合物随尿排出体外，还可夺取已与酶结合的重金属而使该酶恢复活性，用于砷、汞、铜、铅、锑中毒。

2. 高铁血红蛋白症解毒药 小剂量亚甲蓝（1~2mg/kg）可使高铁血红蛋白还原为正常血红蛋白，用于亚硝酸盐、苯胺、硝基苯等中毒。

3. 氰化物中毒解毒药 多采用亚硝酸盐—硫代硫酸钠疗法。患者中毒后立即给予亚硝酸盐，使血红蛋白氧化而产生高铁血红蛋白，后者与氰化物结合形成氰化高铁血红蛋白。再给予硫代硫酸钠，氰离子与硫代硫酸钠结合形成毒性低的硫氰酸盐而排出体外。

4. 有机磷杀虫药中毒解毒药 如阿托品、碘解磷定、氯解磷定等。

5. 中枢神经抑制剂解毒药

（1）纳洛酮：为阿片类麻醉药中毒的解毒药，可特异性拮抗麻醉药引起的呼吸抑制。

（2）氟马西尼：为苯二氮䓬类中毒的拮抗药。

（六）对症处理

很多急性中毒并无特效解毒剂或解毒疗法，所以对症处理十分重要，其目的在于保护机体重要脏器并使其恢复功能。对症处理方法包括如下几个方面。

1. 卧床休息，保暖，严密观察患者的生命体征和神志。

2. 保持呼吸道通畅，充分供氧。昏迷患者应维持呼吸和循环功能，定时翻身以免发生坠积性肺炎或压疮。

3. 输液或鼻饲以维持机体营养。

4. 严重中毒者出现昏迷、肺炎、肺水肿、循环衰竭、呼吸衰竭和肾衰竭时，应积极采取相应的抢救措施。

5. 心搏骤停者应立即给予心肺复苏。

6. 惊厥者应注意保护患者避免受损伤，并应用抗惊厥药。

7. 脑水肿患者应及时行脱水、降温疗法。

六、护理要点

（一）一般护理

1. 卧位与休息 急性中毒患者应卧床休息。

2. 营养与饮食 在病情允许的情况下，尽量鼓励患者进食高热量、高蛋白、高维生素、易消化的无渣饮食；腐蚀性毒物中毒患者早期应给予乳类等流质饮食。不能进食者由静脉供给高营养物质。

3. **加强心理护理** 对服毒自杀患者，要做好患者的心理护理，消除患者的紧张、焦虑和恐惧，防范患者再次自杀。多与患者沟通、解释、交谈等。

4. **严密观察病情变化** 密切观察患者神志、呼吸、脉搏、血压及瞳孔等变化，详细记录出入量，维持水及电解质平衡。注意观察呕吐物及排泄物的性状，必要时留标本送检，做好心电监护，保持呼吸道通畅，给予氧气吸入。

5. **加强基础护理** 注意患者的保暖；注意患者的口腔护理，密切观察患者口腔黏膜的变化；对昏迷患者要注意保持呼吸道通畅，定时翻身，做好皮肤护理，防止压疮发生；应保护惊厥患者，避免其受伤，并适当约束固定；注意患者大小便的护理等。

（二）洗胃时的注意事项

1. **正确选择洗胃方法** 神志清楚者，说明洗胃的目的，争取患者的合作，采取口服催吐洗胃。昏迷患者必须采用胃管洗胃。如服毒量大或胃管堵塞，而又必须迅速彻底清除毒物者，可行切开洗胃术。

2. **正确选择胃管** 主要依据胃管置入的途径及患者的年龄等，选择不同的胃管，如经口腔置管洗胃可用大口径且有一定硬度的胃管。经鼻腔置管洗胃时，胃管口径应小，以免置管时损伤鼻腔黏膜。小儿洗胃胃管稍细一些。

3. **置入胃管的长度** 大约为从鼻尖至耳垂再至剑突的距离。洗胃时胃管的头端最好位于胃底和胃体中上 1/3 处，以利于洗胃液的抽吸，避免损伤胃黏膜。插入胃管后，应准确判断胃管是否插入胃内。

4. **选择合适的洗胃液温度** 洗胃液温度应控制在 35℃ 左右，不可过热或过冷。过热可使血管扩张，促进局部血液循环，加快毒物吸收；过冷可刺激胃，使胃蠕动加强，从而促进毒物排入肠腔。

5. **严格掌握洗胃的原则** 即"先出后入、快进快出、出入基本平衡"的原则。每次灌洗量 300~500ml 为宜。洗胃过程中，最好采用左侧卧位洗胃，但是当毒物中毒量大，怀疑洗胃不彻底时，可以变换为仰卧位或右侧卧位洗胃，以消除冲洗盲区。

6. **严密观察病情** 首次抽吸物应留取标本作毒物鉴定。洗胃过程中防止误吸，有出血、窒息、抽搐及胃管堵塞时应立即停止洗胃，并查找原因，及时处理。

7. **胃管保留** 洗胃完毕，胃管宜保留一段时间，不宜立即拔出，以利再次洗胃，尤其是有机磷杀虫药中毒者，胃管应保留 24 小时以上，便于反复洗胃。

8. **洗胃机洗胃的注意事项**

（1）洗胃机工作时应水平放置，放置高度应尽量保持与患者身体在同一平面，以免影响洗胃机抽吸和注入时的压力。

（2）洗胃前检查进出胃压力、液量和控制状态等是否正常，并且将洗胃管放入洗胃液内，开机循环 2~3 次，以排净机器管路内的空气，并使其充满洗胃液。

（3）洗胃期间，防止空洗、空吸，及时添加洗胃液。

（4）洗胃机洗胃时应使用洗胃机专用胃管，以利于洗胃的正常进行。因其专用胃管口径较大，最好采用经口腔插管洗胃。

（5）对老年人、心脏病或同时伴有某些严重疾病的患者，应慎重选用洗胃机洗胃。如必须使用洗胃机洗胃，应严密观察患者洗胃情况。8岁以下的儿童禁止用全自动洗胃机洗胃，可以选用儿童型专用洗胃机。

（6）每次洗胃结束后及时进行清洗消毒，将连接于"接胃口"上的液管另一端放入一容积大于3000ml盛有净水的容器内，其他管路不动，并保证净水桶内有充足的水源。打开开关让机器工作4~5次清除管路内污物。然后将三根液管端部同时浸入盛有2000ml有效消毒液和油污清洗剂的容器内，开机循环30分钟，随后用净水循环2~3次清洗管路，最后将所有管路提离水面再循环2~3次，使机器管路内的水流空，保持干燥状态。

（三）健康教育

1. **加强防毒宣传**　在厂矿、农村、社区中结合实际情况，向群众介绍有关中毒的预防和急救知识。因时、因地制宜地进行防毒宣传。

2. **不吃有毒或变质的食品**　对无法辨别有无毒性的蕈类、疑为有机磷杀虫药毒死的家禽、河豚、棉籽油或变质的韭菜、菠菜、萝卜等，均不可食用。

3. **加强毒物管理**　严格遵守有关毒物的防护和管理制度，加强毒物保管。

第二节　常见急性中毒的救护

一、有机磷杀虫药中毒

案例 7-1

　　患者女性，30岁。5个小时前与他人吵架后口服"敌敌畏"，出现恶心、呕吐、腹痛、多汗，全身紧缩感，急诊入院。查体：T 37.6℃，P 55次/分，R 22次/分，BP 110/80mmHg。深昏迷，双侧瞳孔等大同圆，直径约1.0mm，对光反射消失，双侧球结膜水肿，双肺呼吸音粗，可闻及湿啰音，双腋下皮肤有汗液，心率55次/分。急查：胆碱酯酶活力45%。

　　思考：

　　1. 请问该患者目前处于什么状况？

　　2. 根据护理评估结果请列出护理问题。

　　3. 对该患者应采取哪些紧急救护的措施？

　　4. 患者病情稳定后，如何向家属和患者宣教有机磷杀虫药的使用及保管注意事项？

有机磷杀虫药（organophosphorous insecticides）多呈油状或结晶状，稍有挥发性，有蒜味。除敌百虫外，多难溶于水，不易溶于有机溶剂，在碱性条件下易被分解。对人、畜、家禽均有毒性。

（一）中毒机制

有机磷杀虫药进入人体后与乙酰胆碱酯酶的酯解部位结合形成磷酰化胆碱酯酶，后者无分解乙酰胆碱的能力且较为稳定，使乙酰胆碱积聚，导致胆碱能神经先兴奋后抑制的一系列毒蕈碱样、烟碱样和中枢神经系统症状，中毒严重者可因昏迷和呼吸衰竭而死亡。

（二）病情评估

1. 健康史　有口服或喷洒有机磷杀虫药等接触史；应详细了解杀虫药的种类、剂量、中毒时间、中毒经过和侵入途径。

2. 临床表现

（1）急性中毒全身损害

1）毒蕈碱样表现：又称 M 样症状，最早出现，为副交感神经末梢兴奋所致，表现为平滑肌痉挛和腺体分泌增加。多先出现恶心、呕吐、腹痛、腹泻、多汗，尚有流泪、流涎、尿频、大小便失禁、心率减慢和瞳孔缩小。支气管痉挛和分泌物增加、咳嗽、气促，严重者出现肺水肿。

2）烟碱样表现：又称 N 样症状，乙酰胆碱在神经-肌肉接头处过度蓄积和刺激，使面、眼睑、舌、四肢和全身的横纹肌发生肌纤维颤动，甚至强直性痉挛。表现为肌束颤动、牙关紧闭、抽搐、全身紧缩压迫感，甚至肌力减退、瘫痪、周围性呼吸衰竭。

3）中枢神经系统表现：早期出现头晕、头痛、疲乏，逐渐出现共济失调、烦躁不安、谵妄、抽搐和昏迷。

（2）其他症状

1）中毒后"反跳"现象：某些有机磷杀虫药如乐果和马拉硫磷口服中毒，经急救后好转，但可在数日至1周后突然急剧恶化，重新出现急性中毒症状，甚至发生肺水肿或突然死亡，这种现象称为中毒后"反跳"现象。可能与残留在皮肤、毛发和胃肠道的杀虫药被重新吸收或解毒药过早停用有关。

2）迟发性多发性神经病：个别急性中毒患者在重度中毒症状消失后 2~3 周发生多发性、迟发性的感觉、运动神经病变表现，主要累及肢体末端，表现为肢体末端烧灼、疼痛、麻木以及下肢无力、瘫痪、肌肉萎缩等。可能是有机磷杀虫药抑制神经靶酯酶并使其老化所致。

3）中间型综合征：是指急性有机磷杀虫药中毒所引起的一组以肌无力为突出表现的综合征。因其发病时间在急性症状缓解后和迟发性神经病变发生前，常发生于急性中毒后 1~4 天，故称中间综合征。主要表现为屈颈肌、四肢近端肌肉以及第Ⅲ、Ⅶ、Ⅸ、Ⅻ对脑神经所支配的部分肌肉肌力减退。若病变累及呼吸肌，常引起呼吸肌麻痹，并可进展为呼吸衰竭。中间型综合征的发病机制尚不完全清楚，一般认为与胆碱酯酶长期受到抑制、影响神经-肌肉接头处突触后功能有关。

3. 辅助检查

（1）全血胆碱酯酶活力测定：是诊断有机磷杀虫药中毒的特异性实验室指标，对判断中毒程度、疗效和估计预后极为重要。将正常人血胆碱酯酶活力值定为100%，急性有机磷杀虫药中毒时，血胆碱酯酶活力下降70%~50%为轻度中毒；50%~30%为中度中毒；30%以下为重度中毒。

（2）尿中有机磷杀虫药分解产物测定：如对硫磷和甲基对硫磷中毒时尿中出现对硝基酚，敌百虫中毒尿中出现三氯乙醇。

（三）救治与护理

1. 救治原则

（1）迅速清除毒物：①清洗：经皮肤黏膜吸收中毒者立即脱离中毒现场，脱去污染衣物，用肥皂水彻底清洗皮肤、毛发、指甲缝隙，禁用热水或乙醇擦洗。眼部污染者，用2%碳酸氢钠液或生理盐水冲洗。②洗胃：口服中毒者用清水、2%碳酸氢钠溶液（敌百虫中毒忌用，因为碳酸氢钠可将敌百虫转化为敌敌畏，使毒性增强）或1：5000高锰酸钾溶液（对硫磷中毒忌用，因为高锰酸钾可将对硫磷转化为对氧磷，使毒性明显增强）反复洗胃，洗胃要尽早、彻底、反复进行，直至洗出液清亮、无大蒜味为止。洗胃过程中应严密观察患者生命体征的变化，如出现呼吸心搏骤停，应立即停止洗胃并协助抢救。③导泻：洗胃后常用硫酸镁20~40g，溶入水中，一次性口服，30分钟后可追加用药。④血液净化：血液灌流或血液灌流加血液透析等方式可有效消除血液中的有机磷杀虫药。一般在中毒后1~4天内进行，每天一次，每次2~3个小时，以提高清除效果。

（2）紧急复苏：有机磷中毒的主要死亡原因有肺水肿、呼吸肌麻痹、呼吸中枢衰竭。因此，应重点维持正常心肺功能，保持呼吸道通畅，正确氧疗和使用机械通气。心搏骤停时，紧急心肺复苏。休克患者使用血管活性药物、肺水肿患者使用阿托品、脑水肿患者使用甘露醇和糖皮质激素等。重度中毒者，中毒症状缓解后应逐渐减少用药剂量，症状消失后停药，至少观察3~7天。

（3）特效解毒剂的应用：应用原则为早期、足量、联合、重复用药。①胆碱酯酶复能剂：能使被抑制的胆碱酯酶恢复活性，有效解除烟碱样症状。常用药物有碘解磷定、氯解磷定、双复磷和双解磷等。由于胆碱酯酶复活剂不能复活已老化的胆碱酯酶，故必须尽早用药。对胆碱酯酶复能剂疗效欠佳的患者，应以抗胆碱药为主或两药合用。②阿托品：为抗胆碱药，能与乙酰胆碱争夺胆碱受体，阻断乙酰胆碱的作用，缓解毒蕈碱样症状和对抗呼吸中枢抑制。阿托品应早期、足量、反复给药，直到毒蕈碱样症状明显好转或患者出现"阿托品化"表现为止。此时，应减少剂量或停用阿托品。如有瞳孔扩大、神志模糊、烦躁不安、抽搐、昏迷和尿潴留等表现，提示阿托品中毒，应立即停药。

临床上很少单独使用阿托品解救有机磷杀虫药中毒，尤其是对于中、重度中毒患者，必须将阿托品与胆碱酯酶复能剂联合应用。两药合用时，要减少阿托品的用量，可避免发生阿托品中毒。

2. 护理要点

（1）一般护理：卧床休息、保暖。清醒者取半卧位，昏迷者平卧位、头偏向一侧。

（2）病情观察：及时观察生命体征、尿量和意识，发现以下情况应配合医生，及时做好抢救工作。①若出现胸闷、严重呼吸困难、咳粉红色泡沫痰、双肺湿啰音、意识模糊等，提示急性肺水肿。②若出现呼吸节律、频率和深度改变，警惕呼吸衰竭。③若出现意识障碍、头痛、剧烈呕吐、抽搐等，考虑急性脑水肿。警惕中间综合征。患者清醒后又出现胸闷、心慌、气短、乏力等症状，是中间综合征的先兆。此时应进行全血胆碱酯酶化验、动脉血氧分压监测、记录出入液量等。严密观察"反跳"的先兆症状。如胸闷、流涎、出汗、言语不清、吞咽困难等，有反跳现象者应静脉补充阿托品，再次迅速达阿托品化。

（3）对症护理：①维持有效呼吸。及时有效地清除呼吸道分泌物以保持呼吸道通畅。昏迷患者应头偏向一侧，注意及时清除痰液和呕吐物，准备好气管切开包和呼吸机等，必要时行气管插管或气管切开，建立人工气道。也可给予呼吸中枢兴奋剂如尼可刹米，忌用吗啡、巴比妥类等抑制呼吸中枢的药物。②吸氧护理。高流量吸氧，每日更换鼻导管、更换吸氧鼻孔。

（4）用药的护理

1）应用阿托品的护理：阿托品不能作为预防用药。阿托品兴奋心脏的作用很强，中毒时可导致室颤，所以应用阿托品时应充分吸氧，维持正常的血氧饱和度。"阿托品化"和阿托品中毒的剂量十分接近，应严密观察（表7-3）。

表7-3 阿托品化与阿托品中毒的区别

观察内容	阿托品化	阿托品中毒
瞳孔	由小扩大后不再缩小	极度扩大
神志	意识清楚或模糊	烦躁不安、谵妄、抽搐、昏迷
皮肤	颜面潮红、皮肤干燥	颜面紫红、皮肤干燥
体温	正常或轻度升高	明显升高，>40℃
心率	≤120次/分，脉搏快而有力	心动过速，甚至心室颤动

2）应用胆碱酯酶复能剂的护理：早期用药，洗胃时即可应用，首次应足量给药。轻度中毒者可单独使用，中度以上中毒者必须联合应用阿托品，但应减少阿托品剂量，以免发生中毒。复能剂应稀释后缓慢静脉推注或静脉滴注，如用量过大、注射太快或未经稀释，可抑制胆碱酯酶导致呼吸抑制。复能剂在碱性溶液中易水解成有剧毒的氰化物，所以禁与碱性药物配伍使用。碘解磷定药液刺激性强，漏入皮下时可引起剧痛及麻木感，所以应确定针头在血管内者方可静脉注射给药，不可肌内注射。注意观察复能剂的毒副作用，如短暂的眩晕、视力模糊、复视或血压升高等。碘解磷定剂量过大可出现口苦、咽痛和恶心，注射速度过快可出现暂时性呼吸抑制。双复磷用量过大可引起室性期前收缩、室颤或传导阻滞。

3）"反跳"现象的护理：有反跳现象者即静脉补充阿托品，再次迅速达阿托品化。

（5）心理护理：护士应及时了解患者中毒的原因，根据患者不同的心理特点，用正确的心理护理方法予以心理疏导。以诚恳的态度为患者提供情感上的支持，转移其消极情绪，并进行相关知识的宣传。认真做好家属的思想工作，做到不埋怨、不讥讽、不苛求，使患者感到温暖，重新树立生活的信心。

（6）健康教育：①生产有机磷杀虫药时应严格执行各种操作规程，做好个人防护。普及防治中毒的知识，定期体检，测定全血胆碱酯酶活力。②喷洒农药时应穿质厚的长袖上衣及长裤，扎紧袖口和裤腿，戴口罩和帽子。如衣物被污染，应及时更换并彻底清洗皮肤。③接触农药过程中若出现头晕、胸闷、流涎、恶心、呕吐等症状，应立即就诊。④凡接触过农药的器具均应用清水彻底清洗，绝不可再盛放食物。⑤患者出院后需在家休息 2~3 周，按时服药。

二、急性一氧化碳中毒

案例 7-2

患者男性，70 岁。夜间生煤炉取暖，晨起时被家人发现昏迷不醒，遂送入医院。房间内未见异常药瓶，未见呕吐迹象。既往身体健康，无药物过敏史。查体：T 36.8℃，P 98 次 / 分，R 24 次 / 分，BP 160/90mmHg，昏迷，呼之不应，瞳孔等大，直径 3mm，口唇呈樱桃红色，其余体检无异常。辅助检查：碳氧血红蛋白浓度 55%。

思考：

1. 请问该患者目前处于什么状况？
2. 根据护理评估结果请列出护理问题。
3. 对该患者应采取哪些紧急救护的措施？
4. 患者清醒病情稳定后，护士应如何向张大爷及家人进行健康教育？

一氧化碳（carbon monoxide，CO）为无色、无味、无臭、无刺激性气体，几乎不溶于水。多因含碳物质不完全燃烧产生，在空气中燃烧时呈蓝色火焰。空气中浓度达到 12.5% 时有爆炸危险。人体在短期内吸入过量 CO，可发生急性一氧化碳中毒，又称煤气中毒，在我国北方农村是气体中毒致死的主要原因之一。

（一）中毒机制

一氧化碳中毒主要引起组织缺氧。CO 吸入体内后，大部分与血红蛋白（Hb）结合形成稳定的碳氧血红蛋白（COHb），COHb 不能携带氧，不易解离，且可使血红蛋白氧离曲线左移，血氧不易释放而导致组织缺氧。CO 还可抑制细胞色素氧化酶的活性，直接抑制细胞内呼吸。脑组织和心脏对缺氧最为敏感，常最先受损害。脑内小血管迅速麻痹、扩张，腺嘌呤核苷三磷酸迅速耗尽，细胞内钠离子蓄积，诱发脑水肿。缺氧导致脑血栓形成、脑皮质或基底节局灶性缺血性坏死和广泛性脱髓鞘病变，使少数患者发生迟发性脑病。

（二）病情评估

1. **健康史**　有较高浓度 CO 吸入病史。注意了解患者中毒时所处的环境、停留时间及突发昏迷等情况。

2. **临床表现**　急性一氧化碳中毒根据症状的严重程度及血中 COHb 含量，分为三度。

（1）轻度中毒：血液 COHb 浓度为 10%~20%。表现为头痛、头晕、恶心、呕吐、四肢无力等。若能及时脱离中毒环境，吸入新鲜空气或氧疗，症状很快消失。

（2）中度中毒：血液 COHb 浓度为 30%~40%。皮肤黏膜呈 "樱桃红色"，上述症状加重，并出现判断力减退、视力减退、幻觉、意识模糊或浅昏迷。经积极治疗后可恢复正常，且无明显并发症。

（3）重度中毒：血液COHb浓度>50%。昏迷、抽搐、心律失常和呼吸衰竭，部分患者因误吸发生吸入性肺炎。受压皮肤出现红肿和水疱。肌肉出现压迫性肌肉坏死（横纹肌溶解症），释放肌球蛋白引起急性肾小管坏死和肾衰竭。死亡率高，幸存者多有不同程度后遗症。少数重症患者（3%~30%）经过2~60天的"假愈期"，可出现迟发性脑病（神经精神后发症），主要表现包括：①精神异常或意识障碍：呈失智、木僵、谵妄或去大脑皮质状态。②锥体外系神经障碍：表情淡漠、四肢肌张力增强、静止性震颤、前冲步态等震颤麻痹综合征表现。③锥体系神经损害：偏瘫、失语、病理反射阳性、小便失禁等。④大脑皮质局灶性功能障碍：如失语、失明、继发性癫痫或不能站立。⑤脑神经及周围神经损害：如视神经萎缩、听神经损害及周围神经病变。

3. 辅助检查

（1）血液COHb测定：是诊断一氧化碳中毒的特异性指标。

（2）脑电图检查：可见弥漫性低波幅慢波。

（3）头部CT检查：脑水肿时示病理性密度减低区。

（三）救治与护理

1. 救治原则

（1）现场急救：迅速打开门窗，阻断CO的来源。迅速将患者移至空气清新处。重症者取平卧位，松解衣服，保暖，保持呼吸道通畅。如发生呼吸心搏骤停者，应立即行心肺复苏。

（2）迅速纠正缺氧：氧疗是治疗一氧化碳中毒最有效的方法。轻中度患者用面罩或鼻导管高流量吸氧，8~10L/min。重度患者用高压氧舱治疗，可加速COHb解离，促进CO排出，增加血液中溶解氧，提高动脉血氧分压，还可促进毛细血管内氧向细胞内弥散，达到迅速纠正组织缺氧的目的。高压氧舱治疗可缩短昏迷时间和病程，预防迟发性脑病。呼吸停止者应立即行人工呼吸或使用呼吸机辅助呼吸，危重患者可行换血疗法或血浆置换。

（3）防治脑水肿：20%甘露醇快速静脉滴注。也可用呋塞米、地塞米松等。

（4）促进脑细胞代谢：应用能量合剂。

（5）对症治疗：昏迷者应保持呼吸道通畅，必要时行气管插管或气管切开。高热抽搐者，可选用人工冬眠疗法，配合局部降温。注意营养，必要时鼻饲。患者从昏迷中苏醒后，应做咽拭子、血、尿培养，如有并发症，应给予相应治疗，尽可能严密观察2周。

2. 护理要点

（1）一般护理：患者取平卧位、头偏向一侧。昏迷患者经抢救苏醒后应绝对卧床休息，观察2周，避免精神刺激。高热抽搐者在降温、解痉的同时应注意保暖，防止自伤和坠床。

（2）病情观察：观察生命体征、神志变化，记录出入液量。观察有无头痛、喷射状呕吐等脑水肿征象。观察神经系统表现及皮肤、肢体受压部位的损害情况。

（3）对症护理：①吸氧护理：患者脱离现场后应立即吸氧，采用高浓度（>60%）、高流量（5~10L/min）吸氧。重度患者及早采用高压氧舱治疗；呼吸停止者应立即行人工呼吸。②昏迷伴高热惊厥时应给予物理降温，遵医嘱应用地西泮。③保持呼吸道通畅，随时吸出呼吸道分泌物和呕吐物。④脑水肿者遵医嘱给予20%甘露醇静脉快速滴注，并遵医嘱应用促脑细胞代谢药。

（4）心理护理：陪伴在患者身边，鼓励患者表达其感受，引导患者正确的认识病情，鼓励其树立乐观、积极的生活信念。认真履行告知义务，讲述相关知识、治疗方法及可能发生的并发症，增进彼此的信任，建立良好的护患关系，使患者积极主动地配合治疗。

（5）健康指导：①加强预防一氧化碳中毒的宣传。居室内煤炉要安装烟囱和排风扇，定期开窗通风。厂矿应加强劳动保护措施，产生煤气的车间要定时通风，煤气发生炉和管道要定时维修，定期监测CO的浓度。进入高浓度CO环境内执行任务时，要戴好特制的CO防毒面具并系好安全带。②有后遗症的患者应鼓励其继续治疗，嘱患者家属悉心照顾，并教会家属对患者进行语言、肢体锻炼的方法。

三、急性镇静催眠药中毒

案例 7-3

患者男性，18岁。因高考失利，于2小时前吞服大量地西泮，服药后出现昏迷，被父母发现后急诊送入医院。

思考：

1. 请问该患者目前处于什么状况？

2. 根据护理评估结果请列出护理问题。

3. 对该患者应采取哪些紧急救护的措施？

4. 病情稳定后，对该患者如何进行健康教育？

镇静催眠药是中枢神经系统抑制药，具有镇静和催眠作用，一次大剂量服用可引起急性镇静催眠药中毒。

（一）中毒机制

1. **苯二氮䓬类**　其中枢神经抑制作用与 γ- 氨基丁酸能神经的功能增强有关。主要作用于边缘系统，影响情绪和记忆力。

2. **巴比妥类**　对 GABA 能神经的作用与苯二氮䓬类相似，主要作用于网状结构上行激活系统，引起意识障碍，对中枢神经系统的抑制有剂量 - 效应关系。

3. **非巴比妥、非苯二氮䓬类**　其中毒机制与巴比妥类相似。

4. **吩噻嗪类**　主要作用于网状结构，通过抑制中枢神经系统中的多巴胺受体减少邻苯二酚胺的生成，可以减轻焦虑紧张、幻觉妄想和病理性思维等症状。抑制脑干血管运动和呕吐反射、阻断 α- 肾上腺素能受体、抗组胺及抗胆碱能等效应。

（二）病情评估

1. 健康史　询问患者有无服用大量镇静催眠药病史。了解患者用药的种类、剂量及服用时间，是否经常服用该药、服药前后有无饮酒、本次患病前有无情绪波动等。

2. 临床表现

（1）巴比妥类药物中毒：中毒表现与服药剂量有关，根据病情轻重可分为：①轻度中毒：服药量为催眠剂量的2~5倍，表现为嗜睡、情绪不稳定、注意力不集中、记忆力减退、言语不清、共济失调、步态不稳。②中度中毒：服药量为催眠剂量的5~10倍，患者昏睡或浅昏迷，呼吸减慢，眼球震颤。③重度中毒：服药量为催眠剂量的10~15倍，有进行性中枢神经系统抑制表现：由嗜睡到深昏迷，呼吸浅慢到呼吸停止，血压降低到休克，体温下降，肌张力下降，腱反射消失，胃肠蠕动减慢。长期昏迷者可并发肺炎、肺水肿、脑水肿和肾衰竭等。

（2）苯二氮䓬类药物中毒：中枢神经系统抑制较轻，主要表现为嗜睡、头晕、言语含糊不清、意识模糊、共济失调。很少出现长时间深昏迷和呼吸抑制。

（3）非巴比妥、非苯二氮䓬类药物中毒：①水合氯醛中毒：心、肝、肾损害。②格鲁米特中毒：意识障碍有周期性波动、瞳孔散大等。③甲喹酮中毒：有明显的呼吸抑制，出现锥体束征，如肌张力增强、腱反射亢进、抽搐。④甲丙氨酯中毒：常有血压下降。

（4）吩噻嗪类中毒：最常出现锥体外系反应，临床有三大表现：①震颤麻痹综合征；②静坐不能；③急性肌张力障碍反应。

3. 辅助检查

（1）血液、尿液、胃液中药物浓度测定对诊断具有参考价值。

（2）血液生化检查，如血糖、尿素氮、肌酐、电解质等。

（三）救治与护理

1. 救治原则

（1）紧急急救：维持重要脏器功能；保持呼吸道通畅；维持血压；心电监护；促进意识恢复。

（2）迅速清除毒物：①洗胃：用1：5000高锰酸钾溶液、清水或淡盐水洗胃。②活性炭：吸附各种镇静催眠药。③碱化尿液、利尿：用5%碳酸氢钠溶液碱化尿液，用呋塞米利尿。对吩噻嗪类中毒无效。④血液透析、血液灌流。

（3）应用特效解毒剂：巴比妥类中毒无特效解毒药。氟马西尼是苯二氮䓬类拮抗剂，可竞争性抑制其受体。

（4）对症治疗：肝功能损害出现黄疸者进行保肝治疗、皮质激素治疗。震颤麻痹综合征者应用盐酸苯海索（安坦）、氢溴酸东莨菪碱治疗。有肌肉痉挛及肌张力障碍者应用苯海拉明。昏迷者应用盐酸哌甲酯。休克者纠正休克，预防肾衰竭，情况危急时可考虑血液透析。

2. 护理要点

（1）一般护理：加强营养，给予高蛋白、高热量的流质饮食、（鼻饲）或静脉补充营养。

（2）病情观察：观察生命体征、意识、瞳孔大小及对光反射、角膜反射。观察肢体温度、末梢循环、皮肤黏膜的湿度和弹性等，记录出入液量、测尿比重，及时发现休克征象。观察有无缺氧、呼吸困难、窒息等症状。监测动脉血气分析值；观察呼吸频率、节律和呼吸音变化。观察药物作用及患者的反应。监测脏器功能变化，尽早防治脏器衰竭。

（3）对症护理：①抗休克。迅速建立静脉通道，遵医嘱补液，必要时应用升压药。②昏迷患者定时吸痰，遵医嘱应用抗生素预防肺炎。及时更换衣物和床单，保持床单清洁、平整和干燥，定时翻身、按摩，避免肢体压迫，避免推、拖、拉等动作，注意皮肤卫生，定期擦浴，密切观察皮肤有无大疱、破溃、压疮。做好口腔护理，注意观察口腔黏膜情况。③指导患者有效咳嗽、经常变换体位、拍背。

（4）心理护理：对服药自杀者，不宜让患者单独留在病房内，防止其再度自杀。加强心理疏导和心理支持工作，分析其自杀的原因，稳定患者情绪，指导家属关心、爱护患者，必要时聘请心理医生进行心理咨询与心理干预，使其树立生活的信念。向失眠者宣教导致失眠的原因及调整睡眠的方法。

（5）健康教育：向失眠者宣教导致睡眠紊乱的原因，告知避免失眠的方法，强调必须用药时要防止药物依赖。加强镇静催眠药处方的使用和管理，特别是情绪不稳定或精神不正常者，要防止出现乱用药、用错药或产生药物依赖性。长期服用大剂量催眠药者，不可突然停药，应在医生的指导下逐渐减量后停药。

四、急性乙醇中毒

案例 7-4

患者男性，40岁，参加朋友聚会饮酒后，出现心慌，呕吐。被朋友急送入医院，入院表现为呼吸慢而有鼾音，伴有呕吐，P 132 次／分，BP 80/50mmHg，化验检查：血乙醇浓度为 87mmol/L（400mg/dl）。

思考：

1. 请问该患者目前处于什么状况？
2. 根据护理评估结果请列出护理问题。
3. 对该患者应采取哪些紧急救护的措施？
4. 患者病情稳定后，如何进行健康教育？

乙醇俗称酒精，无色、易燃、易挥发、易溶于水，气味醇香。一次过量饮入乙醇或含乙醇饮品，可引起神经先兴奋后抑制的状态，称乙醇中毒或酒精中毒。

（一）中毒机制

1. **干扰代谢** 乙醇在肝脏内代谢生成的代谢产物可影响体内各种代谢过程，使乳酸增多、酮体蓄积，导致代谢性酸中毒以及糖异生受阻，引起低血糖。

2. **抑制中枢神经系统功能** 乙醇具有脂溶性，可透过大脑屏障作用于大脑神经细胞膜上的某些酶，影响细胞功能。小剂量可产生兴奋作用，随着剂量增加依次抑制小脑、网状结构和延髓，引起共济失调、昏迷、呼吸及循环衰竭。

（二）病情评估

1. 健康史 有大量饮酒史。应了解患者饮用酒的种类、剂量及饮用时间，是否经常饮酒，发病前有无情绪变化，有无服用其他药物等。

2. 临床表现 急性酒精中毒的表现与个人对乙醇的耐受性以及摄入量有密切关系，临床上一般分为三期。

（1）兴奋期：①当血乙醇浓度 >50mg/dl（11mmol/L）时，患者有颜面潮红或苍白，多语、兴奋、欣快感，情绪不稳、喜怒无常，粗鲁言语甚至有攻击行为，也可有沉默、孤僻等表现。呼出气带酒精味。②当血乙醇浓度 >100mg/dl（22mmol/L）时，驾车容易导致车祸。

（2）共济失调期：①当血乙醇浓度 >150mg/dl（33mmol/L）时，患者有肌肉运动不协调，行动笨拙、步态不稳、言语含糊不清、眼球震颤、视物模糊。②当血乙醇浓度 >200mg/dl（43mmol/L）时，出现恶心呕吐、嗜睡等。

（3）昏迷期：①当血乙醇浓度 >250mg/dl（54mmol/L）时，患者进入昏迷期，患者颜面苍白，瞳孔散大，皮肤湿冷，体温降低。②当血乙醇浓度 >400mg/dl（87mmol/L）时，患者出现深昏迷，心率加快，血压下降，口唇微绀，呼吸慢而有鼾声，可出现呼吸、循环衰竭而危及生命。也可因咽部反射减弱，饱餐后呕吐，导致吸入性肺炎、甚至窒息而死亡。

急性中毒患者苏醒后常有头痛、头晕、乏力、恶心、食欲缺乏、震颤等症状，少数可并发低血糖症、肺炎、急性肌炎等。偶见患者在酒醒后发现肌肉突然肿胀、疼痛，可伴有肌球蛋白尿，甚至出现急性肾衰竭。

3. 辅助检查

（1）乙醇浓度测定：呼出气中乙醇浓度测定对诊断酒精中毒、判断中毒程度及评估预后都具有重要意义。

（2）生化检查：进行血清电解质测定血钾下降、血镁下降、血钙下降。检测血糖下降。

（三）救治与护理

1. 救治原则

（1）清除毒物：催吐、洗胃、导泻等对清除胃肠道内残留乙醇具有一定作用。

（2）促进乙醇氧化：应用葡萄糖溶液、维生素 B_1、维生素 B_6 等以促进乙醇氧化为醋酸，达到解毒的目的。

（3）保护大脑功能：应用纳洛酮 0.4~0.8mg 缓慢静脉注射，有助于缩短昏迷时间，必要时可重复给药。

（4）血液净化：病情严重或有酸中毒等并发症者，同时服用其他可疑药物者，应尽早行血液透析或腹膜透析治疗。

（5）对症治疗：①兴奋烦躁者，可用小剂量地西泮，禁用吗啡、氯丙嗪及巴比妥类镇静药。②呕吐严重者应注意维持水、电解质、酸碱平衡。③呼吸抑制、严重昏迷患者可应用呼吸兴奋剂，保证充分供氧。④脑水肿患者应限制入水量，使用利尿剂。⑤低血压、休克患者给予扩充血容量、应用血管活性药物，纠正酸中毒。⑥给予足够的热量，防止肝损害。

2. 护理要点

（1）一般护理：轻症患者一般不需特殊治疗，卧床休息，注意保暖，可自行恢复。兴奋躁动者应给予适当约束，共济失调者应严格限制其活动，以免摔伤或撞伤。保持气道通畅，氧气吸入。

（2）病情观察：密切观察生命体征，尤其是神志、呼吸、呕吐物性状，必要时行心电血压监护，维持循环功能，防止心肌损害。

（3）对症护理：补液患者密切观察尿量，准确记录出入量。使用镇静剂时严密观察患者的呼吸频率、节律、深浅度。纠正酸中毒时，正确使用碱性药物。

（4）健康教育：开展反对酗酒的教育。向公众宣教长期酗酒可造成营养缺乏、肝硬化等身体危害。宣教酒后驾车易导致人身公共安全损害和财产损失，做到开车不喝酒，喝酒不开车。指导家属对酗酒严重者加强监督与管理，培养良好的生活饮食习惯。创造替代条件，加强文体活动。早期发现嗜酒者，早期戒酒，进行相关并发症的治疗和康复治疗。

五、百草枯中毒

案例 7-5

患者男性，30岁。误服20％百草枯原液25ml，急诊入院。口咽部疼痛不能进食。查体：神志清楚，精神差，稍烦躁。口腔糜烂，舌体肿大，咽部充血水肿，有出血点。心律齐，心率90次/分，两肺呼吸音略粗，未闻及干湿性啰音。上腹部压痛，余未见异常。实验室检查：尿百草枯浓度检测为10μg/ml；WBC $16×10^9$/L。

思考：

1. 请问该患者目前处于什么状况？

2. 根据护理评估结果请列出护理问题。

3. 对该患者应采取哪些紧急救护的措施？

4. 患者病情稳定后，应如何进行健康教育？

百草枯是目前应用的高效除草剂之一，也称对草快、克芜踪。百草枯属中等毒物，在酸性环境下性质稳定，在碱性环境下易分解，接触土壤后能迅速失活。可经胃肠道、呼吸道和皮肤吸收，进入人体后迅速分布到全身各器官组织，以肺、骨骼中浓度最高。

（一）中毒机制

百草枯作用于人体细胞内的氧化、还原过程，导致细胞膜脂质氧化，晚期为肺间质纤维化。对皮肤、黏膜有刺激性和腐蚀性。人类百草枯中毒后死亡率高。

（二）病情评估

1. **健康史**　在我国以口服中毒为主。且常表现为多器官功能损伤或衰竭，肺、肝和肾是最常见的受累脏器。所以应详细了解患者的基本情况。

2. **临床表现**

（1）呼吸系统：肺损伤是最严重、最突出的表现。小剂量中毒患者，早期可无呼吸系统症状或仅有咳嗽、咳痰、呼吸困难、发绀、胸闷、胸痛，双肺可闻及干、湿性啰音。大剂量中毒患者，可在 24~48 个小时内出现呼吸困难、发绀、肺出血、肺水肿，常在 1~3 天内死于ARDS。部分患者急性中毒症状控制后 1~2 周内，可发生进行性肺间质纤维化，再次出现进行性呼吸困难，最终因呼吸衰竭而死亡。

（2）消化系统：口服中毒者有口腔、咽喉部烧灼感。舌、咽、食管及胃黏膜糜烂、溃疡、出血，吞咽困难、恶心、呕吐、腹痛、腹泻甚至呕血、便血和胃肠穿孔。部分患者于中毒后 2~3 天，出现肝大、肝区疼痛、黄疸、肝功能异常等中毒性肝病表现。

（3）泌尿系统：中毒后 2~3 天可出现尿急、尿频、尿痛和尿常规异常，血肌酐和尿素氮升高，严重者发生急性肾衰竭。

（4）局部刺激反应：①皮肤接触部位发生接触性皮炎、皮肤灼伤，表现为暗红斑、水疱、溃疡等。②经呼吸道吸入后，产生鼻、咽、喉刺激症状并出现鼻出血等。③眼睛接触药物则引起结膜、角膜灼伤，并形成溃疡。④高浓度百草枯液污染指甲，指甲可出现褪色、断裂甚至脱落。

（5）中枢神经系统：出现幻觉、头痛、头晕、抽搐、昏迷等。

（6）其他：可有发热、纵隔及皮下气肿、贫血、心肌损害等。

百草枯中毒病情严重程度与摄入量有关。摄入百草枯量 <20mg/kg，无临床症状或仅有口腔黏膜糜烂、溃疡和呕吐、腹泻。摄入百草枯量 >20mg/kg，部分患者可存活，但多数患者2~3 周内死于肺衰竭。摄入百草枯量 >40mg/kg，1~4 日内死于多器官衰竭。

3. **辅助检查**　血清百草枯检查有助于判断病情的严重程度和预后，采血时间必须是患者摄入百草枯 4 小时后，标本用塑料试管保存，不能用玻璃试管。如血中百草枯浓度 >30mg/L，则预后极差。如一次尿液检测不出，可再过 6 小时再次监测。

（三）救治与护理

1. **救治原则**　急性百草枯中毒目前尚无特效解毒剂，治疗以减少毒物吸收、促进体内毒物清除和对症支持治疗为主。

（1）紧急急救：一旦发现中毒患者，立即给予催吐并口服白陶土悬液，或就地取泥浆水100~200ml 口服。

（2）减少毒物吸收：①清洗：尽快脱去污染的衣物，用肥皂水彻底清洗被污染的皮肤、毛发。眼部被污染时立即用流动清水持续冲洗 15 分钟以上。②洗胃、吸附：用白陶土洗胃后，口服药用炭或 15% 的漂白土等吸附剂以减少毒物的吸收。由于百草枯有腐蚀性，洗胃时应避免动作过大导致食管或胃穿孔。③导泻：20% 甘露醇加等量水稀释或用 33% 硫酸镁溶液100ml 口服导泻。

（3）促进毒物排泄：除常规输液、应用利尿剂外，可在患者服用百草枯后 6~12 小时内进行血液灌流或血液透析。如果患者血中百草枯浓度 >30mg/L，则预后极差。

（4）防止肺损伤和肺纤维化：①自由基清除剂：尽早给予，如还原性谷胱甘肽、茶多酚、维生素 C 或维生素 E 等。②肾上腺糖皮质激素：早期、大剂量应用，可延缓肺纤维化的发生，降低百草枯中毒的死亡率。中、重度中毒患者可使用环磷酰胺。③氧疗：高浓度氧气吸入，会加重肺损伤，故仅在氧分压 <40mmHg 或出现 ARDS 时才使用浓度大于 21% 的氧气吸入，或使用呼气末正压通气给氧。肺损伤早期，给予正压机械通气联合激素应用，对百草枯中毒引起的难治性低氧血症具有良好效果。

（5）对症处理：保护重要脏器肝、肾、心脏功能。防止肺水肿，积极控制感染。出现肾衰竭、肝功能受损，提示预后极差。应积极给予相应的治疗措施。有消化道穿孔的患者给予质子泵抑制剂等保护消化道黏膜。

2. 护理要点

（1）一般护理：饮食方面除早期有消化道穿孔的患者外，均应给予流质饮食，保护消化道黏膜，防止食管粘连，缩窄。加强对口腔溃疡、炎症的护理，应用冰硼散、珍珠粉等喷洒于口腔创面，促进愈合，减少感染机会。

（2）观察病情：密切观察生命体征，尤其是神志、呼吸、尿量等，必要时行心电血压监护，维持循环功能，防止心肌损害。

（3）心理护理：对患者应做好心理疏导，取得患者信任，关心爱护患者。积极与患者家属沟通，赢得家庭最大支持，使患者树立战胜疾病的信心。

（四）健康教育：对患者及家属加强卫生宣传教育，告知百草枯的危害，讲解其保管、使用注意事项。

六、灭鼠药中毒

案例 7-6

患者男性，20 岁。因失恋在宿舍内喝下毒鼠强。出现头痛、乏力、恶心、呕吐、视力模糊、肌束震颤。被同宿舍同学发现，问明原因，紧急送入医院。

思考：

1. 请问该患者目前处于什么状况？

2. 根据护理评估结果请列出护理问题。

3. 对该患者应采取哪些紧急救护的措施？

4. 患者病情稳定后，如何进行健康教育？

灭鼠药是指可以杀死啮齿类动物的化合物。按毒理作用分为：①抗凝血类灭鼠药，如溴鼠隆、克灭鼠等。②兴奋中枢神经系统类灭鼠药，如毒鼠强、氟乙酰胺和氟乙酸钠。③其他类灭鼠药，如杀鼠优、毒鼠磷和鼠立死等。按灭鼠起效急缓分为：①急性灭鼠药：鼠食后 24 个小时内致死，包括毒鼠强和氟乙酰胺。②慢性灭鼠药：鼠食后数天内致死，包括抗凝血类敌鼠钠盐和灭鼠灵即华法林等。

（一）中毒机制

1. **毒鼠强** 化学名为四亚甲基二砜四胺，该药拮抗 GABA 受体，引起中枢神经系统出现过度兴奋而导致惊厥。由于其剧烈的毒性和稳定性，易造成二次中毒，且无解毒药。

2. **磷化锌** 通过抑制细胞色素氧化酶使神经细胞内呼吸功能障碍。另外，口服后对胃黏膜的强烈刺激与腐蚀作用可导致胃出血、胃溃疡。

3. **溴鼠隆（大隆）** 干扰肝脏利用维生素 K，抑制凝血因子及影响凝血酶原合成而导致凝血时间延长。

4. **氟乙酰胺（敌蚜胺）** 通过抑制乌头酸酶而中断三羧酸循环，称之"致死代谢合成"。氟乙酰胺也易造成二次中毒。

（二）病情评估

1. **健康史** 患者一般有误服、误吸、误用的病史；有与皮肤接触或职业密切接触灭鼠药的病史。

2. **临床表现**

（1）毒鼠强：经呼吸道或消化道黏膜吸收后导致严重阵挛性惊厥和脑干刺激性癫痫大发作。

（2）磷化锌：①轻者表现为胸闷、咳嗽、鼻咽发干、呕吐、腹痛。②重者表现惊厥、抽搐、肌肉抽动、口腔黏膜糜烂、呕吐物有大蒜味。③严重者表现肺水肿、脑水肿、心律失常、昏迷、休克。

（3）溴鼠隆：①早期：恶心、呕吐、腹痛、低热、食欲缺乏、情绪低落。②中晚期：广泛皮下出血、血尿、鼻和牙龈出血、咯血、呕血、便血和心、脑、肺出血，休克。

（4）氟乙酰胺：潜伏期短，起病迅速。临床分三型。①轻型：头痛头晕、视力模糊、乏力、四肢麻木、抽动、口渴、呕吐、上腹痛；②中型：除上述症状外，尚有分泌物多、烦躁、呼吸困难、肢体痉挛、心脏损害、血压下降；③重型：昏迷、惊厥、严重心律失常、瞳孔缩小、肠麻痹、大小便失禁、心肺功能衰竭。

3. **辅助检查**

（1）留取标本：可从标本中检测出毒物成分。

（2）电图检查：有心肌损伤表现者，心电图可出现，Q-T 时间延长、ST-T 段改变、心肌酶谱增高等。

（3）化验检查：可出现出血时间延长，凝血时间和凝血酶原时间延长，凝血因子减少等。

（三）救治与护理

1. **救治原则**

（1）现场急救：迅速脱离中毒的环境，脱去染毒衣物；维持呼吸功能和循环功能。有心搏骤停者立即进行心肺复苏。

（2）清除毒物：迅速切断毒源，清除尚未吸收的毒物。①清洗：清洗皮肤、毛发、指甲、伤口和眼污染毒物。②催吐：在服毒后 4 个小时内，催吐越快效果越好。③洗胃：尽早洗胃是抢救急性中毒的关键，甚至超过特效药物治疗的作用。④导泻：可将毒物排出体外，阻止毒物自肠道吸收。磷化锌中毒者禁用硫酸镁、蓖麻及其他油类导泻。

（3）特效疗法：①氟乙酰胺、氟乙酸钠中毒：乙酰胺（解氟灵）、醋精（甘油酸）注射。②抗凝血杀鼠药溴鼠隆、敌鼠钠盐、杀鼠灵、杀鼠酮、敌害鼠等中毒：特效对抗剂维生素 K_1 肌内注射或静脉使用，也可输新鲜冷冻血浆。③毒鼠强中毒：使用苯巴比妥钠、地西泮、维生素 B_6、纳洛酮等联合解救治疗，也可进行血液净化，加速毒物排出体外。④磷化锌中毒：头痛、头晕时可给予布洛芬、索米痛；呕吐、腹痛时应用阿托品肌内注射。禁用牛奶、鸡蛋清、油类、脂肪性食物，以免促进磷的吸收和溶解。⑤其他：灭鼠优中毒解毒剂为烟酰胺，鼠立死中毒解毒剂为维生素 B_6。

（4）对症、支持治疗：应用巴比妥类、地西泮等药物抗惊厥治疗。保持呼吸道通畅。加强营养的供给。选用适当抗生素药物防治感染。积极救治肺水肿、脑水肿、心力衰竭、呼吸衰竭、肝肾衰竭等。

2. 护理要点

（1）一般护理：加强营养，给予高蛋白、高热量、高维生素的饮食，能从口摄入者尽量从口摄入，不能从口摄入者可用鼻饲或口饲，也可从静脉供给高热量、高蛋白、高维生素的营养物质。

（2）病情观察：观察生命体征、意识、瞳孔大小及对光反射、角膜反射。监测脏器功能变化，尽早发现脏器功能障碍的表现。

（3）对症护理：保持呼吸道通畅，保持皮肤清洁，加强基础护理。

（4）心理护理：稳定患者情绪，关心、爱护患者，消除患者的紧张、焦虑的恐惧。对服药自杀者，加强心理疏导和心理支持工作。

（5）健康教育：加强对灭鼠药的管理。生产灭鼠药时应严格执行各种操作规程，做好个人防护。

七、急性毒品中毒

案例 7-7

患者男性，30 岁。20 分钟前家人发现该患者呼之不应、呼吸浅，左臂可见血迹及黑绳捆扎，家人送来医院。体检：T 35.5℃，P 116 次 / 分，呼吸呈叹息样、浅、不规则，13 次 / 分，BP 90/60mmHg，深昏迷状，双瞳孔等大同圆，直径约 1mm，对光反射消失，颜面、口唇、甲床发绀，双肺呼吸音粗，可闻及湿啰音，心率 116 次 / 分，律齐，未闻及杂音，腹平，腱反射可引出，双侧巴氏征（+），左腕上可见不规则皮下血肿及血迹、左肘可见穿刺痕迹。询问家人得知该患者有静脉注射史（海洛因）的病史。

思考：

1. 请问该患者目前处于什么状况？

2. 根据护理评估结果请列出护理问题。

3. 对该患者应采取哪些紧急救护的措施？

4. 患者病情稳定后，应如何进行健康教育？

毒品（narcotics）是指国家规定管制的能使人产生依赖的麻醉（镇痛）药（narcotic analgesics）和精神治疗药（psychotropic drugs），这类药物具有成瘾（或依赖）性、危害性和非法性。毒品是一个相对的概念，临床上用于治疗疾病的即为药品，如果非治疗滥用者则为毒品。目前我国的毒品不包括烟草和酒类中的依赖物质。国际上通称的药物滥用（drug abuse）也即我国俗称的吸毒。短时间内滥用、误用或故意使用大量毒品进入人体超过个体耐受量而产生相应临床表现时者称为急性毒品中毒（acute narcotics intoxication）。在我国吸毒者吸食的主要毒品是海洛因和苯丙胺类毒品。

知识链接　　　　　　　　　国际禁毒日

目前全球有 200 多个国家和地区存在毒品滥用。主要吸食的毒品有大麻、苯丙胺类、海洛因、可卡因和氯胺酮等。吸毒不仅损害身体健康，还给公共卫生、社会、经济和政治带来严重危害。第一次国际禁毒会议于 1909 年在上海召开，有 13 个国家代表参加，讨论阿片的国际管制问题，并通过有关麻醉品管制的"四项原则"，该原则被吸收到国际禁毒公约中。目前毒品中毒已成为许多国家继心、脑血管疾病和恶性肿瘤后的重要致死原因。为号召全球人民共同抵御毒品危害，联合国把每年的 6 月 26 日确定为"国际禁毒日（International Day Against Drug Abuse and Illicit Trafficking）"。

（一）中毒机制

1. 麻醉药

（1）阿片类药：脂溶性阿片类药（如吗啡、海洛因、芬太尼、丙氧芬和丁丙诺啡）进入血液后分布于体内组织，包括胎盘组织，可贮存于脂肪组织，多次给药可延长作用时间。吗啡进入体内后在肝脏主要与葡萄糖醛酸结合或脱甲基形成去甲基吗啡；海洛因较吗啡脂溶性强，易通过血 - 脑脊液屏障，在脑内分解为吗啡起作用；哌替啶活性代谢产物为去甲哌替啶，神经毒性强，易导致抽搐。进入体内的阿片类药通过激活中枢神经系统内阿片受体起作用，产生镇痛、镇静、抑制呼吸、恶心、呕吐、便秘、兴奋、致幻或欣快等作用。长期应用阿片类者易产生药物依赖性（drug dependence）。阿片依赖性或戒断综合征可能具有共同发病机制，主要是摄入的阿片类药与阿片受体结合，使内源性阿片样物质（内啡肽）生成受抑制，停用阿片类药后，内啡肽不能很快生成补充，即会出现依赖或戒断现象。

（2）可卡因：是一种脂溶性物质，为很强的中枢兴奋剂和古老的局麻药。通过黏膜吸收后迅速进入血液循环，容易通过血 - 脑脊液屏障，有中枢兴奋和拟交感神经作用，通过使脑内 5- 羟色胺和多巴胺转运体失去活性产生作用。滥用者常有很强的精神依赖性，反复大量应用还会产生生理依赖性，断药后可出现戒断症状。

（3）大麻（cannabis）：作用机制尚不清楚，急性中毒时与酒精作用相似，产生神经、精神、呼吸和循环系统损害。长期应用产生精神依赖性而非生理依赖性。

2. 精神药

（1）苯丙胺类：主要作用机制是促进脑内儿茶酚胺递质（多巴胺和去甲肾上腺素）释放，减少抑制性神经递质 5- 羟色胺的含量而产生神经兴奋和欣快感。

（2）氯胺酮：为中枢兴奋性氨基酸递质甲基-天门冬氨酸（N-methyl-D-aspartate，NM-DA）受体特异性阻断药，选择性阻断痛觉冲动向丘脑-新皮层传导，具有镇痛作用；对脑干和边缘系统有兴奋作用，能使意识与感觉分离；对交感神经有兴奋作用，快速大剂量给予时抑制呼吸；尚有拮抗 μ 受体和激动 κ 受体作用。

（二）病情评估

1. **健康史**　详细询问用药史或吸食史。麻醉类药用于治疗疾病导致中毒者病史相对清楚。非法滥用导致中毒者往往不易询问出病史，通过体检可发现使用过毒品的痕迹，如经口鼻烫吸者，常见鼻黏膜充血、鼻中隔溃疡或穿孔。经皮肤或静脉吸食者可见注射部位皮肤有多处注射痕迹。精神药品滥用常见于经常出入特殊社交和娱乐场所的人群。

2. **临床表现**

（1）麻醉药：①阿片类中毒：这类药物严重急性中毒时，常可发生呼吸抑制、瞳孔缩小和昏迷等表现。吗啡中毒者典型表现为昏迷、瞳孔缩小（miosis）或针尖样瞳孔和呼吸抑制（每分钟仅有 2~4 次呼吸，潮气量无明显变化）"三联征"，并伴有发绀和血压下降；海洛因中毒者除具有吗啡中毒的"三联征"外，还会伴有严重的心律失常、呼吸浅快和非心源性肺水肿，中毒病死率很高；哌替啶中毒者除血压降低、呼吸抑制和昏迷外，可出现与吗啡不同的表现，如瞳孔扩大、抽搐、惊厥和谵妄等；美沙酮中毒者还可出现失明、下肢瘫痪等；芬太尼中毒者常可引起胸壁肌肉强直等。急性重症中毒患者，大多数 12 个小时内可导致呼吸衰竭而死亡。如果存活 48 个小时以上者预后比较好。②可卡因中毒：我国滥用可卡因者很少。急性重症中毒时，奇痒难忍、肢体震颤、肌肉抽搐、癫痫大发作、体温和血压升高、瞳孔扩大、呼吸急促、心率增快和反射亢进等。③大麻中毒：一次大量吸食大麻者会引起急性中毒，表现为精神和行为出现异常，如高热性谵妄、躁动不安、惊恐、意识障碍或昏迷。有的患者可出现短暂抑郁状态，悲观绝望，有自杀念头。检查时可发现球结膜充血、心率增快、血压升高等。

（2）精神药：①苯丙胺类药物中毒，表现为精神兴奋、动作多、紧张、焦虑、幻觉和神志混乱等；严重者，可有出汗、颜面潮红、血压升高、瞳孔扩大、心动过速或室性心律失常、呼吸增强、高热、震颤、肌肉抽搐、惊厥或昏迷等表现，也可发生高血压伴颅内出血。主要死亡原因为 DIC、循环衰竭、肝衰竭、肾衰竭。②氯胺酮中毒，患者表现为神经精神症状，如精神错乱、幻觉、语言含糊不清、高热及谵妄、肌颤和木僵等。

3. **辅助检查**

（1）进行毒物的检测：口服中毒者可留取胃内容物、呕吐物、尿液、血液进行毒物定性检查，有条件者可测定血液中药物的浓度，从而协助诊断。

（2）其他检查：①血液生化检查：血糖、电解质和肝肾功能检查。②动脉血气分析：严重麻醉药类中毒者表现为低氧血症和呼吸性酸中毒。

（三）救治与护理

1. **急救处理**　首先应进行复苏治疗。毒品中毒合并呼吸循环衰竭时应进行呼吸和循环的支持。

（1）呼吸支持时可采取以下措施：①保持呼吸道通畅，必要时行气管插管或气管切开。

②应用阿托品兴奋呼吸中枢，应用中呼吸中枢兴奋药安钠咖、尼可刹米等。禁用士的宁或印防己毒素，因其能协同吗啡引起或加重惊厥。③给予高浓度氧气吸入，应用血管扩张剂和利尿剂，禁用氨茶碱。④呼吸机辅助呼吸，采用PEEP可有效纠正海洛因和美沙酮中毒引起的非心源性肺水肿。

（2）循环支持：血压不平稳者，可取平卧位，有休克者可采取中凹卧位，建立静脉通道，静脉输液，必要时可应用升压药物如多巴胺、肾上腺素等。丙氧芬诱发心律失常者，避免用Ⅰa类抗心律失常药如奎尼丁。可卡因中毒引起室性心律失常者，可应用拉贝洛尔或苯妥英钠进行治疗。

（3）纠正体液失调：患者伴有低血糖、酸中毒和电解质紊乱者可给予相应的处理。应用5%碳酸氢钠纠正酸中毒。

2. 清除毒物

（1）催吐：禁用阿朴吗啡催吐，以防加重毒性。

（2）洗胃：口服阿片类患者，胃排空延迟，可以不进行规洗胃。摄入致命剂量毒品时，必须在1个小时内洗胃，先用0.02%~0.05%高锰酸钾溶液洗胃，后用50%硫酸镁导泻。

（3）用活性炭吸附：应用活性炭混悬液吸附未吸收的毒物。丙氧芬过量或中毒时，由于进入肠肝循环，可多次给予活性炭吸附，效果比较好。

3. 应用解毒药

（1）纳洛酮（naloxone）：可用静脉、肌内、皮下或气管内给药，必要时可重复使用，总剂量达20mg仍无效者，应注意是否合并有非阿片类毒品（如巴比妥等）中毒、头部外伤、或其他中枢神经系统疾病、严重缺氧性脑损害等。长半衰期阿片类（如美沙酮）或强效阿片类（如芬太尼）中毒者，可通过静脉输注纳洛酮。纳洛酮对吗啡的拮抗作用是烯丙吗啡的30倍，较左洛啡烷强6倍。1mg纳洛酮能对抗静脉注射25mg海洛因的作用。纳洛酮对芬太尼中毒所致的肌肉强直有效，但不能拮抗哌替啶中毒引起的癫痫发作和惊厥，对海洛因、美沙酮等中毒引起的非心源性肺水肿无效。

（2）纳美芬（nalmefene）：治疗吗啡中毒优于纳洛酮，给药途径多，作用时间长，不良反应也比较少。

（3）烯丙吗啡（纳洛芬，nalorphine）：化学结构与吗啡相似，对吗啡有直接拮抗作用，对吗啡及其衍生物或其他镇痛药急性中毒可进行治疗。

（4）左洛啡烷（烯丙左吗喃，levallorphan）：为阿片拮抗药，能逆转阿片中毒引起的呼吸抑制。对于非阿片类中枢抑制药（如乙醇等）中毒的呼吸抑制非但不能逆转，反而加重病情，应引起注意。

（5）纳曲酮（naltrexone）：系羟氢吗啡酮衍生物，与纳洛酮结构相似，与阿片受体亲和力强，能完全阻断外源性阿片物质与阿片受体结合，与μ受体亲和力是纳洛酮的3.6倍。其作用强度2倍于纳洛酮，17倍于烯丙吗啡。可用于阿片类药中毒的解毒和预防复吸。

4. 对症治疗

（1）精神类毒品中毒有惊厥患者，可应用硫喷妥钠或地西泮。

（2）胸壁肌肉强直患者应用肌肉松弛药。

（3）高热患者应进行物理降温。

（4）严重营养不良的患者，应加强营养，给予高热量、高蛋白、高维生素饮食。

5. 护理要点

（1）一般护理：患者卧床休息，能口服者尽量从口摄入高营养物质，不能口服者可用鼻饲或口饲，也可由静脉供给高营养物质。观察患者的进食情况及营养状况。

（2）观察病情：密切观察患者的生命体征、神志、瞳孔、尿量等。

（3）心理护理：了解引起中毒的具体原因，根据不同的心理特点给予心理指导。护理人员应以诚恳的态度为患者提供情感上的帮助。对于恢复期的患者，护士首先应做好家庭及社会的工作，争取有关人员的积极配合，同时还应告诉患者正确对待人生的方法，提高其心理应激能力，以使患者出院后能尽快适应环境，回归社会。

（4）健康教育：①临床应用麻醉及镇痛药物时，应严格掌握药物使用的适应证、用药剂量和时间，避免滥用和误用。②对麻醉药物、镇痛药物、精神药品等严格管理。③对肝、肾或肺功能障碍者避免使用该类药物，防止损害脏器功能。④危重患者或年老体弱患者，应用麻醉药物、镇痛药物、精神药品时要减量。⑤禁止和对呼吸抑制作用的药物合用。

（来和平）

学习小结

中毒是某种物质进入人体达到一定量，损害组织和器官的功能，破坏组织结构，引起一系列临床症状和体征。急性中毒多见。发病急，症状重，变化迅速，须早发现早治疗。病因可有生活性中毒和职业性中毒两类。中毒的途径可有消化道、呼吸道、皮肤黏膜、静脉。毒物吸收后主要在肝脏进行代谢。体内毒物主要经肾脏排出。中毒机制并不完全一致，主要可造成局部刺激和腐蚀、导致组织缺氧、抑制中枢神经、抑制酶的活力、干扰细胞膜和细胞器的生理功能、竞争受体。针对本章常见的七种急性中毒，进行详细了解病史，结合临床表现，辅助检查即可确诊。确诊后立即实施救治措施。如终止接触毒物、紧急复苏、清除毒物、应用特效解毒药、对症处理并加强护理。

复习参考题

1. 简述急性中毒的救护原则。

2. 简述有机磷农药中毒患者的临床特点。

3. 有机磷农药中毒患者的紧急救护措施有哪些？

4. 简述阿托品化与阿托品中毒的区别。

5. 一氧化碳中毒患者现场急救方法有哪些？

6. 如何对乙醇中毒患者进行现场急救？

第八章　急性脏器功能衰竭

8

学习目标	
掌握	SIRS、脓毒症、MODS的救治原则及护理措施。
熟悉	SIRS、脓毒症、MODS的临床表现。
了解	SIRS、脓毒症、MODS的概念及实验室指标。

　　患者男性，28 岁，因"反复解黄色稀水样便伴发热三天"入院。入院查体 T 36.5℃，P 130 次 / 分，R 34 次 / 分，SPO$_2$ 80%，BP 90/65mmHg。神志清，但精神萎靡，面色灰暗，口唇稍发绀，眼眶凹陷，双侧瞳孔等大等圆，对光反射正常，颈软无抵抗，咽充血，心肺正常，腹稍胀，肝脾未触及，生理反射存在，病理反射未引出。入院考虑急性腹泻（重型）、急性上呼吸道感染。

　　入院后给予常规补液、止泻、抗感染治疗，患者腹泻症状缓解，但突然出现高热，体温持续 38.9~40℃，同时出现意识障碍，烦躁，呼吸急促，血压下降，尿量减少，转入 ICU。入 ICU 后给予心电监护，提示窦性心动过速，心率 160 次 / 分；中心静脉压监测，结果为 3cmH$_2$O；有创动脉压监测，MAP 30mmHg。给予呼吸机辅助呼吸，吸入氧浓度 40%，查血气分析提示氧分压 60mmHg。化验结果回报提示：血常规 WBC 18.2×10^9/L，PLT 81×10^9/L，生化 BUN 12.41mmol/L，Cr 416.1μmol/L；AST 285U/L，Br 153.1μmol/L。

思考：

1. 该患者目前处于什么情况？

2. 该患者的救治原则是什么？

3. 针对该患者的情况应该采取哪些护理措施？

第一节　全身炎症反应综合征

一、定义

　　全身炎症反应综合征（systemic inflammatory response syndrome，SIRS）即由严重的生理损伤引发的持续全身炎症反应失控的一种临床过程。无论其发病原因以及有无感染的存在，统称为 SIRS。

　　SIRS 作为一种临床综合征，具备以下两项及两项以上的体征就可以诊断：①T>38℃ 或 <36℃；②心率 >90 次 / 分；③呼吸急促（R>20 次 / 分）或过度通气（PaCO$_2$<32mmHg）；④外周白细胞计数 >12×10^9/L 或 <4.0×10^9/L，或中性杆状核粒细胞（未成熟中性粒细胞）>10%。由于这个诊断标准较为宽松，特异性较低，符合其标准者未必就是急性炎症反应综合征。因此，需要特别强调临床上诊断 SIRS 时，应结合患者病情认真分析，排除可以引起上述急性异常改变的其他原因，只有在某些特定的病因和病理生理条件下出现上述表现才可考虑 SIRS。

　　产生 SIRS 的病因是多方面的，主要分为感染性和非感染性。感染性因素包括细菌、病毒、真菌、寄生虫等病原微生物引起的感染；非感染性因素包括大手术、创伤、烧伤、急性胰腺炎、缺血 / 再灌注损伤、自身免疫等。无论是感染性因素还是非感染性因素引起的 SIRS

都以导致机体过度或失控的炎症反应为特征。

全身炎症反应综合征的发展大致可以分为三个阶段：①最初阶段：机体对创伤或感染的反应是局部炎性介质及细胞因子的释放。这种反应有助于创伤修复及增加对抗病原体的细胞，但对细胞因子在微环境中的作用目前尚缺乏深入的认识。②第二阶段：仅有少量的炎性介质及细胞因子释放到血液循环中去。局部细胞因子释放是机体防御功能的体现，表现在巨噬细胞及血小板数量增多，不应视为异常。机体通过炎性介质的下调及细胞因子的拮抗等复杂的网络调节机制达到对最初炎症反应的监控，实现伤口愈合，感染消除，内稳态恢复。如果机体不能恢复内稳态，则将进入第三阶段。③第三阶段：严重的全身反应开始，此时炎性介质及细胞因子的有害作用超过保护作用。当循环中充满炎性介质及细胞因子时，由于微血管壁完全遭到破坏，造成器官新的损伤。如果这些炎症反应不能被逆转，将导致多器官功能障碍综合征（MODS）甚至死亡。

二、临床表现

SIRS 患者除了体温升高、心率增快、呼吸急促等表现外，还具有以下特征性临床表现。

1. **过度的炎症反应** 正常机体在受到各种致伤因子作用后，可表现出炎症反应和免疫应答，若反应适度对机体是有保护作用的。但在全身炎症反应综合征时，由于致伤因子过于强大或应激反应持续时间过长，导致多种炎性介质及细胞因子的失控性释放，这种剧烈的炎症反应将对正常组织器官造成严重的损伤。

2. **持续高代谢状态** 高代谢实际上是机体代谢对过度炎症的反应。其代谢模式有以下三个突出的特点。①持续高代谢：表现为高耗氧量，氧耗与氧供依赖，通气量增加，基础代谢率可达到正常的 2 倍以上，且不能通过减少活动降低代谢率。②三大营养物质代谢途径异常：饥饿的时候，机体主要通过分解脂肪来获取能量，但在 SIRS 期或 MODS 期机体是通过大量分解蛋白质来获取能量，此时糖的利用受到限制，脂肪的利用在早期增加，后期下降。机体的蛋白库是骨骼肌，因此，蛋白质被大量消耗将会导致患者肌肉组织消瘦。③对外源性补充营养反应差：外源性补充营养并不能有效阻止 SIRS 或 MODS 患者自身的高消耗，提示高代谢对自身具有"强制性"，故有学者称其为"自噬代谢（auto-cannibalism）"。

高代谢可造成严重后果。首先，高代谢造成的蛋白质消耗将严重损害器官的结构和功能；其次，支链氨基酸与芳香族氨基酸失衡可使后者竞争性进入中枢神经系统形成假性神经递质，进一步导致神经传导冲动的紊乱；再次，高代谢和循环系统功能紊乱往往造成氧需和氧供的矛盾，从而使机体细胞处于缺氧状态引发细胞的功能代谢障碍。高代谢的发生主要与炎性介质的生物学作用有关。

3. **高动力循环状态** SIRS 状态下，循环系统是最易受累的系统之一。高动力循环状态，实质上是心血管系统对全身感染和过度炎症反应的一种反应。大多数患者在病程的早、中期都会表现为"高排低阻"的高动力型循环状态。此时患者的心脏指数可高于正常值，常达10L/（min·m^2），甚至更高；外周阻力很低，继而可造成难治性低血压。此外，还常伴有高乳酸血症、动-静脉氧梯度降低等，说明存在外周组织摄氧障碍，并常伴有胃肠道的缺血、缺氧。到后期则因心衰而转化为"低排高阻"，直至循环衰竭。该类患者虽然处于高动力循环状态，但仍普遍存在心功能损害，高心输出量主要是通过增加心率获得的，而每搏指数却低于正常。高动力循环状态的持续时间视病情发展和心功能状态而不同，若病情改善则趋向正常。年轻患者可贯穿整个病程直至死亡，其循环衰竭为外周性而非心源性。老年患者则可因心功能衰竭而较早进入低动力循环状态。

三、辅助检查

1. **血常规及血小板**　白细胞 >12×10^9/L，或 <4×10^9/L，或未成熟粒细胞 >10%。血小板是 SIRS 一个敏感而简易的临床监测指标。由于在 SIRS 时，全身微血管内皮系统处于激活状态，使血小板消耗增加，故其数值变化在 SIRS 监测中具有重要价值。血小板进行性下降较能正确地、敏感地反映 SIRS 的强弱，血小板下降的程度与 SIRS 反应程度呈正相关。因此，SIRS 反应越重，血小板下降越显著。临床上持续的血小板计数下降，提示预后较差。

2. **急性期反应蛋白（C-reactive protein，CRP）**　CRP 是由肝细胞在损伤因子特别是脂多糖（lipopolysaccharides，LPS）攻击时合成。当血 CRP≥50mg/L 时，高度提示脓毒症（sepsis），其敏感性和特异性分别达 98.5% 和 75%。故每日测定血 CRP 水平比体温、外周血白细胞计数等要更有意义。

3. **脂多糖结合蛋白（lipopolysaccharide binding protein，LBP）**　较之急性期反应蛋白（CRP），LBP 是一种新的 I 类急性期反应标志物，它的生理功能是转运细菌脂多糖。血清 LBP 水平明显影响宿主对细菌脂多糖刺激后产生的反应和抵抗败血症的能力。LBP 和机体其他的细菌脂多糖识别分子，是监控炎症急性期及机体对细菌脂多糖挑战后反应能力的良好参数。

4. **前降钙素（procalcitonin，PCT）**　当血清 PCT<0.1ng/ml 时，严重感染的可能性不大，其敏感性达 91%，特异性约 25%；血 PCT>0.5ng/ml 很可能存在感染；介于两者之间时则不能确定也不能排除感染。目前认为血 PCT 在判断 SIRS 是否由感染所致等方面有优越的特异性，可作为判别是否存在感染及感染是否控制的一个有用参数。

5. **小肠脂肪酸结合蛋白（intestinal fatty acid binding protein，iFABP）**　iFABP 是诊断肠黏膜损伤的特异性标志。有研究显示大多数 SIRS 患者中均测及 iFABP，提示亚临床肠黏膜损伤在 SIRS 时是一个常见现象，血中测及 iFABP 常提示预后不良。

四、救治原则

当病情进展到 SIRS 的时候，救治十分困难，现有的一切治疗手段都不够理想，因此，SIRS 重在预防。加强对休克、创伤、感染的早期处理，把治疗的重点放在第一次打击阶段，以消除产生过度炎症反应的条件。

1. **SIRS 的预防**

（1）熟练、准确的临床判断。

（2）休克患者尽早复苏，提高复苏质量。

（3）对所有可治性损伤早期应进行有效的治疗，杜绝医源性诱发因素。

（4）迅速恢复心血管功能，提供有效的供氧。

（5）临床上高度怀疑感染的患者要积极查找感染灶。

（6）注意肠道菌群保护，提倡尽早行肠内营养。

（7）营养代谢支持。

2. SIRS 的病因治疗 SIRS 常见的致病因素包括严重创伤和感染、低血容量休克、再灌注损伤、医源性因素等。临床治疗包括选择合适的抗生素控制感染，积极救治烧伤、创伤，治疗自身免疫性疾病，改善缺血、缺氧状态等。有研究显示复苏过程中输入大量库存血（血细胞变形性差、携氧能力低）会影响组织氧合，造成微循环缺血缺氧；不当使用多巴胺可引起腹腔内脏血流分布异常、增加肠道氧耗、破坏组织对氧的摄取。还有报道显示不合理应用乙酰水杨酸血浓度达 33.5~67.6mg/dl 的毒性水平时，也可诱发 SIRS，因此，这种情况下禁忌使用水杨酸类抗炎药；慎用或避免使用 IFN-γ、IL-2、G-CSF 等促免疫生物制剂，若因并发其他疾病需要使用这些药物时，应权衡利弊，避免发生严重后果。

3. 控制感染，合理使用抗生素 积极查找并清除感染病灶，针对病原菌选用敏感抗生素，并遵循早期、静脉、大量、联合、定时给药原则，同时口服不易被肠道吸收的抗生素，抑制肠道菌生长，防止肠道菌群移位。

4. 免疫调理 免疫调理是近 10 年 SIRS 治疗的主要研究方向，目的在于对抗 SIRS 中各种炎症因子对机体的损伤。

相关链接

抗内毒素治疗及应用 TNF 拮抗剂

内毒素是 SIRS 过程中起始动作用的重要介质，它由 O-特异性多糖链、R-核心多糖及类脂 A 三部分构成。其中，类脂 A 是内毒素释放毒性效应及刺激机体发生炎症反应的活性部分。随着内毒素吸收增多，肝脏对内毒素吞噬能力降低，病原体和毒素刺激单核-巨噬细胞合成、分泌大量细胞因子，加重 SIRS。目前在临床上应用的有多克隆抗内毒素抗核心抗体、人化抗酯 A 的单克隆抗体、重组的杀菌增加通透性蛋白（BPIP）等。

肿瘤坏死因子（tumor necrosis factor，TNF）是 SIRS 发病中最为重要的炎症介质之一，通过阻断 TNF 的作用有希望提高 SIRS 的治疗效果。目前临床上应用的有对抗 TNF 的人化单克隆抗体、重组二聚 TNF-α 受体等。

5. 营养支持治疗 机体在器官障碍时主要表现为高能量代谢、蛋白合成减少、分解增加。此时应为患者提供适量的能量和各类营养素，以维持机体代谢和修复，同时避免加重器官代谢负担。

在机体代谢状态耐受情况下，首先改善能量的供给和代谢通路，以适应病态下机体代谢模式，减少葡萄糖负荷，增加脂肪和氨基酸供给。每日总热量以 167.4~188.3J/kg 为宜。其中非蛋白热量控制在 125.5~146.4J/kg。葡萄糖输入速度不宜超过 5mg/（kg·min）否则增加肝脏负担；脂肪供能 40%~50% 是安全的，以含中链脂肪酸的脂肪乳剂为宜，脂肪乳剂可降低呼吸商，减少 CO_2 产生，减轻呼吸系统负担；氨基酸的供给量达到 2~3g/kg 才可获得氮平衡。

6. 保护和支持各脏器功能 全身炎症反应综合征治疗的复杂性在于某一器官衰竭或功能不全常导致其他器官或系统的衰竭，而没有一个器官或系统是孤立的。因此，需要对每个器官进行支持。

（1）呼吸功能支持：加强呼吸管理，维持正常呼吸功能，确保气道通畅，保持血气在正常范围内，防止呼吸衰竭和急性呼吸窘迫综合征（acute respiratory distress syndrom，ARDS）的发生。一旦血气分析指标超出正常范围即应采取各种途径给氧，必要时行气管插管并尽早行机械通气治疗。

（2）维护循环功能稳定：改善心脏功能和血液循环，及早建立静脉通道，合理使用血管活性药物，达到前负荷足够，后负荷适当，心率和心输出量维持正常。对心功能受损者，可应用小剂量的多巴胺或多巴酚丁胺，增强心肌收缩力和组织灌流。对高血压的患者应适当控制输入液量和使用扩血管药物。心率过快者应查明原因，可使用去乙酰毛花苷等药物。心率过慢应预防心搏骤停。休克的处理主要是改善组织灌注和氧代谢，而不是以血压和心率正常为终点指标。

（3）保护肾功能：维持有效循环，保证肾正常灌注，准确记录24小时出入量，密切监测尿量，定期检测BUN和肌酐，纠正离子紊乱，尿少时选用袢利尿剂，早期发现肾衰竭，做好血液滤过和透析的准备。目前，ICU最常用的肾脏替代技术是持续肾替代治疗（CRRT），它对中小分子溶质清除有一定效果。通过吸附去除细胞因子是另一种手段，吸附程度与吸附性物质及炎性介质本身有关，这种方法的缺点在于随着时间的延长可出现吸附饱和现象而降低效率。血浆置换目前也在SIRS患者中应用，其清除细胞因子的效果还有待验证。

（4）大剂量免疫球蛋白输注和小剂量肝素的应用：SIRS发生后，有时可出现短暂的免疫功能紊乱甚至"麻痹"状态。由于免疫球蛋白中的免疫活性分子能直接消灭致病微生物，因此，在严重感染时可选用静脉注射免疫球蛋白治疗严重感染，其剂量为200~400mg/（kg·d），可酌情连用3~5天。

近年来主张在SIRS时应用小剂量肝素。研究表明许多SIRS患者存在微循环障碍，微血栓形成，甚至发生DIC。为避免SIRS发展为MODS，使SIRS在早期得到控制，临床上采用小剂量肝素抗凝＋抗感染＋抗特异性炎性介质的治疗方式。小剂量肝素的使用剂量为10~15U/kg皮下注射。应用肝素期间应监测血小板计数和凝血指标。

五、护理要点

1. **呼吸功能监测与护理** 保持呼吸道通畅，给氧，尽快改善低氧血症。观察患者呼吸频率、节律、有无呼吸困难、口唇发绀等；进行血气分析，监测氧分压（PaO_2）、二氧化碳分压（$PaCO_2$）和血氧饱和度（SPO_2）变化，及时发现缺氧和二氧化碳潴留；必要时协助医生建立人工气道并加强人工气道护理，正确进行吸痰和呼吸道湿化。机械通气的患者应密切监测呼吸功能，有效实施呼吸机治疗相关护理措施。

2. **循环功能监测与护理** 建立静脉通路，保证液体和药物能及时、准确输注，必要时协助医生进行动静脉穿刺置管，监测血流动力学指标。监测患者心电图、血压、中心静脉压等，及时发现心律失常与血压异常，及时报告医生进行处理；做好循环监测中各种导管的护理，预防导管相关性感染，防止导管打折、脱断、堵塞等情况发生。

3. **肾功能监测与护理** 监测每小时尿量及24小时尿量，观察尿液的颜色与性质，保持尿管通畅，每日进行尿管护理和会阴清洁，预防尿管相关性尿路感染发生。

4. **中枢神经系统监测与护理** 密切监测患者意识状态和瞳孔变化。及时发现异常并报告医生进行相应处理。

5. 重症患者常规护理　对高热患者进行物理降温，体温不升者应加强保暖。做好患者基础护理、安全护理，正确用药，观察药物不良反应。

第二节　脓毒症

一、定义

脓毒症（sepsis），是机体对感染的反应失调而导致危及生命的器官功能障碍。是感染、烧/创伤、休克等急危重症患者的严重并发症。

相关链接　　脓毒症定义的沿革

1991年脓毒症1.0定义为感染引起的全身炎症反应综合征。其诊断需满足至少两条SIRS诊断标准。该定义的重要贡献是提出了SIRS的概念。脓毒症1.0诊断标准的缺陷是敏感性高而特异性低。

2001年12月提出了脓毒症2.0定义与诊断标准。其中，脓毒症、严重脓毒症、脓毒性休克的概念与1991年相同。鉴于SIRS过于敏感并缺乏特异性，从而提出更为严格的诊断标准，包括21个指标及参数，以帮助医师临床诊断。但由于该诊断标准过于复杂，阻碍了其临床应用。

2016年2月在第45届危重病医学年会上，美国重症医学会（SCCM）与欧洲重症医学会（ESICM）联合发布脓毒症3.0定义及诊断标准。脓毒症3.0以机体对感染的反应失调和器官功能障碍为核心。即机体反应失调本身就能引起器官功能障碍，体现为细胞层面的生理及生化异常。它尤为强调"危及生命的器官功能障碍"，可谓是对脓毒症本质认识的回归。

脓毒症的感染来源，除了常见的创伤、烧伤创面、吸入性损伤及医源性感染外，肠源性感染也是引起脓毒症的重要感染源。严重损伤后的应激反应可造成肠黏膜屏障破坏、肠道菌群生态失调及机体免疫功能下降，从而发生肠道细菌移位/内毒素血症，触发机体过度的炎症反应与器官损害。虽然及时成功的复苏治疗在总体上可达到预期目标，但肠道缺血依然存在，并可能导致肠道细菌/内毒素移位的发生。因此，肠道因素在脓毒症的发生、发展中的作用不容忽视。过去，人们认为脓毒症肯定是由病原菌引起，血液中存在病原微生物，因此，将败血症与脓毒症相混淆。事实上，菌血症只发现于少部分脓毒症患者，而且危重症患者的菌血症主要反映的是微生物在血管组织中定植，而不是微生物扩散。尽管当今抗菌药物及感染检测手段得到有效应用，但并不能改善脓毒症，这说明微生物在脓毒症的发展中并不是十分重要。由此可见，脓毒症可以不依赖细菌和毒素的持续存在而发生和发展，细菌和毒素的作用仅仅在于可能触发脓毒症，而脓毒症的发生与否及严重程度则完全取决于机体的反应性。因此，脓毒症的本质是机体对感染性因素的反应，而这一反应一旦启动即可循自身规律发展并不断放大，可以不依赖原触发因素。

相关链接　　　　　脓毒症快速诊断

在脓毒症3.0的定义框架下，如何在临床快速诊断脓毒症？Seymour等对美国宾夕法尼亚州西南地区12家医院148 907例疑似感染患者进行统计分析。结果表明，脓毒症相关的序贯器官衰竭评分（sequential organ failure assessment，SOFA）对ICU疑似感染患者住院死亡率的预测效能与逻辑器官功能障碍系统评分（logistic organ dysfunction system score，LODSS）相当。然而，SOFA计算繁复，且需血液化验检查，难于快速使用。研究者通过多元回归分析发现呼吸频率≥22次/分、Glasgow评分≤13分及收缩压≤100mmHg，对脓毒症发生的预测价值较高，由此提出了床旁快速SOFA（qSOFA）的概念。对于感染乃至疑似感染的患者，当qSOFA（呼吸频率≥22次/分、Glasgow昏迷评分≤13分及收缩压≤100mmHg，每项各计1分）≥2分时，应进一步评估患者是否有器官功能障碍。此时，若患者SOFA评分变化≥2分，表示存在器官功能障碍，提示脓毒症。

理论与实践　　　　　SOFA评分表

1994年由欧洲重症医学会提出的序贯器官衰竭评分（sepsis-related or sequential organ failure assessment，SOFA）是与感染相关的器官衰竭评估量表（表8-1）。它涉及全身6个器官，强调早期及动态监测，对于评估危重症患者病情及预后具有重要意义。

表8-1　SOFA评分表

项目	评分				
	0	1	2	3	4
PaO_2/FiO_2 [mmHg（kPa）]	≥400（53.3）	<400（53.3）	<300（40.0）	<200（26.7）且需呼吸支持	<100（13.3）且需呼吸支持
血小板计数（×$10^3/\mu l$）	≥150	<150	<100	<50	<20
血清胆红素浓度 [mg/dl（$\mu mol/L$）]	<1.2（20）	1.2~1.9（20~32）	2.0~5.9（33~101）	6.0~11.9（102~204）	>12.0（204）
心血管功能	MAP≥70mmHg	MAP≤70mmHg	多巴胺≤5.0或多巴酚丁胺（任意剂量）[a]	多巴胺>5.0肾上腺素≤0.1或（去甲）肾上腺素≤0.1[a]	多巴胺>15.0或（去甲）肾上腺素>0.1[a]
Glasgow昏迷评分[b]	15	13~14	10~12	6~9	<6
血清肌酐浓度 [mg/dl（$\mu mol/L$）] 或尿量（ml/d）	<1.2（110）	1.2~1.9（110~170）	2.0~3.4（171~299）	3.5~4.9（300~440）或<500	5.0（>400）或<200

a：血管活性药物剂量为μg/（kg·min）$^{-1}$，使用时间≥1h；Glasgow评分：昏迷评分范围3~15

b：Glasgow评分：昏迷评分范围3~15

二、临床表现

脓毒症是病原菌在宿主体内定居、繁殖、破坏组织以及扩散的过程，是病原菌与宿主防御功能相互作用的复杂过程。其发生与下列因素有关：①病原菌的数量与毒力；②宿主免疫功能下降，如营养不良、贫血、血浆蛋白过低、肝功能不良、慢性消耗性疾病（如癌症）等，在病原菌入侵后，均利于脓毒症发生；③其他因素：如体内存留坏死组织或异物、血管内置导管、存在梗阻、肠屏障功能受损等。

临床上脓毒症往往缺乏特异性的症状和体征，仅表现为各种感染以及多样的炎症反应症状，这对疾病的诊断造成一定难度，所以需要对患者进行细致的观察和准确判断，其临床表现主要包括如下几个方面。

1. 起病急骤、病情凶险、发展迅速。突发的寒战，继而高热可达 40~41℃，伴大汗，稽留热或弛张热，严重者体温不升或低于正常。其发生原因是内毒素及炎症介质影响下丘脑对体温的调节反应。

2. 全身症状　可见头疼、头晕、恶心、呕吐、腹胀、面色苍白或潮红、大汗、表情淡漠或烦躁不安、谵妄或昏迷。

3. 脓毒症患者无论有无发热，通常都有心率加快，脉搏细数，呼吸急促或呼吸困难，呈现高分解代谢状态。由于呼吸急促而导致过度通气进而引起的呼吸性碱中毒是脓毒症时另一个较为普遍的特征，同样也是由内毒素和炎症介质造成的。

4. 脾可肿大，严重者出现黄疸或皮下瘀斑，可有骨、关节疼痛。脓毒症可在身体各处发生转移性脓肿，如四肢皮下、深部软组织脓肿，肺、肝脓肿等。

5. 有肾功能损害现象，尿中常有蛋白或管型。

6. 其他临床表现与感染的发生部位有关，有助于排查病灶，如咳嗽、胸痛、腹泻、淋巴结肿大、尿频等，可据此进行针对性的检查。

7. 在脓毒症早期，心输出量可以维持正常甚至稍高。由于血管扩张因子的存在，四肢皮肤温暖，毛细血管灌注正常。但随着病情的发展，心搏量下降，外周灌注变差，四肢皮肤湿冷，毛细血管灌注延迟。

8. 不同致病菌导致特征性临床表现

（1）革兰阳性菌脓毒症，休克发生晚，可有或无寒战、呈稽留热或弛张热。患者四肢温暖，面色潮红，可出现转移性脓肿，多有谵妄或昏迷，易并发心肌炎。

（2）革兰阴性菌脓毒症，休克发生早，持续时间长，可呈间歇热，严重时体温不升或低于正常。患者四肢厥冷、发绀、少尿或无尿。

（3）真菌性脓毒症，患者突起寒战、高热，病情迅速恶化，周围血象可呈白血病样反应。

三、辅助检查

1. **全血细胞计数**　包括计数和分类，脓毒症期间可见非成熟血细胞增多。为保证组织氧供，需维持血红蛋白 >80g/L 以上。血小板在急性发作期通常可见升高，当其下降时，须考虑 DIC 的可能。白细胞计数在细菌感染时可达 $15×10^9/L$ 以上。

2. **代谢评价** 监测镁、钙、磷酸盐等电解质水平，血糖也作为常规检查项目。

3. **肝肾功能** 血清肌酐、尿素氮、胆红素、碱性磷酸酶和转氨酶等升高。

4. **动脉血气分析** 了解氧供和代谢、酸碱平衡等情况。

5. **血清乳酸** 虽然乳酸作为单一监测指标的作用尚有疑问，但作为一项辅助指标，对判断器官的低灌注、指导治疗和预测死亡率有较大帮助。

6. **凝血功能** 纤维蛋白原降解产物（fibrinogen degradation product，FDP）、纤维蛋白原、凝血酶原时间和活化部分凝血活酶时间可作为常规筛选试验。当患者出现 DIC 倾向时，DIC 的一系列监测项目必须及时测定。

7. **血培养** 临床上只有不到 50% 的病例具有阳性的血培养结果，但由于细菌培养可为诊断和抗生素的应用提供重要的参考依据，故脓毒症患者应尽早采集有关血标本进行培养，尤其在经验性应用抗生素治疗之前。全血培养最好在两个以上部位采样，其他培养物（包括痰液、尿、脑脊液等）也应如此。

8. **尿液分析和尿培养** 在没有明显的感染灶及症状的患者中，有 10%~15% 的患者可能存在隐匿的尿路感染，尤其是老年患者，尿液分析和尿培养可为此提供依据。

9. **组织染色和培养** 包括各种体液、分泌物和活检组织等。革兰染色可从中鉴别细菌感染及其种类，为早期的治疗提供参考。

10. **相关炎症的检验** 主要是关于内皮损伤的血浆标志物的研究，包括内皮素（ET）、血管性假性血友病因子（vWF）、组织型纤溶酶原激活剂等。

四、救治原则

（一）消除或清除感染源

消除或清除感染源是首要的措施，如急性胸腹炎、绞窄性肠梗阻、急性梗阻性化脓性胆管炎、化脓性骨髓炎等均需手术治疗；脓肿需切开引流；脓胸需置胸腔闭式引流管引流；及时去除外伤伤口内的坏死组织、异物等，对感染较重的伤口应敞开引流；尽早拔除留在体内的各种导管或引流管等。只有消除感染源才能阻断或削弱全身炎症反应及其对全身病理生理影响，进而为其他治疗措施创造有利条件。

（二）应用有效的抗菌药物

1. **抗生素应用原则** 脓毒症治疗须致力于清除病原菌，依靠机体抗炎反应能力重新控制炎症反应。应用有效的抗菌药物，杀灭病原菌，消除启动炎性细胞因子及介质级联反应的因素，是另一项重要治疗措施。抗菌药物的应用应遵循以下原则：抗菌药物应用前，应对感染或可疑感染源的脓液、渗出物或血液作细菌培养及抗菌药物敏感试验；在无血培养及药敏结果的情况下，可先依据病灶的性质选择抗生素，宜选用广谱抗生素，并联用两种以上抗菌药物；细菌培养及药敏结果出来后则需根据病原菌培养药敏试验结果、治疗效果、病情演变等来调整抗生素的使用。

2. **应用抗生素的注意事项**

（1）当出现厌氧菌和需氧菌的混合感染，尤其是革兰阴性杆菌、肠球菌和脆弱类杆菌感染时，需联合应用抗需氧菌和厌氧菌的抗生素。

（2）保护肠道屏障，由于肠黏膜屏障受损而致细菌移位的肠源性感染较为多见。注意及时防治低血压和肠灌注不足，补充谷氨酰胺，应用针对肠道细菌的抗生素即选择性去污法及高浓度氧疗可防止细菌移位的发生。

（3）严重感染的患者抗病能力低下，尤其是经长时间使用抗生素和APACHE Ⅱ计分较高的患者，常出现菌丛变更而致念珠菌属移位，故应及时采取防治措施，应用抗真菌药。

（4）防止滥用抗生素：对抗生素产生耐药多与滥用抗生素有关，故应严格掌握治疗性或预防性使用抗生素的指征。

（三）器官功能支持治疗

器官功能支持以改善氧代谢和营养代谢为基本目标，使机体氧合功能、换气功能、血压及组织血流灌注等趋于正常，以适应机体高代谢的需求。结合临床及实验室资料，准确判断内环境失衡及器官功能不全的实际情况，以便采取相应治疗措施，例如，补充血容量，纠正水、电解质及酸碱失衡，应用必要的血管活性药物，纠正低血压，吸氧，维持肺的通气功能，防治ARDS，预防肾功能不全及处理DIC等。

（四）生物学制剂应用

严重感染时不仅有微生物及其内毒素的直接损害作用，还有许多由感染所产生的细胞因子所产生的损害作用。因此，在治疗严重感染时还必须注意到这些宿主细胞因子和炎性介质的作用。应用生物学制剂直接针对微生物毒素和细胞因子的特异组分，达到阻断炎性细胞因子和介质的作用，使促炎机制与抗炎机制趋于平衡，削弱全身炎症反应及其对机体造成的损害，从而获得单纯抗生素治疗所无法起到的效果。常用的生物学制剂有：①抗内毒素抗体；②抗TNF-α抗体；③炎性介质、补体和中性白细胞抑制剂；④白介素受体拮抗剂的TWF结合蛋白（TNF-Bp）；⑤杀菌/渗透性增强蛋白（BPI）等。

（五）有效的营养支持

脓毒症患者机体常出现代谢紊乱、营养不良。有效的营养支持可提高患者抗感染能力和免疫功能。营养支持应注意以下问题：①不需追求足量的热量支持，可根据患者静息时能量消耗（REE）并按REE值增加10%作为患者热量参考量，避免增加器官额外负荷。②在能量构成中，逐渐调整氮与非氮能量的摄入比，即由通常的1:150调整至1:200。对非氮能量的补充，要降低糖的比例，增加脂肪的摄入，使蛋白、脂肪和糖的比例大致为3:3:4。提高脂肪的利用，推荐中、长链脂肪酸的混合制剂。③重视代谢调理，达到降低分解代谢、促进合成代谢的目的。④肠源性细菌移位在脓毒症发病中起重要作用，肠道营养对保护肠黏膜屏障，预防脓毒症的发生有肯定意义。因此，要采取措施促进肠道功能恢复，尽快恢复肠内营养。

（六）其他支持治疗

1. 对于病情危重及高热患者，可使用药物或物理降温措施，必要时可采用冬眠疗法，但伴有心血管疾病、血容量不足及呼吸功能不全的患者慎用。

2. 当患者因严重感染出现高血糖和电解质紊乱时，可通过输注胰岛素使血糖维持在可接受的范围，同时须注意纠正低钾、低磷和低镁血症。

3. 脓毒症患者常会出现贫血、血小板减少及凝血机制障碍，需要时可根据病情需要予以补充纠正。

五、护理要点

（一）严密监测，进行有效液体复苏

脓毒血症一旦确诊，应立即开始液体复苏治疗，目标是在最初 6 小时内达到：CVP8~12cmH$_2$O、平均动脉压≥65mmHg、尿量≥0.5ml/（kg·h）、中心静脉或混合静脉血氧饱和度≥70％。护士应尽快建立至少两条静脉通道，保证液体及药物及时准确输入。严密观察患者生命体征、尿量、中心静脉压等，及时评估器官灌注及改善情况，同时预防肺水肿。留置导尿，动态监测尿量。对高热患者进行物理降温，对体温不升者加强保暖或应用复温装置。

（二）器官功能监测和护理

1. **中枢神经系统功能** 密切监测意识和进行 Glasgow 评分，及时发现异常表现。镇静患者需评估镇静水平，严密观察患者瞳孔大小、对称性和对光反射，及时发现颅内病症。

2. **呼吸功能** 观察患者呼吸频率、节律、有无呼吸困难、口唇发绀等；监测血气分析指标，判断机体氧合情况；配合医生建立人工气道，并正确实施护理。

3. **循环功能** 监测患者心率（律）、心电图、血压等变化趋势，评估有无心功能障碍和组织灌注不良的表现，观察患者对液体复苏和血管活性药物的反应，根据结果及时调整治疗计划。

4. **泌尿系统功能** 监测每小时尿量、尿液性状及颜色、血清肌酐和尿素氮的变化，及时发现少尿、肾灌注不足或功能不全的表现。做好肾脏替代治疗监测与护理。加强留置导尿管护理，预防泌尿系感染。

5. **消化系统功能** 严密观察患者有无恶心、呕吐、腹胀、肠鸣音减弱等胃肠功能紊乱现象。

6. **血液系统功能** 通过血小板计数、凝血酶原时间等实验室检查严密监测患者出、凝血功能情况。观察患者伤口、穿刺点有无渗血，皮肤黏膜有无瘀点、瘀斑形成。抗凝治疗患者应严密监测凝血功能指标，防止出血等并发症。

7. **血管活性药物使用的护理** 熟悉常用血管活性药物的种类、指征、用法、不良反应和注意事项。严密监测心电图、血压等变化，评估药物使用后循环功能改善情况、纠正休克等。

8. **感染防治与护理** 各项治疗和护理操作严格遵循无菌原则和手卫生原则。预防呼吸道感染和呼吸机相关性肺炎、导管相关性感染的发生。

9. **并发症的观察和护理** MODS 是脓毒症最常见、最严重的并发症，应做好各器官、各系统功能的观察和支持，及时发现器官功能障碍的表现并配合医生进行处理，防止疾病恶化，改善预后。

第三节　多器官功能障碍综合征

一、定义

多器官功能障碍综合征（multiple organ dysfunction syndrome，MODS）是急性疾病过程中同时或序贯继发两个或两个以上重要器官的功能障碍或衰竭。

MODS 的受损器官包括肺、肾、肝、胃肠、心、脑、凝血及代谢功能等，早期以肺最多见，随着 MODS 的进展，可出现肝肾衰竭及胃肠道出血，而心血管和血液系统衰竭一般是 MODS 的终末表现。另外，MODS 还有以下特点：①在病理学上，MODS 缺乏特异性，主要是广泛的急性炎症反应，如炎细胞浸润、组织细胞水肿等。慢性器官衰竭以坏死增生为主，同时伴有器官萎缩、纤维化。② MODS 往往来势凶猛，病情发展迅速，现有的器官支持疗法难以遏制其发展，病死率高达 60%，如四个以上器官受损死亡率几乎达 100%。③ MODS 虽然十分凶险，但其根本是炎性损伤，只要能有效地遏制炎症的发展，即有希望逆转，而且一旦治愈，临床上一般不会遗留器官损伤的痕迹或转入慢性病程；相反患者临终前的器官衰竭在目前认为是不可逆的。

MODS 确切病因至今未明，目前认为与以下因素有关。①组织损伤：严重损伤、大手术、大面积深度烧伤、创伤所致的失血性休克等均可引起 MODS。②感染和败血症：69%~75% 的 MODS 与感染有关，其中以革兰阴性杆菌为主，主要有大肠埃希菌、假单胞杆菌属、变形菌属等。③休克：各脏器因血流不足而长时间呈组织低灌注状态，引起组织缺氧和组织损害，毒性因子蓄积直接损伤组织细胞。④医源性因素：如输血、输液使心脏负荷过大，严重时引起急性左心衰竭、肺水肿；在抗休克治疗中使用大量去甲肾上腺素后会造成组织灌注不良、缺血缺氧；呼吸机应用时使用高浓度吸氧，破坏肺泡表面活性物质，使肺血管内皮细胞损伤等。

虽然 MODS 的发生主要取决于致病原因，但其诱发因素更为重要。常见的诱发高危因素包括：液体复苏不充分或延迟复苏；持续存在感染病灶尤其双重感染；基础脏器功能失常（如肾衰竭）；大量反复输血；创伤严重度评分≥25 分；营养不良；肠道缺血性损伤等。需要特别注意的是由于老年人的器官功能多处于临界状态，生理储备功能受限，许多并不严重的应激诱因即可导致 MODS 的发生，临床上应予高度重视。

MODS 的演变常为序贯性变化，多以某一器官开始，而后其他器官发生病变，呈现多米诺效应。迄今为止，MODS 诊断标准国内外尚未统一，但目前较为一致的早期诊断要点包括以下几项内容：①有严重创伤、休克、感染等发病因素；②存在持续高代谢和高动力循环等全身应激反应；③出现两个或两个以上系统器官功能障碍。由于 MODS 的发生较为隐匿，在诊断时还应特别注意以下几个问题。①熟悉 MODS 的高危因素：一旦发现严重感染、创伤、烧伤或急性重症胰腺炎等发病基础，即应提高警惕。②动态观测：现在更重视器官功能障碍而不是衰竭，因此，要以动态的观点来看待 SIRS 向 MODS 转化和演变的全过程，从而做到早期诊断、及时治疗。③积极采取诊断性治疗措施，不要等临床表现典型时再做诊断。④特别强调各专科之间的合作，由于专业经验的差异，有时可能忽视多器官的受累，致使延误救治时间。⑤对疑似 MODS 病例应有预见性，监测相关指标要有选择性和合适的时间间隔。

二、临床表现

MODS 的临床表现复杂，个体差异较大，预后在很大程度上取决于受累器官的范围及损伤是由一次打击还是由多次打击所致。MODS 临床过程分为 2 型，即：①双相迟发型：在严重创伤、出血、休克等原发损伤打击下，患者先出现短期呼吸功能不全或肾功能不全、凝血功能不全。之后，出现短暂稳定期，随着败血症或脓毒症等严重感染的发生，患者病情急剧恶化，继而发生更多的器官、系统功能障碍，如肾衰竭、肝衰竭和凝血系统衰竭等。②单相速发型：以严重创伤、出血、休克为诱因，在这些损伤打击后的 12~36 小时之内序贯发生呼吸功能衰竭、肾衰竭、凝血功能衰竭或肝衰竭。

由于原发疾病各异，个体差异明显，各器官功能障碍的始发时间不一致，一般无固定发病顺序。但首先发生功能衰竭的以呼吸系统较为常见，之后依次发生肝脏、胃肠道、肾的衰竭。呼吸衰竭导致 ARDS，临床出现明显的进行性呼吸困难与发绀，肺顺应性降低。PaO_2 低于 50mmHg 或需要吸入 50% 以上氧气才能维持 PaO_2 在 45mmHg 以上。在 ARDS 发生后的 2~3 天多会出现肾功能障碍，表现为少尿或无尿，血肌酐及尿素氮急剧上升，并常伴有高钾血症和代谢性酸中毒。肝衰竭常与肾衰竭同时出现，表现为血胆红素升高、黄疸及肝功能异常。随着病情的进展，继而出现中枢神经系统的损害，表现为反应迟钝、意识混乱、轻度定向力障碍，最后出现进行性昏迷。晚期可发生急性胃肠黏膜的损害，常有不同程度的消化道出血，24 小时内失血超过 600ml。凝血功能衰竭表现为血小板计数进行性下降（$<50 \times 10^9/L$），凝血酶时间、凝血酶原时间和部分凝血活酶时间均延长达正常的 2 倍以上。DIC 的发生多为患者的临终前表现，往往预示病情已难以逆转。

临床上根据疾病发展与器官受累情况将 MODS 的表现分为四期：第一期主要表现为轻度呼吸性碱中毒，循环血量增加和肾功能轻度异常。第二期患者处于亚稳定状态，表现为呼吸急促、缺氧、血流动力学可为高排低阻型、氮质血症、分解代谢增强、肝功能异常、血小板减少等。第三期出现 MODS 表现，全身状况不稳定，心排出量减少，出现休克、水肿、严重缺氧、氮质血症加重、代谢性酸中毒、黄疸、凝血功能异常等，此期患者需要各种支持治疗。第四期患者处于临终状态。

三、辅助检查

1. **呼吸系统**

（1）早期可见呼吸频率（RR）加快 >20 次 / 分，吸空气时 $PaO_2 \leq 70mmHg$，$PaO_2/FiO_2>300$。

（2）中期 RR>28 次 / 分，$PaO_2 \leq 60mmHg$，$PaCO_2<35mmHg$，$PaO_2/FiO_2<300$。

（3）晚期发生呼吸窘迫，RR>28 次 / 分，$PaO_2 \leq 50mmHg$，$PaCO_2>45mmHg$，$PaO_2/FiO_2<200$。多呈混合型甚至三重酸碱失调。

2. **循环系统** 心肌酶（CPK、GOP、LDH）升高。

3. **肾脏**

（1）血尿素氮升高：BUN>8.925mmol/L（25mg/dl），每日升高 3.57~8.925mmol/L（10~25mg/dl）；血肌酐升高：Cr>176.8mmol/L（2mg/dl）。

（2）低比重酸性尿，尿比重 1.010~1.014，镜下可见管型。

（3）尿钠增加，尿钠指数 >1。

（4）血钾进行性升高。

（5）血浆蛋白及血细胞比容下降。

（6）血浆肌酐 / 尿肌酐 <20。

4. 肝脏

（1）血胆红素进行性升高，相应酶类（LDH、AKP）升高，转氨酶（ALT、AST）升高或不升，一旦出现转氨酶不升高，而胆红素升高，即所谓"胆 - 酶分离"征象，提示预后不良。

（2）血 NI-13 升高，血中支链氨基酸，芳香族氨基酸比例下降。

（3）PT、APTT 延长，凝血酶原活动度 <50%，内源性凝血因子减少，血小板减少，DIC 过筛试验阳性。

（4）血糖多增高，可伴 BUN、肌酐升高，电解质紊乱。

5. 凝血系统

（1）血小板进行性减少，<100×10^9/L。

（2）PT、APTT 显著延长。

（3）血浆纤维蛋白原（FIB）<150mg/dl。

（4）血浆 D- 二聚体升高 >1000μg/L。

（5）血浆纤维蛋白降解产物 >20mg/L，或 3P 试验阳性。

（6）凝血因子水平显著降低，尤其是因子Ⅷ、Ⅴ等。

四、救治原则

首先，治疗微生物及各种原因引起的组织损伤；其次，阻断机体自身的炎症反应，以避免其过度激活反应引起的介质瀑布样连锁反应而诱发组织细胞的失控性损伤；再次，加强对处于临界状态的器官功能的保护。治疗重点包括对原发疾病进行有效的治疗、努力调控过度的炎症反应及异常的免疫反应、积极治疗内毒素血症、对慢性基础疾病进行有效的调控等。做到对 MODS 早识别、早检查、早诊断、早治疗。具体治疗措施如下。

（一）病因治疗

控制原发疾病是 MODS 治疗的关键，治疗中应早期去除或控制诱发 MODS 的病因，避免机体遭受再次打击。如不处理病因，仅对衰竭器官进行系统治疗，即使尽最大努力也难取得成功。对于高危患者应迅速转入 ICU 治疗，应用现代监测技术，及早给予呼吸、循环支持。对于开放性创伤患者，早期手术清创是预防感染的重要措施。对已明确的感染灶必须及时引流，彻底清除坏死组织。早期应用抗生素，尽可能使感染病变局限化，减轻毒血症。对已发生 MODS 的患者应当机立断，在加强脏器功能支持的同时尽快手术，以免丧失最后的抢救机会。手术方式应简单、快捷，迅速起效，以挽救生命作为第一目标。

（二）及时有效的液体复苏

1. **尽可能及早纠正低血容量、组织低灌注和缺氧**　无论何种原因，低血压都可以引起细胞缺氧，细胞转向厌氧代谢，由此产生毒性代谢产物，导致血管通透性改变、血管内容量减少、微循环功能障碍。在复苏液体的选择上量比质更重要，做到"需要多少补多少"；遇到紧急情况时，可采取"有什么补什么"的原则，不必苛求液体种类而延误复苏抢救。

2. **纠正隐性代偿性休克**　休克患者早期虽生命体征和血流动力学指标尚稳定，但却存在微循环障碍，内脏处于缺血状态。胃肠内 pHi 监测，对指导纠正隐性代偿性休克、维护胃肠黏膜屏障功能完整、防止细菌和内毒素移位十分重要，若胃肠内 pHi<7.320，MODS 的发生率和患者的死亡率都明显升高。

3. **自由基清除剂的使用**　由于休克复苏后缺血-再灌注损伤产生大量氧自由基，对组织细胞造成损害，因此，应使用抗氧化剂。临床上常用的有维生素 C、维生素 E 和谷胱甘肽等，使用原则是早期、足量使用。

（三）控制感染，减少医源性损伤

1. **加强病房管理、减少侵入性诊疗操作**　危重患者所处的特殊环境、大量抗生素的使用造就了一批多重耐药菌株，定植于环境中，伺机入侵。工作人员的手、污染的医疗设备及用品，都是重要的感染源，院内感染可能成为第二次打击，各种侵入性诊疗操作均可增加危重患者的感染机会。因此，应加强对危重患者的保护，特别是对各种导管的使用、消毒和灭菌等环节进行认真处理，尽量减少不必要的侵入性诊疗操作。

2. **选择性消化道去污染**　基于肠源性感染对危重患者构成的威胁的认识，对创伤或休克复苏后、急性重症胰腺炎等患者采用消化道去污染措施，控制肠道这一人体内最大的细菌库，已取得明确的效果。采取口服或鼻饲肠道不易吸收的、选择性抑制革兰阴性需氧菌和真菌的抗生素。最常用的联合配方是多粘菌素＋妥布霉素＋两性霉素。

3. **合理使用抗生素**　抗生素治疗应强调序贯性，即在取得培养及药敏报告前应按照经验性抗生素方案给药，抗生素的应用应该能覆盖引起感染的所有致病菌，采用对肝、肾功能影响最小的抗生素，如抗厌氧菌的甲硝唑和抗需氧菌的第三代头孢菌素等；在取得药敏结果后应选用针对性更强的抗生素治疗，以取得最佳治疗效果，但需预防二重感染发生；在应用一段时间后，患者情况有明显好转，可考虑改为口服用药，以巩固疗效。

当感染由多种致病菌引起时，常需广谱抗菌药或几种抗菌药的联合应用，此时应注意以下几点：①除创伤、大手术、休克复苏后、重症胰腺炎等情况，没有必要在无感染的情况下预防性使用抗生素，只可在感染高危期短期使用。②根据明确的或是最有可能的感染灶及该部位最常见的致病菌来选择抗生素，同时要考虑到细菌耐药情况。③在用药 72 小时后判断疗效，除非病原菌已明确，一般不宜频繁更换抗生素。④对经积极抗生素治疗而疗效不佳的严重感染患者应考虑真菌感染的可能，并及时使用抗真菌药物。

4. **提高患者的免疫力**　各种原因引起的 MODS 患者细胞、体液免疫、补体和吞噬系统受损易产生急性免疫功能不全，增加感染机会，对病情的演变及预后都起到重要作用。因此，维持、提高患者的免疫功能是防治感染的重要环节。临床上可使用丙种球蛋白制剂、人血白蛋白等来提高患者的免疫功能。

（四）器官功能支持

1. **循环功能支持** MODS 患者常发生心功能不全，血压下降，微循环淤血，组织氧利用障碍等变化。因此，加强心功能监测对提供积极的循环支持有重要意义。

（1）密切监测血压，心率等生命体征变化及周围循环状态。

（2）维持有效血容量，保证重要器官灌注。

（3）加强抗心衰治疗。

（4）及早纠正低血压及低灌注状态。

2. **呼吸功能支持** MODS 时肺是最早受累器官，表现为急性呼吸窘迫综合征（acute respiratory distress syndrome，ARDS）。积极控制和治疗 ARDS 是治疗 MODS 的关键。其治疗措施包括：①改善供氧：氧疗是治疗呼吸衰竭的必要手段，目的是提高氧分压，减轻呼吸肌和心脏负荷。当患者动脉血氧分压（PaO_2）<60mmHg，和（或）动脉血二氧化碳分压（$PaCO_2$）>50mmHg 时即可采用机械通气方式来改善氧合。②维持气道通畅：在气道通畅的基础上，可酌情应用呼吸兴奋剂，若气道梗阻未改善，呼吸兴奋剂不仅无益，反而会增加呼吸肌无效做功，增加氧耗。③处理好机械通气导致血压下降引起器官低灌注的矛盾。④积极抗感染的同时可酌情给予肾上腺皮质激素以降低毛细血管的通透性。

3. **肾功能支持** 通过支持手段维持血容量、心排出量、肾血流量和尿量。在血容量补足后，如每小时尿量仍 <0.5ml/kg，应及早应用利尿剂及血管扩张剂，使尿量在 600ml/d 以上，利尿药对防止急性肾衰竭有较大帮助，同时适量补充钠盐溶液，以改善和维护肾小管功能及肾小球滤过率。对有少尿性或无尿性肾衰竭患者应及早使用肾脏替代疗法，严密监测血 BUN、Cr 变化，注意酸碱和电解质平衡，避免使用对肾脏有毒性的药物。

4. **肝功能支持** 肝功能障碍及衰竭的预防并无特异的方法，但在抗休克治疗的基础上，有效地防治肺、心、肾衰竭，同时也是预防肝功能障碍。充分的血液循环，充足的氧供、有效的控制感染，以及应用保肝药物，都有助于保护肝功能和预防肝细胞的损害，大剂量维生素 C 对保肝和清除人体内氧自由基有益。在病情需要时可应用人工肝或血浆置换。

（五）营养和代谢支持

营养和代谢支持的重点是尽可能保持正氮平衡，而非普通的热量供给。根据个体差异应用不同组合的代谢支持配方，这是改善预后的一个重要条件，也是阻止病情进一步发展的关键性环节之一。

针对 MODS 患者的代谢营养支持可分肠外（PN）和肠内（EN）两大类。MODS 时由于血液灌注不良、缺血缺氧、营养不良和其他应激因素均会使胃肠道成为受损的靶器官，致使胃肠黏膜屏障功能障碍，肠道细菌内毒素易位，继而导致肠源性感染。表现为腹部胀气、肠鸣音消失、麻痹性肠梗阻、应激性溃疡等。针对这种情况可采取以下治疗方法：①应用血管活性药物改善全身血液循环的同时改善胃肠道血液灌注；②应用氧自由基清除剂减轻胃肠道缺血再灌注损伤；③进行早期肠内营养，使用肠道营养激素，保护胃肠黏膜，促进胃肠黏膜细胞再生；④微生态制剂恢复肠道微生态平衡。

根据 MODS 患者病情的进展程度，营养支持可分阶段进行。第一阶段即患者处于高度应激状态，有效循环量、水电解质平衡虽得到初步纠正，但胃肠功能仍存在障碍，此时应采用完全的胃肠外营养（TPN）。每日从中心静脉或外周静脉输入 TPN 营养液，以提供患者所需全部能量。第二阶段即病情有缓解，胃肠道功能有明显恢复时，可肠内、肠外营养同时进行。其配方应合理组合，肠内营养可给予易于消化和吸收的要素饮食；第三阶段即病情得到完全控制，胃肠道功能完全恢复时，逐步过渡直至完全应用肠内营养。

五、护理要点

（一）严密观察及病情监测

加强系统和器官功能监护的目的在于尽早发现 MODS 患者器官功能紊乱，通过对各种监测数据的准确分析和判断而及早采取合适的治疗措施，做到及早发现、及时纠正，使器官功能损害控制在最低限度，并使受损器官的数量尽可能减少。

1. **生命体征监测** 通过对 MODS 患者体温、心率及心律、呼吸频率和节律、血压及其变化趋势的准确监测，为病情判断提供可靠依据。如 MODS 患者严重感染合并脓毒症休克时，血温可高达 40℃以上而皮温可低于 35℃，往往提示病情危重；脉搏的强弱及节律可反映出血容量和心脏、血管功能状态。还可以借助仪器通过对心率的分析间接判断心排量以及休克指数。

2. **尿量监测**

（1）尿量变化：是肾功能变化的最直接指标，当尿量 <30ml/h 时，提示肾血流灌注不足；当尿量 <400ml/24h，提示有一定程度的肾损害；当尿量 <100ml/24h 时，提示肾衰竭。

（2）血尿素氮：尿素氮是体内蛋白质代谢产物。正常情况下，血中尿素氮主要经肾小球滤过，当肾实质损害时，肾小球滤过功能随之降低，使血尿素氮浓度升高。因此，测定血中尿素氮的浓度可以判断肾小球的滤过功能。

（3）血肌酐：肌酐是肌肉代谢产物，由肾小球滤过而排出体外，故血清肌酐浓度升高反映肾小球滤过功能障碍。

3. **意识状态监测** MODS 患者晚期可出现嗜睡、昏迷等。因此，通过对意识状态、神志、意识水平的观察，可及时发现中枢神经系统功能障碍。

（二）危重患者护理常规

1. **安全护理** 护士应加强责任心，及时评估和发现潜在的危险因素。对于病情严重及烦躁的患者，应给予适当的约束并加用床档，同时加强床边监护，防止坠床、脱管及其他意外发生。

2. **皮肤护理** 保持皮肤清洁干燥，定时为患者翻身，避免局部皮肤长时间受压引起压力性损伤。

3. **饮食护理** MODS 患者处于持续高代谢状态，充足的营养支持对改善患者病情非常重要，应给予患者高蛋白和高热量饮食。不能经口进食者，可经鼻饲管或胃肠造瘘口进行胃肠道内营养；消化道功能障碍者，可给予肠外营养或肠内、肠外营养两者联合应用。

4. **用药护理** MODS 患者用药治疗期间应密切观察药效及药物不良反应并及早处理。如洋地黄类药物易导致中毒，表现为恶心呕吐、心电图改变等；利尿剂可导致电解质紊乱，尤其是低钾血症；血管扩张剂应从小剂量、低滴速开始，根据血压调节滴速，防止直立性低血压。

（三）针对衰竭脏器的专项护理

1. 呼吸衰竭患者的护理

（1）协助患者采取坐位或半卧位，利于膈肌下降，改善通气。定时翻身叩背，促进痰液的咳出，保证氧疗效果，必要时气管插管或气管切开行机械通气。

（2）人工气道的护理。对于行气管插管和气管切开的患者应做好以下几点：固定好气管插管或气管套管，定时检测气囊压力，记录气管插管外露长度；做好呼吸道湿化与温化，根据痰液性状调整湿化程度；及时吸痰，保持呼吸道通畅，掌握吸痰的技巧和时机，吸痰时严格执行无菌技术操作。

2. 循环衰竭患者的护理　卧床休息，限制患者的体力活动，避免情绪激动，以减少心肌耗氧量；以输液泵严格控制输液速度和输液量，保证液体和钠盐的平衡；密切监测血流动力学指标，减缓 MODS 进程。

3. 肾衰竭患者的护理　准确记录 24 小时出入量，严密监测血压、血尿素氮、血肌酐、血清钾等指标。肾性因素导致的少尿期应严格控制入量，宁少勿多，保持液体平衡。多尿期控制补液量，维持水、电解质、酸碱平衡。行血液透析时注意严格无菌操作，做好管路护理，监测各项实验室指标变化。

4. 肝衰竭患者的护理　严格卧床休息、控制饮食。早期以高热量、高蛋白、高维生素、易消化食物为主，伴发肝性脑病时应严格限制蛋白质的摄入。当患者出现腹腔积液、腹泻等症状时采取相应的对症护理措施。

5. 胃肠功能障碍患者的护理　严密观察胃肠道症状，寻找病因，及时处理。遵医嘱服用胃肠黏膜保护药。如患者出现出血症状时，需准确评估出血量，必要时补充血容量。

（四）心理护理

MODS 患者由于病情严重，病情变化大，常存在焦虑、急躁和恐惧等心理，护士在护理过程中，应加强与患者的交流，及时了解患者的心理需求，主动向患者解释各种管道、仪器的作用以及使用的必要性，消除周围环境对患者产生的心理压力。在鼓励患者树立战胜疾病的信心的同时也要注意稳定家属情绪。对于恢复期的患者要鼓励他们做些力所能及的事情，以逐渐消除依赖心理。

（王欣然）

急性脏器衰竭涉及全身炎症反应综合征（SIRS）、脓毒症及多器官功能障碍综合征（MODS）三个部分。

SIRS是由过度的应激反应而发生的全身炎症反应综合征，它既是MODS的致病原因，也可以看作是MODS的一个发展阶段。SIRS与正常的应激反应不同，正常的应激反应多为自限性良性经过，而全身炎症反应综合征可理解为是一种超常应激反应，它不一定由致病菌引起，而是一个统一的、动态的、连续的病理过程。

脓毒症本质上是由感染引起的SIRS，它们在性质和临床表现上基本一致，只是致病因素不同。其感染来源，除了常见的创伤、烧伤创面、吸入性损伤及医源性感染外，肠源性感染是引起脓毒症的重要感染源。

MODS是SIRS和脓毒症的最严重的结局。其进展隐匿，病死率高，常与组织损伤、感染和败血症、休克等有关。常累及肺、肾、肝、胃肠、心、脑、凝血及代谢功能等，早期以肺最多见。

作为一个临床过程，这些疾病的治疗原则相同，都强调早识别、早检查、早诊断、早治疗。其治疗重点包括对原发疾病进行有效的治疗、控制感染，努力调控过度的炎症反应及异常的免疫反应、积极治疗内毒素血症、对慢性基础疾病进行有效的调控，加强受累器官的功能支持等。护理上要密切配合医生完成危重患者的抢救，做好呼吸功能、循环功能、肾功能等严密监测及护理，同时还要注重危重患者的基础护理及用药安全。

1. 针对脓毒症休克患者如何配合医生做好液体复苏？

2. 影响MODS发生的因素有哪些？如何进行衰竭器官的监测与护理？

第九章　其他常见急危重症

9

09章

第一节 急性重症哮喘

案例 9-1

> 患者男性，37 岁，因"反复发作胸闷，气喘二十余年，加重一天"入院，入
> 院体格检查：T 36.7℃，P 144 次 / 分，R 32 次 / 分，BP 200/115mmHg，SaO$_2$ 89%，
> 急性面容，呼吸急促，全身大汗，神志清，被迫体位，吸气时锁骨上窝明显凹陷。
> 听诊呼吸音粗，可闻及满布哮鸣音。初步诊断为急性重症哮喘。
>
> **思考：**
> 1. 入院后应给予哪些救护措施？
> 2. 如果患者病情继续恶化，应该考虑如何急救？

急性重症哮喘是指哮喘急性发作，短时间进入危重状态、发展为呼吸衰竭，并出现一系列并发症，危及生命。表现为反复发作性伴有哮鸣的呼气性呼吸困难、胸闷或咳嗽。

一、病因与诱因

病因尚不十分清楚，患者过敏体质及外界环境的影响是发病的危险因素。常因接触变应原等刺激物、呼吸道感染、寒冷干燥的气候、服用某些药物或食物等诱发。

二、病情评估

根据哮喘急性发作期的临床表现、一般将其分为轻度、中度、重度和危重度哮喘，重度哮喘包括后两者，见表 9-1。

表 9-1 哮喘急性发作的病情严重程度分级

临床特点	轻度	中度	重度	危重度
气短	步行时、上楼时	稍事活动	休息时	
体位	可平卧	喜坐位	端坐呼吸	
讲话方式	连续成句	字段	单字	不能讲话
精神状态	尚安静	时有焦虑或烦躁	焦虑、烦躁	嗜睡，意识模糊
出汗	无	有	大汗淋漓	
呼吸频率	轻度增加	增加	>30 次 / 分	
辅助呼吸肌活动或三凹征	常无	可有	常有	胸腹矛盾运动
哮鸣音	散在、呼气末	较响亮、弥漫	响亮、弥漫	减弱或无
脉率（次 / 分）	<100	100~120	>120	变慢或不规则

临床特点	轻度	中度	重度	危重度
奇脉	无	有	常有	若无，提示呼吸肌疲劳
最初支气管扩张剂治疗后 PEF 占预计值或个人最佳值 %	>80%	60%~80%	<60% 或 <100L/min 或作用持续时间 <2h	
PaO_2（吸空气时）	正常	≥60mmHg	<60mmHg	<60mmHg
$PaCO_2$	<45mmHg	<45mmHg	>45mmHg	>45mmHg
SaO_2（吸空气时）	>95%	91%~95%	≤90%	≤90%
pH 值				降低

三、救治与护理

（一）救治原则

尽快纠正低氧血症，解除支气管痉挛，控制呼吸道感染，上述治疗无效时，应及时建立人工气道，进行呼吸机辅助呼吸。

1. **氧疗** 及时给予鼻导管给氧，纠正缺氧。如患者低氧血症明显，同时 $PaCO_2$<35mmHg，可经面罩或鼻罩给氧，使 PaO_2>60mmHg。只有出现 CO_2 潴留时才需限制吸氧浓度在 30% 以下。当吸入氧浓度 >50% 时，则要严格控制吸入氧浓度和高浓度氧疗的时间，注意预防氧中毒。

2. **应用解痉药物**

（1）$β_2$ 受体激动药：可舒张支气管平滑肌，是控制哮喘急性发作的首选药物。

（2）氨茶碱：该药具有舒张支气管平滑肌作用及强心、利尿、扩张冠状动脉、兴奋呼吸中枢和呼吸肌的作用。

（3）抗胆碱药：溴化异丙托品溶液雾化吸入，可与 $β_2$ 受体激动药联合吸入治疗，尤其适于夜间哮喘的患者。

3. **糖皮质激素** 糖皮质激素是控制和缓解哮喘严重发作的重要治疗药物。常用甲泼尼龙或地塞米松静脉注射。

4. **补液** 根据患者失水及心脏情况，静脉给予 2000~3000ml/d 等渗溶液，以纠正失水，使痰液稀释，必要时加用气道内湿化。

5. **纠正酸中毒** 常用 5% 碳酸氢钠静脉滴注或缓慢静脉注射纠正酸中毒。但要注意避免补碱过多而形成碱血症。

6. **机械通气** 当患者出现二氧化碳潴留，提示病情危重，已有呼吸肌疲劳。应注意有无肺不张、气胸、纵隔气肿等并发症。如果患者病情继续恶化，神志改变，意识模糊，PaO_2<60mmHg，$PaCO_2$>50mmHg，要及时行气管插管或气管切开，给予辅助机械通气治疗。患者并发气胸则需立即胸腔穿刺抽气或行胸腔闭式引流防止肺萎陷。

急性加重的哮喘能导致呼吸衰竭，并且需要辅助通气。对于气管插管和通过呼吸机进行机械通气支持的患者，近30年的治疗策略是首先避免机械通气并发症，其次是纠正高碳酸血症。过度肺膨胀是低血压及气压伤的主要原因，而机械通气的适当设置是改善肺过度膨胀的重要手段。机械通气支持的哮喘患者的标准疗法包括：配合吸入性支气管扩张药物、糖皮质激素等药物治疗，改善通气功能障碍。猝死在机械通气的急性重症哮喘患者中发生率很低，其常常与插管前心脏呼吸骤停有关。气管插管的重症哮喘患者常因后续病情的恶化而增加死亡风险，这些患者应该在入院前积极处理。

（二）护理要点

1. 呼吸管理

（1）体位：帮助患者取舒适体位，半坐卧位或端坐卧位，或安放跨床小桌供患者伏案休息；昏迷或休克患者取平卧位，头偏向一侧。

（2）给氧：当患者出现呼吸困难，伴有发绀、气促明显时，及时给予面罩或鼻罩吸氧。吸入氧浓度根据呼吸困难程度随时调整，一般为25%~40%，并应注意湿化和加温。湿化可使痰液稀释从而容易咳出，温化可避免气道黏膜受冷空气刺激。

2. 用药护理　遵医嘱及时给予各种治疗药物，在观察药物疗效的同时还应密切注意其不良反应。

（1）β_2受体激动药：当患者呼吸浅快导致吸入法难于奏效时，应改为注射给药。用药过程中应注意观察患者有无头晕、头痛、心悸、手指颤抖等不良反应。

（2）氨茶碱：静脉注射该药的速度过快或剂量过大时，可引起心动过速、心律失常、血压下降等严重不良反应甚至心脏停搏。

（3）糖皮质激素：该类药最快也要4~6小时才能起效，因此要及早用药并同时应用支气管舒张剂。

（4）其他：在哮喘急性发作期间，勿使用吗啡制剂和镇静剂等抑制肺泡通气的药物，以免增加引起呼吸停止的风险。

3. 严密观察病情

（1）心电监护：重症哮喘患者可出现各种心律失常，甚至出现室性心动过速、室扑及室颤等严重心律失常，故给予心电监护，可尽早发现异常，及时处理。

（2）呼吸功能监测：注意观察呼吸频率、深度、节律的改变；监测氧饱和度和血气分析的情况；注意观察患者咳痰的色、量、质；听诊呼吸音，哮鸣音是哮喘患者的典型体征。

（3）其他监测：对患者生命体征、临床表现、呼吸困难程度、血气和心电图进行监测。

4. 心理护理　患者因为严重的呼吸困难，常有焦虑、恐惧等情绪，护士要多关心患者，对病情给予必要的解释，使患者情绪稳定，保持安静，防止情绪激动诱使哮喘持续发作。

（三）预防

一级预防指通过去除周围环境中的各种致喘因子，达到预防哮喘的目的；二级预防指在哮喘患者无临床症状时给予早期诊断和治疗，防止其病情的发展；三级预防指积极地控制哮喘症状，防止其病情恶化，减少并发症，改善哮喘患者的预后。

第二节　急性冠脉综合征

案例 9-2

　　患者男性，58 岁，入院前 2 日劳累后频发心前区闷痛，休息后可缓解，每日发作 2~3 次，每次持续 2~5 分钟不等，未引起重视。入院当日清晨无明显诱因下突发胸痛，持续不缓解，并向左肩、背部放射；急性面容、伴头晕、恶心、无头痛、呕吐；T 36.5℃，P 86 次 / 分，R 26 次 / 分，BP 140/96mmHg；可闻及早搏，心尖部第一心音减弱，颈静脉怒张，余无明显阳性体征。初步诊断为急性心肌梗死。

　　思考：

　　1. 入院后应给予哪些救护措施？

　　2. 病情若进一步进展，有哪些潜在危险？该如何急救？

　　急性冠脉综合征（acute coronary syndromes，ACS）是指冠状动脉内不稳定的粥样斑块破裂或糜烂引起血栓形成所导致的心脏急性缺血综合征，涵盖了 ST 段抬高型心肌梗死（STEMI）、非 ST 段抬高型心肌梗死（NSTEMI）和不稳定型心绞痛（UA），其中 NSTEMI 与 UA 合称非 ST 段抬高型急性冠脉综合征，约占 3/4。心肌梗死（MI）是心肌的缺血性坏死，急性心肌梗死（acute myocardial infarction，AMI）是在冠状动脉病变的基础上，发生冠状动脉血供急剧减少或中断，使相应的心肌严重而持久地缺血所致的部分心肌急性坏死。

一、病因与诱因

　　绝大多数 ACS 是冠状动脉粥样硬化斑块不稳定或破裂的结果。极少数 ACS 由非动脉粥样硬化性疾病（如动脉炎、外伤、夹层、血栓栓塞、先天异常、吸食可卡因或心脏介入治疗并发症）所致。当冠状动脉的供氧量与心肌的需氧量之间发生供需矛盾，冠状动脉血流量不能满足心肌代谢时氧的需求导，致心肌细胞急剧、短暂的缺血、缺氧时，即可发生心绞痛。冠状动脉粥样硬化可造成一支或多支冠脉血管管腔狭窄和心肌血供不足，一旦血供急剧减少或中断，使心肌严重而持久的急性缺血达 20~30 分钟以上，即可发生急性心肌梗死。剧烈运动、创伤、情绪波动、急性失血、出血性或感染性休克、主动脉瓣狭窄、发热、心动过速等引起心肌耗氧量增加的因素，都可能是心肌梗死的诱因。

二、病情评估

（一）临床表现

1. **症状**　突然发作胸痛或胸部不适，发作频繁或逐渐加重；胸痛以胸前区为主，可向左上肢、下颌、上腹部、肩背部放射；可伴呼吸困难、烦躁不安、出冷汗、面色苍白、恶心呕吐、头晕目眩、乏力等。

2. **体征**　口唇、末梢发绀，痛苦面容；心率多增快，少数可减慢，心界增大，心尖区第一心音减弱等；两肺可闻及湿啰音；心源性休克患者可出现休克相关体征。

问题与思考　　各种炎症或物理因素刺激肋间神经、脊髓后根传入纤维、支配心脏及主动脉的感觉纤维、支配气管、支气管及食管的迷走神经感觉纤维和膈神经均可引起胸痛。胸痛的原因很多，急性冠脉综合征的患者常出现胸痛症状，临床应根据胸痛性质以及伴发症状相鉴别。常见的引起突发性胸痛疾病有哪些？

（二）辅助检查

1. **心电图**　症状发作时的 ECG 有重要诊断意义，如有以往 ECG 作比较，可提高诊断准确率。应在症状出现 10 分钟内记录 ECG。大部分 AMI 患者做系列 ECG 检查时，都能记录到典型的 ECG 动态变化。在面向透壁心肌坏死区的导联上出现以下特征性改变：①宽而深的 Q 波（病理性 Q 波）；②ST 段抬高呈弓背向上型；③T 波倒置，宽而深，两肢对称。在背向梗死区的导联上则出现相反的改变，即 R 波增高、ST 段压低、T 波直立并增高。

2. **心肌标志物检查**　检测到肌钙蛋白 T（cTnT）、肌钙蛋白 I（cTnI）、肌酸磷酸激酶（CK）及其同工酶 CK-MB、肌红蛋白。其中 cTnT 及 cTnI 是最特异和敏感的心肌坏死的指标。

3. **冠状动脉造影和其他侵入性检查**　考虑进行血运重建术的患者，尤其是积极药物治疗症状控制不佳或高危患者，应尽早行冠状动脉造影明确病变情况以指导治疗和帮助评价预后。

4. **其他**　对于低危患者，在早期药物治疗控制症状后，也要根据无创性负荷试验（ECG、超声心动图和放射性核素等）的检查结果评价预后并指导下一步治疗；若有大面积心肌缺血者应建议进一步行冠状动脉造影。多排螺旋 CT 造影技术被越来越多地用于无创诊断冠状动脉病变。

三、救治与护理

及早发现、及早住院，并加强住院前的就地处理。治疗原则是缩小梗死面积、挽救濒死的心脏、保护心功能、治疗严重心律失常和各种并发症、冠状血管重建。

（一）急救处理

1. **监护和一般治疗** ACS 患者应住冠心病监护病室，患者应立即卧床休息至少 12~24 小时，给予持续心电监护。保持环境安静，应尽量对患者进行必要的解释和鼓励，使其能积极配合治疗而又解除焦虑和紧张，可以应用小剂量的镇静剂和抗焦虑药物，使患者得到充分休息和减轻心脏负担。有明确低氧血症（动脉血氧饱和度低于 92%）或存在左心室衰竭时给予双鼻道或面罩给氧，使血氧饱和度 >94%。

2. **解除疼痛** 心肌再灌注治疗开通梗死相关血管、恢复缺血心肌的供血是解除疼痛最有效的方法。但再灌注治疗前可选用下列药物尽快解除疼痛。可肌内注射吗啡或哌替啶（杜冷丁）减轻患者交感神经过度兴奋和濒死感；硝酸酯类药物通过扩张冠状动脉、增加冠状动脉血流量以及增加静脉容量，从而降低心室前负荷从而缓解疼痛。但注意使用指征。

3. **抗血小板、抗凝、抗缺血等治疗** 无阿司匹林禁忌证的患者均立即服用阿司匹林，静脉推注普通肝素，维持活化凝血时间，在阿司匹林基础上，联合应用一种 P2Y12 受体抑制剂至少 12 个月；所有无他汀类药物禁忌证的患者入院后尽早开始他汀类药物治疗。

4. **溶栓治疗** 溶栓治疗快速、简便，在不具备经皮冠状动脉介入治疗（PCI）条件的医院或因各种原因使首次医疗接触（FMC）至 PCI 时间明显延迟时，对有适应证的 STEMI 患者，静脉内溶栓仍是较好的选择，且院前溶栓效果优于入院后溶栓。

5. **经皮腔内冠状动脉成形术（PTCA）或经皮冠状动脉介入治疗（PCI）** 经溶解血栓治疗，冠状动脉再通后又再堵塞，或虽再通但仍有重度狭窄者，如无出血禁忌可紧急施行本法扩张病变血管或随后再安置支架。近年用本法直接再灌注心肌，取得良好的再通效果，已在临床推广应用。

相关链接　　　　　**PCI 术后管理**

　　　　　　PCI 术后危险因素控制、积极进行康复及合理的药物治疗等二级预防措施，对于改善患者预后至关重要，应予重视。针对 ACS 患者调脂治疗，无论是否接受 PCI 治疗，无论基线胆固醇水平高低，均推荐及早使用他汀，必要时联合使用依折麦布，使 LDL-C<1.8mmol/L。针对冠心病并发高血压、冠心病并发糖尿病、冠心病并发心力衰竭患者，PCI 术后应进行运动、合理膳食、戒烟、心理调整和药物治疗，强调以运动为主的心脏康复的重要性。另外，亚洲与我国人群的研究结果均显示，PCI 前使用负荷剂量他汀不优于常规剂量，因此，不建议对 ACS 患者 PCI 术前使用负荷剂量他汀。

---

6. **抗心律失常治疗**

（1）室性心律失常：在急性心肌梗死早期出现的危害性更大，尤其是室速、频发室早和 Ron T 现象，立即用利多卡因 50~100mg 静脉注射，或普鲁卡因酰胺 250~500mg，每 6 个小时一次。若室性心动过速为持续性或发生室颤时，应尽快采用同步或非同步直流电转复。缓慢的窦性心律失常除非存在低血压或心率 <50 次 / 分，一般不需要治疗。对伴有低血压的心动过缓，可静脉注射硫酸阿托品 0.5~1mg，如疗效不明显，几分钟后可重复注射。药物无效或发生明显不良反应时，可考虑应用人工心脏起搏器。

（2）房室传导阻滞：严密监护，必要时安置临时或永久起搏器。

（3）室上性快速心律失常：可选用β受体阻断药、洋地黄类等药物治疗。治疗无效时，可考虑应用同步直流电复律或人工心脏起搏器复律，尽量缩短快速心律失常持续的时间。

（4）心脏停搏：立即施行心肺复苏。

7. 控制休克 急性心肌梗死后的休克属心源性，亦可伴有外周血管舒缩障碍或血容量不足。其治疗应采用升压药及血管扩张剂，补充血容量，纠正酸中毒。如上述处理无效时，应选用在主动脉内气囊反搏术的支持下，即刻行急诊 PTCA 或支架植入，使冠脉及时再通。亦可作急诊冠脉旁路移植术（CABG）。

8. 治疗心力衰竭 主要是治疗急性左心衰竭，除应用吗啡、利尿剂外，应选用血管扩张剂减轻左心室前、后负荷。如心衰程度较轻，可用硝酸异山梨酯舌下含服、硝酸甘油静滴，如心衰较重宜首选硝普钠静脉滴注。

9. 其他药物治疗 所有 ACS 患者均能从他汀类药物调脂治疗中获益，且宜尽早应用；对大面积 MI 和心源性休克患者应用葡萄糖 - 胰岛素 - 钾溶液（GIK）能降低血浆游离脂肪酸浓度和改善心脏做功。

（二）护理要点

1. 病情观察 持续心电监护，及时发现和处理各类心律失常，备好急救药品和抢救设备，随时准备急救。

2. 疼痛护理 严密观察患者胸痛的部位、性质、严重程度、有无放射、持续时间和缓解因素。注意疼痛时患者表情、程度的变化，有无大汗、面色苍白和血流动力学障碍。根据医嘱使用止痛剂，评估止痛效果，及时向医生报告患者胸痛进展。

3. 休息 卧床休息可以减轻患者心脏负荷，减少心肌耗氧量，缩小梗死范围，有利于心功能恢复。发病 1~3 天的患者应绝对卧床休息，进食、排便、洗漱、翻身等日常活动均由其他人辅助完成，同时限制探视。若无并发症，发病后 24 小时内应鼓励患者在床上行肢体活动，逐渐增加活动量，自行洗脸、进食、翻身、坐起排便、坐位休息等。

4. 药物护理 给予硝酸酯类药物静脉持续滴注时，应使用输液泵或微量泵等控制输液速度，监测血流动力学和临床反应。当收缩压 <90mmHg 时，及时报告医生，减慢滴速或暂停使用。告知患者由于药物导致的血管扩张作用可能会引起面色潮红、头晕、头部胀痛、心动过速、心悸等不适，注意密切观察即可，不必焦虑、恐惧。

5. 溶栓护理 溶栓治疗最严重的并发症是颅内出血，护士应密切观察患者有无严重头痛、视觉障碍、意识障碍等情况。

6. 饮食护理 在最初 2~3 天饮食应以流质为主，以后随着症状减轻而逐渐增加易消化的半流质，宜少量多餐，钠盐和液体的摄入量应根据汗量、尿量、呕吐量及有无心衰作适当调节。

7. 排便护理 协助患者床上排便，保持大便通畅，如便秘可给予缓泻剂，避免用力。

8. 康复程式活动护理

（1）第 1~3 天：绝对卧床休息，日常生活（进食、大小便、翻身及个人卫生）由护理人员协助，如果能耐受可以摇高床头短时间内在床上靠坐位。

（2）第 3~6 天：卧床休息，鼓励患者在醒着时每小时做几次深呼吸及伸曲四肢，也可做些轻缓的四肢主动或被动活动，以避免长时间卧床导致肩臂强直、活动受限、疼痛等不适，同时也可以减少血栓形成和肌肉萎缩；无并发症者，可坐在床上或床旁椅子上，坐位的时间从每次 20~30 分钟逐渐增加。注意开始坐起时动作要缓慢，预防体位性低血压，有并发症者根据病情适当延长卧床时间。

（3）1 周后：可下地床边活动，走动时间逐渐增加，以活动后不产生疲劳为宜。

（4）1~2 周：逐渐增加活动量，可上厕所、在室外走廊散步等。

（5）2~4 周：可出院，出院前适时进行健康教育和出院指导。

（6）2~3 月：可逐渐恢复正常生活。

第三节　糖尿病酮症酸中毒

糖尿病酮症酸中毒（diabetic ketoacidosis，DKA）是由于胰岛素不足和升糖激素不适当升高引起的糖、脂肪和蛋白代谢严重紊乱综合征，导致水、电解质和酸碱平衡失调，临床以高血糖、高血酮和代谢性酸中毒为主要表现。

一、病因与诱因

糖尿病酮症酸中毒的发生与糖尿病类型有关，有的糖尿病患者以 DKA 为首发表现。1 型糖尿病患者有自发 DKA 的倾向，2 型糖尿病在一定诱因作用下也可发生 DKA，常见的诱因有急性感染、胰岛素不适当减量或突然中断治疗、饮食不当（过量或不足、食品过甜、酗酒等）、胃肠疾病（呕吐、腹泻等）、脑卒中、心肌梗死、创伤、麻醉、手术、妊娠、分娩、严重刺激引起应激状态等。有时也可无明显诱因。

二、病情评估

（一）临床表现

根据酸中毒的程度，DKA 分为轻度、中度和重度。轻度仅有酮症而无酸中毒（糖尿病酮症），中度除酮症外，还有轻至中度酸中毒（糖尿病酮症酸中毒）重度是指酸中毒伴意识障碍（糖尿病酮症酸中毒昏迷），或虽无意识障碍，但二氧化碳结合力低于 10mmol/L。

早期主要表现为糖尿病症状加重，随病情进展而渐出现多尿、烦渴多饮、乏力，恶心、呕吐、呼吸深大，呼气中有烂苹果味（丙酮气味），倦怠、嗜睡等。严重脱水及酸中毒可致尿量减少，外周循环衰竭，血压下降，眼球下陷，意识模糊、昏睡甚至昏迷。如出现昏迷，应注意与高渗性非酮症糖尿病昏迷、低血糖昏迷相鉴别（表 9-2）。

表 9-2　糖尿病昏迷的鉴别

诊断	发作	病史症状	用药史	体征	实验室检查
低血糖昏迷	突发	心慌、出汗、颤抖、神志障碍、癫痫	胰岛素或促胰岛素分泌剂类药物	瞳孔散大、心率快、出汗、昏迷	血糖 <2.8mmol/L，尿糖（－）
酮症酸中毒昏迷	2~4 天	口渴、多尿、恶心、呕吐、食欲减退、腹痛、无力	部分患者有使用胰岛素史	轻度脱水、酸中毒呼吸、呼吸有烂苹果味	血糖多为 16.7~33.3mmol/L，尿糖（++++），酮体（++++），血 pH 和 CO_2CP ↓
高渗性非酮症糖尿病昏迷	数天	多为老年、有缺血或感染病史、40% 可无糖尿病病史	利尿药、激素	明显脱水、血压低或休克、可有病理反射和癫痫，昏迷多	血糖 >33.3mmol/L，尿糖（++++），酮体（－）或弱（+），血浆渗透压 >350mOsm/L

（二）辅助检查

1. 血糖异常升高，一般在 16.7~33.3mmol/L（300~600mg/dl）。

2. 血酮体增高，尿酮体阳性。肾损害严重时，尿糖、尿酮阳性强度可与血糖、血酮值不相称。

3. 血气分析示酸中毒。

4. 血电解质可出现异常。血钾正常或偏低，尿量减少后血钾可偏高，治疗后可出现低钾血症。

三、救治与护理

DKA 如果早期诊断和正确治疗，可以逆转所引起的病理生理改变。对单纯酮症者，仅需补充液体和胰岛素治疗，持续到酮体消失。一旦明确诊断 DKA，应及时给予相应的急救处理。

（一）救治原则

立即补液，补充胰岛素，消除诱因、治疗各种并发症。

1. 补液

（1）在开始 1~2 小时内可补充生理盐水 1000~2000ml，以后根据脱水程度和尿量每 4~6 小时给予 500~1000ml，一般 24 小时内需补液 3000~5000ml，严重脱水但有排尿者可酌情增加。

（2）伴高钠血症（血钠高于 155mmol/L）、明显高渗症状而血压仍正常者，可酌情补充 0.45% 低渗盐水，直至血钠降至 145mmol/L。

（3）当血糖下降至 13.9mmol/L 时，改用 5% 葡萄糖生理盐水。对有心功能不全及高龄患者，有条件者应在中心静脉压监护下调整滴速和补液量，补液应持续至病情稳定、可以进食为止。

2. 胰岛素治疗

（1）最常采用短效胰岛素持续静脉滴注。开始时以 0.1U/（kg·h）（成人 5~7U/h），控制血糖以 2.8~4.2mmol/（L·h）下降。

（2）当血糖降至 13.9mmol/L（250mg/dl）时可将输液的生理盐水改为 5% 葡萄糖或糖盐水，按葡萄糖与胰岛素比例为（2~4）：1 加入胰岛素，同时将静脉输注胰岛素的剂量调整为 0.05~0.1U/（kg·h）。

（3）至尿酮转阴后，可过渡到平时的治疗。

3. 纠正电解质紊乱

（1）通过输注生理盐水，低钠低氯血症一般可获纠正。

（2）除非经测定血钾高于 5.5mmol/L、心电图有高钾表现或明显少尿、严重肾功能不全者暂不补钾外，一般应在开始胰岛素及补液后，只要患者已有排尿均应补钾。一般在血钾测定监测下，每小时补充氯化钾 1.0~1.5g（13~20mmol/L），24 小时总量为 3~6g。待患者能进食时，改为口服钾盐。

4. 纠正酸中毒

（1）轻、中度患者，一般经上述综合措施后，酸中毒可随代谢紊乱的纠正而恢复。仅严重酸中毒［pH 低于 7.1 和（或）二氧化碳结合力低至 4.5~6.7mmol/L（10%~15% 容积）］时，应酌情给予碱性药物如碳酸氢钠 60mmol/L（5%NaHCO$_3$ 100ml），但补碱忌过快、过多。

问题与思考　　　糖尿病酮症酸中毒属轻、中度时经过补液和胰岛素治疗，酸中毒可逐渐纠正；当重度酸中毒时，有抑制呼吸中枢和中枢神经功能，诱发心律失常的危险，才给予碱性药物，且补减量不宜过多，速度不宜过快。因此，应严格把握适应证及给药原则。请思考，过多、过快输注碱性溶液容易出现哪些危险？为什么？

（2）当 pH>7.1，二氧化碳结合力升至 11.2~13.5mmol/L 或 HCO$_3^-$>10mmol/L 时，即应停止补碱药物。

5. 其他治疗

（1）休克、心力衰竭和心律失常：如休克严重且经快速输液后仍不能纠正时，应考虑有无并发感染性休克或急性心肌梗死的可能，仔细查找原因，给予相应处理。年老或并发冠状动脉病（尤其是急性心肌梗死）、输液过多等可导致心力衰竭和肺水肿，要注意预防，一旦出现，应立即应予相应治疗。血钾过低、过高均可引起严重心律失常，应在心电监护下，尽早发现，及时治疗。

（2）脑水肿：脑水肿是 DKA 的最严重并发症，病死率高，可能与脑缺氧、补碱过早过多过快、血糖下降过快、补液过多等因素有关。DKA 经治疗后，高血糖已下降，酸中毒已改善，但昏迷反而加重，应警惕脑水肿的可能。可用脱水剂、呋塞米和地塞米松治疗。

（3）肾衰竭：DKA 时失水、休克或原来已有肾病变，以及治疗延误等，均可引起急性肾衰竭。强调预防，一旦发生，及时处理。

（4）其他并发症和并发症：感染常为 DKA 的诱因，也可是其伴发症，呼吸道及泌尿系感染最常见，应积极治疗。因 DKA 可引起低体温和白细胞升高，故不能单靠有无发热或血象来判断。

（5）酸中毒可引起急性胃扩张，可使用 5% 碳酸氢钠液洗胃，清除残留食物，以减轻呕吐等消化道症状，并防止发生吸入性肺炎和窒息。

（二）护理要点

1. 立即建立静脉通路　开放 2 条以上静脉通道补液，准确执行医嘱，确保液体和胰岛素的输入。患者清醒后鼓励其饮水（或盐水）。老年或伴心脏病、心力衰竭患者，应在中心静脉压监护下调节输液速度及输液量。

2. 严密观察病情　患者绝对卧床休息，仔细观察和监测病情变化，准确记录生命体征（呼吸、血压、心率）以及神志状态、瞳孔大小、神经反应和24小时出入量等。保持呼吸道通畅，防止误吸，必要时气管插管建立人工气道。如有低氧血症，给予4~6L/min的氧气吸入。

3. 预防并发症　做好口腔、尿管、胃管等护理工作，防压疮发生及坠积性肺炎等继发感染。

4. 心理护理　情绪紧张会导致肾上腺素、肾上腺糖皮质激素分泌增加，交感神经兴奋性增高，脂肪分解加速，产生大量酮体引起酮症。因此，护士要针对患者性格特点、面临的应激状况、患者对疾病的认知，制订个体化的护理措施，避免患者因为情绪波动及各种应激刺激使病情加重。

5. 健康教育　按时清洁口腔、皮肤，预防压疮、继发性感染与院内交叉感染；保持良好的血糖控制，预防和及时治疗感染及其他诱因；加强糖尿病教育，增强糖尿病患者和家属对DKA的认识，是预防DKA的主要措施，并有利于本病的早期诊断和治疗。

第四节　原发性脑出血

案例9-3

　　患者女性，60岁，在家中打麻将后突发手脚行动不便、言语含糊、意识障碍2小时入院，既往有高血压病史10年，平时未控制血压。急查头颅CT显示：右侧基底节区、侧脑室旁出血（量约20ml），余未见特殊。初步诊断为原发性脑出血。

　　思考：

　　1. 入院后应给予哪些急救措施？

　　2. 若患者意识障碍逐渐加重，应警惕发生什么？该如何急救？

　　脑实质内出血称为脑出血。临床上可分为损伤性和非损伤性两大类，非损伤性又称原发性或自发性脑出血。局灶性原发性脑内出血的主要病因是高血压。高血压伴发脑内小动脉病变，当血压骤升时破裂出血，又称高血压性脑出血，是脑血管病患者中死亡率和致残率最高的疾病。

一、病因与诱因

　　脑出血的危险因素及病因以高血压、脑血管淀粉样变性、脑动静脉畸形、脑动脉瘤、肿瘤卒中、凝血功能障碍等多见。其次，应用抗凝药物或溶栓药物、肿瘤出血、毒品及滥用药物等也可引发。有报道发现低血清胆固醇血症（低于160mg/dl）是脑出血的危险因子，会增加脑内出血的发生率及死亡率，尤其在男性，其机制尚不清楚。

二、病情评估

（一）临床表现

原发性脑出血多见于 50 岁以上高血压患者。常在白天活动时，或在过度兴奋或情绪激动时发病。脑出血发生前常无预感，个别人在出血前数小时有短暂的手脚行动不便，言语含糊或短暂意识模糊。绝大部分患者突然起病，在数分钟到数小时内病情发展到高峰。临床表现根据出血部位、累及范围及全身情况而定。发病时感到剧烈头痛伴频繁呕吐，可合并胃肠道出血，呕吐物呈栗壳色。意识逐渐模糊，常于数十分钟内转为昏迷。呼吸深沉带有鼾声，脉搏缓慢而有力，面色潮红或苍白，全身大汗淋漓，大小便失禁，血压升高（收缩压达 180mmHg 以上）。若意识障碍不深时可见明显偏瘫、失语等情况。但在深昏迷时四肢呈弛缓状态，局灶体征较难发现，需与其他昏迷状态相鉴别。

1. **壳核出血**　是最常见出血部位。大的壳核出血患者在数分钟到数小时内出现嗜睡或进入昏迷。当血肿扩大，并累及到内囊时，会出现病灶对侧偏瘫及中枢性面瘫，同向偏盲和两眼向病灶侧同向凝视，不能看向偏瘫侧。

2. **丘脑出血**　发病早期常有意识丧失，清醒者常可发现对侧偏身感觉障碍早于对侧偏瘫。常伴有对侧同向偏盲。丘脑出血可造成两眼向上凝视障碍，但不会出现两眼侧向凝视障碍，这是和壳核出血的鉴别。

3. **桥脑出血**　起病即出现昏迷。一侧少量桥脑出血可出现偏瘫，但多数累及两侧桥脑，除深昏迷外，双侧瞳孔针尖般缩小，但对光反应存在。四肢瘫痪或呈去脑强直，伴中枢性高热及呼吸困难，预后极差。

4. **小脑出血**　发病突然，神志通常清楚，首发症状为后枕部痛，伴严重的反复呕吐及眩晕，继之步态不稳或不能行走、手部动作笨拙等共济失调症状。神经系统检查可发现眼球震颤、共济失调等小脑体征。通常肢体瘫痪症状不明显，也无浅感觉障碍。随着病情进展，当血肿增大压迫脑干或破入第四脑室，可引起对侧偏瘫及枕大孔疝，患者很快进入昏迷，呼吸不规则或停止。因此，凡疑为小脑出血或有出血可能者应尽快做头颅 CT 或 MRI 予以证实，并进行手术治疗。

（二）辅助检查

1. **影像学检查**

（1）头颅 CT：是诊断脑出血的最重要依据，为疑似脑出血病例的首选检查。头颅 CT 可明确出血的部位及大小。出血病灶为高信号，发病 1~2 天内出血灶周边水肿尚不明显，3~5 天后，血肿周边水肿明显，1 周后血肿逐步消退。若出血量不大，一般可在 4~6 周左右血肿完全消除，替代以低密度的脑组织损伤区。

（2）头颅 MRI：是更为敏感的检查，除可检出血肿外，尚可显示导致出血的某些病理状况，如肿瘤、动静脉畸形或感染等。

（3）脑血管检查：脑血管检查有助于了解脑出血病因和排除继发性脑出血，指导制订治疗方案。

2. 实验室检查　常规的实验室检查排除相关系统疾病，协助查找病因。最好同时完成各项手术前检查，为一旦需要的紧急手术作好准备工作，包括血常规、血生化、凝血常规、血型及输血前全套检查、心电图及胸部 X 线等检查，部分患者还可选择毒理学筛查、动脉血气分析等检查。

三、救治与护理

（一）救治原则

急性期的主要治疗目标是抢救生命，防止再出血和降低颅内压。注意调整血压，改善脑缺氧，控制脑水肿，防止脑疝形成，预防各种并发症。

1. 内科治疗　脑出血患者在发病的最初数天内病情往往不稳定，应常规持续生命体征监测（包括血压监测、心电监测、氧饱和度监测）和定时神经系统评估，密切观察病情及血肿变化，定时复查头部 CT，尤其是发病 3 小时内行首次头部 CT 患者，应于发病后 8 小时、最迟 24 小时内再次复查头部 CT。

脑出血治疗的首要原则是保持安静，稳定血压，防止继续出血，根据情况，适当降低颅内压，防治脑水肿，维持水电解质、血糖、体温平衡；同时加强呼吸道管理及护理，预防及防止各种颅内及全身并发症。

高血压脑出血患者激素治疗尚有争议。研究显示能增加并发症发生的风险（如感染、消化道出血和高血糖等）。如果影像学表现有明显水肿亦可考虑短期激素治疗，可选用甲泼尼龙、地塞米松或氢化可的松。

2. 外科治疗　外科治疗脑出血在国际上尚无公认的结论，目前外科治疗的主要目标在于及时清除血肿、解除脑压迫、缓解严重颅内高压及脑疝、挽救患者生命，并尽可能降低由血肿压迫导致的继发性脑损伤和致残。

（二）护理要点

1. 一般护理

（1）体位：患者立即卧床，避免情绪激动。床头抬高 15°~30°，减轻脑水肿。为防止出血加重，要保持患者安静，避免不必要的搬运。

（2）呼吸管理：解除气道梗阻，保持呼吸道通畅，勤吸痰。昏迷患者通常需要做气管内插管或气管切开术。

（3）严密观察：观察意识、瞳孔、血压、心律及血氧饱和度等生命体征。

（4）基础护理：重视基础护理，防治泌尿道、呼吸道感染及压疮等并发症。昏迷患者需安置鼻饲管，以利抽吸胃内容物，防止呕吐引起的窒息。若无消化道出血，可予胃管内补给营养品及药物。保持电解质平衡，维持营养及适当的入水量。

（5）防治感染：若并发感染，应根据医嘱使用适当的抗菌药物。

2. 控制颅内压　密切观察患者意识、瞳孔及肢体运动情况变化。若患者意识障碍逐渐加重、频繁呕吐、血压升高及心率减慢，往往提示脑水肿加重及可能出现脑疝。因此，控制脑水肿、降低颅内压极为重要。立即建立静脉通路，通畅给药途径。对于烦躁不安的患者，给予必要的肢体约束，安置床挡，防止患者发生坠床等不安全情况。

（1）脱水：在血肿稳定后，每4~6个小时静脉滴注20%甘露醇250ml。

（2）利尿：呋塞米（速尿）20~40mg静脉推注，每日2~4次。既可降低颅内压，又能降血压。观察并记录尿量和尿液的颜色，监控肾功能及水电解质情况。

（3）其他药物：10%复方甘油或甘油果糖均可应用。肾上腺糖皮质激素如地塞米松，有提高机体应激和消水肿作用，但不能显示有效降低颅内压，并有增加感染机会，故不推荐应用。

3. **保护脑细胞**　可使用冰袋、冰帽对患者头部进行物理降温，最好使其体温下降至35℃。降低机体体温，使脑代谢率降低、耗氧量减少，有利于保护脑细胞和减轻脑水肿。有研究认为，出血性脑水肿与出血灶周围的脑组织存在脑血流降低和缺血性改变有关，主张在脑出血时应用脑细胞保护剂，但效果不肯定。一般不主张应用扩血管药。改善微循环的药物是否有效有待证实，因其会增加脑血流，增高颅内压。

4. **健康教育**　给予患者有针对性的语言训练，被动及主动肢体活动。其他如针灸、体疗等也有助于恢复脑功能。定期检查和治疗脑出血的各种危险因子，特别是高血压病，是预防脑出血发病及复发的最重要措施。

第五节　理化因素所致急症

环境中各种损伤因素均可危害人类身心健康。理化因素损伤所引起的疾病是院前急救和临床急诊中的常见病和多发病。中暑、淹溺、电击伤、烧伤和咬螫伤是几种常见的理化性损伤，遭遇此类损伤可能会很快出现危及生命的病理生理变化。

一、中暑

中暑是指在天气炎热、湿度大和通风不良的高温环境下，出现以体温调节中枢功能障碍、汗腺功能衰竭和水电解质代谢紊乱或脑组织细胞受损为特征的急性疾病，又称急性热致疾病。

（一）病因

对高温环境的适应能力不足是致病的主要原因。在环境温度升高（>32℃）、湿度较大（>60%）情况下，长时间工作或强体力劳动，同时又无充分防暑降温措施时，极易发生中暑。促使中暑的原因如下。

1. **产热增加**　见于强体力劳动、剧烈运动和军训的人群，身体产热明显增加。发热、寒战、震颤、惊厥、脓毒症、甲状腺功能亢进症、拟交感药（如苯丙胺、麦角酰二乙胺）和饮酒也能产热，升高体温，易诱发中暑。

2. **获取热量多**　环境温度升高时，处在室内温度高、通风不良环境中的年老体弱多病

（如精神分裂症、帕金森病、偏瘫、截瘫或意识障碍、慢性酒精中毒）患者，因体温调节功能障碍及随意调节能力减退，不能自如躲避高温环境和随机改变生活方式而导致身体获取热量增多。

3. 散热障碍 影响散热的因素包括：①出汗减少：硬皮病、大面积皮肤烧伤瘢痕形成和先天性汗腺缺乏症及囊性纤维化患者，因其出汗散热功能障碍或丧失，如果不注意躲避高热环境，极易中暑；②中枢神经系统反应性降低：常见于脑或下丘脑功能障碍者、服用镇静催眠药者、婴幼儿、老年人和饮酒者；③心血管储备功能降低：见于血容量不足、老年人、心功能障碍、脱水者和应用 β 受体阻滞药、钙离子阻滞药或利尿药者；④应用影响出汗药物：如抗胆碱能药和抗组胺药等；⑤过度肥胖或衣服透气不良；⑥外源性因素：高温及高温环境。

（二）发病机制

人体内产热超过散热量是发生中暑的主要机制，脱水加速中暑发生。中暑高热（>42℃）能引起蛋白质变性，直接损伤细胞，线粒体功能障碍、细胞膜稳定性丧失和有氧代谢途径中断，高热持续存在可致全身各个系统发生严重损害，最终导致 MODS。

（三）病情评估

在炎热季节，青壮年长时间暴露于阳光下，之后出现昏迷、抽搐和高热，或在通风不良、湿度较大环境下发病的老弱病残或孕产妇首先应考虑中暑。中暑诊断的关键是发病季节、高温和（或）高湿环境及临床表现（高热、昏迷、抽搐）。

1. 临床表现 临床上依照症状轻重分为先兆中暑、轻度中暑和重度中暑。据发病机制和临床表现的不同，重度中暑可分为热痉挛、热衰竭和热射病，但临床上常难以明确区分，可多种类型混合存在。

（1）先兆中暑：在高温环境下劳动工作一段时间后，出现口渴、大汗、头晕、头痛、眼花、耳鸣、注意力不集中、胸闷、心悸、恶心、四肢无力、体温正常或略升高。

（2）轻度中暑：除具有先兆中暑症状外，同时具有以下情况之一：①面色潮红、皮肤灼热、胸闷、心悸；②体温在 38℃以上；③有早期周围循环衰竭的表现，如恶心、呕吐、面色苍白、多汗、四肢皮肤湿冷、脉搏细速、血压下降等。

（3）重度中暑：除具有轻度中暑症状外，还伴有高热、痉挛、晕厥和昏迷。重度中暑可分为以下几种类型。

1）热痉挛：在高温环境下剧烈运动后出现腓肠肌或腹部肌群的痛性痉挛，休息后缓解，可能与体内钠过多丢失和通气过度有关。

2）热衰竭：因脱水后血容量不足所致。常见于老年人、儿童和慢性疾病患者。患者出现疲乏、无力、恶心、呕吐、眩晕、头痛、多汗、心动过速、呼吸增快、体温升高、低血压、虚脱或热晕厥和肌痉挛等。实验室检查血细胞比容增高、高血钠、氮质血或肝功能异常。

3）热射病：以高热、无汗、意识障碍"三联征"为典型表现的致命性急症。患者常有行为异常、高热（直肠温度 >41℃）、神志障碍或昏迷、多器官功能障碍等。热射病分为劳力和非劳力或典型热射病两种类型。①劳力性热射病：多见于健康年轻人，常在重体力劳动、体育运动或军训时发病。高热、抽搐、昏迷、心率快（160~180 次 / 分）、多汗或无汗、脉压增大。常死于 MODS 或 MOF。②非劳力性热射病：多见于年老体弱和慢性病患者。居住环境差的城市居民多见。病起时出现谵妄、癫痫发作和各种行为异常，继而高热、昏迷，皮肤多干热无汗，瞳孔对称缩小，心律失常、心力衰竭、低血压，呼吸急促和肺水肿。多在发病后 24 个小时左右死亡。热浪期间中暑死亡率是暑热天气的 2 倍以上。

2. 辅助检查

（1）血液检查：应对疑为中暑的患者进行紧急血生化检查和动脉血气分析，可有血尿素氮、血肌酐升高，出现高血钾、低钠、低氯血症。如果凝血功能异常时，应考虑 DIC。

（2）尿液检查：尿常规可有不同程度的蛋白尿、血尿、管型尿改变。尿液分析有助于发现横纹肌溶解和急性肾衰竭。严重病例可出现肝、肾、胰和横纹肌损害的实验室改变。

（四）救治与护理

1. 救治原则　虽然中暑类型和病因不同，但治疗基本相同。救治原则是将患者尽快脱离高温环境、迅速降温和保护重要脏器功能。

（1）降温治疗：降温措施包括物理降温及药物降温两种。一般要求在 1 个小时内使直肠温度降至 38℃左右，降温速度决定患者的预后，必须争取时间尽快降温。

1）体外降温：脱去患者衣服，转移到通风良好的阴凉地方，采用冰袋冰帽、酒精擦浴等方法尽快降温。

2）体内降温：体外降温无效患者，可进行胃、直肠或腹膜腔灌洗冰盐水灌洗；或用 4℃ 葡萄糖生理盐水静脉滴注，有条件者可用低温透析液（10℃）进行血液透析。

3）药物降温：药物降温要与体外、体内降温同时使用。对寒战患者，应用咪达唑仑 2~5mg 静注或氯丙嗪 25~50mg 加入 500ml 溶液，静脉输注 1~2 个小时。

理论与实践　　　　　　　　重症中暑血液透析的原理

　　　　　　　　　　　　在重症中暑的治疗过程中多采用"四早一支持"的治疗原则：即早期快速降温、早期快速扩充血容量、早期抗凝、早期改善微循环、积极支持脏器功能。在重症急性中暑患者的救治中，短时间内建立血管通路，采取血液透析联合物理降温、解痉、抗休克、抗感染等治疗，能有效地降低患者体温，主要是通过大量置换液与人体血液进行交换，从而降低机体体温，尤其是脑部温度，除能减轻高热对机体的损伤，还能改善主要脏器的低灌注和微循环障碍，清除炎症因子和代谢产物等作用，有效防止多器官衰竭，从而改善重症中暑患者的预后，提高患者生存率。

（2）对症治疗

1）纠正水电解质紊乱：可酌情静脉输入 5% 葡萄糖盐水 1500~2000ml，速度不宜过快，防止心衰发生。对于热痉挛的患者，由于失钠较多，故应及时补充，必要时可静脉推注 10% 葡萄糖酸钙 10~20ml。

2）控制脑水肿：对有意识障碍，烦躁不安、抽搐的患者，可用地西泮 10~20mg 加入 10% 葡萄糖液 20ml 中静脉注射。颅内高压患者，可用脱水剂 20% 甘露醇 250ml 在 30 分钟内静脉快速滴注完毕，每4~6小时一次。

3）中暑性脑病治疗：立即置冰帽于头部降温，氧气吸入并给予脱水剂及静脉输入营养脑细胞的药物等。

4）防治DIC：可用山莨菪碱10~20mg稀释在5%的葡萄糖盐水500ml内，静脉滴注可改善微循环，防止弥散性血管内凝血的发生。

5）防止肾衰竭：中暑高热时，由于大量水分丢失，血液浓缩，心排血量降低，造成肾小球滤过率降低，导致肾衰竭。应早期给予20%甘露醇250ml静脉滴注及呋塞米（速尿）20mg静脉注射。维持每小时尿量在30ml以上。

6）其他：积极预防脑水肿、休克、感染等并发症的发生。

2. 护理要点

（1）降温护理：给患者使用冰帽或颈部置冰袋，以降低进入颅内的血液温度。无循环障碍者，使用40%~50%酒精或冰水擦拭全身皮肤，边擦拭边按摩以加速降温，或将患者浸入27~30℃水中降温。对循环障碍者，采用蒸发散热降温，用凉水反复擦拭皮肤，同时应用电风扇或空调。降温过程中应密切监测肛温，只要肛温降至38℃左右即可考虑终止降温，注意防止冻伤。药物降温过程中严密监测血压。

（2）观察病情变化：在降温过程中应注意病情监护，严密观察体温、脉搏、呼吸、血压、末梢循环情况及其他并发症，如肺水肿、呼吸抑制、深昏迷、血压下降等。

（3）对症护理：①保持呼吸道通畅，及时清除鼻咽分泌物，吸氧；②清洁口腔，以防感染与溃疡；③对高热大汗者，及时更换衣裤及被褥，注意皮肤清洁卫生，定时翻身，预防压疮；④对高热惊厥者，放置床挡和适当约束，防止坠床和碰伤，床边备开口器与舌钳以防舌咬伤；⑤饮食以半流质为主，加强多种营养，保证生理需求。

3. 预防

（1）炎热季节要加强防暑卫生宣传教育，普及防暑知识。

（2）在暑热季节，改善劳动及工作环境；合理安排作息时间；充分供应含钾、镁、钙盐的防暑降温饮料；备用防暑降温药品（如风油精、清凉油、人丹或藿香正气水）。

（3）高温和湿度较大的天气尽量避免在烈日下工作和外出。发现中暑先兆及时治疗。

（4）年老体弱、慢性疾病患者和孕妇、产褥期妇女应改善居住环境，暑热天气应穿宽松透气浅色服装，注意合理膳食营养和充分休息，减少外出。

二、淹溺

淹溺（drowning）是指人淹没于水或其他液体中，呼吸道及肺泡被水、泥沙、杂草等杂质填塞或因受到强烈刺激，使喉头、气管反射性痉挛造成窒息，导致肺通气和换气功能障碍。引起机体严重缺氧，并处于临床死亡状态。如不及时抢救，可导致呼吸、心跳停止而死亡。

（一）病因与发病机制

淹溺常见于初学游泳或长时间游泳疲劳者；游泳或盆浴时出现心脑血管意外、低血糖或肌痉挛发作；水上运动、跳水或潜水意外（颈椎、头部损伤或叮咬伤）水上运动前饮酒或滥用影响脑功能的药物；客车或客船故障或钓鱼、划船意外落水；水灾或投水自杀等。淹溺后可出现横纹肌溶解和急性肾小管坏死、应激性心肌病及鼻窦、肺和中枢神经系统感染等。溺水吸入污物或泥沙等更能加重肺损伤、缺氧和代谢性酸中毒，促使脑和其他器官系统损害。淹溺常见死亡原因有喉痉挛、肺损伤、缺氧和酸中毒等，多数猝死原因是严重心律失常。

1. 淹溺始发过程 淹溺损伤的主要靶器官是肺，当吸入 1~3ml/kg 液体时明显损害气体交换。溺水后数秒钟是自发性屏气期，可引起潜水反射，表现为呼吸暂停、心动过缓和外周血管剧烈收缩，保证心脏和大脑血液供应，继而出现血高碳酸血和低氧血，刺激呼吸中枢进入非自发性吸气期。潜水或溺水前过度通气可引起低碳酸血，抑制呼吸中枢，增加溺死危险。溺水挣扎会增加耗氧量，加重缺氧性脑损害。此期分两种情况。

（1）湿性淹溺：占 80%~90%。因喉部肌肉松弛，液体误吸充塞气道和肺泡导致窒息。

（2）干性淹溺：占 10%~20%。喉痉挛导致窒息，气道和肺泡内很少或无液体吸入。

2. 不同介质淹溺

（1）淡水淹溺：淡水渗透压比血浆或其他体液低，吸入肺内的淡水灭活肺泡表面活性物质，引起肺损伤，呼吸膜破坏，肺顺应性下降、肺泡萎缩、肺容积急剧减少，通气/血流比例失调，75% 血流通过低通气区。肺损伤严重时，出现肺水肿，引起气体交换障碍，发生血氧降低。另外，淡水淹溺后血液稀释，出现溶血、血钾升高及血游离血红蛋白升高，高钾血症可导致心搏停止。过量游离血红蛋白在肾小管内易形成栓子，引起肾小管坏死，发生肾衰竭。

（2）海水淹溺：海水（钠 509mmol/L、钾 11.3mmol/L、氯 56mmol/L）含钠量是血浆的 3 倍以上。因此，海水淹溺后肺泡内液体停留时间长，冲洗和稀释肺泡表面活性物质，但对其生成及灭活作用影响较小，无明显肺泡塌陷。但是，由于肺泡内海水高渗和对肺泡上皮及肺毛细血管内皮细胞的化学损伤作用，促使血浆液进入肺泡腔，引起肺水肿、肺内分流，影响气体交换，导致血氧浓度降低。

（3）冰水淹溺：通常冰水（0~4℃）淹溺者会马上发生猝死，原因常为窒息和心搏骤停。冷水（水温 4~20℃）淹溺时，分钟通气量增加，屏气最大时间缩短，潜水反射作用减低，易发生淹溺。浸于 33℃水中时，产热与散热平衡；浸于 25℃以下水中易发生低体温（<30℃）；水温 <20℃时，身体代谢需要降为正常的一半；浸于冰水约 30 分钟发生低体温，约 60 分钟丧命。冷水淹溺减慢身体代谢，对重要器官有保护作用，因此，冷水淹溺心脏停搏后 60 分钟内不宜轻易放弃复苏。

（二）病情评估

1. 临床表现 根据溺水持续时间、吸入水量、器官损害的程度及个体差异等不同情况，可出现不同程度的表现。

（1）轻症：神志清醒，面色苍白，口唇青紫，恐惧。可有头痛、胸痛、咳嗽及视觉障碍，但呼吸心跳存在。

（2）重症：口鼻充满泡沫、污物或外溢血性泡沫，眼结膜充血，颜面肿胀，皮肤苍白，四肢厥冷、剧烈咳嗽、咳粉红色泡沫痰、呼吸困难、发绀，呼吸表浅或不规则，脉搏细弱，上腹部膨胀感等。

（3）危重症：溺水者意识丧失，或伴有抽搐，严重者可出现呼吸停止，心脏停搏。

2. **辅助检查**

（1）血和尿液检查：迅速测定血糖、电解质、全血细胞计数、凝血参数和尿液分析。淡水淹溺时，血和尿可见游离血红蛋白，血钾和肌酐升高；海水淹溺时，血红蛋白和血细胞比容升高、高血钠或高血氯，重症者 DIC 参数异常。

（2）心电图检查：出现窦性心动过速、室性心律失常和 ST-T 改变等。

（3）动脉血气分析：几乎所有患者存在不同程度血氧降低，约 75% 的患者有严重混合性酸中毒。

（4）影像学检查：约 20% 患者胸片无异常发现，有异常者可出现斑片状浸润或典型肺水肿征象，12~24 小时后吸收好转或恶化。疑有颈椎损伤者，行颈椎影像学检查；神志障碍者，行头颅 CT 检查。

（三）救治与护理

各种原因不慎落水后，救护原则是迅速将患者救离出水，立即恢复有效通气，实施心肺复苏，根据病情对症处理。

1. **自我救护** 呼气要浅，吸气要深，因呼气后人体比重 1.057，深呼气时，人体比重可降至 0.967，比水略轻，可使人浮出水面，等他人来救助。若游泳时发生肌肉痉挛，要保持镇静，应边呼救，一边根据不同部位采取相应措施自救。

（1）大腿痉挛：应取仰卧位并立即举起抽筋之腿，使其于身体成直角，然后双手拉住小腿，用力屈膝，使抽筋大腿贴在胸部，在用手揉大腿抽筋处肌肉，然后将腿慢慢伸直，抽筋即可缓解，立即游回岸边出水。

（2）小腿痉挛：最常见。①首先吸一口气，仰浮在水面上，用抽筋腿对侧之手握住抽筋腿的脚趾，并将其向反方向拉，同时用另一手握住抽筋腿的膝盖上，帮助小腿伸直，促使抽筋缓解。②深吸一口气，仰浮于水面上，将足跟向前用力蹬直，同时用一手握住抽筋腿的踇趾并朝足背方向推拉，另一手轻轻按揉抽筋的小腿肌肉。

（3）脚掌痉挛：迅速用手扳起脚尖，使足背屈起，另一手用力按揉脚掌抽筋部位。

（4）脚趾痉挛：将腿屈曲，用力将足趾拉开、扳直即可。

（5）上臂痉挛：应将抽筋手握拳，肘关节尽量屈曲，然后用力伸直，反复数次，直到缓解。

2. **院前救护**

（1）现场急救：尽快将患者移出水面，迅速清除口鼻异物，保持气道通畅，呼吸、心搏骤停者立即行心肺复苏。

（2）转运中救护：搬运过程中注意勿加重头颈部创伤。呼吸停止者行口对口呼吸，有条件时行气管内插管和供氧。转运过程中也不能停止心肺复苏。

3. **院内处理** 有症状者应收住 ICU 进行 24~48 小时监护，进行生命支持，预防 ARDS。

（1）氧疗：呼吸困难伴氧饱和度降低者，行气道正压（CPAP）面罩给氧。不能维持 $PaO_2>60mmHg$ 时，行气管内插管和呼气末正压（PEEP）机械通气。颅内压升高者慎用 PEEP。连续无创脉搏氧饱和度监测。

（2）复温：体温低于 30℃者，采用体外或体内复温。如果体温 >30℃不宜复温。近来研究证明，治疗性低温能改善脑缺血区氧供，降低脑代谢率及颅内压，对缺血性脑损伤患者有益。淹溺者体温未恢复到 30℃，不要放弃复苏。低温心脏对药物和电复律无效。

（3）脑复苏：对颅内压升高者，应用呼吸机增加通气，维持 $PaCO_2$ 25~30mmHg。20% 甘露醇静脉输注降低颅内压，缓解脑水肿。

（4）并发症救治：针对惊厥、心律失常、低血压、肺水肿、ARDS、应激性溃疡并发出血、电解质平衡失调和代谢性酸中毒进行有效治疗。

4. 护理要点

（1）密切观察病情变化：严密观察患者的神志，呼吸频率、深度，判断呼吸困难程度。观察有无咳痰，痰的颜色、性质，听诊肺部啰音及心率、心律情况，测量血压、脉搏。注意监测尿的颜色、量、性质、准确记录尿量。

（2）气道护理：保持呼吸道通畅，给予高流量吸氧，根据情况配合气管插管并做好机械通气准备。

（3）输液护理：对淡水淹溺者应严格控制输液速度，从小剂量、低速度开始，避免短时间内大量液体输入，加重血液稀释程度。对海水淹溺者出现血液浓缩症状，应及时保证 5% 葡萄糖和血浆液体等的输入，切忌输入生理盐水。

（4）复温护理：患者心跳呼吸恢复以后，应脱去湿冷的衣物，以干爽的毛毯包裹全身予以复温。其他复温方法尚有热水浴法、温热林格液灌肠法等。注意复温时速度不能过快，使患者体温恢复到 30~32℃，并尽快送至医院，在医院内条件下进行复温。

（5）心理护理：消除患者焦虑与恐惧心理，向其解释治疗措施和目的，使其能积极配合治疗。对于自杀淹溺的患者应尊重患者的隐私权，注意引导其正确对待人生、事业、他人。保持心理反映的适度，防止心理反应的失常，而配合治疗。同时做好其家属的思想工作，以协助护理人员使患者消除自杀念头。

5. 预防

（1）对从事水中活动者，严格进行健康检查。

（2）经常进行水上自救、互救知识技能训练，提高对淹溺者的急救水平。

（3）水上运动前不能饮酒和服用损害判断能力及自我保护能力的药物。

（4）避免在浅水区潜泳、跳水；水上游览、运动或作业时，备好救生器材。

（5）有慢性或潜在疾病者，不宜从事水中活动或工作。

三、电击伤

电流通过人体引起的组织损伤、器官功能障碍或猝死称为电击伤，俗称触电。电击伤包括低压（<380V）、高压（>1000V）和超高压或雷击（10 000 万 V，30 万 A）电击伤三种类型。

（一）病因与发病机制

常见原因有身体意外接触电源，如缺乏电学知识或违反用电操作规程，风暴、地震或火灾时电线断裂意外触电和雷击都可引起电击伤。此外，也见于家用电器漏电和手拉触电。遭受电击者常为电工、升降机驾驶员、建筑工、家电安装维修工及 ICU 人员等。

电击的确切发病机制尚不完全清楚。通常认为，直接组织损伤、热损伤和机械损伤与发病有关。电击时热能和电化学作用损伤组织（如皮肤烧伤、肌肉凝固性坏死、肌腱撕裂及骨折等）导致器官功能障碍（如惊厥、心室颤动、呼吸停止）。电击入口和出口处损伤不能反映电击伤的真正范围，组织损伤也可远离入口处。电击损伤的严重程度与电流（直流和交流电）类型、电压高低、电流强度及频率、组织电阻、电流途径及方向、触电时间和电击环境关系密切，其中电压因素最为重要。

1. **电流类型** 交流电较直流电危害大。人体对交流电敏感性为直流电的 3~4 倍。电压相同，暴露交流电的危害性是直流电的 3 倍。暴露交流电后，出现刺痛、肌肉震颤和收缩。交流电放开电流为 7~15mA，即手接触此电流后，能主动放开电源。超过此强度，手部肌肉持续痉挛性收缩，不能放开电源。直流电放开电流约为 75mA。同时，交流电引起心室颤动的电流明显低于直流电。雷击为直流电，常引起心搏和呼吸停止，很少导致皮肤和肌肉损伤。

2. **电压** 电压高低不同，对人体损伤不同。40V 能引起组织损伤，220V 能引起心室颤动，1000V 引起呼吸停止。低压电击罕能引起皮肤烧伤，但能引起心室颤动。高压及超高压电产生的电弧温度达 2000~4000℃，可引起灼伤，使组织迅速碳化。直接肾脏损伤、肌组织坏死产生肌球蛋白尿、溶血后血红蛋白尿损伤肾小管及严重烧伤引起低血容量休克，促发急性肾衰竭。

3. **电流强度** 电流可转变为热能，尚能使肌细胞膜去极化。电流强度越大，产热和化学效应就越大。1~2mA 以上电流能引起皮肤、深部组织和器官烧伤，血管和神经组织更易受损。2~4mA 以上电流即可引起肌肉收缩，收缩强度随电流增加而增强。20mA 时出现窒息，30~40mA 引起心室颤动或猝死。

4. **电流频率** 低频（50~60Hz）交流电易诱发心室颤动，因此，较高频交流电危害大。

5. **组织电阻** 身体组织水分、电解质含量和状态不同，电阻也不同。损伤的皮肤和黏膜电阻为 200~300Ω/cm²；湿润皮肤为 500Ω/cm²；干燥角化皮肤电阻约 20 万 ~30 万 Ω/cm²；胼胝手掌或足底皮肤高达 2 百万 ~3 百万 Ω/cm²。电阻依次增高的组织排序为：神经、血液、黏膜、肌肉、皮肤、肌腱、脂肪和骨骼。组织电阻越低，通过电流容量越大，损害越严重。因此，肌肉、肌腱和脂肪组织较骨骼更易致电灼伤。营养血管损伤后，血栓形成，水肿，压迫血管，使远端组织发生缺血、坏死。

6. **电流途径及方向** 触电时，电流通过途径及方向和预后明显相关。电击时，电流常见入口途径为手和头部，出口是足部。双手触电时猝死发生率约为电流经手到脚触电时的 3 倍。电流经心导管或起搏电极到心脏，不足 1mA 电流即可引起心室颤动。电流通过心脏或中枢神经系统时，可立即死亡。

7. **触电时间** 触电时间不足 25 毫秒，不引起电击伤。触电时间越长，组织损伤越严重。低压电击时，触电时间不足 4 分钟，呼吸停止后易复苏，超过 4 分钟不易复苏。

（二）病情评估

1. **临床表现** 病情轻重及表现取决于上述多种致病因素的共同作用。

（1）全身表现：轻度者出现头晕、心悸，皮肤、脸色苍白，口唇发绀，惊慌和四肢软弱，全身乏力等，并可有肌肉疼痛，甚至有短暂的抽搐。较重者出现持续抽搐与休克症状或昏迷不省人事。由于肢体急剧抽搐可引起骨折。由低电压电流引起室颤，开始时尚有呼吸，数分钟后呼吸即停止，进入"假死"状态；高电压电流引起呼吸中枢麻痹时，患者呼吸停止，但心搏仍存在，如不施行人工呼吸，可于 10 分钟左右死亡。心脏与呼吸中枢同时受累，多立即死亡。

（2）局部表现：创面的入口及出口呈小口大坛子型立体损伤；创面呈多发性、跳跃性、节段性分布；各种组织的烧伤范围和严重程度不一；电损伤组织出现原发性和继发性坏死。

（3）并发症：中枢神经系统后遗症可有失明或耳聋（枕叶与颞叶的永久性损伤所致）；少数可出现短期精神失常；电流损伤脊髓可致肢体瘫痪，血管损伤可致继发性出血或血供障碍，局部组织灼伤可致继发性感染；触电而从高处跌下，可伴有脑外伤、胸腹部外伤或肢体骨折。

2. 辅助检查　早期可出现 CPK 及其同工酶 CK-MB、LDH、ACT 增高。尿液检查可见血红蛋白尿或肌红蛋白尿。心电图检查可出现传导阻滞或房性、室性期前收缩等心律失常。

（三）救治与护理

1. 现场救护

（1）脱离电源：发现有人触电后，施救者立即拔除电源插头或拉开电源闸刀切断电源，或迅速应用绝缘物或干燥的木棒、竹竿、扁担等将电线挑开（可穿上胶鞋踩在木板上与大地绝缘）使患者与电源断离（图9-1），避免直接用手搬动患者。若在野外或远离电源闸及存在电磁场效应的触电现场，施救者不易接近触电者，不便将电线挑开时，可用干燥绝缘的木柄刀、斧或锄头等物将电线斩断，切断电流，并妥善处理电线残端。搬运患者过程中应注意有无头、颈部损伤和其他严重创伤，颈部损伤者要给予颈托保护，可疑脊柱骨折患者应注意保护脊柱，使用硬板床。

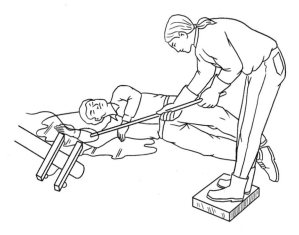

图 9-1　正确脱离电源的方法
（注：挑开电线必须使用绝缘物；可穿上胶鞋踩在木板上与大地绝缘）

（2）心肺复苏：心搏呼吸停止者，立即进行心肺复苏，迅速转送医院，转运途中不能中断抢救。雷击猝死者，不应轻易放弃复苏机会，应尽一切可能挽救生命。

2. 院内救护

（1）保证气道通畅，维持有效呼吸：重症患者转运到医院后应尽早做气管插管，给予呼吸机正压吸氧。并注意清除气道内分泌物以维持有效通气。

（2）纠正心律失常，建立有效循环：进行心电监护，及时发现心律失常进行除颤及应用心脏复苏药物，以恢复心脏自主节律，增强心脏张力，维持有效循环。

（3）创面处理：局部电烧伤与烧伤创面处理相同。入院后积极清创处理，预防创面感染。对有深部组织损伤的伤口不予缝合，做好引流。视情况给予抗菌药物和破伤风抗毒素。

（4）防止脑水肿：在心肺复苏的同时，可应用冰帽、冰袋降温，降低脑代谢，减轻脑水肿。并静脉滴注 20% 甘露醇溶液、高渗葡萄糖、维生素 C 和能量合剂等，以改善脑细胞代谢。

（5）维持水电解质平衡：由于患者心搏骤停无氧代谢增加，呼吸停止 CO_2 潴留，导致代谢性酸中毒和呼吸性酸中毒，使血 pH 明显降低。因此，可给予 5% 碳酸氢钠静脉注射，纠正酸中毒，维持水电解质平衡。

3. 护理要点

（1）严密观察病情：定时监测呼吸、脉搏、血压及体温，注意判断有无呼吸抑制及窒息发生；注意患者神志变化，对清醒患者应给予心理安慰，消除其恐惧心理。

（2）液体治疗：尽快建立静脉通路，按医嘱给予输液，恢复循环容量。应用抗菌药物预防和控制电击伤损害深部组织后所造成的厌氧菌感染，注射破伤风抗毒素预防破伤风发生。组织损伤丢失体液较多和低血压者，静脉补充乳酸钠林格液或平衡液，恢复血容量。

（3）加强基础护理：病情严重者注意口腔护理、皮肤护理，预防口腔炎和压疮的发生。保持患者局部伤口敷料的清洁、干燥，防止脱落。

4. 预防

（1）普及用电知识，重视安全用电教育。

（2）电器和线路应正确设计、安装和维护。电器要接地线，并应安装断路保护装置线路。

（3）雷雨天气尽量不要外出。有雷电时，不要站在空旷的高地上，更不能手举有导电性能的铁制品。避雨时，不要在大树下或有金属的顶棚下站立停留。在汽车内避雨是安全的。

四、烧伤

烧伤（burn）是由热力、化学物品、电流、放射线或有害气体及烟雾作用于人体所引起的损伤，轻者仅局限于皮肤，重者深达肌肉和骨骼，引起全身的生理病理变化。

（一）伤情评估

1. 烧伤面积估算

（1）中国新九分法：将人体各解剖区域的表面积按照全身总面积9%的倍数来计算。计算方法为：成人头颈部体表面积为9%，双上肢为18%，躯干（含会阴1%）为27%，双下肢（含臀）为46%。共为 $11×9\%+1\%=100\%$（表9-3、图9-2）。

小儿烧伤面积计算：由于小儿处在不断生长发育过程中，身体各部面积所占的百分比随着年龄的增长而变动。其特点为头大、下肢短，故在成人新九分法的基础上加以修正。头颈面积为：9+（12- 年龄）；下肢面积为：46-（12- 年龄）。

表 9-3　中国新九分法

部位		占成人体表面积 %		占儿童体表面积 %
头颈	发部		3	9+（12- 年龄）
	面部	1×9	3	
	颈部		3	
双上肢	双上臂		7	2×9=18
	双前臂	2×9	6	
	双手		5	
躯干	躯干前面		13	3×9=27
	躯干后面	3×9	13	
	外阴		1	
双下肢	双臀		5*	46-（12- 年龄）
	双大腿		21	
	双小腿	5×9+1	13	
	双足		7*	

注：* 成年女性双臀和双足各占6%

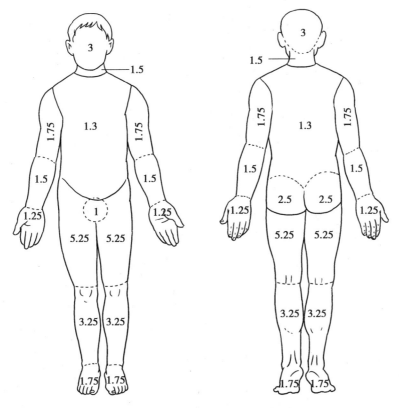

图 9-2　成年男性体表各部位面积（%）

（2）手掌法：患者本人五指并拢的手掌面积约为体表总面积的 1%。此法适用于小面积烧伤的直接估计（图 9-3）。

2. 烧伤深度的估计　通常采用三度四分法，即分为Ⅰ度、浅Ⅱ度、深Ⅱ度和Ⅲ度。

（1）Ⅰ度（红斑型烧伤）：创面损伤表皮浅层，未累及生发层，皮肤表面完整性依旧保存。轻度红、肿、热、痛，感觉过敏，表面干燥。症状 2~3 日缓解，3~7 天脱屑，短期内可有色素沉着。

（2）Ⅱ度（水疱型烧伤）

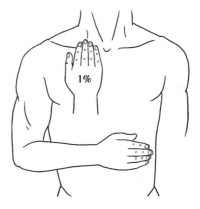

图 9-3　手掌法

1）浅Ⅱ度烧伤：创面损伤表皮生发层、真皮乳头层，肿胀明显，有大小不同的水疱，基底潮红，疼痛剧烈且痛觉敏感；如无感染，7~14 日愈合，不留瘢痕，多数有色素沉着。

2）深Ⅱ度烧伤：创面损及真皮深层，肿胀明显，可有水疱，壁厚，基底红白相间，痛觉迟钝。可痂下愈合或 3~4 周脱痂，或消痂植皮后愈合。愈合后遗留瘢痕。

3）Ⅲ度（焦痂型烧伤）：创面损及皮肤全层，包括附件，严重者可达皮下或更深层组织，创面苍白或碳化，干燥，周围可见树皮样血管栓，痛觉消失。因失去局部上皮化条件，多经结痂肉芽形成，创面收缩，周围上皮延伸修复，范围大者经久不愈，治疗多需早期切痂植皮或肉芽创面植皮。

（二）病理生理和临床分期

小面积烧伤的全身反应多不明显，以局部表现为主。大面积深度烧伤的局部和全身反应均很严重，属全身性病变，其临床经过可分为三个阶段。

1. 休克期 烧伤 48~72 小时内易发生休克，此期称为休克期。体液渗出多自伤后 2 小时开始，6~8 小时最快，36~48 小时达高峰，然后逐渐吸收。烧伤面积愈大，体液丢失愈多，则休克出现愈早，且愈严重。

2. 感染期 大面积烧伤极易发生感染，主要表现为败血症（血培养阳性）或创面脓毒症（血培养阴性）。感染贯穿于整个病程中，且常有三个高峰。

（1）早期：败血症凶险，出现在烧伤后 3~7 天内。有效地抗休克可减少早期暴发型败血症。

（2）中期：败血症多出现在伤后 2~4 周焦痂分离脱落后，为烧伤感染的主要阶段。早切痂、早植皮，可降低中期脓毒败血症的发生。

（3）后期：败血症多出现在烧伤 1 个月后，与创面长期不愈合、患者免疫力极度低下有关。积极改善全身情况和早期植皮，常可避免。应警惕烧伤败血症的发生。

3. 修复期 烧伤后 5~8 天始至创面消灭，Ⅰ度 ~ Ⅱ度烧伤能自行愈合，深广创面可因受感染而转化为Ⅲ度创面。Ⅲ度创面除早期切痂植皮，创面较大时必须待出现健康肉芽，才能植皮修复。深Ⅱ度和Ⅲ度创面愈合后可形成不同程度的瘢痕。

相关链接　　　　　　异体脱细胞真皮植皮

深Ⅱ度以上烧伤常需要植皮，但患者自身皮源往往不足，因此，多采用自体皮片联合异体皮片结合的方式进行植皮。异体脱细胞真皮是经理化方法处理，脱去异体皮的抗原性细胞成分后的天然支架材料，明显降低了异体皮的免疫原性。另外，异体脱细胞真皮理化性质、细胞黏附率、体外细胞毒性检测、体内细胞毒性检测与正常人真皮组织差异无统计学意义。皮肤微粒播散移植法配合异体脱细胞皮的保护，使微粒皮易于附着和存活，还不会发生排斥。相关临床研究证实：异体脱细胞真皮植皮在烧伤创面治疗中效果肯定。

（三）救治与护理

1. 现场急救

（1）脱离热源：尽快脱离着火现场，迅速脱去着火衣物，或立即卧倒就地慢慢滚动，或用毯子、棉被、大衣等覆盖，或用水浇灭。切勿惊慌乱跑、呼喊或用手扑打，以免火借风势燃烧更旺，引起头面部、呼吸道或双手烧伤。面积不大的烧伤立即用冷水冲洗或浸泡，以减轻疼痛及带走余热。

（2）迅速抢救危及生命的损伤：对危及生命的一些情况迅速进行抢救，如大出血、窒息、开放性气胸、中毒等。心搏呼吸停止者，立即进行心肺复苏。颜面部烧伤或密闭环境中的烧伤，很有可能发生吸入性损伤，要注意保持呼吸道通畅，吸入氧气，必要时行气管插管或切开。

（3）保护创面：将创面用清洁的敷料、被单或衣物等简单包裹，以免污染和再损伤。不要涂抹有颜色的外用药，以免影响随后对烧伤深度的估计。

（4）镇静止痛：烧伤患者都有较剧烈的疼痛并烦躁不安，应给以安慰和鼓励，使其情绪稳定、安静合作。疼痛剧烈者可酌情使用止痛剂。

（5）补液：轻度烧伤者可口服含盐饮料或烧伤饮料，但忌大量饮白开水，以免引起水中毒。成人烧伤面积超过 15%，儿童烧伤面积超过 10% 或有可能发生休克者都应立即建立静脉通道。

2. 转送　伤员经现场急救后，须迅速转入就近医院或急救中心，以便进一步的治疗。在转送过程必须注意伤员的安全，并进行监护。

3. 院内救治与护理

（1）保持呼吸道通畅：及时清除口、鼻及呼吸道分泌物，吸入氧气，做好气管插管或切开的护理，加强机械通气的护理和管理。胸部深度烧伤的环状焦痂可限制呼吸，要注意及时切痂减压。

（2）抗体克治疗：大面积烧伤者应及早进行静脉补液抗休克。尽早建立 1~2 条良好、通畅的静脉输液通道，合理安排各种液体的输入种类和速度，根据尿量、心率、精神状态、末梢循环及中心静脉压等及时、动态观察补液效果，调整输液速度，避免补液过少或过多。

1）液体疗法原则：一般应遵循"先盐后糖，先晶后胶，先快后慢"的原则。用胶体液以血浆为首选，伤后第 1 个 24 小时内不宜输全血，且全血尽量不用库存血；血浆代用品量宜限制在 2000ml 以内，多采用低分子右旋糖酐和平衡液。

2）补液量：烧伤第一个 24 小时的补液总量（ml）= 烧伤面积（%）× 体重（kg）× 1.5ml+2000ml。计算公式中的烧伤面积系指 Ⅱ、Ⅲ度之和。每平方米烧伤面积每公斤体重补充 1.5ml 液体，胶体液和晶体液之比为 1∶2；Ⅲ度烧伤面积较广者，可按 1∶1 掌握。

3）小儿补液量计算：每平方米烧伤面积应补充 1.5~2.0ml/kg，婴幼儿为 2.0ml；胶体与电解质液比例以 1∶1 为宜。基础水分婴儿每天 100~140ml/kg，儿童以每天 70~100ml/kg 为宜。

（3）创面处理

1）Ⅰ度烧伤无需特殊处理，主要是保护创面，避免再损伤。对面积小或肢体的浅Ⅱ度烧伤，一般采用包扎疗法，首先用生理盐水或 0.1% 的苯扎溴铵溶液或碘伏等消毒创面，并涂以烧伤软膏，覆盖厚层纱布后包扎，包扎范围应超过创面边缘 5cm，创面的小水疱可保护好，大水疱用无菌注射器抽出内液，破裂的疱皮应清除，表面用无菌凡士林纱布覆盖，再用厚敷料包扎，包扎时用力均匀。包扎后保持敷料清洁、干燥，如被渗液浸湿、污染或有异味时及时更换。注意观察肢体末梢血液循环情况。

2）特殊部位如头、面、颈、会阴部位的创面可采用暴露或半暴露疗法，保持局部清洁和干燥，随时用无菌吸水敷料吸净创面渗液。及时清除分泌物，局部可用碘伏、1% 磺胺嘧啶银霜或溶液涂擦，防止细菌和真菌感染。对深度烧伤创面形成焦痂者可用 2% 碘酊涂擦 4~6 次 / 日，应及早进行切痂、植皮手术。采用暴露疗法时应控制室温在 28~32℃，湿度 70% 左右。

（4）预防和控制感染

1）应用抗生素：重度和特重烧伤，为防治水肿回收期败血症，应全身使用抗生素，并注射破伤风抗毒素。

2）严格消毒隔离制度：保持病室空气新鲜，定期进行病室消毒，每日用紫外线灯照射 2 次 / 日；床单、被套均经高压灭菌处理；室内其他生活用品应用消毒液擦拭消毒；接触伤员创面时要戴无菌手套等。

（5）加强营养支持：烧伤后机体需要大量热量及营养物质补偿消耗和用于组织修复。应鼓励及协助患者进食高蛋白、高热量及高维生素饮食。口周烧伤者指导用吸管吸入流质饮食；经口摄入不足者，采用鼻饲或肠外营养支持。

（6）防止压疮发生：定期为患者翻身，避免骨突出部位长时间受压，必要时应用翻身床。

（7）心理护理：烧伤患者的心理压力非常大，特别担心容貌和身体、形象的改变影响生活、工作和社交。在护理中，要尽量稳定患者的情绪，了解其心理、生理需要，加强沟通，使其配合治疗和护理。

五、咬蜇伤

地球上很多生物能侵袭人类并造成损伤。除了引起人体组织机械性损伤外，有的还通过向人体注入毒液或传播病菌而对人体造成损伤。

（一）蛇咬伤

蛇咬伤以南方为多，多发生于夏、秋两季，分为无毒蛇咬伤和毒蛇咬伤。无毒蛇咬伤只在皮肤留下两排对称的细小齿痕，轻度刺痛，无生命危险；毒蛇咬伤后伤口局部常有一对较深齿痕，并且将毒液从毒腺经牙槽注入人体内而引起局部及全身性中毒反应，甚至危及生命。此处描述的是毒蛇咬伤。

1. **病理生理** 毒蛇的毒液含有多种毒性蛋白质、多肽以及酶类，按其性质及其对机体的作用可分为三类：神经毒素、血液毒素及混合毒素。神经毒素对中枢神经和神经肌肉节点有选择性毒性作用，引起肌肉麻痹和呼吸麻痹，常见于金环蛇、银环蛇咬伤；血液毒素对血细胞、血管内皮细胞及组织有破坏作用，可引起出血、溶血、休克或心力衰竭等，常见于竹叶青、五步蛇咬伤；混合毒素兼有神经、血液毒素特点，如蝮蛇、眼镜蛇的毒素。

2. **临床表现**

（1）局部表现：经毒伤后局部出现麻木感，并向肢体近心端蔓延。血液毒局部症状出现早且重，剧烈疼痛，肿胀蔓延迅速，淋巴结增大，皮肤出现血疱、瘀斑，甚至局部组织坏死。混合毒兼有神经毒和血液毒的表现，被咬伤后，伤口即感疼痛、麻木，出血不多，皮肤红肿、变紫或发黑，局部常有水疱、血疱及坏死，容易形成溃疡，经久不愈。

（2）全身表现：神经毒作用于中枢神经和神经肌肉节点，引起头晕目眩、胸闷不适、视力模糊、疲乏无力、言语不清，甚至肌肉瘫痪、呼吸抑制，最后导致呼吸循环衰竭。血液毒引起的全身中毒症状来势凶猛且重，表现为畏寒发热、心悸、心律失常、烦躁不安或谵妄、血压下降以及全身出血倾向，如鼻出血、牙龈出血、皮肤紫斑及呕血、咯血和血尿等内脏出血，最后导致心、肾衰竭及多器官衰竭。混合毒引起的全身症状兼有神经毒和血液毒的表现，但各有偏重，如眼镜蛇以神经毒为主，蝮蛇以血液毒为主。

3. **急救处理** 救治原则是及早防止毒素扩散和吸收，尽可能地减少局部损害。蛇毒在3~5分钟即被吸收，故急救越早越好。

（1）局部处理

1）防止毒液扩散和吸收：避免惊慌与奔跑，伤肢制动，放置低位，就地取用草绳、布带等绑扎伤口近心端，阻断毒液吸收。

2）迅速排除毒液：现场用清水、凉开水或肥皂水反复冲洗伤口及周围皮肤以洗掉毒液，到医院后用 3% 过氧化氢或 0.05% 高锰酸钾溶液冲洗。伤口内如有断牙，应予挑出。症状重者以牙痕为中心作切开，深至皮下，然后由近心端向伤口方向或由四周向伤口中心挤压，也可用吸乳器或拔火罐等抽吸，以促使毒液排出。伤口周围用胰蛋白酶 2000U 加入 0.05% 普鲁卡因 20ml 中做局部深部封闭注射，以破坏蛇毒。

3）局部降温及药敷：将伤肢浸于冷水中，也可用冰袋或凉水局部冷敷，以减轻疼痛、减缓毒液吸收及降低毒素中酶的活性，一般维持 24~36 小时。用高锰酸钾溶液、新鲜中草药或蛇药等局部外敷以排出毒液、消除肿胀及促进伤口愈合。

（2）全身治疗

1）中和毒素：毒蛇咬伤后应尽早使用抗毒血清，20~30 分钟内应用更好。一般需用 3~4 天。如精制抗蝮蛇毒血清、银环蛇和眼镜蛇抗蛇毒素。一般采用静脉给药，肌内注射效果差。应用抗蛇毒素必须作皮内试验，阴性者方可应用，注射前准备好肾上腺素、地塞米松等药，以防过敏反应的发生。

2）其他处理：使用破伤风抗毒素和抗菌药物防治感染；静脉快速大量输液或用呋塞米、甘露醇等利尿剂，加快毒素排出，减轻中毒症状；积极抗休克，改善出血倾向，治疗心、肺、肾等功能障碍。

4. 护理要点

（1）心理护理：安慰伤员，告知毒蛇咬伤后会出现的症状体征、常采用的治疗方法及治疗过程，以消除其紧张、恐惧心理，保持情绪稳定，配合治疗。

（2）伤口护理：积极协助伤口冲洗、抽吸、清创、封闭注射及换药。局部湿敷时，纱布要保持一定湿度。创面要保证清洁及引流通畅。

（3）病情观察：加强伤口护理，遵医嘱使用抗菌药物，密切观察伤口有无感染；监测伤员生命体征、感觉、意识、出血倾向，遵医嘱合理使用药物、积极排毒、密切观察脏器功能，防止脏器功能不全；神经毒的局部症状轻，全身症状要在伤后一段时间才出现，要密切观察，防止错误判定为无毒蛇咬伤而延误治疗。

（二）犬咬伤

随着家养宠物数量的增多，犬咬伤发生率也相应增高。

1. 病理生理　犬咬伤后，其利牙在伤处可造成深而细的穿刺伤口，且常伴有周围软组织不同程度的撕裂伤。其口腔及牙隙中藏有的各种微生物，包括厌氧菌及螺旋体，容易造成伤口污染及继发各种感染。如果伤人的犬为狂犬，其唾液中携带的狂犬病毒可引发狂犬病。

2. 救治原则

（1）局部处理：咬伤后迅速彻底清洗伤口极为重要，现场立即就地用清水或肥皂水反复冲洗伤口，并尽快到医院进行清创。清创时用大量生理盐水或 0.1% 苯扎溴铵彻底冲洗伤口至少半个小时，并尽量清除异物与坏死组织，挤出犬涎及污血，然后用 2% 碘酒或 75% 酒精涂擦。伤口一般不做一期缝合或包扎，以利排血引流。如果咬伤已 1~2 天或更久，或伤口已结痂，也应将结痂去掉后按上法处理。清创后在伤口周围用抗狂犬病免疫球蛋白或免疫血清做浸润注射。

（2）预防用药：尽早注射狂犬病疫苗进行主动免疫。咬伤严重或者伤人的犬为狂犬的可能性大时，在接种狂犬病疫苗的同时加注抗狂犬病免疫球蛋白或免疫血清。注射疫苗和血清要及时、全程、足量。另外，常规使用破伤风抗毒素和抗菌药物预防破伤风及细菌感染。

（3）狂犬病的治疗：狂犬病发病以后以对症综合治疗为主。

3. 护理要点

（1）心理护理：安慰伤员，告知犬咬伤分健康犬咬伤和狂犬咬伤，健康犬咬伤多无生命危险。即使是狂犬咬伤，只要及时正确地处理伤口，及时、全程、足量地接种疫苗，发狂犬病的机会很低。如果伤人的犬已隔离观察10天仍未出现狂犬病症状，则可除外狂犬，被咬的人则不会发生狂犬病。

（2）伤口护理：积极协助伤口清创，在伤口周围做浸润注射。保持伤口清洁及引流通畅。

（3）预防感染：遵医嘱注射破伤风抗毒素和按时应用抗菌药物，密切观察伤口有无感染。指导并督促全程狂犬病疫苗接种。

（4）健康指导：加强犬只管理；不要养成接近、抚摸或挑逗犬的习惯，防止咬伤；被咬伤后立即、就地冲洗伤口，及时到医院清创及注射疫苗和破伤风抗毒素；伤人的犬不要杀死过早，隔离观察10天，以判断是否是狂犬；正确全面认识犬咬伤及狂犬病，不要轻信谣言，避免不必要的过度恐慌。

（三）蜂蜇伤

蜂的种类很多，常见的蜇人蜂有蜜蜂、黄蜂、细腰蜂、蚁蜂等。黄蜂喜欢群居、集体飞翔，常蜂拥而至造成群蜂蜇伤。

1. 病理生理　蜇人蜂均有尾刺与体内的毒腺相通，蜇人时可通过尾刺将蜂毒注入人体内而引起局部及全身过敏反应。多数蜂毒液为酸性，含有组胺、磷脂酶A、透明质酸酶、卵磷脂酶；黄蜂毒液为碱性，含有组胺、5-羟色胺、蛋白酶、蜂毒多肽、缓激肽和胆碱酯酶等。蜜蜂蜇人后除了注入毒液，还将尾刺留在皮肤内；黄蜂一般不留尾刺。

2. 临床表现

（1）蜜蜂蜇后：表现为蜇后局部出现红肿、疼痛、灼痒，数小时后可自行消退。重者出现畏寒、发热、头痛、恶心、呕吐、烦躁、虚脱等全身症状。如蜂刺留在伤口内，可引起局部化脓。

（2）黄蜂蜇后：表现为黄蜂蜂毒的毒性较剧烈，蜇后症状较蜜蜂严重，特别是群蜂蜇后，除了引起严重皮肤损害，还有头晕目眩、恶心呕吐、面部水肿、呼吸困难、烦躁不安等严重全身过敏反应，以及急性肝、肾损害，甚至昏迷、休克、死亡。

3. 救治原则

（1）局部处理

1）处理毒刺：蜇后首先应仔细检查伤口内是否有毒刺残留，若有可用镊子拔出、尖针挑出或用嘴吸出。

2）去除、中和毒汁：可用吸引器将毒汁吸出，但不可挤压，以免毒液扩散；用肥皂水、碳酸氢钠溶液或淡氨水等碱性溶液冲洗、涂擦、冷湿敷伤口以中和酸性毒液，黄蜂蜇伤用食醋等酸性液冲洗、涂擦、冷湿敷伤口。

3）局部用药：可外涂炉甘石、皮质类固醇制剂、硼酸氧化锌糊剂、蛇药、中草药等止痒、散炎、消肿。还可用依米丁（吐根碱）局部注射止痛消肿。不能用红汞、碘酊之类的药物涂擦患部，以免加重局部肿胀。

（2）全身用药：酌情口服或注射抗组胺药、蛇药、肾上腺糖皮质激素类药；对有过敏性休克者，立即皮下注射肾上腺素及积极抗休克治疗；呼吸困难时维持呼吸道通畅并给氧。

4. 护理要点

（1）心理护理：安慰伤员，告知蜂蜇伤后会出现的症状体征、常采用的治疗方法及治疗效果，以打消其思想顾虑，缓解其焦虑情绪。

（2）缓解瘙痒：通过聊天、听音乐和看书报等分散伤员注意力；局部降温、外用止痒剂及尽量减少对皮损的刺激；必要时可用抗组胺药和镇静剂。

（3）病情观察：监测生命体征、尿量等，若有呼吸困难、血压下降等应及时报告及处理。

（4）健康教育：户外活动尽量避免穿花色或鲜艳的衣服，勿擦香水、发胶。发现周围有蜂围绕时，切忌跑、动、打，先静止不动再慢慢退回，等蜂飞回去时赶快撤离；如遇蜂群，保持冷静，缓慢移动，避免拍打或快速移动；若无法逃离，就地趴下并用手抱住头部加以保护。

（刘爱梅）

急性重症哮喘发作时，应尽快纠正低氧血症，解除支气管痉挛，控制呼吸道感染，必要时进行呼吸机辅助呼吸。

急性冠状动脉综合征是冠状动脉内不稳定的动脉粥样斑块破裂或糜烂引起血栓形成所导致的心脏急性缺血综合征，应及早发现、早处理，缩小梗死面积，保护心功能，治疗严重心律失常和各种并发症，必要时冠状血管重建。

糖尿病酮症酸中毒是由于胰岛素不足和升糖激素不适当升高引起的糖、脂肪和蛋白代谢严重紊乱综合征，主要表现为高血糖、高血酮和代谢性酸中毒，及时合理补液及补充胰岛素是治疗的关键，并消除诱因和防治各种并发症。

原发性脑出血的主要病因是高血压，急性期的主要治疗目标是抢救生命，防止再出血和降低颅内压，预防各种并发症。

中暑时将患者尽快脱离高温环境、迅速降温和保护重要脏器功能。淹溺现场急救的关键是保持气道通畅，尽快进行CPR，并根据病情对症处理。电击时热能和电化学作用损伤组织导致器官功能障碍，急救时首先迅速使患者脱离电源，进行CPR及其他对症处理。烧伤救护时应迅速脱离热源及抢救吸入性损伤等危及生命的损伤，并注意防治休克及感染。咬蜇伤后应防止毒液扩散和吸收，尽快排出毒液，尽早注射抗毒素，酌情对症治疗。

1. 试述急性重症哮喘、急性冠状动脉综合征、糖尿病酮症酸中毒、原发性脑出血的救治原则和护理要点。

2. 试述中暑、淹溺、电击伤、烧伤和咬蜇伤在救治上有何异同。

第十章 急诊感染控制

10

学习目标	
掌握	VAP、CRBSI、CAUTI、MDROI概念及感染的控制与预防措施。
熟悉	危重症患者感染的原因、分类、常见感染的途径、临床表现与诊断。
了解	常见传染病的症状、急诊科传染病的管理以及ICU感染控制制度。

急诊科病种繁多，急危重症患者病情危重、复杂、自身抵抗力下降且常需要接受侵入性操作，诸多因素导致感染疾病增加。传染病属于感染性疾病的一种特殊类型，目前，许多传染性疾病如病毒性肝炎、艾滋病、感染性腹泻等仍广泛存在，严重威胁人们的健康，如何防治感染疾病、做好传染病的预防工作，对于提高急诊的救治成功率具有重要意义。

第一节 急诊科传染病管理

传染病是由病原体（病毒、细菌、衣原体、立克次体、支原体、螺旋体、真菌、原虫、蠕虫等）感染人体后引起的具有传染性的疾病，引起医院感染的病原体以细菌最为多见。

传染病按传播途径分类可分为肠道传染病、呼吸道传染病、血源性传染病、虫媒传染及自然疫源性传染病、性传染疾病等类型；按国家法定传染病定义可分为甲类传染病、乙类传染病、丙类传染病。我国卫生和计划生育委员会2016年发布的数据表明，发病数乙类传染病中居前5位的依次为病毒性肝炎、肺结核、梅毒、细菌性和阿米巴性痢疾、淋病，占乙类传染病报告发病总数的92.48%。丙类传染病报告发病数居前5位的病种依次为手足口病、感染性腹泻病和流行性感冒、流行性腮腺炎和急性出血性结膜炎，占丙类传染病报告发病总数的99.72%。

传染病在医院内的传播途径主要有空气传播、飞沫传播、接触传播和生物媒介传播。经空气传播的常见疾病如肺结核、麻疹、水痘等；经飞沫传播的疾病如百日咳、猩红热、白喉、肺结核、SARS、流行性脑脊髓膜炎等；接触传播性疾病如艾滋病、病毒性肝炎、梅毒、霍乱、细菌性痢疾、淋病等；生物媒介传播如疟疾、流行性出血热、流行性乙型脑炎等。

相关链接　　　中华人民共和国国家卫生和计划生育委员会2016年8月2日发布常见医院感染暴发控制指南，总结医院感染暴发的常见病原菌，见表10-1。

表10-1　医院感染暴发常见病原菌

部位	常见病原菌
下呼吸道	铜绿假单胞菌、金黄色葡萄球菌、白假丝酵母菌、肺炎克雷伯菌、鲍曼不动杆菌、大肠埃希菌、阴沟肠杆菌、嗜麦芽窄食单胞菌
胃肠道	沙门菌属、大肠埃希菌、志贺菌属、耶尔森菌属、艰难梭状芽胞杆菌、轮状病毒、诺如病毒、柯萨奇病毒
血液系统	乙型及丙型肝炎病毒、艾滋病病毒、大肠埃希菌、白假丝酵母菌、凝固酶阴性葡萄球菌某些种、金黄色葡萄球菌、肺炎克雷伯菌、铜绿假单胞菌、肠球菌属、阴沟肠杆菌、鲍曼不动杆菌
手术部位	龟分枝杆菌等非结核分枝杆菌、大肠埃希菌、金黄色葡萄球菌、铜绿假单胞菌、凝固酶阴性葡萄球菌某些种、粪肠球菌属、阴沟肠杆菌、鲍曼不动杆菌

部位	常见病原菌
眼部	流感嗜血杆菌、铜绿假单胞菌、变形杆菌、化脓链球菌、金黄色葡萄球菌
皮肤软组织	金黄色葡萄球菌、铜绿假单胞菌、大肠埃希菌、表皮葡萄球菌、阴沟肠杆菌、白假丝酵母菌、鲍曼不动杆菌、粪肠球菌
泌尿道	大肠埃希菌、阴沟肠杆菌、产气肠杆菌、白假丝酵母菌、粪肠球菌、屎肠球菌、热带假丝酵母菌、铜绿假单胞菌、肺炎克雷伯菌、鲍曼不动杆菌
中枢神经系统	大肠埃希菌、克雷伯菌属、沙门菌属、弯曲菌属、金黄色葡萄球菌、凝固酶阴性葡萄球菌某些种、铜绿假单胞菌

一、急诊常见传染病的症状

（一）急诊传染病的常见共有症状

1. 发热（fever）　发热可以由感染性因素，也可以由非感染性因素所引起。急性传染病中感染性发热为最常见、最突出的症状。传染病的发热过程可分为 3 个阶段：体温上升期、极期、体温下降期。

（1）体温上升期：指患者在病程中体温可逐渐或骤然上升的时期。体温骤然上升，患者可伴有寒战。若体温上升至 39℃以上，可见于疟疾、登革热等；体温亦可缓慢上升，呈梯形曲线，见于伤寒、细菌性痢疾等。

（2）极期：体温上升至一定高度，然后持续数天至数周。

（3）体温下降期：升高的体温缓慢或骤然下降。几天后降至正常，如在伤寒、副伤寒，亦可在一天之内降至正常，如败血症、伤寒缓解期，此时多伴有大量出汗。

热型是传染病重要特征之一，具有鉴别诊断意义。常见热型有稽留热、弛张热、间歇热、回归热和不规则热等。

2. 发疹（rash）　许多传染病在发热的同时伴有皮疹，称为发疹性传染病。如水痘、风疹、天花、猩红热等。皮疹的出现时间、分布、形态等对发疹性传染病的诊断和鉴别诊断起重要作用。如风疹的皮疹通常于发热 1~2 天后出现，皮疹先从面颈部开始，在 24 小时蔓延到全身。水痘的皮疹在病程第一天即可出现，常呈向心性分布，主要分布于躯干；带状疱疹在起病后 1~3 天沿周围神经分布区域出现成簇的红色斑丘疹，很快发展成疱疹，疱疹从米粒大至绿豆大小不等，分批出现，沿神经支配的皮肤呈带状排列，伴明显的神经痛。

3. 中毒症状　病原体的各种代谢产物、内外毒素可引起除发热以外的多种症状如疲乏、全身不适、厌食、头痛、肌肉疼痛等。严重者可有意识障碍、脑膜刺激征、中毒性脑病、感染性休克等表现，有时还可引起肝、肾功能损害。

（二）急诊常见的病毒性传染疾病

1. 流行性感冒　流行性感冒（influenza）简称流感，是由流感病毒引起的急性呼吸道传染病。临床特点为急起高热，全身酸痛、乏力，或伴轻度呼吸道症状。该病潜伏期短，传染性强，传播迅速。流感病毒分甲、乙、丙三型，甲型流感威胁最大。由于流感病毒致病力强，易发生变异，易引起暴发流行。单纯型流感急起高热，全身症状较重，呼吸道症状较轻。明显头痛、身痛、乏力、咽干及食欲减退等。部分患者有鼻塞、流涕、干咳等。发热多于 1~2 天内达高峰，3~4 天内退热，其他症状随之缓解，但上呼吸道症状常持续 1~2 周后才逐渐消失，体力恢复亦较慢。部分轻症者，类似其他病毒性上感，1~2 天即愈，易被忽视。

2. 流行性腮腺炎　流行性腮腺炎简称流腮，是儿童和青少年中常见的呼吸道传染病，由腮腺炎病毒所引起。临床特征为发热及腮腺非化脓性肿痛，并可侵犯各种腺组织或神经系统及肝、肾、心脏、关节等器官。本病好发于儿童，亦可见于成人。

3. 水痘　水痘是由水痘—带状疱疹病毒所引起的急性呼吸道传染病。水痘是原发性感染，多见于儿童，临床上以轻微全身症状和皮肤、黏膜分批出现迅速发展的斑疹、丘疹、疱疹与结痂为特征。

4. 麻疹　麻疹是由麻疹病毒引起的急性呼吸道传染病。临床特征为发热、流涕、咳嗽（cough）、眼结膜炎、口腔麻疹黏膜斑及全身皮肤斑丘疹。

5. 肺结核　排菌的肺结核患者是本病的传染源。传播途径以空气传播为主。早期肺结核可无明显症状或咳嗽轻微，患者干咳或咳少量黏液痰，也可有咳嗽、咳痰、咯血（hemoptysis）、胸痛（chest pain）等呼吸系统症状，严重者可出现气急。发热为其主要也是常见的全身中毒性症状，多表现为长期低热（low-grade fever），午后或傍晚开始，清晨恢复正常；或仅表现为体温不稳定，运动或月经后体温不能恢复正常，当病情急剧恶化进展时亦可出现高热，呈稽留或弛张热型。

6. 艾滋病　艾滋病可经体液传播（输血、注射等）、母婴传播。感染艾滋病病毒后普遍要经 2~10 年左右进展成艾滋病，主要有 5 种表现。

（1）免疫力下降：发热、乏力、盗汗、厌食、体重下降，慢性腹泻和易感冒。

（2）神经症状：头痛、癫痫、下肢瘫痪等。

（3）严重的临床免疫综合征：呈现各种机会性感染。

（4）继发肿瘤。

（5）并发其他疾病，如慢性淋巴性间质性肺炎等。

7. 病毒性肝炎

（1）分类：分为甲肝、乙肝、丙肝、丁肝、戊肝等五类。

（2）临床表现

1）急性肝炎：起病急，畏寒、发热、全身乏力、厌油、恶心、呕吐、皮肤巩膜黄染。

2）慢性肝炎：疲惫、厌食、恶心、呕吐、腹胀、腹泻、肝区不适等。

（3）传播途径

1）甲肝、戊肝：主要经过肠道传播，即进食被病毒污染的食品或水而感染生病。

2）乙肝、丙肝、丁肝：主要经血液传播，可经过输血、注射、血透等途径传播，亦可经由母亲传给新生儿。

二、急诊传染病的消毒隔离管理

（一）急诊科感染护理监控制度

1. 有医院感染管理小组及相应的职能。

2. 执行医院消毒、隔离制度。

（1）在医务科、护理部及院感染监控办公室的指导下工作。

（2）工作人员上班时必须衣帽整洁、治疗操作时戴口罩、接触每个患者前后应用洗手液、流动水洗手或用速干手消毒擦拭。

（3）各种诊疗用具、抢救包、检查包在消毒灭菌有效期内使用，一用一消毒或灭菌，由消毒供应室统一消毒灭菌。

（4）无菌敷料缸开启应在24个小时内使用，应用独立包装的乙醇及碘伏，并按说明使用。

（5）执行《医疗废物管理制度》，做好分类收集、密闭式转运及无害化处理，并做好交接处理记录。

（6）体温表用后应在清洁的基础上采用500~1000mg/L的含氯消毒剂或75%乙醇浸泡30分钟，清水冲洗，擦干备用。

（7）急诊抢救室、治疗室、换药室空气每班消毒，限制入室人员，严格分区管理。地面保持清洁，遇污染时用有效含氯消毒剂擦拭消毒。

（8）诊断室、抢救室、留观室、治疗室、换药室，每日开门窗通风2~3次，每日用2500~5000mg/L含有效含氯消毒液擦拭门、窗、桌、椅、车、柜、轮椅等物表，每月彻底清洗1次；墙壁、地面、急救推车（平车）等如有血液、体液污染立即用1000~2000mg/L有效含氯消毒液消毒并清洗。

（9）抢救室、留观室患者离院后，立即用含氯消毒剂进行终末处理。

（10）医务人员如发生锐器伤或职业暴露时应立即按《医务人员职业暴露标准操作规程》进行局部处理并上报院感办，组织评估、预防和随访。

（二）病区管理

1. 基本要求

（1）通风良好，独立设区，与其他病区相隔离。

（2）专用病区内应分清洁区、半污染区、污染区，无交叉。

（3）医护人员办公室应通风良好，与病房分隔无交叉，并尽可能保持一定距离。

（4）疑似患者与确诊患者要收入不同的病房。

（5）进入病区应戴专业防护口罩、帽子、鞋套，穿隔离衣。

（6）病区出入口应有专人检查出入人员是否符合要求。

2. 住院患者均须戴口罩，严格隔离，严格管理，不得离开病区。

3. 严格探视制度。不设陪护，不得探视，如患者危重等情况非探视不可，探视者必须戴专业防护口罩、帽子、鞋套，穿隔离衣，严格做好个人防护。

（三）病区的消毒

1. 空气消毒

（1）病房有人的情况下：①强调病房的通风，特别强调自然风的通风对流，保持室内空气与室外空气的交换，自然通风不良则必须安装足够的通风设施；②可用乳酸加热熏蒸消毒，将乳酸溶于适量水中，加热蒸发，使乳酸细雾散于空气中。

（2）病房无人的情况下：①用紫外线灯照射消毒；②过氧乙酸、过氧化氢、活化后的二氧化氯、含氯消毒剂喷雾。以上化学消毒剂用作空气消毒均须在无人且相对密闭的环境中，严格按照消毒药物使用浓度、使用量及消毒作用时间操作，方能保证消毒效果。消毒时腾空房间，密闭门窗进行喷雾，喷雾完毕，作用时间充分方能开门窗通风。

2. 地面和物体表面消毒 病房、走廊、检查室、X光室、B超室、检验室、治疗室、医护人员办公室等场所地面要适时拖扫；桌子、椅子、凳子、床头柜、门把手、病历夹等可用消毒液擦拭消毒。病房门口、病区出入口可放置浸有有效含氯的脚垫，不定时补充喷洒消毒液，保持脚垫湿润。

3. 排泄物、分泌物的处理 对患者的排泄物、分泌物要及时消毒处理。每个病床须备有效含氯消毒液，用作排泄物、分泌物的随时消毒。

4. 患者使用物品的消毒

（1）患者使用的被服、口罩要定时消毒，生活垃圾要用双层垃圾袋盛装及时有效处理，避免污染的发生。便器、浴盆的消毒可用有效含氯消毒液浸泡。

（2）呼吸治疗装置在使用前应进行灭菌或高水平消毒。建议使用一次性管道。

（3）体温计使用后立即用有效含氯消毒液浸泡，听诊器、血压计等物品，每次使用后用75%乙醇擦拭消毒。

（4）运载患者的交通工具及用具的消毒：救护车运载患者时应开窗通风，患者离车后，应立即用过氧乙酸对车内空间喷洒消毒，对担架、推车等物品擦拭消毒。

（5）使用后的隔离衣、口罩、帽子、手套、鞋套及其他生活垃圾要及时处理，存放容器必须加盖，避免可能的污染。

（6）污水处理，可以适当增加药物投放。

（7）终末消毒。患者出院、转院、死亡后，病房必须进行终末消毒。

（四）个人防护

急诊护士应对的是急危重症患者，面对的都是创伤、骨折、自杀、酗酒、意外等恶性事件，一定程度上增加了感染的概率。

1. 急诊护士的职业感染风险

（1）血行传播疾病：急诊就诊的患者病情急，既往史不详，在急救过程中，护理人员在毫不知情的情况下，如果皮肤破了一个小口，而抢救的患者携带有HBV或HIV病毒，其每毫升血液中含有一亿个感染剂量，而感染HIV只需1.4毫微升血液，感染HBV只需0.01ml血液，接触少量患者血液就有可能被感染。

（2）呼吸道传播性疾病患者的飞沫，疱疹患者的疱疹液等。

（3）洗胃：急性中毒患者洗胃过程中的体液、尤其是毒性很强的有机磷，其挥发性的气味带有很强的刺激性。

（4）插管：抢救时紧急的气管插管和吸痰过程中呼吸道污染，这些危险因素使护士在没有防范的情况下可通过呼吸道、皮肤黏膜被动吸收或被污染。

（5）锐器伤：锐器伤已成为护理工作中最常见的职业伤害，而急诊护士由于工作节奏紧张，工作量大，接触锐利器械如刀片、剪刀、缝针、针尖、玻璃、安瓿的频度比其他科室护士高得多，尤其是年轻护士，经验少，在接触锐器过程中不注意防护，操作时不严格按照操作规程，如用手直接掰安瓿、用手直接处理有创用物、针筒使用后随意摆放、注射或拔针过程中自伤等。还有医生在处理一些外伤清创患者后，不能及时将清创物品分类、整理，导致其他医护人员被针刺伤或接触到血液。

2. 急诊科隔离病房的操作规程

（1）进入病区必须戴专业防护口罩，每4小时应更换一次，进入病房均须穿隔离衣。

（2）接触每个患者前后都要洗手或用快速消毒剂擦拭，认真按照六步法的要求洗手，手消毒可用75%乙醇或0.5%碘伏擦手，或0.1%氯己定溶液、0.2%过氧乙酸溶液、含氯消毒液（含有效氯500mg/1000ml）等浸泡双手，洗手应采用非接触式的洗手装置。

（3）清创手术后术者应自己清理用物，以免他人在清理时受伤。

（4）进行近距离操作时，除做好上述防护外，应戴防护眼镜，如患者有发热、咳嗽等症状，应尽量集中操作，尽量避免近距离接触患者。

（5）使用手套的护士在接触患者后应将手套弃去并洗手，防止护患交叉感染。

3. 急诊护士职业暴露的预防　美国疾病预防控制中心（CDC）已将护理职业暴露的预防工作作为强制执行项目推荐给全美国所有的医院。目前，我国也在积极开展此类工作。

（1）加强对急诊护士的教育培训是减少职业性损伤的有效措施之一，如传染病疫情培训、中毒知识培训、自然灾害和意外事故知识培训。

（2）在日常护理操作时，护理人员应提高职业防护意识，例如：接触患者必须戴口罩、乳胶手套，尤其在接触有高度传染性的患者时要戴双层乳胶手套，可大量减少病原微生物通过锐器伤口进入血液的数量。

（3）护理人员在日常生活中，应注意手部皮肤的完整性，特别是自身有伤口者，要做好伤口的清创处理工作，注意伤口保护、防止细菌侵入。

（4）预防是控制感染的关键。损伤性污物，如针头等锐器使用后应及时放入专用容器盒内，密闭存放，禁止双手回套针帽。掰安瓿时用砂轮划锯痕，安瓿颈部应垫棉球，防止玻璃尖端或碎屑损伤护士皮肤。

（5）急诊工作环境发生职业暴露的危险因素高于其他科室，医护人员发生职业暴露后及时采取补救措施是降低职业危害的有效方法。

（6）锐器刺伤后护士应保持冷静的心态，应立即挤出伤口血，用肥皂液在流水下冲洗，用0.5%碘伏或75%乙醇进行消毒，然后向主管部门汇报及登记，进一步检测处理，必要时请有关专家进行评估、指导用药。

（7）加强暴露后的心理咨询，有效降低护理人员因职业暴露引起的心理伤害。

（8）急诊在临床第一线，应该得到医院管理层的高度重视和支持，条件准许下应为急诊人员建立健康档案，免费为急诊护士进行各种疫苗的注射，如乙型肝炎疫苗、流感疫苗等，对于新入院的医护人员应该在工作之前进行免疫接种。

第二节　重症监护病房医院感染管理

急危重症患者在抢救成功率大大地提高的同时，越来越多的医疗干预措施也成为医院感染发生的危险因素，重症监护病房（ICU）内患者基础疾病危重，自身抵抗力低下，易感性增加；感染患者相对集中，病种复杂；使用呼吸机、深静脉置管和留置导管等侵入性操作繁多，容易发生器械相关医院感染，如呼吸机相关肺炎、尿路感染、伤口感染、导管相关血流感染等；多重耐药菌在 ICU 常驻等诸多因素导致 ICU 成为医院感染的高发区域。因此，ICU 院内感染预防与控制为感染控制的重要组成部分。

严格制度化管理是 ICU 医疗护理质量得以保证的关键，也是感染控制的关键部分。ICU 除执行各级政府和各级卫生管理部门的各种法律法规、医疗核心制度外，还需建立健全各项规章制度，其中包括严格的 ICU 感染预防和控制制度。具体制度参考如下。

1. **加强并完善管理制度，建立 ICU 感染管理小组**　ICU 可建立由科主任、护士长等管理人员组成的专门负责本科室的感染管理工作小组，定期研究本科室感染预防与控制工作存在的问题和改进方法，制定并不断完善 ICU 医院感染管理相关规章制度，并监督、管理诊疗护理工作实践中的落实情况。

（1）建立培训及教育制度，加强防控知识宣讲：ICU 应针对科室感染特点建立人员岗位培训和继续教育制度，针对所有工作人员，包括医生、护士、进修人员、实习学生、保洁人员等，定期开展医院感染预防与控制相关知识和技能的培训，并向患者家属宣讲医院感染预防和控制的相关规定。

（2）监测与监督：管理小组应及时落实 ICU 医院感染预防与控制措施，并对落实情况进行督查，做好相关记录，及时向科室人员及上级部门反馈检查结果。常规监测院内感染发病率、感染类型、常见病原体和耐药状况等，早期识别院内感染暴发并实施有效的干预措施。

2. **环境管理**　ICU 应严格落实环境清洁和消毒卫生，如定时开窗通风或机械通风，保持墙面和门窗清洁和无尘，地面湿式清扫等。工作人员进入 ICU 要更换专用工作服，接触特殊患者如 MRSA 感染或携带者，或处置患者可能有血液、体液、分泌物、排泄物喷溅时，应穿隔离衣或防护围裙。接触疑似为高传染性的感染如禽流感、SARS 等患者，应戴 N95 口罩。尽量减少进出 ICU 的工作人员，减少不必要的访客探视，如有条件可采取视频等间接探视方式，对于疑似有高传染性的感染如禽流感、SARS 等，应避免探视。

3. **操作管理**　严格执行手卫生规范和正确使用手套。各项医疗、护理操作严格执行无菌技术原则。各种引流应保持密闭性，引流管通畅。每日评估深静脉置管、尿管、气管导管等，严格按指征拔管。做好口腔护理、声门下分泌物吸引和呼吸机管道护理，预防呼吸机相关肺炎的发生。

4. **患者管理**　感染患者与非感染患者应分开安置，同类感染患者相对集中，MRSA、泛耐药鲍曼不动杆菌等感染或携带者单独安置，以避免交叉感染。对于空气传播的感染，如开放性肺结核，应隔离于负压病房。接受器官移植等免疫功能明显受损患者，应安置于正压病房。医务人员不可同时照顾正、负压隔离室内的患者。

5. **物品管理**　规范使用一次性物品；用后物品按照使用规范和院内感染管理要求进行清洁、消毒或灭菌处理，医疗废物的处置应遵循《医疗废物管理条例》、《医疗卫生机构医疗废物管理方法》和《医疗废物分类目录》的相关规定。定期对仪器、设备进行清洁消毒；病床、台面、桌面等定期擦拭消毒。

6. **合理使用抗菌药物**　根据细菌培养与药敏试验结果，合理应用抗生素；抗菌药物的应用及管理应遵循国家相关法规、文件及指导原则。

一、呼吸机相关性肺炎

呼吸机相关性肺炎（ventilator associated pneumonia，VAP）是原来无肺部感染的患者，机械通气（mechanical ventilation，MV）48 小时后至拔管后 48 个小时内发生的肺实质的感染性炎症，是机械通气常见的并发症。VAP 在国内外报道的发生率和病死率均较高。

（一）感染途径

1. 医源性途径　气管插管与气管切开后，患者上呼吸道的防御机制障碍，咳嗽反射与呼吸道黏膜的纤毛清除能力下降，频繁吸痰，这些都可在一定程度上损伤呼吸道上皮细胞、引发炎症反应。同时，建立的通道可使上呼吸道（如声门下至气管插管气囊间隙）的分泌物中的病原菌随呼吸而被吸入至肺，从而引发肺内感染。

2. 口咽部定植菌吸入　研究表明，口咽部定植细菌的吸入可作为 VAP 发生的独立危险因素，其在 VAP 的发病机制中起关键作用。机械通气的患者极易出现口咽部定植菌，尤其是革兰阴性杆菌的定植，口腔定植菌数量和种类的增多，增加了这些细菌被误吸或被气管插管引入下呼吸道机会。

3. 胃肠道定植菌误吸　危重症患者气管插管时抑制了患者的吞咽活动，易使反流的胃内容物吸入肺内，加之留置胃管进行肠内营养使得食管下括约肌功能减弱，口咽部分泌物发生淤积，使用抑酸剂使胃液的 pH 值增高，消化道内细菌过度繁殖，这些都可导致胃肠道定植菌逆行进入呼吸道机会增多。

（二）临床表现

1. 症状　常见的症状包括发热、喘息、咳嗽、脓痰、呼吸困难等。

2. 体征　重症患者可有呼吸频率加快、发绀、病变部位湿啰音等体征。一些患者还可叩诊出有胸腔积液，听诊时有胸膜磨擦音等。部分患者胸部 X 线片可出现肺部实变或者空洞形成或新出现或者进行性发展且持续存在的肺部浸润阴影；但部分老年人或免疫功能低下者 X 线片可不出现肺部浸润阴影，部分老年人可出现神志改变。

（三）诊断

依据中华医学会重症医学分会制定的"呼吸机相关性肺炎诊断、预防与治疗指南（2013）"，VAP 的诊断主要依据临床诊断、影像诊断及病原学诊断。

1. 胸片检查　出现肺部实变或者空洞形成或新出现或者进行性发展且持续存在的肺部浸润阴影。

2. 同时满足以下两项可考虑 VAP 的诊断。

①体温超过 38℃ 或 <36℃；②外周血白细胞增多或减少（$>10 \times 10^9/L$ 或 $<4 \times 10^9/L$）；③气管、支气管内出现脓性气道分泌物或呼吸道分泌物增多，除外肺水肿、肺栓塞、ARDS 等疾病。

3. 病原学的诊断　可采取非侵入性和侵入性的方法获取标本，临床上常用的非侵入性方法如气管内吸引分泌物，侵入性方法如经纤维支气管镜采样，如保护性毛刷（PSB）、支气管肺泡灌洗（BAL）获取标本，两者相比较，侵入性取样 PSB、BAL 具有更高的准确性。

4. 其他 气道分泌物涂片有助于 VAP 的诊断及病原微生物的初步辨别；临床肺部感染积分（clinical pulmonary infection score，CPIS）也可作为 VAP 诊断与严重程度评估的重要量化依据，有助于 VAP 的诊断，见表 10-2。

表 10-2　CPIS 评分表

参数	标准	分值
体温	36~38.4℃	0
	38.5~38.9℃	1
	≥39℃ 或 ≤36℃	2
白细胞计数	$4.0 \times 10^9/L$~$11.0 \times 10^9/L$	0
	$<4.0 \times 10^9$ 或 $>11.0 \times 10^9$	1
	$<4.0 \times 10^9$ 或 $>11.0 \times 10^9$ 且杆状核白细胞 >50%	2
气管分泌物	较少或无	0
	非脓性分泌物	1
	脓性分泌物	2
氧合指数	>240 或 ARDS	0
	≤240 且无 ARDS	2
胸部 X 线	无浸润	0
	弥漫性浸润	1
	局部浸润	2
半定量气管吸出物培养	病原菌 ≤1+ 或无病原菌生长	0
	病原菌 >1+	1
	培养的病原菌与革兰染色一致	2

该评分表总分值为 12 分，得分大于 6 分即可认为存在 VAP

（四）感染的预防与控制

1. 支持与基础疾病治疗　通气支持的患者应同时加强支持治疗如维持液体出入量、营养支持等，起到稳定患者基本状态的作用，更直接的治疗应是针对基础病因进行治疗，如鼻窦炎、呼吸机相关支气管炎治疗等；每天评估镇静药使用的必要性，达到尽早停用。

2. 环境管理　维持病室内温度 18~20℃，湿度 60%~70%，应用空气层流净化装置，也可采用过滤除菌或空气净化器达到有效的空气净化消毒；感染患者与非感染患者分开安置；病室内应限制人员流动，尽可能减少不必要的访客探视，非工作人员进入时应换鞋帽及工作服。

3. 严格无菌操作　医护人员在检查及处置前后应严格洗手，以避免交叉感染。在进行与气道相关的操作时，应严格遵守无菌技术操作流程，以控制外源性感染。

4. 患者呼吸道管理

（1）保持患者呼吸道通畅，定时清理呼吸道分泌物，注意加强呼吸道温、湿化，并应协助患者翻身、叩背及震动排痰。

（2）每日进行 2 次口腔护理，以减少口腔内细菌数，防止其向下移行而发生 VAP，口腔护理时应在气囊充气情况下进行，避免漱口液进入呼吸道。

（3）保持气管切开部位的清洁、干燥。

（4）及时清除声门下分泌物，气囊放气或拔出气管插管前应确认气囊上方的分泌物已被清除；监测气囊内压力，保持在 20~30cmH$_2$O，可有效降低 VAP 发病率。

（5）每天评估呼吸机及气管插管的必要性，尽早脱机或拔管。

5. 患者卧位　长时间平卧位是引起误吸的最危险因素。如患者病情允许，尽量采用半坐卧位，抬高床头 30°~45°，以减少胃、食管反流物的误吸，降低 VAP 的发生。对于经口进食或鼻饲的患者，喂食或鼻饲的速度不可过快。

6. 呼吸机管理　呼吸机外壳及面板应每天清洁消毒 1~2 次；呼吸机外部管路及配件应一人一用一消毒或灭菌，长期使用者应每周更换；呼吸机环路是细菌寄居的重要部位，环路中的冷凝水内易有细菌定植，因此，呼吸机管路湿化液应使用无菌水，集水瓶应放在呼吸机环路的最低位置，避免倒流，并应及时倾倒集水瓶内的冷凝水。

二、导管相关血流感染

导管相关血流感染（catheter related blood stream infection，CRBSI）是指带有血管内导管或者拔除血管内导管 48 个小时内的患者出现的血流感染。患者在留置或拔除导管期间可出现菌血症或真菌血症，并伴有发热（>38℃）、寒战或低血压等感染表现，除血管导管外没有查出其他明确的感染源。实验室微生物学检查显示：外周静脉血培养细菌或真菌阳性；或者从导管端和外周血培养出相同种类、相同药敏结果的致病菌。在 ICU 接受治疗、护理的患者通常病情危重、抵抗力差或有长期的广谱抗菌药物使用史，而血管置管作为患者输液、输血及营养支持通道的同时，也使患者处于血流感染和并发系统感染的高风险之中。

（一）感染途径

感染的病原微生物主要源自置管部位周围皮肤表面微生物定植和导管接头腔内污染。

1. 导管外途径　见于导管穿刺部位局部的皮肤定植微生物经置管部位至皮肤间隙入侵，并定植于导管尖端，是 CRBSI 最常见的感染途径。

2. 导管内途径　主要见于导管连接处污染的病原微生物经导管腔内移行至导管尖端，并在局部定植。

（二）临床表现

CRBSI 症状常不典型，缺少特异性。临床患者出现不同程度的发热、寒战及脓毒症为最常见的表现形式，可合并有全身中毒症状而无明显感染灶。少数患者可出现置管部位局部硬结或脓液渗出，或有静脉炎、心内膜炎或迁徙性感染症状出现。

（三）诊断

根据美国医疗机构流行病学学会（SHEA）2014 年 7 月发起的中央导管相关血流感染指南，CRBSI 的诊断依据临床诊断加微生物病原学诊断之一可确诊。

临床表现有发热、合并有全身中毒症状而无明显感染灶或合并有皮疹或出血点、肝脾大，血液检查中性粒细胞增多伴核左移，且无其他原因可以解释。

病原学诊断在临床诊断基础上，符合以下两条之一即可诊断。

1. 血培养　拔出导管后留取导管尖端 5cm 进行病原菌培养，至少 1 次经皮血培养和导管尖端培养，如果定植菌与血培养菌为同一菌株即可诊断 CRBSI。

2. 血液中检测到病原体的抗原物质。

（四）感染的预防与控制

1. **教育培训**　对进行插管和维护操作的相关人员进行培训和教育，包括血管内置管的适应证、置管和维护正确程序、感染控制措施的学习，经过培训合格方可进行置管及维护。

2. **严格无菌操作**　置管过程中严格的消毒与无菌操作是减少穿刺部位病原菌经导管皮肤间隙入侵的最有效手段。置管时，应使用含氯己定（洗必泰）浓度超过 0.5% 的酒精溶液严格进行穿刺部位皮肤消毒；操作人员置管、拔管、更换敷料均应进行卫生手消毒，置管时戴无菌手套，采取最大无菌屏障预防原则，置管及维护中央导管时必须严格遵守无菌技术，为减少感染应选用含有抗菌物质的保护帽；操作人员本身患感染性皮肤病、感冒、支气管炎等呼吸道疾病或携带、感染多重耐药菌的医务人员，未治愈前不宜进行置管操作。

3. **导管穿刺部位保护**　使用无菌透明、透气性好的贴膜或无菌纱布覆盖导管穿刺点均可有效预防感染。置管后应保持穿刺点干燥，定期更换置管穿刺点覆盖敷料，密切观察穿刺部位有无感染征象，如无感染征象时，不宜常规更换导管，不宜定期对穿刺点涂抹送微生物检测；对于长期使用无皮下隧道静脉导管的患者及免疫功能低下的患者，应定期使用碘伏消毒穿刺部位或使用碘伏纱布进行保护，以减少金黄色葡萄球菌感染的概率；反复进行导管连接部位的操作会增加感染的机会，应保持导管连接处清洁，在注射药物时应用酒精或含碘消毒剂进行消毒。

4. **导管放置与更换**　中心静脉置管时，应优先选择锁骨下静脉，尽量避免选择颈内静脉和股静脉，以免增加革兰阴性杆菌与真菌感染的机会。慢性肾衰竭透析患者，应选择造瘘或者置入方式来替代中央静脉导管进行长期透析；不应常规更换 CVC、PICC、血液透析导管、肺动脉导管来预防感染，当无必要时、及时拔除血管内置管。当怀疑中央导管相关血流感染时，如无禁忌，应立即拔管，导管尖端送微生物检测，同时采集静脉血送微生物检测。

三、导尿管相关尿路感染

导尿管相关尿路感染（catheter-associated urinary tract infection，CAUTI）主要是指患者留置导尿管后或拔除导尿管 48 个小时内发生的尿路感染，医院获得性尿路感染中大部分是由留置尿管所导致。其致病菌绝大多数为革兰阴性杆菌，其中以大肠埃希菌最常见。

（一）感染途径

大多数 CAUTI 为逆行性感染，会阴区病原体可经导尿管与尿道黏膜间的空隙逆行或操作异常而使病原体从尿管内腔迁移至膀胱，这是大多数 CAUTI 中最常见的感染方式。此外，细菌也可经导尿管与集尿袋的连接处或经集尿袋的放尿口处侵入。

（二）临床表现

绝大多数患者没有明显的临床症状，部分感染患者出现尿频、尿急与尿痛等尿路刺激症状，膀胱区可有不适，尿道口周围可出现红肿或有少量炎性分泌物。个别患者还可有下腹部触痛、腰痛、低热（一般不超过 38℃），一般无明显的全身感染症状。尿液检查时有白细胞，甚至血尿与脓尿。

（三）诊断

1. **临床诊断** 患者出现尿频、尿急、尿痛等尿路刺激症状，或者有下腹触痛、肾区叩痛，伴有或不伴有发热，尿检白细胞结果：男性≥5 个 /HP，女性≥10 个 /HP，插尿管者应当结合尿培养。

2. **病原学诊断** 在临床诊断基础上同时符合以下条件之一。

（1）清洁中段尿或者导尿留取尿液培养革兰阳性球菌菌落数≥10^4cfu/ml，革兰阴性杆菌菌落数≥10^5cfu/ml。

（2）耻骨联合上膀胱穿刺留取尿液培养的细菌菌落数≥10^3cfu/ml。

（3）新鲜尿液标本经离心后应用相差显微镜检查，每 30 个视野中有半数视野可见到细菌。

（4）经手术、病理学或者影像学检查，有尿路感染证据的。

患者虽然没有临床症状，但 1 周内有内镜检查或导尿管置入，尿液培养革兰阳性球菌菌落数≥10^4cfu/ml，革兰阴性杆菌菌落数≥10^5cfu/ml，应当诊断为无症状性菌尿症。

（四）感染的预防与控制

多数 CAUTI 患者无临床症状，不需要特殊的抗生素治疗，拔管后常可恢复，但 CAUTI 常使这些患者成为医院感染中最大的耐药菌来源。一部分患者由于持续 CAUTI 而发展成前列腺炎、膀胱炎、肾盂肾炎，甚至感染进一步扩散而引发菌血症等，因此，对于有症状的 CAUTI 应积极抗感染治疗，防止感染进一步扩散。

研究表明，CAUTI 的发病率在不同地区、不同医院之间相差很大，其发生与留置时间密切相关，CAUTI 的发生率随留置导尿时间延长而增加。预防与控制应从留置前、留置操作中、留置后监护多环节加强。

1. **留置导尿的选择** 留置导尿前应严格掌握留置尿管的适应证，避免不必要的留置导尿；留置导尿后，每日评估留置导尿的必要性，尽可能缩短导尿管的留置时间；应根据患者的年龄、性别、尿道等情况选择大小型号、材质合适的导尿管，最大限度减少尿道损伤。

2. **严格无菌技术** 严格执行无菌导尿技术，认真洗手后戴无菌手套进行导尿操作，防止发生交叉感染；操作时动作轻柔，减少导尿过程中的机械性损伤。

3. **导尿后护理** ①导尿管应妥善固定，防止尿管发生滑动和牵引尿道，避免打折与弯曲，始终保持集尿袋高度低于膀胱水平，但应避免接触地面，防止逆行感染。②保持尿液装置密闭、通畅、完整，维持通畅的无菌、密闭引流，一般情况下不要分离导尿管与集尿袋的连接管，必须分离时应消毒尿管与连接管口再按无菌技术连接集尿系统。清空尿液时，应当遵循无菌技术操作，避免集尿袋出口触碰到收集容器；患者活动或搬运时应夹闭尿管，避免尿液逆流；如尿管阻塞、脱出、发生尿路感染及留置导尿装置的无菌性和密闭性被破坏时应立即更换。③保持患者导尿口及会阴部清洁，留置导尿期间应每日清洁或消毒尿道口 2 次，对于大便失禁患者在清洁尿道口之后还应进行消毒；当留置导尿管的患者出现尿路感染时，应当及时更换导尿管，同时需要留取尿液进行病原学检测。④长期留置导尿的患者，不宜频繁更换导尿管，普通导尿管 7~10 天更换，特殊类型导尿管按说明书更换；避免不必要的膀胱冲洗；置管时间大于 3 天者，宜持续夹闭，定时开放，在拔除导尿管之前，训练膀胱功能；更换导尿管时，应将集尿袋同时更换。⑤采集尿标本做微生物检测时，应在导尿管侧面以无菌操作方法针刺抽取尿液，其他目的采集尿标本时应从集尿袋开口采集。

四、多重耐药菌感染

多重耐药菌感染（multi-drug resistance organisms infection，MDROI）指对临床使用的 3 类或 3 类以上抗菌药物（每类中至少有 1 种）的获得性不敏感（中介或耐药）的细菌感染。医院中常见的多重耐药菌主要有耐甲氧西林金黄色葡萄球菌、耐万古霉素肠球菌、多重耐药不动杆菌、多重耐药铜绿假单胞菌等。由多重耐药菌引起的感染呈现复杂性、难治性等特点，主要感染类型包括泌尿道感染、外科手术部位感染、医院获得性肺炎、导管相关血流感染等。近年来，多重耐药菌已经成为医院感染重要的病原菌。

（一）感染途径

多重耐药菌（multi-drug resistance organisms：MDROs）可来自内源性菌群或外源性菌群，内源性菌群如存在于皮肤、呼吸道、胃肠道、泌尿生殖道的条件致病菌，外源性菌群指来自于环境或其他人传播的病原体。内源性感染可通过细菌移位感染，外源性感染可通过接触方式感染，尤其以医护人员的手接触为主要传播媒介、其次侵入性操作接触方式传播。

（二）临床表现

当患者抵抗力下降、应用抗生素等因素，宿主对致病菌群易感性增加从而引发机体呼吸道、泌尿道、手术切口等部位感染，患者可出现感染症状，多数情况下，多重耐药菌感染的临床表现与敏感菌株所致的感染一致，如局部红、肿、热、痛及感染全身症状如发热、中毒等症状出现。

（三）诊断

临床医疗常规检验医嘱的临床微生物分离株，根据病原学诊断结果加临床诊断结果可诊断。

（四）感染的预防与控制

MDROs 一旦进入医疗机构，耐药菌株的存在与传播主要取决于两个方面：一是存在易感人群、抗菌药物使用的选择性压力、来自感染或定植患者潜在的传播增加；二是感染预防措施实施与遵守的效果。抗菌药物耐药性的预防依赖于在患者的全部常规医疗活动及操作中。包括血管、泌尿道置管的优化管理、气管插管患者下呼吸道感染的预防、病原菌的正确诊断以及对抗菌药物的谨慎选择和使用，这些措施将会在一定程度上降低抗菌药物的耐药性。

临床上可采用多种方法降低 MDROI 的发生。这些控制措施包括：严格改进、重视医护人员的手卫生；主动筛查并采取隔离防护措施监护目标患者，直至 MDROs 培养阴性；培训教育，提高医疗保健人员对 MDROI 的认识，增进医疗机构之间以及内部有关 MDROI 患者的沟通；加强环境清洁管理，清除和控制 MDROs，定期对环境评估，随时增加严格的控制干预措施。具体预防措施如下。

1. 完善管理制度 制定严格的 MDROs 预防与控制措施，以保证患者安全为前提，监督和促进医疗保健人员坚持执行标准预防和接触隔离。

2. 加强医疗保健人员教育和培训 定期举行教育、培训工作，提供最新的教育资料，对医疗保健人员进行 MDROs 传播的危险宣教及预防措施的教育和培训。

3. 慎用抗菌药物 抗菌药物使用在 MDROI 中的问题一直持续存在，医院相关部门应加强抗菌药物的使用干预，如严格按指征使用抗菌药物、切实落实抗菌药物的分级管理，正确、合理地实施个体化抗菌药物给药方案，根据临床微生物检测结果合理选择抗菌药物，避免因抗菌药物使用不当导致细菌耐药的发生。

4. 建立和完善对多重耐药菌的监测

（1）加强多重耐药菌高危人群监测：对多重耐药菌感染患者或定植高危患者要进行监测，及时采集有关标本送检，开展和实施对高危人群目标 MDROs 的主动筛查工作，例如，ICU 的患者、烧伤及骨髓移植患者、由 MDROs 流行率高的病房中转入的患者、曾经感染 MDROs 的患者等，以及时发现、早期诊断多重耐药菌感染患者和定植患者。

（2）提高临床微生物实验室的检测能力：提高医院微生物实验室对多重耐药菌检测及抗菌药物敏感性、耐药模式的监测水平。临床微生物实验室发现多重耐药菌感染患者和定植患者后，应当及时反馈医院感染管理部门以及相关临床科室，以便采取有效的治疗和感染控制措施。实验室应当至少每半年向全院公布一次临床常见分离细菌菌株及其药敏情况，包括全院和重点部门多重耐药菌的检出变化情况和感染趋势等。

5. MDROs 传播途径预防

（1）严格实施隔离措施：对确定或高度疑似多重耐药菌感染患者或定植患者，应当在标准预防的基础上，实施接触隔离措施，尽量选择单间隔离，也可以将同类多重耐药菌感染患者或定植患者集中安置在同一房间。隔离房间应当有隔离标识。不宜将多重耐药菌感染或者定植患者与留置各种管道、有开放伤口或者免疫功能低下的患者安置在同一房间。多重耐药菌感染或者定植患者转诊之前应当通知接诊的科室，采取相应隔离措施。患者隔离期间要定期监测多重耐药菌感染情况，直至临床感染症状好转或治愈方可解除隔离。没有条件实施单间隔离时，应当进行床旁隔离。若以上措施仍不能阻断传播时，可为 MDROI 患者提供专门护理和辅助性服务措施。

（2）加强物品清洁、消毒：加强多重耐药菌感染患者或定植患者诊疗环境的清洁、消毒工作，特定患者护理区域由专人负责清洁、消毒，保证紧邻患者、医护人员经常接触表面如床档等应进行连续的清洁消毒。尽可能为患者使用个人专用或一次性使用低度危险器材、设备，与患者直接接触的相关医疗器械、器具及物品如听诊器、血压计、体温表、输液架等要专人专用，并及时消毒处理。轮椅、担架、床旁心电图机等不能专人专用的医疗器械、器具及物品要在每次使用后擦拭消毒，被患者血液、体液污染时应当立即消毒。在多重耐药菌感染患者或定植患者诊疗过程中产生的医疗废物，应当按照医疗废物相关规定进行处置和管理。

（3）加强医务人员手卫生：医疗保健人员严格执行《医务人员手卫生规范》（WS/T313-2009）。医疗机构应当提供有效、便捷的手卫生设施，ICU 应当配备充足的洗手设施和速干手消毒剂，提高医务人员手卫生依从性。对患者实施诊疗护理操作时，应当将高度疑似或确诊多重耐药菌感染患者或定植患者安排在最后进行。接触多重耐药菌感染患者或定植患者的伤口、溃烂面、黏膜、血液、体液、引流液、分泌物、排泄物时，应当戴手套，必要时穿隔离衣，完成诊疗护理操作后，要及时脱去手套和隔离衣，并进行洗手或使用速干手消毒剂进行手消毒。出现多重耐药菌感染暴发或疑似暴发时，应当增加清洁、消毒频次。

（4）严格遵守无菌技术操作规程：医务人员应当严格遵守无菌技术操作规程，特别是在实施各种侵入性操作时，应当严格执行无菌技术操作和标准操作规程，避免污染。

（关持循）

学习小结

急危重症患者病情危重、复杂、自身抵抗力下降且常需要接受侵入性操作，诸多因素导致感染疾病增加。如何预防与控制常见感染疾病、做好传染病的预防工作，对于提高救治成功率具有重要意义。

重症监护病房（ICU）内患者基础疾病危重，感染患者相对集中，病种复杂，使用呼吸机、深静脉置管和留置导管等侵入性操作繁多，容易发生器械相关医院感染，如呼吸机相关性肺炎、尿路感染、伤口感染、导管相关血流感染等；多重耐药菌在ICU常驻等诸多因素导致ICU成为医院感染的高发区域。因此，掌握ICU院内感染预防与控制对于医务工作者是十分重要的。

复习参考题

1. 什么是传染病？目前医院中常见的传染病有哪些？如何分类？

2. 急诊常见传染病的常见症状有哪些？

3. 在急诊科如何做好个人防护？

4. ICU为什么容易发生院内感染？

5. 预防ICU院内感染要从哪些环节着手？

6. 简述危重患者感染的主要原因有哪些？

7. 什么是呼吸机相关性肺炎（VAP）？

发生VAP相关因素有哪些？应从哪些环节如何预防其发生？

8. 如何针对导尿管相关尿路感染的途径进行有效的预防？

9. 什么是导管相关血流感染（CRBSI）？如何加强血管内导管的护理？

10. 什么是多重耐药菌感染？医院中常见的多重耐药菌有哪些？

11. 应从哪些环节预防与控制医院多重耐药菌感染的发生？

第十一章　常用救护技术

11

11章

学习目标

掌握　人工气道的护理技术；机械通气应用期间的护理；简易呼吸器的应用；除颤仪的应用；血流动力学监测常用方法；镇静镇痛治疗的原则及治疗期间的病情观察；肠外和肠内营养的护理；连续性血液净化及血液灌流治疗中的并发症和处理及常用外伤救护技术的操作方法。

熟悉　人工气道开放技术；常用机械通气模式和参数的设置；简易呼吸器应用的注意事项；除颤仪应用的注意事项；血流动力学监测注意事项；镇静水平及疼痛水平的评估；常用营养制剂；常见血液净化技术治疗模式及操作方法及常用外伤救护技术的适应证。

了解　有创气道开放术的操作方法；机械通气的应用指征；临床应用及撤离；简易呼吸器应用的适应证和禁忌证；自动体外除颤仪的应用；镇静镇痛药物的选择；肠外、肠内营养的适应证；血液净化技术的适应证和禁忌证。

根据急危重症患者病种复杂，病情变化快等特点，要求急诊医务人员除了具备各临床专科的一般知识和操作技能以外，还应熟练掌握各种急救技术，例如：人工气道的建立、机械通气、电除颤术、球囊-面罩通气术、血流动力学监测、镇静镇痛、营养支持、血液净化技术、创伤急救基本知识等技术，以便对患者实施有效救护。

第一节　人工气道管理

在急危重症患者的救治过程中，气道管理是诸多技术中较为关键的技术。确保气道畅通，保证呼吸有效性，维持有效的气体交换是急危重症患者救治最为重要的，也是首要的手段。及时、合理的气道管理技术是每个临床医护人员都必须掌握的基本技术。

一、气道开放技术

气道开放术（airway open surgery）指运用手法或辅助器械解除气道阻塞，保持气道通畅的急救技术。气道开放术的种类较多，具体采用何种方法取决于急救者的技能、可获取的设备及患者的临床情况。本节就常用方法进行介绍。

（一）手法开放气道术

此法简便、有效，在没有人工气道辅助器材的情况下，可暂时解除梗阻，常用以下两种方法。

1. **仰头举颏法**　患者平卧，救护者一手小鱼际置于患者前额，手掌用力向后压，使其头部后仰；另一手食指、中指并拢置于患者下颏，向前、向上抬起下颏（图 11-1）。

2. **双手托颌法**　患者平卧，救护者站于患者头侧，双肘部支撑在患者躺着的平面上，用双手同时将其左右下颌角向前、向上托起，保持头、颈、胸在同一轴线上。此法可用于疑似有头颈部受伤者（图 11-2）。

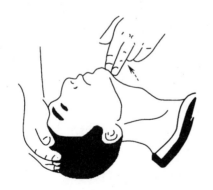

图 11-1　仰头举颏法

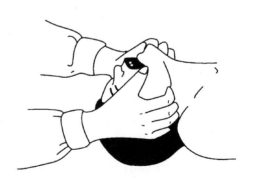

图 11-2　双手托颌法

【注意事项】

1. 仰头举颏法只能在确定患者无颈椎损伤时方可采用。

2. 仰头举颏法需注意手指勿用力压迫患者颈前部颏下组织，以免压迫气管。

3. 仰头举颏法头部后仰的程度是使下颌角和耳垂连线与地面垂直。

（二）口咽、鼻咽通气管置入术

1. **口咽通气管置入术**　口咽通气管（oral pharyngeal airways，OPA）是一种由弹性橡胶或塑料制成的硬质扁管形物品，呈弯曲状，其弯曲度与舌及软腭相似。型号不同，其大小与长度亦不同，以适应不同年龄和体型的患者使用。口咽通气管是最简单的气道辅助物，具有良好的解剖学弧度，能将舌从咽后壁提起，迅速解除梗阻，且易于插入，不需要专业人员即可实施。

【适应证】

（1）有自主呼吸而舌后坠或上气道肌肉松弛而致气道梗阻者。

（2）癫痫发作或抽搐时保护舌、齿免受损伤。

（3）有气管插管时，替代牙垫作用。

（4）清除呼吸道分泌物，进行口咽部吸引，改善肺通气。

【禁忌证】

OPA 不可用于清醒或半清醒的患者，因其可能会引起恶心呕吐，甚至喉痉挛。此外，以下情况应慎用。

（1）口腔及上颌骨创伤、牙齿松动者。

（2）咽反射亢进者及呕吐频繁者。

（3）咽部占位性病变者。

（4）喉头水肿、气道异物、气道肿瘤、哮喘等。

【操作方法】

放平床头，患者平卧，头后仰，救护者站于患者头侧，使口、咽、喉三轴线尽量重叠，清除其口腔及咽部分泌物，根据患者的体型选择合适型号的口咽通气管（成人一般用 8~11 号）置入。置管方法分两种：直接放置法和反向插入法。直接放置时，一手打开口腔或应用压舌板压迫舌头，另一手持口咽通气管插入口腔，沿自然弯曲前进，到达咽喉部，使舌根与咽后壁分开。使用反向插入法时，沿着硬腭先反向插入口咽通气管，当其头端接近咽喉壁时，将通气管旋转 180°，使通气管沿着舌体自然弧度放置，向下推送头端达咽喉部（图 11-3）。

【注意事项】

（1）口咽通气管选择的原则是宁长勿短，宁大勿小。

（2）口咽通气管仅适用于尚有自主呼吸的非清醒或昏迷患者。

（3）清醒或半清醒患者置入可出现恶心、呕吐、呛咳、喉痉挛和支气管痉挛等反射现象。

（4）不恰当的安置有可能反而将舌根推至咽腔而加重阻塞，或引起喉痉挛，或牙、舌体和咽腔的损伤。

（5）长时间安置者，需定时检查其位置是否正确。

2. **鼻咽通气管置入术**　鼻咽通气管（nasopharyngeal airway，NPA）与口咽通气管作用相似，

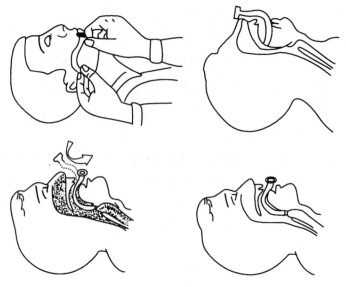

图 11-3　口咽通气管置入术（反向法）

不过其插入途径是从患者鼻腔插入咽腔的。主要用于牙关紧闭、颌面部创伤等不宜行口腔通气的患者。

【适应证】

（1）各种原因引起的上呼吸道不完全梗阻，无法耐受口咽通气管或使用口咽通气管效果不佳者。

（2）牙关紧闭、不能经口吸痰，防止反复吸引致鼻黏膜损伤者。

【禁忌证】

（1）颅底骨折者。

（2）各种鼻腔疾患，如鼻息肉、鼻腔畸形、肿瘤等。

（3）有出血倾向或鼻腔出血者。

【操作方法】

放平床头，患者平卧，头后仰，救护者站于患者头侧，选择大小合适的通气管，清洁并润滑一侧鼻腔、鼻咽通气管。插入时将通气管弯度向下，沿垂直鼻面部方向缓缓插入至通气管的头端抵达咽后壁，使舌根与咽后壁分开（图11-4）。

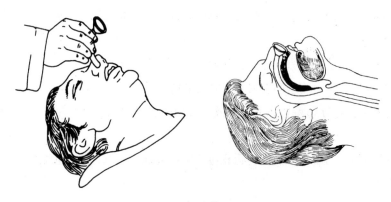

图 11-4　鼻咽通气管置入术

【注意事项】

（1）鼻咽通气管对咽喉部的刺激较口咽通气管小，患者耐受性较好，恶心、呕吐和喉痉挛等反应较少，清醒或半清醒患者也可使用。但通气管过长时可刺激声门反射，引起喉痉挛、恶心、呕吐等，操作时应注意。

（2）鼻咽通气管置入可引起黏膜损伤和出血。故意识消失的患者以选用口咽通气管为佳，因其安置容易，解除呼吸道阻塞效果较鼻咽通气管好，且很少引起损伤和出血。

（3）鼻咽通气管慎用或禁用于凝血机制异常、颅底骨折、鼻咽腔感染或鼻腔解剖畸形者。

（三）海姆立克手法

海姆立克（heimlich）手法是1974年美国医师海姆立克发明的一种简便有效的抢救食物、异物卡喉所致窒息的急救方法。它通过给膈肌下以突然向上的压力，驱使肺内残留的空气气流快速进入气管，达到驱出堵在气管口的食物或异物的目的。

【操作方法】

1. 自救法

（1）咳嗽法：异物仅造成不完全性呼吸道阻塞，尚能发声、说话，有呼吸和咳嗽的患者，可鼓励其自行咳嗽和尽力呼吸，以及做任何可促进异物排出的动作。

（2）腹部手拳冲击法：患者一手握拳（拇指在外）置于上腹部，另一手紧握该拳，用力向内、向上作快速连续冲击（图11-5）。

（3）上腹部倾压椅背法：患者稍弯腰，靠在一固定的水平物体上（如桌子边缘、椅背、扶手栏杆等），以物体边缘压迫上腹部，快速向上冲击，重复直至异物排出（图11-5）。

图 11-5　气道异物阻塞自救法

2. 他救法

（1）站姿手法：用于有意识的患者。施救者站于患者背后，用双臂环抱其腰部，手握拳虎口朝上放于患者剑突与肚脐之间，另一手紧握此拳，快速向内、向上冲压患者腹部，快速重复直至异物排出（图11-6）。

（2）卧姿手法：患者仰卧，头后仰。施救者骑跨在患者髋部，一手掌根部置于患者腹部中央与肚脐之间，另一手交叉重叠其上，借助身体的重量，向上快速冲击腹部，重复直至异物排出（图11-7）。

3. 婴幼儿手法

（1）胸部手指冲击法：患儿面朝上，施救者用中指和食指快速按压患儿剑突下和脐上的腹部，使异物排出（图11-8）。

（2）倒提拍背法：施救者前臂支在大腿上，将患儿骑跨并俯卧于前臂上，使其头低于躯干，一手握住患儿下颌固定头部，另一手掌根用力拍击患儿两肩胛间，使异物排出（图11-8）。

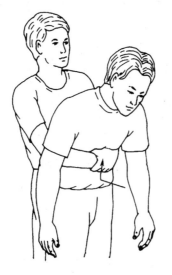

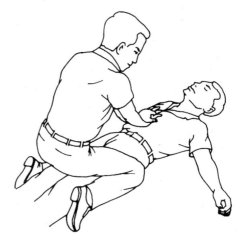

图 11-6　气道异物阻塞站姿他救法　　　　图 11-7　气道异物阻塞卧姿他救法

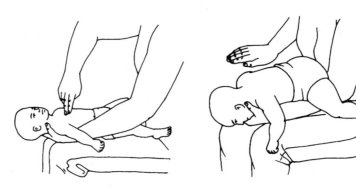

图 11-8　婴幼儿气道异物阻塞急救法

【注意事项】

（1）该手法使用不当可致肋骨骨折、胸腔或腹腔脏器损伤或破裂等并发症，故使用时要注意施力方向，且重复次数不能太多。非必要时，一般不采用此法。

（2）气道异物阻塞往往发生突然，情况复杂，特殊情况下，可灵活运用各种方法和程序。

（四）喉罩置入术

喉罩（laryngeal mask airway，LMA）是介于面罩和气管插管之间的一种新型维持呼吸道通畅的装置，覆盖于喉的入口，可以行短时间的机械通气技术。

【适应证】

（1）紧急情况下人工气道的建立与维持。

（2）困难气道难以气管内插管时代替气管内插管。

（3）颈椎疾患时，不能用喉镜和气管内插管的患者。

【禁忌证】

（1）饱胃和未禁食的患者。

（2）具有反流和误吸风险的患者。

（3）喉部或喉以下气道梗阻的患者。

（4）肺顺应性降低或肺高阻力的患者。

（5）咽喉部病变的患者，如咽喉部存在肿胀、血肿、水肿、组织损伤等。

（6）张口困难的患者。

【操作方法】

选择合适型号的喉罩（表11-1）行漏气检查，将患者口张开，清除其口腔及咽部分泌物。喉罩头端气孔面朝上，尖端紧贴硬腭，用食指将其沿硬腭和软腭推行，直至进入下咽部感觉有阻力时，退出食指，向罩内注入适量空气，密封喉部（图11-9）。

表 11-1 喉罩型号

患者年龄 / 体形	LMA 型号	套囊容量（ml）
新生儿 / 婴儿 <5kg	1	4
婴儿 5~10kg	1.5	7
婴儿 / 儿童 10~20kg	2.0	10
儿童 20~30kg	2.5	14
儿童 30kg 及体形较小的成人	3.0	20
一般成人	4.0	30
体形较大的成人	5.0	40

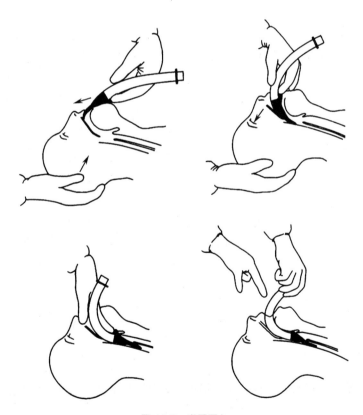

图 11-9 喉罩置入

【注意事项】

（1）使用喉罩前禁食。

（2）插入及使用中注意使会厌上提，避免会厌下翻及阻挡罩内导管开口处而引起气道梗阻。

（3）其位置不易固定，易发生气道梗阻，不宜长期使用。

（4）LMA不能完全堵塞食管，使用中有可能引起误吸。

（五）气管插管术

气管插管术（endo tracheal intubation）是将一特制的导管经口或鼻通过声门直接插入气管内的技术。它能迅速、无创、可靠地建立人工通气道，在急危重症患者的复苏抢救及治疗中具有重要的作用。

【适应证】

（1）呼吸、心搏骤停行心肺脑复苏的患者。

（2）呼吸衰竭需行机械通气的患者。

（3）不能自行清除上呼吸道分泌物、胃内反流物和出血，随时有误吸危险的患者。

（4）上呼吸道损伤、狭窄、阻塞、气管＝食管瘘等影响正常通气的患者。

（5）因诊断和治疗的需要行气管插管的患者。

【禁忌证】

气管插管无绝对禁忌证，然而，当患者有以下情况者应慎重操作。

（1）喉头急性炎症、喉头严重水肿、严重凝血功能障碍、巨大动脉瘤的患者。

（2）面部骨折的患者。

（3）肿瘤压迫或侵犯气管壁，插管时可导致肿瘤破裂的患者。

（4）颈椎骨折或脱位的患者。

根据导管插入途径分为经口插管和经鼻插管；根据插管时是否使用喉镜暴露声门，分为明视插管和盲探插管。临床上常用的是经口明视插管。

1. 经口明视插管

【操作方法】

（1）插管前处理

1）用物准备齐全及检查完好，选择合适型号的导管润滑，将管芯插入导管备用。导管的选择根据患者的性别、体重、身高等因素决定，紧急情况下成人无论男女都可选用7.5mm导管。

2）吸纯氧数分钟，以免因插管时需暂停给氧而加重缺氧。

3）有意识的患者如条件允许，可使用镇静剂和肌松剂行诱导麻醉。

4）患者取仰卧位，头尽量后仰以更好地暴露声门，使口、咽、喉三轴线重叠成一条线，以便于导管置入。

5）操作者站于患者头侧，用右手食指推开患者下唇和下颌，拇指抵住上门齿，以二指为开口器，使嘴张开。

6）迅速用吸引器清理口腔及气道分泌物，以便于声门显露。

（2）插入喉镜：操作者左手持喉镜，从右嘴角斜形置入。镜片进入口腔后，用其将舌体推向左侧，使镜片移到中间，此时可见到悬雍垂。看到悬雍垂后将镜片垂直提起前移直到看见会厌。

（3）显露声门：看到会厌后，将镜片置于舌根与会厌间的会厌谷，用力将喉镜向前上方提起，使会厌上翘，声门显露。

（4）插入导管：操作者右手持住导管中上段，将前端斜口对准声门，轻柔插入。导管尖端过声门后，助手迅速将管芯拔出，操作者继续将导管插入。助手拔管芯时，操作者须向声门方向顶住导管，以防导管拔出。插管深度（距门齿距离）一般成人男性 22~24cm，女性 20~22cm。

（5）确认位置、气囊充气、固定：向气囊注入适量空气，以恰好封闭气道不漏气为原则。导管接呼吸气囊通气，同时以听诊器听双肺呼吸音，如两侧呼吸音对称说明插管成功、插管深度合适；如果只闻及右侧呼吸音，而左侧未闻及，说明导管插入过深，已进入右侧支气管，则应气囊放气后将导管退出 2~3cm，再充气检查。导管位置确认正确后，塞入牙垫，退出喉镜，用长胶布将导管和牙垫一并妥善固定（图 11-10）。

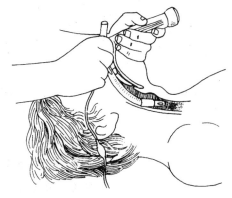

图 11-10　经口明视气管插管

【注意事项】

（1）插管动作要轻柔，防止损伤。操作要迅速准确，勿使缺氧时间过长。不宜反复试插，两次试插之间必须给予足够的通气和供氧。

（2）此操作较为关键的步骤是用喉镜显露声门，若声门无法显露，常易致插管失败或出现较多并发症。在声门显露困难时，可请助手按压喉结，有助于显露。

（3）插管中保证咽喉部视野清晰，及时清除分泌物或血液。

（4）上提喉镜时着力点应始终放在镜片的顶端，严禁以门齿作支点用力。

（5）声门打开时立即插入导管。正确区分气管和食管，防止误插入食管。

2. 经鼻插管

【操作方法】

（1）经鼻盲探插管：右手持导管经鼻腔将导管插入气管内。插管过程中操作者依靠导管内呼吸气流的强弱，调整管端位置，缓缓推进导管进入声门（图 11-11）。

（2）经鼻明视插管：操作过程中，声门暴露方法基本同经口明视插管法。当导管通过鼻腔后，用左手持喉镜显露声门，右手继续推进导管进入声门，如有困难，可用插管导入钳持导管前端送入声门（图 11-12）。

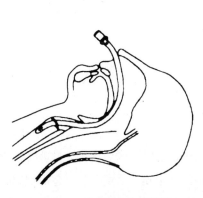

图 11-11　经鼻盲探气管插管

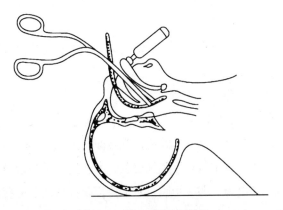

图 11-12　经鼻明视气管插管

【注意事项】

（1）与经口插管相比，经鼻插管有易于固定、便于口腔护理及留置时间长的优点，但其损伤较经口插管大且插管不易成功。因此，在紧急情况下，较多使用经口插管，经口途径有困难时再考虑经鼻途径。

（2）经鼻插管一般选用比经口插管小一号的导管。插管前鼻腔滴入1%~3%的麻黄碱可使鼻腔容积增加，并可减少出血。

（3）经鼻盲探插管必须保留明显的自主呼吸，插管过程中才能依靠气流判断导管位置。

相关链接　　　　　　确认气管插管位置

一旦气管内插管被放置后，确认它是否在气管内就显得至关重要。气管导管误入食管仍是气道管理中最常见的问题，可导致致命后果。检查确认导管位置的方法很多，但尚没有一种方法是万无一失的。传统上，确定的"金标准"是直接看见导管通过声门进入气管，但目前证明这个方法是可能出错的。

目前临床上常用的方法有：①将耳朵凑近导管外端，感觉有气流；②导管内有"白雾样"变化；③按压胸廓有气体自导管逸出；④通气可见胸廓有起伏运动；⑤双肺听诊呼吸音对称；⑥胸部X线片定位；⑦呼出气二氧化碳浓度监测；⑧动脉血氧饱和度监测等。

（六）有创气道开放术

前面所述的无创气道开放技术都是经过解剖入口（如鼻咽、口咽）进入气管的。有创气道开放术是指通过外科有创手术建立一个到达气管的入口，以畅通呼吸道的技术。这个新建立的入口同样可用来通气与供氧，常用的有经环甲膜和经气管两种途径。

1. 环甲膜穿刺术　环甲膜穿刺术（cricothyroid membrane puncture）是通过施救者用刀、穿刺针或其他任何锐器，从环甲膜处刺入，建立新的呼吸通道，快速解除气道阻塞和（或）窒息的急救方法。当危及生命的气道梗阻出现而其他建立气道的方法无效或条件不允许时，可行环甲膜穿刺暂时缓解梗阻，以挽救患者生命。

【适应证】

（1）急性上呼吸道梗阻。

（2）喉源性呼吸困难（如白喉、喉头水肿等）。

（3）头面部严重外伤。

（4）气管插管有禁忌或病情紧急而需快速开放气道时。

【禁忌证】

有出血倾向的患者。

【操作方法】

（1）患者仰卧或半卧位，头后仰。

（2）常规消毒环甲膜区皮肤，术者用左手食指摸清甲状软骨下缘与环状软骨上缘间正中处的凹陷缝隙，即环甲膜。右手持穿刺针紧贴定位食指在环甲膜上垂直下刺，有落空感时挤压胸部，有气体自针头逸出或用空针回抽，很容易有气体抽出。

（3）固定针头，将 T 型管的一端与针头连接，另一端连接氧气。或将 T 型管的一端与针头连接，用手指间隙地堵塞另一端，而用第三端行人工呼吸（图 11-13）。

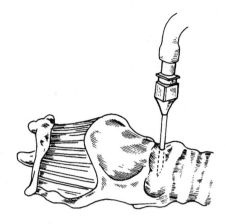

图 11-13　环甲膜穿刺术

【注意事项】

（1）穿刺时进针不宜过深，以免损伤气管后壁黏膜。

（2）穿刺过程中如有血凝块或分泌物阻塞穿刺针头，可用少许生理盐水冲洗，以保证其通畅。

（3）作为一种应急措施，穿刺针留置时间不宜过长（一般不超过 24 个小时）。

（4）穿刺部位若有明显出血应及时止血，以免血液流入气管内。

（5）穿刺完成后，必须回抽空气，确认针尖在喉腔内，才能进行其他操作。

2. 气管切开术　气管切开术（tracheostomy）是指切开颈段气管前壁，插入气管套管，建立新的通道进行呼吸的一种技术。是为了建立气道而在气管处所行的手术切口，也称之为外科气道，或者是"气管"。气管切开术是比较复杂、费时的外科操作，在紧急状况下不宜使用。可分为常规气管切开术、经皮气管切开术。

【适应证】

（1）喉阻塞：由喉部炎症、肿瘤、外伤、异物等引起的严重喉阻塞，呼吸困难较明显，而病因又不能很快解除时，应及时行气管切开术。

（2）上呼吸道机械性阻塞：喉部炎症、肿瘤、外伤、异物等各种原因引起喉阻塞或呼吸道狭窄，喉旁组织的病变，使咽腔、喉腔变窄致发生呼吸困难者，可考虑行气管切开。

（3）下呼吸道分泌物阻塞：颅脑病变、神经系统病变、严重胸腹部外伤、昏迷、吞咽与咳嗽反射消失等，致使分泌物潴留于下呼吸道者。为吸出潴留液保持下呼吸道通畅，可考虑行气管切开。

（4）凡需全身麻醉手术，而又不能经鼻腔或口腔做气管内插管者。

（5）颈部外伤，为了减少感染，促进伤口愈合；有些头颈部大手术，为防止血液流入下呼吸道，保持下呼吸道通畅，需作预防性气管切开。

【禁忌证】

（1）气管切开部位存在感染。

（2）气管切开部位存在恶性肿瘤。

（3）解剖标志难以辨别。

（4）甲状腺增生肥大。

（5）气管切开部位曾行手术（如甲状腺切除术等）。

（6）出凝血功能障碍。

【操作方法】

（1）患者仰卧，肩部垫高，头后仰并固定于正中位，气管向前突出接近皮肤，以利于暴露和操作。

（2）常规消毒、铺巾、局麻。

（3）自甲状软骨下缘至胸骨上窝处，沿颈前正中线切开皮肤和皮下组织。

（4）用血管钳分离气管前组织，暴露气管前壁。

（5）用刀尖自下向上于第2~4气管环处挑开2个气管环，撑开气管切口，吸出气管内分泌物及血液。

（6）插入合适的气管套管，并将套管的带子系于颈部。

（7）切口一般不予缝合以免引起皮下气肿。切口大者可在上端缝合1~2针，但不要在下端缝合。最后用一块剪口纱布经套管下两侧覆盖切口（图11-14）。

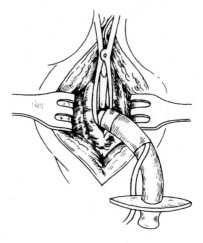

图 11-14　气管切开术

【注意事项】

（1）切口保持在正中线上，防止损伤两侧血管及甲状腺。

（2）气管切口不得高于第2气管环，否则可致喉狭窄；切口若低于第4环，易损伤无名动静脉而致大出血。

（3）进刀时切忌过猛，以免刺伤气管后壁和食管前壁，引起气管食管瘘。

3. 经皮气管切开术　经皮气管切开术是在传统气管切开术基础上发展起来的一种新的气管切开术，具有简便、快捷、安全、微创、并发症少等优点，适合急诊抢救。

【操作方法】

（1）体位、消毒、麻醉方法同前。

（2）在选择的穿刺点（第1~3气管环间间隙）处做一个1.5~2cm的切口。

（3）套管针接装有生理盐水的注射器，从穿刺点穿入气道，回抽有气泡。

（4）取出针芯，经套管针放入导丝，拔出套管针。

（5）沿导丝放入扩张器，扩张组织及气管壁。

（6）沿导丝置入气管套管，拔出管芯和导丝。

（7）固定气管套管。

【注意事项】

同上述传统气管切开术。

临床实践中经常面临气道的畅通与开放问题。在上述常用方法中，对有自主呼吸者，托起下颌往往有效但难以持久；对意识丧失者，可使用口、鼻咽通气管或喉罩，较为持久也较容易，但更适于有自主呼吸或自主呼吸已恢复者；气管插管可获得最佳的肺泡通气和供氧，是最可靠的方法。

二、气道护理技术

人工气道建立后，对需要长期使用者，加强人工气道的管理、维护其功能、保持其持续通畅，以及预防可能引起的并发症是保证其抢救效果及生命安危的必要条件。

（一）人工气道的固定

1. 经口或经鼻气管插管的固定

【操作方法】

（1）经口气管插管最常用的固定方法是在患者门齿间放入一个比气管导管略粗的牙垫，然后用长胶布将导管和牙垫一并稳妥固定，以防患者咬管，或导管移位。还有一些其他较新的方法，如自带牙垫的气管导管，固定时无需另外再使用牙垫；Thomas 气管插管固定器，自带粘贴带可快速固定等。

（2）经鼻气管插管的固定难度相对较小，一般是使用胶布将其固定在鼻翼部。

【注意事项】

（1）气管导管如果固定不牢固，可致其随呼吸运动上下滑动而引起脱出、移位及气道黏膜损伤。因此，粘贴胶布潮湿后，需及时更换；颜面部肿胀者，应随肿胀的逐渐消退，不断调整固定带的松紧度。

（2）导管插入深度合适，太浅易脱出，太深易插入右总支气管，造成单侧肺通气，影响通气效果。置管深度，自门齿计算，男性为 22~24cm，女性为 20~22cm。气管导管顶端距气管隆嵴大约 2cm。小儿可参照公式：插管深度（cm）= 年龄 ÷2+12。应妥善固定导管，每班记录导管置入长度。

2. 气管切开的固定

【操作方法】

（1）气管切开的固定一般是用两根寸带，分别系于套管的两侧，然后将寸带绕过颈后，在颈部一侧打一死结。系带不能打活结，否则松散后可致导管脱落。

（2）系带的松紧度以通过一个手指为宜，过紧颈部血液循环受阻，过松则导管易脱出。系带打湿后要及时更换，以避免湿系带干后成硬绳索，勒伤颈部皮肤。

【注意事项】

（1）须随时观察套管位置是否居中，如果偏斜，可致套管易于脱出或套管内口被气管侧壁堵塞导致呼吸不畅。

（2）气管切开开口处以无菌敷料覆盖，并固定。气管切开处可安装"人工鼻"，辅助气道温湿化。

（3）密切观察气管切开开口处皮肤情况，评估有无炎性红、肿和分泌物表现。观察导管固定带与颈项皮肤的接触处，评估有无皮肤破损。

（二）充气气囊的管理

充气气囊是气管导管密闭气道的一种辅助装置，有效充气可保证导管与气道的密闭性，避免机械通气时气道漏气；防止误吸引起坠积性肺炎；保证导管的固定，避免气道黏膜的损伤等。

【操作方法】

气囊充气可采用最小漏气技术、最小闭合容量技术或直接使用气囊测压表测量气囊压力充气。

（1）最小漏气技术：即在吸气高峰允许有小量气体漏出。将听诊器置于患者气管处，向气囊内注气直到听不到漏气声为止，然后抽出气体，从 0.1ml 开始，直到在吸气时听到少量漏气声为止。

（2）最小闭合容量技术：将听诊器置于患者气管处，向气囊内注气直到听不到漏气声为止，然后抽出 0.5ml 气体，此时又可听到少量漏气声，再从 0.1ml 开始注气，直至吸气时听不到漏气声为止。但研究显示，虽然使用最小闭合容量技术，但大部分的气囊压力仍低于 20cmH$_2$O。

（3）气囊测压表充气：高容低压气囊导管的气囊压力一般保持在 25~30cmH$_2$O（18.5~25mmHg）之间，既可有效封闭气道，又不高于气管黏膜灌注压，可预防气道黏膜缺血性损伤、气管食管瘘及拔管后气管狭窄等并发症的发生。

【注意事项】

（1）定时检测气囊压力：气囊若充气不足，发挥不了密闭气道及固定的作用；若充盈过度，又会增加气囊耗损及增加对气道壁的压迫。每 6~8 个小时检测气囊压力，以发挥其有效功能。每次测量时充气压力宜高于理想压力 2cmH$_2$O。及时清理测压管内的积水。

（2）机械通气者，需持续气囊充气，不需要放气，但每天要监测气囊压力，以保证其有效功能。未使用机械通气者，气囊可不充气。但昏迷、有呕吐易引起误吸者，或进食前后半小时，建议气囊充气以防误吸。

（3）气囊上滞留物的清除：临床上利用带有声门下吸引的气管插管条或气管切开套管，进行持续或间接声门下吸引，以清除声门下至插管气囊之间的分泌物。也可用气流冲击法清除气囊上滞留物。

（三）人工气道的湿化

正常情况下，上呼吸道对吸入气体有加温、加湿的功能。建立人工气道后，呼吸道加温、加湿功能丧失，导致呼吸道黏膜干燥，纤毛运动功能减弱，致分泌物排出不畅。

1. 人工气道湿化的标准

（1）湿化满意：分泌物稀薄，能顺利通过吸痰管，吸痰管内没有结痂，患者安静，呼吸道通畅。

（2）湿化不足：分泌物黏稠，有结痂或黏液块咳出，吸引困难，可有突然的呼吸困难，发绀加重。

（3）湿化过度：分泌物过分稀薄，咳嗽频繁，需不断吸引，听诊肺部和气管内痰鸣音多，患者烦躁不安，发绀加重。

2. 人工气道湿化的方法（表 11-2）

（1）保证充足的液体入量：呼吸道的湿化必须以全身不失水为前提，如果机体液体入量不足，即使呼吸道进行湿化，也会导致呼吸道的水分进入失水的组织，而呼吸道仍然处于失水状态。所以，必须补充机体足够的液体入量。

（2）呼吸机的恒温湿化器：在呼吸机的恒温湿化器内保持加有适量的无菌注射用水，打开电源开关，可保证吸入气的温度在 37℃，相对湿度在 100%。

（3）雾化吸入：将雾化液注入呼吸机雾化器或超声雾化器进行雾化，以湿化气道。

（4）温 - 湿交换器（heatandmoistureexchanger，HME）：又称人工鼻，是由数层吸水材料及亲水化合物制成的细孔网纱结构装置。使用原理是患者呼气时将呼出的水分及热量储存在人工鼻内，当吸气时对吸入气进行温湿化，以尽量达到正常人鼻腔对吸入气体温湿化的功能。

表 11-2　人工气道湿化的方法及优缺点比较

湿化类型	湿化方法	优点	缺点	费用
盐水滴注	盐水滴入气管	简单，辅助分泌物排出	污染、增加分泌物量，需要离断通气机，冷却气道，不能增加吸入气体的湿度	低
加热型湿化器	气体迂回或气泡通过水并加热	湿化效果好，维持体温	管路内冷凝，增加机械通气时可压缩容量，增加触电和灼伤的危险	昂贵
人工鼻	呼出气内的湿度再循环	简便，不需要能量，过滤细菌	湿化效果较差，增加无效腔和阻力，可能被分泌物阻塞	低
雾化器	喷射或超声	简单，增加分泌物的排出	增加患者的水负荷，如不加热，可冷却气道，有气道潜在污染的可能	低

（四）吸痰

人工气道建立后，患者自身难以清除呼吸道内分泌物。因此，保持呼吸道通畅，正确而及时的吸痰非常必要。

【操作方法】

1. 开放式吸痰

（1）准备用物，向患者解释吸痰目的，取得配合。洗手、戴口罩。

（2）观察患者意识、面色、心率、呼吸、氧饱和度。

（3）吸纯氧 30~60 秒，调试负压吸引器压力（成人 80~120mmHg、儿童 80mmHg），对于痰液黏稠者可以适当增加负压。

（4）吸痰管连负压吸引器，用无菌镊子（或无菌手套）夹取吸痰管，分别吸患者气道、口咽部、鼻腔，直到吸尽为止。吸痰过程中注意无菌操作，动作轻柔，密切观察患者意识、面色、表情、心率、呼吸、氧饱和度。

（5）吸痰完毕，再次吸纯氧（或提高氧浓度）30~60 秒，然后调整吸氧浓度至吸痰前水平。

（6）听诊双肺呼吸音，评估痰鸣音是否消失或减少。观察患者意识、面色、心率、呼吸、氧饱和度、气道压力。

2. 密闭式吸痰　操作程序同开放式吸痰。区别在于吸痰过程中吸痰管一直在无菌密封袋内，通过专用接头与人工气道相连进行吸痰，操作者无需戴无菌手套。这样避免了传统开放式吸痰时的人机脱离，保证了机械通气的连续性；通气压力可不受影响，保证了患者的安全性；最大限度地减少了交叉感染的概率。

【注意事项】

（1）按需吸痰，严格无菌操作。吸痰管一次性使用，密闭式吸痰管 24 个小时更换 1 次，有污染或疑有污染时，随时更换。

（2）吸痰管软硬合适，管腔外径不宜超过导管内径的 1/2。

（3）吸痰管插入时阻断负压；进入后从深部向上提拉，左右旋转，吸净痰液；操作时动作轻柔，避免损伤气道黏膜。

（4）每次吸痰时间 <15 秒，以免长时间吸痰导致患者缺氧。

（5）吸痰完毕冲净负压吸引器管腔内分泌物并扔掉吸痰管。吸引器接头主张用无菌或清洁的一次性吸痰管连接，以避免污染。

（6）如痰液黏稠，可配合翻身叩背、气道湿化等方法稀释痰液，也可用排痰机协助排痰。

（7）痰液较多时，吸痰与吸氧应交替进行。当氧饱和度下降至90%以下，应停止吸痰，并给予吸纯氧，待氧饱和度恢复正常后再行吸痰。

（8）吸痰过程中如出现严重的心律失常、气道痉挛、发绀、烦躁不安等异常情况，应立即停止吸痰，并接呼吸机或简易呼吸器通气，同时提高吸氧浓度。

（9）吸引气道、口腔、鼻腔的吸痰管需分开使用，禁止混用。

（五）人工气道并发症的观察及处理

1. 人工气道阻塞

（1）原因

1）痰痂堵塞；

2）气囊充气过多致气囊疝出而嵌顿导管远端开口；

3）气囊充气不足，导管摆动、移位，导管尖端斜面紧贴气管壁而致气道阻塞。

（2）对应处理

1）用纤维支气管镜取出痰痂并充分吸痰；痰痂多，严重影响通气者，拔除导管，重新置管；

2）抽取气囊内气体，立即拔出导管，重新建立人工气道；

3）抽出气囊内气体，校正导管位置，重新给气囊充气。

2. 意外脱管

（1）脱管原因

1）患者躁动、不合作，有拔管倾向者未适当有效约束和镇静，致自行拔管；

2）导管插入深度过浅；

3）固定方法不当、气囊充盈度不够、呼吸机管路过于固定或过短；

4）医护人员在固定导管、口腔护理、更换体位、调节呼吸机机械臂时不慎将导管拔出；

5）剪除固定胶布时不慎剪破气囊注气管。

（2）脱管判断

1）导管明显脱离气管；

2）患者氧饱和度持续下降；

3）呼吸机持续气道压力低报警；

4）脱落导管堵在气管切开伤口皮下组织，呼吸机持续气道压力高报警；

5）气囊充气状态下，患者有呛咳反射或有声音发出。

（3）脱管处理

1）气管插管导管脱出≤6~8cm者，吸净口鼻及气囊上的滞留物后，抽出气囊内气体，将导管插回原深度；导管脱出>6~8cm者，抽出气囊内气体，拔除气管导管，视病情需要重新插管；导管脱出长度不确定者，不得随意回纳。

2）气管切开伤口窦道未形成而脱管者，使用气管扩张器重新置入气管套管；已形成窦道者，充分吸痰后，重新置管固定。

（4）脱管预防

1）保证导管固定方法正确、有效；

2）烦躁、不合作、意识恍惚者给予必要的镇静和约束；

3）各种护理、检查、治疗等操作时，小心谨慎，防止导管滑脱；

4）呼吸机管道连接气管导管后要有一定的移动度，留有一定的活动空间，以方便患者头颈部活动，避免患者头部活动时将导管拔出；

5）气囊充气适度；

6）做好心理护理，加强患者及家属的有效沟通，取得患者合作；

7）加强巡视，及时发现和处理脱管的危险因素。

3. 呼吸道感染

（1）原因

1）人工气道的建立使患者呼吸道生理防御机制受损、气囊长期压迫导致气管局部血液循环较差、气管导管摩擦和反复吸痰对气管黏膜损害；

2）吸痰时操作不规范，如未戴无菌手套、吸口鼻腔的吸痰管用于吸气道、吸痰管重复使用等；

3）机械通气时呼吸管路的消毒及储存不当、口腔护理不彻底、气囊充气不足等。

（2）预防

1）吸痰时注意无菌操作；

2）及时清除气道内分泌物；

3）加强口腔护理；

4）呼吸管路定期更换、消毒；

5）气囊充气适度。

4. 经口气管插管术后口腔并发症　经口气管插管严重影响患者口腔正常的生理功能，导管及牙垫的置入又给口腔护理带来一定的困难，因此，经口气管插管术后极易发生口腔溃疡、口腔感染、舌及口唇压伤等并发症。处理：①做好口腔护理；②经常更换牙垫的位置，以免牙垫长时间压迫同一部位造成压伤。

5. 经鼻气管插管术后鼻腔并发症　经鼻气管插管术后导管对鼻腔黏膜的压迫可致局部水肿、鼻腔黏膜损伤及鼻腔感染。处理：①每隔一段时间改变导管支撑点，以使压迫减少；②用滴鼻液每天 4~6 次滴鼻。

（谭玲玲）

第二节　机械通气

机械通气（mechanical ventilation）是在患者自然通气和（或）氧合功能出现障碍时运用器械（主要是呼吸机）使患者恢复有效通气并改善氧合的方法。其目的是降低呼吸功耗；改善肺泡通气，纠正急性呼吸性酸中毒；纠正低氧血症，改善组织氧合；减轻肺挫伤；防止肺不张；为使用镇静剂和肌松剂保驾护航；稳定胸壁。

临床上根据呼吸机与患者的连接方式分无创机械通气（连接方式为面罩、鼻罩）和有创机械通气（连接方式为气管插管或气管切开）。本节重点介绍有创机械通气。

一、机械通气的应用指征

【适应证】

各种原因所致的急、慢性呼吸衰竭均是机械通气的适应证。其使用时机的掌握应视具体情况而定。包括如下几个方面：

1. 各种原因所致的心跳、呼吸停止。

2. 各种原因所致的急、慢性呼吸衰竭。

3. 预防呼吸衰竭的发生或加重。

4. 严重低氧血症或二氧化碳潴留给予常规氧疗及保守治疗无效。

5. 麻醉中保证镇静剂和肌松剂的安全使用。

【禁忌证】

严格意义上，机械通气没有绝对的禁忌证。

1. 大咯血或严重误吸引起的窒息性呼吸衰竭。

2. 伴有肺大泡者，机械通气可能使大泡破裂而发生气胸。

3. 未经引流的张力性气胸、纵隔气肿。

4. 严重的肺出血。

二、机械通气的临床应用

（一）使用前准备

1. 评估患者病情、生命体征、意识状态；人工气道建立方式及是否通畅；生理学指标。

2. 连接呼吸机管路，呼吸机自检，温湿化器内加入灭菌注射水至水位线。

3. 向清醒患者解释行机械通气的目的、意义及配合方法，消除紧张、恐惧心理，使其更好配合。

4. 患者取舒适体位，若无禁忌可抬高床头 30°~45°。充分吸引呼吸道分泌物，保持呼吸道通畅。

（二）常用机械通气模式

1. **控制通气**（controlled ventilation，CV） 呼吸机完全替代患者自主呼吸，适用于自主呼吸消失或明显抑制及减弱时。具有不需要自主呼吸触发、易保证通气量和呼吸肌完全休息等优点。缺点是明显影响血流动力学，长期应用可产生呼吸肌失用性萎缩和呼吸机依赖，可发生过度通气或低通气，易发生人机对抗。

2. **辅助通气**（assisted ventilation，AV） 患者自主呼吸触发呼吸机送气后，呼吸机按照控制通气所预设的参数进行送气。适用于自主呼吸节律较稳定者或撤离呼吸机时。优点是呼吸机与自主呼吸同步。缺点是对于气道梗阻的患者，可能会产生过度通气。

3. **辅助控制通气**（assist-control ventilation，ACV） 是辅助通气（AV）与控制通气（CV）有机结合的一种通气方式，A/C可自动切换，当患者自主呼吸触发呼吸机时，进行辅助呼吸；当患者无自主呼吸或自主呼吸负压较小，不能触发呼吸机时，呼吸机自动切换到控制呼吸。

4. **同步间歇指令通气**（synchronized intermittent mandatory ventilation，SIMV） 是控制通气与自主呼吸相结合的一种通气方式，触发窗内患者触发与自主呼吸同步的指令正压通气，两次指令通气之间患者进行自主呼吸。指令呼吸以预设指令（预设容量或压力）的形式送气。适用于具有部分自主呼吸能力的患者及呼吸机的撤离。优点是机械通气与患者自主呼吸同步协调，减少了人机对抗，并有利于呼吸肌的锻炼。缺点是在患者自主呼吸时不能提供通气辅助，增加了呼吸功耗，易致呼吸肌疲劳。

5. **压力支持通气**（pressure support ventilation，PSV） 属于部分通气支持模式，呼吸机在患者吸气触发后，按预设压力提供一恒定的气道压力支持，而潮气量、吸气时间、呼吸次数均由患者自行控制。优点是属于自主呼吸模式，患者感觉舒适，人机协调性好，有利于呼吸肌休息和锻炼。缺点是当呼吸中枢受抑制或自主呼吸能力较差、节律不稳定者，易发生触发失败和通气不足。

6. **持续气道正压通气**（continuous positive airway pressure，CPAP） 在患者有自主呼吸的情况下，由呼吸机向气道内输送一定程度的气道正压气流，使整个呼吸周期内（吸气与呼气期）气道均保持正压。用于肺顺应性下降及肺不张而呼吸中枢健全、有自主呼吸者，可防止气道和肺泡塌陷，改善肺顺应性，降低呼吸功。

7. **双相气道正压通气**（biphasic positive airway pressure，BiPAP） 为自主呼吸与时间转换、双相气道压力控制的混合通气模式。给予两种不同水平的气道正压，高压时间、低压时间、高压水平、低压水平各自可调，高压水平与低压水平间定时切换。两个压力水平上均允许自主呼吸存在，自主呼吸与控制通气并存。气道压力稳定，人机配合良好，对循环影响较小。

（三）常用通气参数的调节

1. **潮气量（VT）** 指每次吸入或呼出的气体量。通常依据体重设置为5~15ml/kg，最常用8~12ml/kg。调节原则：应避免气道压过高，使气道平台压不超过30~35cmH$_2$O。

2. **呼吸频率（f）** 一般成人设为12~20次/分。

3. **吸呼比（I∶E）** 正常人平静呼吸时吸气时间为0.8~1.2秒，吸呼比为1∶1.5~2，机械通气患者自主呼吸能力较强时设置应尽量接近此值，以维持人机协调。

4. **触发灵敏度** 一般压力触发为-0.5~-1.5cmH$_2$O，流量触发为1~5L/min。触发值越接近零，灵敏度越高；反之，灵敏度越低。

5. **吸气压力** 常在30cmH$_2$O以下调节，若高于此值则要严密观察，防气压伤。

6. **吸入氧浓度（FiO$_2$）** 可在21%~100%间调节，常选用<50%，超过60%不应大于6个小时，否则易致氧中毒。

7. **报警界限设置原则** 是正常运行条件下不报警，病情变化或呼吸机工作状态异常时报警。常有高压/低压和高分钟通气量/低分钟通气量报警。高压报警通常设置在当时吸气分压之上5~10cmH$_2$O，低压报警通常设置在当时吸气分压之下5cmH$_2$O，分钟通气量的高限应高于当时分钟通气量的20%~30%，分钟通气量的低限应保证患者的最低通气要求，一般不低于4L/min。

8. 常见报警原因及处理　引起呼吸机报警的原因较多，常见报警原因及处理见表 11-3。

表 11-3　常见报警原因及处理

报警内容	常见原因	处理
气道压力高	分泌物黏稠、痰痂阻塞	充分湿化，有效排痰
	管路积水、扭曲、打折、受压	整理管道，恢复通畅
	导管脱出或滑入一侧支气管	校正导管位置，必要时换管
	气管、支气管炎症及痉挛	抗炎，解痉
	人机对抗	寻找原因，对因处理
	并发气胸	胸腔闭式引流
	高压报警限设置过低	调整报警限设置
	肺顺应性降低	查明原因，对症处理；合理调整有关参数，如潮气量、PEEP 等
气道压力低	呼吸回路漏气	检查回路，对因处理
	人机连接脱落	重新接好
	气囊充气不良	气囊适量充气，气囊破裂者换管
	低压报警限设置过高	调整报警限设置
低分钟通气量	报警低限设置过高	降低设定值
	管路漏气	接好或更换管路
	患者呼吸力量不足，触发不够	调整通气模式
	通气受阻或不畅	解除受阻或不畅的原因
	机械故障；氧压不足	维修或更换呼吸机；保证供氧压力
高分钟通气量	报警高限设置过低	调整设置值
	呼吸频率过快、潮气量设置过高	查找并处理呼吸增快的原因，降低触发灵敏度或潮气量
电源、气源、机械故障		改行人工通气，排除故障或更换呼吸机

三、机械通气应用期间的护理

（一）病情观察

机械通气的患者应有专人护理，密切观察病情变化。综合患者的临床表现及通气指标判断机械通气的效果（表 11-4）。

表 11-4　机械通气效果的观察

指标	通气好转	通气不足
神志	逐渐好转	烦躁或意识障碍程度加重
末梢循环	面色红润、循环良好	发绀或面部过度潮红
血压、脉搏	稳定	波动明显
胸廓起伏	平稳起伏	不明显或呼吸困难
血气分析	正常	$PaCO_2 \uparrow$、$PaO_2 \downarrow$、pH $\downarrow$
潮气量或分钟通气量	正常	降低
人机协调	协调	对抗

（二）人机对抗的处理

人机对抗指患者自主呼吸与呼吸机通气不同步，当患者呼气时呼吸机可能在送气，由此可增加患者的呼吸功，加重循环负担和低氧血症。

1. 常见原因

（1）患者方面的原因：①治疗早期患者不适应、不配合；②咳嗽、疼痛、发热、抽搐、肌肉痉挛、体位改变；③插管过深；④通气量不足，缺氧未得到纠正；⑤发生气胸、肺不张、肺栓塞、支气管痉挛、心力衰竭等使肺顺应性降低，气道阻力增加。

（2）患者以外的原因：①呼吸机同步性能不好；②同步功能的触发灵敏度装置故障或失灵；③触发灵敏度调节不当；④呼吸回路积水造成误触发；⑤管道漏气致通气不足。

2. 表现　①不能解释的气道高压或气道低压报警，或气道压力指针摆动明显；②潮气量不稳定，忽大忽小；③心率、血压波动，SpO_2下降；④清醒患者出现躁动、不耐受；⑤呼气末CO_2监测波形出现"箭毒"样切迹，严重时出现冰山样改变。

3. 处理　①脱开呼吸机用简易呼吸器通气，同时检查呼吸机有无问题；②排除患者以外的原因：检查管道漏气、安装是否有误、导管是否阻塞、呼气活瓣是否开放、PEEP是否在零位等。适当调节呼吸机，选用适当的通气方式或同步性能好的呼吸机；③处理患者存在的问题如疼痛、紧张、气胸等；④不协调原因去除后仍不协调或短时间无法去除时，可使用镇静剂与肌松剂抑制自主呼吸。

（三）并发症的观察及处理

1. 通气不足　常见原因：①通气参数设置或调节不当；②明显人机对抗；③管路漏气或气囊封闭不良。处理：①对因处理；②根据血气分析调整通气参数。

2. 通气过度　常见原因：①通气参数调节过大；②中枢性通气过度。处理：①根据血气分析减少呼吸频率，降低潮气量、吸气压力；②中枢性通气过度者给予镇静剂以抑制自主呼吸。

3. 肺不张　常见原因：①气管导管插入过深，进入单侧支气管；②肺部感染、分泌物或痰栓堵塞；③长期低通气；④吸入纯氧致吸收性肺不张。处理：①纠正过深导管；②抗炎、湿化、吸痰；③采用叹息通气或适当加用PEEP，限制$FiO_2<50\%$。

4. 肺气压伤　气道压力过大引起气胸、皮下气肿、纵隔气肿等。应避免高潮气量及过高气道压力，实施小潮气量通气，维持潮气量在5~7ml/kg，限制气道平台压维持在30cmH_2O。气胸严重者应行胸腔闭式引流。

5. 气道损伤　常见原因：①吸痰；②导管、气囊压迫；③插管时机械性损伤；④气道腐蚀。处理：①合理吸痰；②保持导管中立位，做好气囊护理；③选择合适的导管，插管时动作轻柔。

6. 低血压　正压通气本身可使静脉回心血量减少，心排出量降低。原有血容量不足、心功能不全、低血压或通气压力较高时，常可发生低血压、休克。处理：①确保有效通气的前提下，尽量保持低通气压；②适当补充血容量；③必要时应用增强心肌收缩力的药物。

7. 呼吸机相关性肺炎（ventilator-associated pneumonia，VAP）　指机械通气48小时以后发生的院内获得性肺炎。VAP是机械通气的主要并发症之一，也是导致机械通气延长或撤机失败的原因之一，发生率和死亡率很高。主要发生原因：①人工气道、机械通气本身破坏了正常的呼吸道生理屏障；②镇静剂、肌松剂等抑制纤毛运动及咳嗽反射；③吸痰管、呼吸机管路、湿化器等消毒不严；④营养差。处理：①严格执行无菌操作技术，做好环境及手部卫生；②避免镇静使用时间过长和程度过深；③吸痰管每人每次更换或使用密闭式吸痰管，及时排空冷凝水，每天更换湿化器无菌水，呼吸机管路严格消毒或使用一次性呼吸机管路，长期带机者每周更换 1 次呼吸机管路，呼吸治疗器具严格消毒；④有条件者行声门下吸引；⑤做好口腔护理；⑥半卧位，床头抬高 30°~45°；⑦防胃内容物反流；⑧加强营养，增强抵抗力；⑨尽早撤机。

8. **其他**　痰栓、导管扭曲等可致气道堵塞；固定不佳或操作不当等可致意外拔管；气体进入胃肠可致胃肠胀气；应激反应加上静脉回流受阻致胃肠黏膜淤血可致消化道出血；长期卧床、固定体位、静脉回流缓慢等可致深静脉血栓形成。

（四）心理护理

1. **焦虑与恐惧**　主要原因：①毫无准备，对机械通气不了解；②进住监护室，与外界隔离；③不能用语言表达意愿，沟通交流困难。缓解方法：①机械通气前向患者说明机械通气的目的、实施方法、可能会出现的感受和需要配合的方法；②自我介绍，适当地称呼患者，采用关爱的态度及言行，向患者说明进监护室的原因，在患者视线内放置日历、钟表等以加强与外界的联系；③主动询问患者感受，及时向其提供充足的信息；④与患者建立有效的沟通方式，如手势、面部表情、眼神等，还可通过写字板、卡片等交流；⑤减少仪器报警、电话等引起的噪音。教会患者使用想象、放松术等，必要时给予音乐疗法、治疗性触摸等。

2. **不安全感**　主要原因：①担心呼吸机出现故障；②担心呼吸机使用、调节不当、痰液未被及时吸出、管道脱落等；③担心医护人员不能及时发现病情变化；④担心撤机。缓解方法：①保证呼吸机性能良好并告知患者呼吸机性能、报警良好；②按需要及时吸痰、及时清除呼吸机管路中的积水，确保管路及呼吸道通畅；③床旁监护，尽量保证患者视线内有医护人员身影，及时处理患者的不适；④教育患者加强自主呼吸的锻炼，争取早日脱机，撤机前向患者作必要的解释。

四、机械通气的撤离

（一）撤机时机

当导致应用呼吸机的原发病好转后，即应尽早撤离呼吸机。否则可能在继续使用中出现并发症或形成呼吸机依赖，造成撤机困难。但过早撤机又可能导致撤机失败，而需再插管。因此，撤机时机的判断非常重要。应用机械通气的原因很多，患者的病情存在个体差异，撤机时机的判断不能单靠某一指标，而应结合患者情况综合判断。撤机常参考的指标如下：

1. 应用机械通气的原因及诱因已基本去除，原发病好转。

2. 已停用镇静剂和神经肌肉阻滞药，神志恢复正常，自主呼吸能力增强，咳嗽有力，能自主排痰。

3. 感染控制，循环平稳，营养状态和肌力良好。

4. 血气分析在一定时间内稳定，无缺氧及二氧化碳潴留，无酸碱失衡及电解质紊乱。

5. 在 $FiO_2<40\%$，$PEEP<5cmH_2O$ 的情况下，$PaO_2 \geqslant 60mmHg$，$PaCO_2<50mmHg$。

（二）撤机方法

1. **直接撤机**　适用于短时间使用且自主呼吸已完全恢复者。

2. **辅助呼吸模式过渡**　长时间机械通气的患者，撤机前可先使用特殊的辅助呼吸模式和降低通气参数逐步过渡，直至撤机，如根据患者不同情况选 CPAP、SIMV、PSV、MMV 等模式过渡。

3. **间断试验性撤机**　在间断脱机自主呼吸期间，使用射流给氧、T 形管给氧等间接支持，患者出现疲劳表现时停止脱机。如此逐渐延长脱机时间，直至撤机。一般多选择在白天进行。

（三）撤机后的监护

1. 严密监测患者的呼吸状态、心率、血压、SpO_2 等，观察患者脱机后能否维持较好的通气和氧合。

2. 可根据患者呼吸状况及血气分析结果，采用无创通气、面罩或鼻导管给氧、气道湿化、胸部物理治疗等辅助手段，协助撤机成功。

3. 若患者出现严重的撤机不耐受，则应再次行机械通气。

4. 撤机困难及呼吸机依赖者，应针对不同原因，给予相应处理，并同时做好患者的心理护理。

（谭玲玲）

第三节　球囊 - 面罩通气

简易呼吸器又称气囊、球囊等，是由单向阀控制的自张式呼吸囊，为人工呼吸的辅助装置。简易呼吸器可以为呼吸停止或自主呼吸通气不足的患者提供正压人工通气支持，提高氧合，纠正低氧血症，主要用于途中、现场或临时替代呼吸机的人工通气。

适用于心肺复苏及需人工呼吸急救的场合，具有携带和使用方便、痛苦小、并发症少、有无氧源均可立即通气的特点。

【适应证】

1. 呼吸停止或呼吸衰竭者，如心搏骤停患者。

2. 在吸入 100% 氧气时，动脉血氧分压仍达不到 50~60mmHg 者。

3. 严重缺氧和二氧化碳潴留引起意识、循环障碍者。

4. 使用呼吸机前或撤机时。

5. 吸痰操作（如膨肺吸痰）。

【禁忌证】

1. 未经减压及引流的张力性气胸、纵隔气肿。

2. 出血量中等以上的活动性咯血者。

3. 重度肺囊肿或肺大泡者。

4. 低血容量性休克未补充血容量之前。

5. 心肌梗死。

【操作方法】

1. 操作前准备

（1）评估：评估患者的病情、意识状态、生命体征、呼吸频率、呼吸形态、血气分析值等，并做好解释工作，取得患者的配合。

（2）物品准备：简易呼吸器及呼吸面罩、供氧装置、纱布，必要时备开口器、口咽通气道、无菌手套，并将简易呼吸器与供氧装置相连接。

（3）患者准备：去枕仰卧、头后仰位。

2. 操作步骤

（1）开放气道

1）患者去枕仰卧，头后仰，松解衣领、腰带。

2）清除口腔与喉部气道分泌物、取出义齿等。

3）施救者位于患者头部的后方，提拉患者下颌部并使患者头后仰以开放气道必要时插入口咽通气道，防止舌咬伤和舌后坠。

（2）单人操作法：选择合适的面罩罩住患者口鼻，用一手中指和无名指放在下颌下缘，小指放在下颌角后面（不压迫软组织），呈"E"形，拇指和食指过面罩中线呈"C"形按压面罩，使通气面罩和患者的皮肤紧密接触（即EC手法）保持面罩的适度密封，用另一只手均匀地挤压简易呼吸器球体。送气时间为1秒以上，待球囊重新膨胀后再开始下一次挤压，按压与放松时间约为1∶1.5~2；慢性阻塞性肺疾病、呼吸窘迫综合征的患者，按压与放松时间比为1∶2~3。通气频率为成人：10~12次/分，儿童：14~20次/分。

（3）双人操作法：由一人双手"EC"法提拉患者下颌部，头充分后仰以畅通气道并固定或按压面罩，保持面罩的适度密封，由另一人挤压球囊进行通气。

【注意事项】

1. 通气量适宜　为防止肺过度膨胀、胃胀气或气压伤等并发症，应选择适宜的通气量，通气以看到胸廓起伏为宜，成人约为400~600ml（8~12ml/kg）的潮气量。

2. 通气频率恰当　心跳、呼吸骤停的患者在进行心肺复苏时以30∶2的按压通气比例进行，如已建立高级气道，则按每分钟10次的频率进行通气；如患者有微弱的自主呼吸，则应注意挤压球囊的频次和节律与患者的呼吸相协调。

3. 随时观察通气的有效性并密切观察患者的生命体征、神志、面色等变化。通气有效的表现有：①挤压球囊时胸部有起伏；②通过简易呼吸器透明盖，可观察到鸭嘴阀工作正常；③呼气时面罩内呈雾状；④通过面罩透明部分可观察患者嘴唇与面部颜色变红润。

4. 无氧源时，应取下储氧袋及氧气连接管。有氧源时，连接好储氧袋并调节氧流量>10L/min。储氧袋的作用是提高氧浓度，可使氧浓度达99%。

5. 接氧气进行氧疗及建立人工气道的患者使用简易呼吸器时，安全阀应处于开启状态，避免发生气压伤。

第四节　电除颤

电除颤是以一定量的电流冲击心脏从而终止室颤的方法，是治疗心室纤颤的有效方法，其原理是利用高能量的脉冲电流瞬间通过心脏，使全部或大部分心肌细胞在瞬间同时除极，自律性最高的窦房结发放冲动，恢复窦性心律。除颤仪的应用根据电流脉冲通过心脏的方向分为单相波除颤仪和双相波除颤仪；根据放电是否与 R 波同步分为非同步电复律（电除颤）和同步电复律；根据电极板放置的位置分为体内除颤和体外除颤；根据放电方式分为直流电转复和交流电转复。

【适应证】

非同步电除颤适用于以下几种情况：

（1）心室颤动。

（2）心室扑动。

（3）无脉性室性心动过速。

心室颤动、心室扑动与无脉性室性心动过速为非同步电除颤的绝对适应证，这些情况下患者出现了心搏停止，心脏失去了有效射血的功能，存在严重血流动力学障碍，患者处于濒死状态，一旦发现患者出现室颤、室扑等需要进行除颤的心律失常，应立即进行除颤，因此，也称为心脏电复律的紧急适应证。

【操作方法】

1. 操作前准备

（1）评估患者：评估患者意识、呼吸及大动脉搏动是否消失，患者年龄、体重、除颤部位皮肤情况，去除金属物品。向患者及其家属说明病情，电除颤目的、过程及可能发生的并发症，征得家属同意（急救时可事后向家属说明）。

（2）物品准备：除颤仪（处于完好备用状态）、导电糊或生理盐水浸湿的纱布垫、必要时备其他所需的抢救设备和药品。

（3）环境安全、便于操作。

2. 操作步骤

（1）摆放复苏体位，松解衣扣，暴露胸部，检查并去除患者身上的金属物质、导电物质。

（2）打开除颤仪，连接心电监护或利用两电极板"Quick paddle look"功能快速查看患者心律类型，确认患者存在心室颤动。

（3）选择合适模式（默认为非同步电除颤），选择合适的电极板（成人直径 10~13cm，儿童 4~5cm）。

（4）均匀涂抹导电糊于电极板表面。

（5）选择电击能量并充电，单相波为 360J，双向波除颤仪首次电击能量选择应根据除颤仪的品牌货型号推荐能量，一般为 120J 或 150J，最大不超过 200J，继续除颤可选用固定或递增的能量；儿童可使用 2~4J/kg 的剂量作为初始除颤能量，对于后续电击，能量级别至少为 4J/kg，并可以考虑使用更高能量级别，但不超过 10J/kg 或成人最大剂量。

（6）正确握持并放置电极板，左手持胸骨电极板（sternum），放于胸骨右缘第二肋间，右手持心尖电极板（apex），放于左腋中线第五肋间，上缘平左乳头下缘。

（7）再次确认心电波形为除颤类型，放电前操作者应大声声明："你离开，我离开，大家都离开"，放电时双手同时按下"放电"键，并向下施以大于10kg的压力，使电极板和皮肤贴合紧密并保持几秒钟。

（8）继续CPR，之前未连接心电监护者应连接心电监护，观察患者心电活动，描记心电图，判断除颤是否成功，并决定是否需要再次除颤；成人最大能量为360J，儿童为4J/kg。

（9）除颤完毕，关闭除颤仪电源，将电极板擦干净，收存备用；用纱布擦净患者皮肤；整理用物并记录。

【注意事项】

1. 放电前应确定患者心律类型为除颤类型。

2. 除颤电极板放置位置应准确，两电极板之间的间隔>10cm，如带有植入性起搏器，应避开起搏器部位至少10cm。

3. 电除颤时用>10kg的力量按压，保持电极板与患者皮肤紧密接触。

4. 放电前确保任何人不得接触患者、病床及与患者接触的物品，以免触电。

5. 心跳呼吸骤停者应进行人工呼吸和胸外心脏按压，必要时可中断CPR，但时间不应超过10秒。

相关链接　　　　自动体外除颤仪

自动体外除颤仪（automated external defibrillator，AED）是获得早期除颤最有希望的方法，是一种便携式、易于操作，专为现场急救设计的急救设备。AED有别于传统的除颤仪，可经内置电脑分析确定发病者是否需要予以电除颤，从仪器启动检测到发放有效的电除颤治疗只需20~25秒的时间。

自动体外除颤仪是指存在识别心搏骤停的自动心脏节律分析系统从而自动完成除颤的一种跨胸除颤仪。目前，自动体外除颤仪主要分为全自动和半自动、电击咨询系统除颤仪。

AED的功能如下。

1）自动迅速诊断：打开AED，将除颤电极片贴好后，AED能在5~15秒（平均10秒）迅速诊断患者心律，一旦确诊为室颤、室速，AED便会自动发放视听警报进行提示。

2）自动迅速治疗：AED发放室颤、室速报警的同时，会自动充电，并有语音和演示屏幕指导现场操作，10秒充电完毕后，AED将自动发放电击除颤。

3）自动同步语音提示：AED自动诊断与治疗的整个过程大约需要20秒，同步均有清晰的语音提示，以防操作人员因经验不足而操作失误。

（郭瑞红）

第五节　血流动力学监测

一、心电监护

心电图（electrocardiogram，ECG）反映心脏的电生理活动，通过持续监测，可了解患者心率及心律，发现心律失常、评估起搏器的功能；通过观察 ST 段改变，帮助分析患者有无心肌缺血及电解质异常；特征性心电图改变和演变也是诊断心肌梗死最可靠和最实用的方法。因此，心电监测已成为重症监护病房的一项常规监测项目，特别是对于各种心脏疾病、心脏手术、各类休克、严重电解质紊乱及老年患者，其监测尤为重要。

【监测方法】

1. **心电监护仪**　临床常用心电监护仪进行连续监测，监护仪可监测心电图波形、心率，通过屏幕连续示波观察，可以分析有无心律失常、心肌损害及电解质失衡等。监护仪还具有记录、储存、分析和报警功能，对有意义的波形可暂时"冻结"或描记保留，以便分析。

2. **动态心电图监测仪（holter）**　可分析和记录 24 小时心电图波形，结合日常活动的量、时间及出现的自觉症状，可了解一些不易察觉的短暂异常。主要用于冠心病和心律失常的诊断，寻找晕厥原因及观察抗心律失常药物疗效，也可用于监测起搏器的功能。

3. **心电图机**　要更详细地解释心电图或分析 ST 段异常，或诊断心脏器质性病变，还应做 12 导联心电图以助分析诊断。

【注意事项】

1. 电极片长期应用易接触不良和脱落，影响准确性及监测质量，应至少 48 个小时更换一次，放置电极贴片部位的皮肤应清洁、干燥，以保证能捕捉到足够的心电信号。

2. 检查电线有无断裂或绝缘层磨损，以减少干扰信号。

3. 监护中发现严重异常时，最好请专业心电图室人员复查、诊断以提高诊断准确率。

二、动脉血压监测

血压（blood pressure，BP）是最基本的心血管监测项目，主要反映心排血量和外周血管总阻力，与血容量、血管壁弹性、血液黏滞度等因素有关，并间接反映组织器官的灌注、心脏的氧供需平衡及微循环状况等。

收缩压（systolic blood pressure，SBP）为心脏收缩时，从心室射入的血液对血管壁产生的侧压力，这时血压值最大，也称为高压；维持一定的收缩压重要性在于克服各脏器临界关闭压，保证脏器的供血。如肾脏的临界关闭压为 70mmHg，当收缩压低于此值，肾小球滤过率减少，发生少尿。

舒张压（diastolic blood pressure，DBP）心脏舒张末期，血液暂时停止射入动脉，已流入动脉的血液靠血管壁的弹性和张力作用继续流动，对血管壁形成一定的压力，这时的血压称作舒张压，也称为低压。舒张压的重要性在于维持冠状动脉灌注压（coronary perfusion pressure，CPP），CPP 等于左心室舒张末压和舒张压的差值。

平均动脉压（mean arterial pressure，MAP）是心动周期内血液对血管的平均压力。MAP

与心排血量和体循环血管阻力有关，是反映脏器组织灌注良好的指标之一，正常值为60~100mmHg，受收缩压和舒张压双重影响。

（一）无创血压测量

无创血压（noninvasive blood pressure，NIBP）测量可通过监护仪手动或设定时间间隔自动测压。手动测压用于随时了解患者血压情况，设定时间间隔进行血压监测多用于生命体征变化相对较大，需要密切关注的患者，测量的时间间隔可根据患者情况进行设定。

（二）有创血压监测

其方法是经动脉穿刺置管后，通过电子换能器直接测定右心系统及肺动脉血压，能反映每一个心动周期的血压变化，用于判断危重患者心血管功能状况。

【适应证】

1. 危重、复杂大手术患者。
2. 体外循环条件下心内直视手术患者。
3. 需低温或控制性降压的手术患者。
4. 严重低血压或休克患者。
5. 需反复采取动脉血样的患者。
6. 需要用血管活性药进行调控的患者。
7. 呼吸心搏停止后复苏的患者。

相关链接　　　　　动脉穿刺置管术

1. 血管选择　　动脉穿刺置管术在选择穿刺途径时，桡动脉以其易于穿刺和管理作为首选。其他途径按优先顺序依次为：股动脉、肱动脉、足背动脉。

2. 方法　　局麻下，选择好穿刺部位后，局部消毒，套管针与皮肤呈30°，朝动脉向心方向进针，见血后略进少许，退针芯同时将套管针推进，有血涌出，表明已进入动脉，连接测压系统并固定套管。进行桡动脉穿刺前需要进行爱伦试验（Allen's test），以判断局部血液循环状态。如果Allen试验阳性，则不宜行桡动脉穿刺。

【注意事项】

1. 严密观察血压波动情况，随时调整血压到理想状态。
2. 测压系统应与右心房在同一水平，过高或过低都会影响测得的血压值。
3. 防止动脉内血栓的形成：经测压管抽取动脉血以后，应用肝素生理盐水冲洗；当有创动脉血压监测压力波形差，应用肝素生理盐水冲洗；一旦凝固，切勿强行推注；如果波形好，无需频繁推注肝素生理盐水，避免造成出血等。
4. 保持测压管通畅，避免扭曲或打折；固定牢固，防止穿刺针及测压管脱落，注意观察穿刺部位有无血肿或渗血等情况。
5. 防止空气栓子的形成。

6. 严格无菌操作，预防感染。

7. 患者循环功能稳定后应尽早拔除动脉置管。

三、中心静脉压监测

中心静脉压（central venous pressure，CVP）指胸腔内上、下腔静脉或右心房处的压力，是临床观察血流动力学的主要指标之一，对了解有效循环血容量和心功能有重要意义。正常值是 5~12cmH$_2$O，小于 2~5cmH$_2$O 表示右心充盈不佳或血容量不足，大于 15~20cmH$_2$O 表示右心功能不全或血容量超负荷。临床常结合血压值来进行综合分析，指导治疗（表 11-5）。

表 11-5　中心静脉压、血压与治疗原则

CVP	BP	临床意义	治疗原则
低	低	血容量不足	补液
低	正常	血容量轻度不足	适当补液
高	低	心功能不全，血容量相对过多	强心、利尿、扩血管
高	正常	容量血管收缩	扩血管
正常	低	心功能不全或血容量不足或容量血管收缩	补液试验

注：补液试验方法：取等渗盐水 250ml，在 5~10 分钟内经静脉注入，如血压升高而中心静脉压不变，提示血容量不足；如血压不变而中心静脉压升高 3~5cmH$_2$O，则提示心功能不全

【适应证】

1. 各类休克、脱水、失血和血容量不足。

2. 心肺功能不全。

3. 各类大中手术，尤其是心血管、颅脑和胸部较大和复杂的手术。

4. 大量静脉输液、输血的患者。

【操作方法】

主要经颈内静脉或锁骨下静脉，将导管插至上腔静脉，也可经股静脉用较长的导管插至下腔静脉而测定。

【注意事项】

1. **影响因素**　中心静脉压除受右心功能及静脉回心血量影响外，还受静脉壁张力及顺应性、胸内压影响。因此，交感神经兴奋、体内儿茶酚胺、肾素、血管紧张素和醛固酮分泌增加或应用血管收缩药等导致静脉张力增加的因素及张力性气胸、血胸、慢性阻塞性肺部疾病、心脏压塞、缩窄性心包炎、纵隔压迫、机械通气、腹内高压等导致胸内压增加的因素均可使中心静脉压升高。各种原因引起的外周血管扩张，如神经源性、过敏性休克、麻醉过深、椎管内麻醉、应用血管扩张药物等均可使中心静脉压降低。

2. **预防并发症**　中心静脉压监测为有创监测，有引起出血、血肿、气胸、血胸、心脏压塞、神经和淋巴管损伤、感染、血栓、空气栓塞等并发症的可能。因此置入导管时要确定导管插入上、下腔静脉或右心房无误，监测期间要确保静脉内导管和测压管道系统内无凝血、空气，管道无扭曲，严格遵守无菌操作原则。

　　　　　　　　PICCO 监测

PICCO（pulse index continuous cardiac output，PICCO）监测仪是新一代容量监测仪，利用经肺热稀释技术和脉搏波型曲线下面积分析技术，对重症患者主要血流动力学参数进行监测，并使大多数患者无需放置肺动脉导管。PICCO 测定参数及其正常值见表 11-6。

表 11-6　PICCO 测定参数及其正常值

测定参数	正常值
心指数：CI	$2.6\sim4.0L/(min \cdot m^2)$
全心舒张末容积指数：GEDI	$680\sim800ml/m^2$
全心射血分数：GEF	25%~35%
胸腔内血容量指数：ITBI	$850\sim1000ml/m^2$
血管外肺血指数：ELWI	3.0~7.0ml/kg
每搏量指数：SVI	$40\sim60ml/m^2$
全身血管阻力指数：SVRI	$1200\sim2000dyn \cdot s/(cm^5 \cdot m^2)$
每搏量/脉压变异率：SVV/PPV	<10%
肺血管通透性指数：PVPI	1.0~3.0
dp/dt max（左室收缩力指数或最大压力增加速度）	1200~2000mmHg/s

（郭瑞红）

第六节　重症监护病房患者的镇痛与镇静

重症患者镇静、镇痛是指合理应用药物减轻或消除患者焦虑、疼痛、应激反应，以及人机对抗等不良情况，以减少并发症的发生，加快患者的康复，同时也有利于各种治疗和监测的实施。随着医学科学的发展，危重患者镇静镇痛的水平也在不断地提高。《美国危重病患者镇静镇痛药物持续应用的临床实践指南》是目前临床镇静镇痛的重要指南。

一、镇痛

疼痛是伤害性刺激作用于机体引起的不愉快的主观体验，伴有感觉、知觉和情绪反应，常伴有恐惧、大汗、骨骼肌收缩、血压升高、呼吸急促、心率增快、组织耗氧增加、凝血过程异常、分解代谢增强等一系列生理改变。ICU 患者由于原发疾病、手术创伤、侵袭性操作及长期制动等往往承受着剧烈的疼痛，帮助患者及时有效地镇痛，可减少疼痛带来的不良影响。因此，所有的危重症患者都应常规进行疼痛监测，并有必要也有权利获得足够的镇痛治疗。

【疼痛评估】

1. **疼痛的部位**　多数情况下，疼痛部位即病变或损伤所在部位，应详细评估疼痛部位、范围、具体位置。对表述困难的患者，护士可提供人体正反轮廓图，请患者在图上指出疼痛的部位、范围。

2. 疼痛的性质　了解疼痛的性质，有利于协助诊断。但由于疼痛的主观性较强，以及受患者文化程度、疼痛经历等影响，有的患者对疼痛性质描述不清或找不到恰当语言来描述，护士应充分理解，并给予适当提示，以准确判断疼痛性质。

3. 伴随症状　各种引起疼痛的疾病多有伴随症状，通过伴随症状可协助诊断，如胆道系统结石患者表现为剧烈的胆绞痛多伴有寒战高热及程度不同的黄疸，急性腹腔脏器穿孔的患者多伴有板状腹等。

4. 身体运动状态　通过观察患者身体状态、面部表情，可以对患者疼痛部位、疼痛程度做出粗略评估。如患者静止不动，不喜欢移动身体，维持某种强迫体位、姿势；严重疼痛时无目的乱动，以分散对疼痛的注意力；做出保护动作；规律性或按摩动作，以减轻疼痛等。

5. 疼痛的程度

（1）WHO疼痛分级（表11-7）。

表11-7　WHO疼痛分级

疼痛分级	标准
0级	无痛
Ⅰ级（轻度疼痛）	有疼痛感，但不严重，可忍受，睡眠不受影响
Ⅱ级（中度疼痛）	疼痛明显，不能忍受，睡眠受干扰，要求用镇痛药
Ⅲ级（重度疼痛）	疼痛剧烈，不能忍受，睡眠严重受干扰，需要用镇痛药
Ⅳ级（严重疼痛）	持续剧烈伴血压、脉搏等变化

（2）评分法测量：用评分法测量疼痛的程度更客观。

1）疼痛行为量表：对于不能自行描述疼痛但运动功能正常且行为可以观察的成年ICU患者，疼痛行为量表（behavioral pain scale，BPS）（表11-8）和重症监护患者疼痛观察工具（critical-care pain observation tool，CPOT）（表11-9）是用于监测疼痛最准确和可靠的行为量表。

表11-8　疼痛行为量表

	分值	描述
面部表情	1	放松
	2	面部部分绷紧（如皱眉）
	3	面部完全绷紧（如眼睑紧闭）
	4	表情痛苦，扭曲
上肢动作	1	无活动
	2	部分弯曲（移动身体或很小心地移动身体）
	3	完全弯曲（手指屈曲）
	4	肢体处于一种紧张状态
呼吸机的顺应性	1	耐受良好
	2	大多数时候耐受良好，偶有呛咳
	3	人机对抗
	4	无法继续使用呼吸机

表 11-9 重症监护患者疼痛评估工具（CPOT）

项目	描述		分值
面部表情	未见面部肌肉紧张	放松、平静	0
	存在皱眉耸鼻或任何面部变化（如睁眼或疼痛时流泪）	紧张	1
	所有之前的面部变化加上双目紧闭（患者可能口腔张开或者紧咬气管导管）	表情痛苦	2
身体活动度	完全不动（不代表没有疼痛）或正常体位（不是因为疼痛或防卫而产生的运动）	活动减少或保持正常体位	0
	缓慢小心的移动，轻抚痛处，通过移动身体引起别人注意	防护状态	1
	拉扯气管导管，试图坐起，在床上翻来覆去，不配合指示，袭击工作人员，试图翻越床栏	焦躁不安	2
人机协调（针对气管插管患者）	通气顺畅，无呼吸机报警	人机协调	0
	呛咳，呼吸机报警触发、疼痛时自主呼吸暂停	呛咳但尚可耐管	1
	人机不同步、呼吸机频繁报警	人机对抗	2
发声（针对无气管插管患者）	说话时语调平稳或不出声	语调平稳或不出声	0
	叹息、呻吟	叹息、呻吟	1
	哭喊、抽泣	哭喊、抽泣	2
肌紧张	对被动运动无抵抗	放松	0
	抵抗被动运动	紧张，僵直	1
	对被动运动强烈抵抗，无法完成被动运动	非常紧张，僵直	2

注：①患者必须在休息 1 分钟后再进行观察。以获得 CPOT 的基线值。②应在患者处于疼痛状态时观察其反应（如翻身、吸痰、更换伤口敷料等）。③应在对患者使用镇痛剂前和镇痛剂达峰值效应时进行评估，以评价治疗是否有效减轻患者疼痛。④在对患者观察期间，对 CPOT 的等级评定应选择对应的最高分值。⑤在对患者进行 CPOT 的等级评定中，肌紧张应被作为最后的评估项目，因为即使患者处于安静休息状态时触碰刺激（手臂被动屈伸运动）也会导致某些行为反应。

2）文字描述评分法（verbal descriptor scale，VDS）：将一条线段等分为四段，每点表示不同的疼痛程度：0= 无痛，1= 微痛，2= 中度疼痛，3= 重度疼痛，4= 无法忍受的疼痛，患者根据自身疼痛的程度选择合适的描述。

3）视觉模拟评分法（visual analog scale，VAS）：在纸上画一条 10cm 的横线，一端标记为 0，表示无痛，另一端为 10，表示剧痛，中间部分不做任何划分，让患者根据自己对疼痛的实际感受在横线上标记疼痛的程度。此法灵活方便，患者有很大的自由选择，不需要选择特定的数字或文字。

（3）生理指标测定法：观察心率、血压、呼吸及局部皮肤温度等变化，间接评估疼痛程度。这种方法准确率低，只用于患者需要接受进一步评估疼痛时的提示。

【镇痛治疗】

1. **药物镇痛**　药物止痛是控制疼痛最基本、最常用的方法。给药的时机最好在患者疼痛发作之前，即可以较小的剂量达到良好的止痛效果。

（1）阿片类药物：重症患者镇痛主要应用阿片类药物，如吗啡、芬太尼、氢吗啡酮、哌替啶等，通过激动中枢神经的阿片受体产生镇痛作用。此类药物起效快、止痛效果好、短期使用不会产生药物依赖，但有抑制呼吸、意识、导致低血压、出现幻觉、肠道蠕动减慢等副作用。

（2）患者自控镇痛术（PCA）：静脉 PCA 常选用阿片类镇痛药，皮下 PCA 亦常选用阿片类镇痛药，但哌替啶对组织有一定刺激性，因此，多不选用。硬膜外 PCA 多选用局麻药与阿片类镇痛药联合应用，可减少两种药物的用量，减轻毒副反应。此种方法以基础小剂量连续输入，间隔一定时间可由患者自主追加剂量，镇痛药"按需供应"，血药浓度稳定，止痛效果满意。是术后患者镇痛的理想选择。

（3）非甾体类镇痛消炎药（NSAIDs）：通过非选择性、竞争性抑制环氧化酶，减少前列腺素的合成达到镇痛效果。联合应用可减少阿片类药物的需要量，不良反应有胃肠道出血、血小板抑制后继发性出血及肾功能损害等，不能用于哮喘和阿司匹林过敏的患者。

2. 非药物疗法　疼痛既包括生理因素，又包括心理因素，在疼痛治疗中，应首先设法去除诱因，并积极采用非药物治疗，包括心理治疗、物理治疗等手段。非药物治疗能降低患者疼痛评分及减少镇痛药的剂量。

二、镇静

据调查，重症患者中 70% 以上出现过躁动，50% 以上出现过焦虑症状。引起焦虑的原因除手术切口或伤口疼痛刺激以外，还与重症病房的环境刺激相关，环境刺激包括各项操作的执行、人工气道的建立和呼吸机的应用、监测设备的运行、持续的声光刺激等；此外，患者活动受限、生活规律被破坏、医务人员解释不够，以及危重患者间的相互影响也导致患者的焦虑。若不实施有效镇静，患者会因休息睡眠不足而出现疲劳、定向力模糊、易激惹等，表现为幻觉、恐惧、绝望、抑郁等异常心理。另外，还会因应激反应加重而出现心率增快、血压升高、心肌耗氧增加、呼吸浅快、通换气功能障碍、呼吸肌疲劳、免疫功能降低等，这种持续的高分解代谢状态，会导致患者病情加重甚至发生 MODS。

【镇静目的】

1. 提高对刺激的耐受性，减轻痛苦，减少躁动。
2. 解除焦虑、紧张，产生催眠及遗忘效应。
3. 降低基础代谢，减少蛋白质的分解。
4. 保持肺泡充分开放，改善通换气功能。
5. 减轻炎症反应，保护重要脏器功能。
6. 有利于治疗和监测的顺利进行。

【评估】

对于重症患者维持轻度镇静可以改善临床预后，但在 ICU 中约有 69% 的患者存在镇静不当，表现为镇静不足或镇静过度。镇静不足可致恐惧与焦虑感增强、产生不良记忆、不能耐受某些特殊治疗、相关并发症增多及治疗时间延长等；镇静过度可致机械通气时间延长、掩盖病情变化、相关并发症增多、住院时间及治疗护理费用增加等。但在众多判断镇静程度的标准中尚缺乏一种简便易行的监测患者镇静程度的方法，血浆药物浓度监测较简便但不能可靠地反映镇静的程度及预防过度镇静。目前最常用的评估方法有两种，一种是主观评估法，新指南中仅推荐使用 RASS 镇静程度评分（Richmond agitation-sedation scale，RASS）（表 11-10）或 Riker 镇静、躁动评分（sedation-agitation scale，SAS）（表 11-11），是评估重症患者镇静质量与深度最为有效和可靠的工具。第二类是客观评估法，有脑电双频指数（BIS）、心率变异系数及食管下段收缩性等。

1. RASS 镇静程度评分（表 11-10）

表 11-10 RASS 镇静程度评分表

分值	条目	描述
+4	有攻击性	有暴力行为
+3	非常躁动	试着拔出呼吸管，胃管或静脉点滴
+2	躁动焦虑	身体激烈移动，无法配合呼吸机
+1	不安焦虑	焦虑紧张，但身体只有轻微的移动
0	清醒平静	清醒自然状态
−1	昏昏欲睡	没有完全清醒，但可保持清醒超过十秒
−2	轻度镇静	无法维持清醒超过十秒
−3	中度镇静	对声音有反应
−4	重度镇静	对身体刺激有反应
−5	昏迷	对声音及身体刺激都无反应

2. Riker 镇静、躁动评分（表 11-11）

表 11-11 Riker 镇静、躁动评分

分值	描述	定义
7	危险躁动	试图拔除各种导管，翻越床栏，攻击医护人员，拉拽气管内插管，在床上挣扎
6	非常躁动	需要保护性束缚并发出语言提示劝阻，咬气管插管
5	躁动	焦虑或身体躁动，经言语提示劝阻可安静
4	安静合作	安静，容易唤醒，服从指令
3	镇静	嗜睡，语言刺激或轻轻摇动可唤醒并能服从简单指令，但又迅即入睡
2	非常镇静	对躯体刺激有反应，不能交流及服从指令，有主动运动
1	不能唤醒	对恶性刺激无或仅有轻微反应，不能交流及服从指令

注：恶性刺激指吸痰或用力按压眼眶、胸骨或甲床 5 秒钟

3. **脑电双频指数**（bispectral index，BIS）　是将脑电图的功率和频率经双频分析拟合成一个最佳数字，用 0~100 分表示，数字反映镇静深度和大脑清醒程度，0 表示完全无脑电活动，100 表示清醒状态。一般认为 BIS 值在 65~85 时，患者处于睡眠状态；40~65 时，处于全麻状态；小于 40 时，大脑皮层处于抑制状态。仅用于无法进行主观镇静评估的情况，如使用神经肌肉阻滞剂后。

【镇静药物选择】

理想的镇静剂应对代谢无影响，副作用少，无蓄积作用，半衰期短。镇静药物没有镇痛作用，与阿片类镇痛剂同时使用有协同作用，可极大地降低阿片类镇痛剂的用量。目前临床上较多采用的是苯二氮䓬类药物、右美托咪定和丙泊酚。

1. **苯二氮䓬类**　为镇静、催眠药物。通过与中枢神经系统 GABA（γ- 氨基丁酸）受体的相互作用，产生剂量相关的催眠、抗焦虑和顺行性遗忘作用，其本身无镇痛作用，但与阿片类镇痛药有协同作用，可明显减少阿片类药物的用量。对于接受机械通气的成年重症患者，建议镇静治疗前优先进行镇痛，并推荐采用非苯二氮䓬类的药物以改善临床预后。

（1）咪达唑仑（咪唑安定）：起效快，维持时间短。过度肥胖、低蛋白血症和肾衰竭患者容易蓄积导致镇静延时。应用数小时至几天内可发生药物耐受。维持轻度镇静或每日中断

镇静可相互替代，即如维持轻度镇静则无需每日间断唤醒患者。评估镇静水平，可减少用量、缩短机械通气时间和 ICU 住院时间。

（2）地西泮（安定）：起效快、消除慢，适用于长期镇静治疗。重复给药可产生蓄积。

（3）劳拉西泮（氯羟安定）：长时间（>48 个小时）抗焦虑的推荐用药。易管理，成本低，苏醒较快。

2. 右美托咪定 由于其对 α_2 受体的高度选择性，是目前唯一具有良好镇静与镇痛作用的药物，且没有明显的心血管抑制及停药后反跳，半衰期较短，但价格昂贵。

3. 丙泊酚 是一种广泛应用的静脉镇静药物，起效快、时效短、苏醒快、无蓄积。低剂量产生镇静遗忘作用，长期高剂量静注可致高甘油三酯血症、低血压、心动过缓、胰酶升高，严重者引起小儿乳酸性酸中毒和成人心搏停止。

三、镇痛镇静治疗期间的病情观察

（一）循环系统功能

1. 苯二氮䓬类镇静剂、丙泊酚、阿片类镇痛药均可引起低血压，尤其是给予负荷剂量时。应根据患者血流动力学变化及时调整给药速度，并适当进行液体复苏，力求维持血流动力学平稳，必要时给予血管活性药物。芬太尼对循环的抑制较吗啡轻，因此血流动力学不稳定、低血容量患者宜选用芬太尼。

2. 镇痛镇静不足时，患者可表现为血压高、心率快，此时不要盲目给予降压或减慢心率，应结合临床综合评估，充分镇痛，适当镇静。

（二）呼吸系统功能

1. 苯二氮䓬类及丙泊酚引起的呼吸抑制通常表现为潮气量降低、呼吸频率增加；阿片类镇痛药引起的呼吸抑制表现为呼吸频率减慢、潮气量不变。给予负荷剂量时应缓慢静脉推注，维持剂量应从小剂量开始，逐渐增加至治疗剂量。

2. 阿片类镇痛药的组胺释放作用可致敏感患者发生支气管痉挛，故有支气管哮喘的患者宜避免应用阿片类镇痛药。

3. 深度镇静可导致患者咳嗽反射和排痰能力减弱，增加肺部感染机会。不适当的长期过度镇静可导致气管插管拔管延迟，ICU 住院时间延长，治疗费用增加。

4. 镇痛、镇静不足时，患者可出现呼吸浅促、潮气量减少、氧饱和度降低等；镇痛镇静过深时，患者可出现呼吸频率减慢、幅度减小、缺氧和（或）二氧化碳潴留等。应结合镇痛镇静评估，及时调整治疗方案，避免不良事件发生，无创机械通气患者尤其应引起注意。

（三）消化系统功能

1. 阿片类药物可抑制肠蠕动致排便困难，并可引起恶心、呕吐、肠绞痛及 Oddi 括约肌痉挛。酌情应用刺激性泻药可减少排便困难，止吐剂可有效预防恶心呕吐。

2. 肝功能损害可减慢苯二氮䓬类药物及其活性代谢产物的清除，肝酶抑制剂也会改变大多数苯二氮䓬类药物的代谢。肝功能障碍或使用肝酶抑制剂者应及时调整药物剂量。

3. 胃肠道黏膜损伤是非甾体类镇痛药最常见的不良反应，表现为腹胀、消化不良、恶心、呕吐、腹泻和消化道溃疡，严重者可致穿孔和（或）出血。对有高危因素的患者应慎用或不用，或选择不良反应较小的药物或剂型，以及预防性使用 H_2 受体拮抗剂和前列腺素 E 制剂。

（四）代谢功能

1. 大剂量吗啡可兴奋交感神经中枢，促进儿茶酚胺释放，促进肝糖原分解，使血糖升高。应加强血糖水平的监测和调控。

2. 丙泊酚以脂肪乳剂为载体，长时间或大剂量使用应监测三酰甘油水平，并根据丙泊酚用量相应减少营养支持中脂肪乳剂供给量。

（五）肾功能

吗啡等阿片类镇痛药可引起尿潴留；劳拉西泮的溶剂丙二醇具有一定的毒性作用，大剂量长时间输注可引起急性肾小管坏死、乳酸酸中毒及渗透压过高状态，低血容量或低灌注患者、高龄、既往有肾功能障碍的患者用药应更慎重。

（六）凝血功能

非甾体类镇痛药可抑制血小板凝聚，导致出血时间延长，大剂量用药可引起低凝血酶原血症，可考虑补充维生素 K。

（七）免疫功能

研究发现长期使用阿片类药物或阿片类药物依赖者，免疫功能普遍低下。

（郭瑞红）

第七节　危重患者的营养支持

一、概述

重症患者机体遭受严重打击后在神经内分泌及炎症介质的作用下，生理状态时的内平衡被破坏，表现为分解代谢增强而合成代谢降低的应激状态。此时给予适当的营养支持，可有效维持组织器官结构与功能，调节免疫功能，增强机体抵抗力，改善潜在或已发生的营养不良状态，防治并发症。

（一）重症患者营养代谢特点

1. **糖**　危重患者处于应激状态，基础代谢率增加，肝糖原分解及糖异生增强，血糖升高，称为应激性高血糖或应激性糖尿病。

2. **蛋白质**　应激时处于负氮平衡，蛋白质被大量分解，肌肉组织消耗明显，可致肌肉萎缩。

3. 脂肪 由于儿茶酚胺的作用，体内脂肪的动员和氧化分解增强，若不及时补充能量，患者体重将迅速下降。

（二）危重患者营养支持的原则

1. 合理选择营养支持的时机　不恰当的营养支持，不仅不能改善患者的营养状况，反而会加重患者的代谢紊乱，如存在严重肝功能障碍、肝性脑病、严重氮质血症、严重高血糖未得到有效控制者。此外，在心搏骤停患者复苏早期，血流动力学尚未稳定或存在严重代谢性酸中毒，维持水、电解质、酸碱平衡为第一需要，而不是开始营养支持的安全时机。

2. 应用营养支持前须进行营养评估　应结合病史、人体测量和实验室检查指标等多方面进行综合评估。常用的测量指标有：体重、体质指数、皮褶厚度、臂肌围、血浆白蛋白、氮平衡、电解质平衡、免疫功能等（表 11-12）。

表 11-12　营养评估

测量指标	正常范围	营养不良		
		轻度	中度	重度
体重（理想正常值的 %）	>90	80~90	60~79	<60
体质指数	18.5~23	17~18.4	16~16.9	<16
肱三头肌皮褶厚度（正常值的 %）	>90	80~90	60~80	<60
上臂肌围（正常值的 %）	>90	80~90	60~79	<60
肌酐 / 身高指数（正常值的 %）	>95	85~94	70~84	<70
清蛋白（g/L）	>35	31~34	26~30	<25
转铁蛋白（g/L）	2.0~2.5	1.5~2.0	1.0~1.5	<1.0
前清蛋白（mg/L）	≥180	160~180	120~160	<120
总淋巴细胞计数（×10^9/L）	>2.5	1.8~1.5	1.5~0.9	<0.9
氮平衡（g/d）	−1~1	−5~−10	−10~−15	<−15

3. 重症患者的营养支持应尽早开始，只要胃肠道解剖与功能允许，首选肠内营养，以维持和保护胃肠道结构和功能的完整性，保护胃肠道屏障，避免肠道细菌和内毒素移位。

4. 任何原因导致胃肠道不能使用或应用不足，应考虑肠外营养，或联合应用肠内 - 肠外营养。

5. 动态监测患者营养状况指标，了解营养支持效果，并进行相应的调整。

二、肠外营养

肠外营养（parenteral nutrition，PN）指通过静脉途径全部或部分提供人体代谢所需要的营养素。当患者需要禁食，所需全部营养素均经静脉途径提供时，称为全胃肠外营养（total parenteral nutrition，TPN）。

【适应证】

1. 胃肠道功能障碍导致无法从胃肠道获得营养者，如短肠综合征、放射性肠炎、小肠 - 结肠瘘等。

2. 存在尚未处理的腹腔问题，如出血、腹腔感染、肠梗阻、肠漏等。

3. 手术等禁止使用胃肠道者。

4. 胃肠道提供营养素不足时，需采用肠内和肠外营养相结合的方式。

【输注途径】

肠外营养一般根据患者病情、需营养支持的时间、营养液组成成分、输注量等选择周围静脉或中心静脉输注。

1. **中心静脉途径** 中心静脉管径粗，血流量大，输注的液体能够迅速被血液稀释，对血管壁的刺激小，适用于长期肠外营养治疗或因高代谢致营养需求量较大的患者。常用的中心静脉途径包括经锁骨下静脉、颈内静脉、股静脉或经外周中心静脉置管（PICC）输注。中心静脉置管可避免反复穿刺给患者带来的痛苦，能够24个小时持续不间断输注营养液，但必须具备熟练的置管技术和严格的无菌条件，如措施不当还可造成气胸、败血症等多种并发症。

2. **外周静脉途径** 外周静脉管径相对较细，血流量小，容易受输注营养液浓度、pH值、渗透压的影响，长期应用易引发静脉炎、静脉血栓等，但穿刺便捷、并发症少，适用于短期（<2周）肠外营养的患者。

【输注方式】

1. **持续输注** 将全天的营养液24个小时内持续匀速输注到体内，使各类营养物质的输注在全天保持持续匀速状态。此种输注方式血糖值波动小，患者易耐受。但因胰岛素一直处于较高水平，而使脂肪分解受抑制、合成加强，可导致脂肪肝或肝大。因此，一般在肠外营养的早期应用，而不宜长期使用。

2. **循环输注** 在持续输注营养液较稳定的基础上缩短输注时间，由24小时持续不间断输注缩短至每天输注12~18小时，让患者有一定的间歇期。

【肠外营养制剂】

1. **全营养混合液**（total nutrient admixture，TNA） 又称全合一营养液，即将每天所需的全部营养要素，按比例在严格无菌的环境下配制于营养袋中混合均匀后再输注的方式。TNA强调同时提供完全的营养物质和有效利用。TNA应现用现配，如暂时不用，应在4℃冰箱内保存，一般不超过24小时。

2. **单瓶输注** 在不具备以TNA方式输注条件时，可采用单瓶输注方式。但由于各营养素非同步输入，导致营养素利用率低。此外，若单瓶输注高渗性葡萄糖注射液或脂肪乳等，会增加代谢负荷，导致代谢相关并发症的发生。

【肠外营养的护理】

（一）并发症的观察和预防

1. 导管相关性并发症

（1）气胸：当患者静脉穿刺或置管后出现胸闷、胸痛、呼吸困难、同侧呼吸音减弱时，应疑有气胸的发生。可视严重程度予以观察，进行胸腔穿刺减压或胸腔闭式引流。对机械通气的患者，尤其要加强观察，因为此类患者即使胸膜损伤很小，也可能引起张力性气胸。

（2）血管损伤：在同一部位反复穿刺易损伤血管，表现为局部出血或血肿形成等，应立即退针并压迫局部。

（3）胸导管损伤：多发生于左侧锁骨下静脉穿刺时，应立即退针或拔除导管。偶可发生乳糜瘘，多数患者可自愈，少数需做引流或手术处理。

（4）空气栓塞：可发生于静脉穿刺置管过程中或因导管塞脱落或导管连接处脱开所致。大量空气进入可立即致死。故锁骨下静脉穿刺时，患者应处于平卧位、屏气；置管成功后及时连接输液管道；连接须牢固；输液结束应旋紧导管塞。一旦怀疑空气进入，立即置患者于左侧卧位，以防发生肺栓塞。

（5）导管移位：置管后可因导管固定不妥而移位。表现为输液不畅或患者颈、胸部酸胀不适。一旦发生导管移位，应立即停止输液、拔管和作局部处理。

（6）感染：长期深静脉置管、禁食、TPN，易引起导管性和肠源性感染。防治：①加强穿刺部位及导管的护理，若患者发生不明原因的发热、寒战、反应淡漠或烦躁不安，应疑为导管性感染，应及时拔除导管并作微生物培养和药物敏感试验；②加强营养液配制的管理，防止污染；③尽早恢复经口进食或行肠内营养。

2. 代谢相关性并发症

（1）糖代谢异常：当单位时间内输入的葡萄糖量超过人体代谢能力或胰岛素相对不足时，患者可出现高血糖，甚至高渗性非酮症高血糖性昏迷。也可因突然停输高渗葡萄糖而出现反应性低血糖。肠外营养时，应加强临床观察并严密监测患者血糖变化，出现血糖异常时及时处理。

（2）脂肪代谢异常：脂肪乳制剂输入速度过快或总量过多超过人体代谢能力时，患者可发生高脂血症或脂肪超载综合征。对长期应用脂肪乳制剂的患者，应定期做脂肪廓清试验以了解患者对脂肪的代谢和利用能力。通常，20% 的脂肪乳剂 250ml 需要输注 4~5 小时。

3. 血栓性静脉炎　多发生于经外周静脉输注营养液时。输注部位的静脉呈条索状变硬、红肿、触痛，偶有发热现象。应立即更换输液部位，并对发生静脉炎的局部给予处理。

（二）注意 TNA 的输注温度和保存时间

TNA 配制后若暂时不输注，应保存于 4℃冰箱内，为避免输注过冷液体而导致不适，输注前 0.5~1 小时可从冰箱内取出置室温下复温后再输注。TNA 在常温下长时间搁置可使某些成分降解、失稳或产生颗粒沉淀，因此，应在配制后 24 小时内输完。

（三）合理安排输液种类和顺序

对已有缺水者，为避免输注营养液速度较慢导致体液不足，应先补充部分平衡盐溶液，已有电解质紊乱者，应先予以纠正，再输注 TNA 液。

（四）控制输液速度

根据提供的葡萄糖、脂肪乳和氨基酸量，合理控制输液速度，以免快速输注引起发热和心率加快等不适。对营养液输注过快引起的发热，一般无需特殊处理即可自行消退，对部分高热患者可予以物理或药物降温。

（五）加强观察和记录

观察患者有无发生水肿或皮肤弹性变差，尿量是否过多或过少，并予以记录。

20世纪30年代H.O.Studley的一项研究发现手术患者恢复经口饮食前通过输液提供足够的营养，将极大地提高外科手术的成功率。

1937年Robert Elmen成功经静脉输注水解蛋白对人体补充氨基酸，此后人们逐步解决并完善了氨基酸制剂配方、输注途径及热源输注等问题，同时认识到在补充氨基酸的同时，应为机体提供足够的能量，否则经静脉单纯输入氨基酸被当作能量底物燃烧掉。

1960年，瑞典的惠特林教授（Arvid Wretlind）在脂肪乳的原料、提纯和乳化等方面解决了前人无法克服的难题，使英脱利匹特成为全球应用最广泛的脂肪乳剂产品。英脱利匹特的研发和使用，使满足机体非蛋白能量需求的糖脂双能源概念初步成熟，再加上人体必需的电解质、微量元素、维生素等最终发展成完全肠外营养，即现代肠外营养。

三、肠内营养

肠内营养（enteral nutrition，EN）指经胃肠道，包括经口或经喂养管提供维持人体代谢所需营养素的一种方法。和肠外营养相比，肠内营养在保护胃肠黏膜的完整性、防治肠道细菌移位、降低肠源性感染和维持肠道免疫系统功能方面具有独特的作用。经胃肠道吸收的营养物质通过门静脉输入到肝脏，比肠外营养更符合生理，有利于肝的蛋白质合成和代谢调节。同时肠内营养可以减少营养支持的相关并发症，降低继发感染和代谢紊乱的风险，使用更安全、方便。此外，肠内营养技术要求简单，患者及家属可以自己配制，易于普及，同时极大地降低医疗费用的支出。

【适应证】

凡有营养支持指征，胃肠功能许可且耐受者都可进行肠内营养。

1. **吞咽或咀嚼困难者**　如口腔、咽喉炎症或食管肿瘤手术后、烧伤、化学性损伤等造成吞咽或咀嚼困难者。

2. **消化道疾病稳定期**　如短肠综合征、胃肠道瘘、炎性肠道疾病、吸收不良综合征、小肠憩室炎及各种疾病导致的顽固性腹泻等。

3. **意识障碍或昏迷而致无法进食者。**

4. **高分解高代谢状态**　如大面积烧伤、严重创伤、较大手术、重度感染等。

5. **慢性消耗性疾病**　如肿瘤、结核等。

【禁忌证】

1. **肠内营养的绝对禁忌证是肠梗阻**

2. **下列情况不宜应用肠内营养**　①重症胰腺炎急性期；②严重应激状态、麻痹性肠梗阻、上消化道出血、剧烈呕吐、严重腹泻或腹膜炎；③小肠广泛切除4-6周之内；④年龄小于3个月的婴儿；⑤完全性肠梗阻及胃肠蠕动严重减慢的患者；⑥胃大部切除后易产生倾倒综合征的患者。

3. 下列情况应慎用肠内营养 ①严重吸收不良综合征及长期少食、衰弱的患者；②小肠吸收面积减少的空肠漏患者；③休克的患者；④症状明显的糖尿病、糖耐量异常的患者，接受高剂量类固醇药物治疗的患者。

【输注途径】

根据营养支持的预期时间、肠道功能受损程度、发生吸入性肺炎的危险性大小及患者的病情和营养状况选择经口和管饲两种途径。重症患者多数因镇静、昏迷、经口摄入受限或不足而采取管饲的方法。

1. 经鼻胃管或胃造瘘 适用于胃肠功能良好的患者，需短期肠内营养支持者多采用鼻胃管，需长期肠内营养支持者宜采用胃造瘘（percutaneous endoscopic gastrostomy，PEG）。

2. 经鼻肠管或空肠造瘘 适用于胃功能不良、发生误吸危险性较大、消化道手术后需胃肠减压又需长期肠内营养支持者。鼻肠管有单腔和双腔之分，双腔鼻肠管中的一个管腔开口于鼻肠管的中下段用于胃肠减压，另一管腔开口于鼻肠管的末端用于输注营养液；空肠造瘘常在伴随腹部手术时实施。

【输注方式】

1. 分次推注 将配制好的肠内营养制剂用注射器缓慢推注进行喂养。每次250~400ml，每天4~6次。部分患者初期不耐受，可出现恶心、呕吐、腹胀、腹痛及腹泻等。

2. 间歇性重力滴注 将配制好的营养制剂置于输液瓶或输液袋中，借重力作用缓慢滴注到患者胃肠道。每次250~400ml，每天4~6次，滴速一般为30ml/min。多数患者可耐受这种喂养，操作简便，患者有较多的下床活动时间，类似于正常经口进食；缺点是可发生胃排空延迟。

3. 持续性泵入 将肠内营养液置于密封袋或瓶中，通过肠内营养泵持续、均匀地输入患者胃肠道。优点是滴注速度准确而恒定，输注速度慢，胃肠道负担轻，营养物质吸收充分，适用于胃肠道功能和耐受性较差以及空肠造口的患者。开始时输注速度应慢，约40~60ml/h，待患者胃肠道耐受后逐渐增加到100~150ml/h。

【肠内营养制剂】

肠内营养制剂不同于通常的食品，而是已经经过预消化加工更易消化吸收或无需消化即能吸收的营养物质。美国FDA使用医疗食品定义肠内营养剂：具有特殊饮食目的或为保持健康、需在医疗监护下使用而区别于其他食品的食品。

按照氮的来源，肠内营养制剂分为非要素制剂、要素制剂及组件制剂三大类。

1. 非要素膳 也称多聚体膳，以未加工的蛋白或水解蛋白为氮源。以未加工蛋白为氮源的包括混合奶和匀浆制剂，以水解蛋白为氮源的也称半要素膳。非要素膳的渗透压接近等渗（300~450mmol/L），口感好，适合口服，亦可管饲。具有使用方便、耐受性强等优点，适用于胃肠道功能较好的患者。

2. 要素膳 也称单体膳，是一种成分明确、能提供机体所需的各种营养素、不需消化或稍加消化即可吸收的少渣营养制剂。一般以氨基酸（或游离氨基酸与短肽）为氮源，以葡萄糖、蔗糖或糊精为碳水化合物来源，以植物油（如玉米油、红花油等）、中链甘油三酸酯（MCT）为脂肪来源，并含有多种维生素和矿物质，故又称化学组成明确制剂（chemically defined diet，CDD）。

3. 组件制剂 营养素组件，也称不完全营养制剂，是仅以某种或某类营养素为主的肠内营养制剂。它可对完全制剂进行补充或强化，以弥补完全制剂在适应个体差异方面的欠缺。也可采用两种或两种以上的组件制剂构成组件配方，以适合患者的特殊需求。组件制剂与要素制剂的本质区别在于组件制剂不属于均衡膳食。

【肠内营养的护理】

1. 误吸的预防与处理

（1）妥善固定喂养管：将喂养管妥善固定于面颊部，以喂养管刻度线为标准，密切观察有无移位及滑脱情况，避免因移位而致输注营养液时发生误吸。

（2）取适当体位：伴有意识障碍、胃排空迟缓、经鼻胃管或胃造瘘管输注营养液的患者若病情允许应取半卧位；经鼻肠管或空肠造瘘管滴注者可不限制体位。研究显示，实施肠内营养时，除有禁忌证者，床头均应抬高 30°~45°，可借助重力作用加速胃排空，防止胃潴留、呕吐、反流的发生。灌注完毕后宜维持体位 30~60 分钟，以防止因体位过低致食物逆流而发生误吸。

（3）估计胃残留量：建议每天监测肠内营养的耐受性，包括胃残余量、病人有无发生呕吐、腹胀、腹泻等，但不再常规监测接受肠内营养的患者的胃残留量作为监测误吸的指标。

（4）气管导管气囊压力适宜：留有人工气道者，确保导管气囊压力适宜，能较好地密闭气道，以防止吸入性肺炎的发生。

（5）避免夜间输注：规划好输注速度，尽量避免夜间输注。夜间持续输注比一次性投给或间断输注更容易增加误吸与反流的机会。

（6）密切观察与及时处理：若患者突然出现呛咳、呼吸急促或咳出类似营养液的痰液，应怀疑有误吸的可能，应鼓励和刺激患者咳嗽，以排出吸入物。必要时经鼻导管或气管镜清除误吸物。

2. 胃肠道不适的预防
有 5%~30% 的肠内营养支持者可发生腹泻，还有部分患者出现恶心、呕吐、腹胀等不适。可采取以下预防措施。

（1）控制输注浓度、速度及输注量：从低浓度、少量、缓慢输注开始，根据患者胃肠道适应情况逐渐调整。一般从 250~500ml/d 开始，5~7 天内逐渐达到全量。

（2）注意输注温度：以接近正常体温 37~38℃为宜，忌温度过高或过低。长时间输注时可采用输液恒温加热器加温，但要注意防止烫伤。

（3）避免营养液变质及污染：营养液应现用现配，保持清洁无菌。悬挂的营养液在稍低的室温下放置时间应小于 6~8 小时，若营养液含有牛奶及易腐败成分时，放置时间应更短。

3. 机械性损伤的预防

（1）导管的选择：需长期留置喂养管者，应选择管径较细、质软、刺激性小、患者耐受性较好的导管。

（2）加强护理：长期留置鼻胃管或鼻肠管者，鼻咽部黏膜可因长时间受压而产生破溃，应每天清洁鼻腔后用油膏涂拭以起润滑和保护作用。对于胃、空肠造瘘者，应保持造瘘口周围皮肤清洁、干燥。

4. 感染性并发症的预防

（1）吸入性肺炎：多因误吸引起，多发生于经鼻胃管喂养者。原因有胃排空迟缓、喂养管移位、体位不当、营养液反流、咳嗽和呕吐反射减弱、精神障碍、应用镇静剂及肌肉阻滞药等。预防措施：①防止喂养管移位；②预防误吸；③加强口腔护理。

（2）急性腹膜炎：多见于经空肠造瘘输注营养液者。应加强观察，防止营养液渗漏进入腹腔。

（3）肠道感染：避免营养液污染、变质。

5. 代谢性并发症的预防 最严重的是高渗性非酮症高血糖性昏迷。也可因突然停输高渗葡萄糖而出现反应性低血糖。肠外营养时，应加强临床观察并严密监测患者血糖变化，出现血糖异常时及时处理。

（1）高血糖：单位时间内输入的葡萄糖量超过人体代谢能力或胰岛素相对不足时，患者可出现高血糖，其发生率达10%~30%。应减慢营养液输注速度或降低浓度，可应用胰岛素使血糖保持在正常值范围内。

（2）水、电解质紊乱：多由长期应用肠内营养、营养液选择不当及补充不及时等所致。水分补充不足可致高渗性脱水；营养液含钾过高或患者肾功能障碍钾排出减少，可导致高钾血症；应用利尿剂、胃肠液丢失而未补钾可发生低钾血症；营养液钠含量低，长期未补充钠盐、大量出汗或腹泻，可发生低钠血症；还可出现铜、镁、钙等矿物质缺乏。应做好监测，及时发现问题并纠正。

6. 保持喂养管通畅 喂养管阻塞常见的原因有：营养液未调匀、药物未经研碎即注入喂养管、添加药物与营养液不相容形成凝结块、营养液黏稠、管径太细等。为保持喂养管通畅，避免阻塞，应在输注营养液前后、连续管饲过程中每4个小时及特殊用药后，用30ml温开水或生理盐水冲洗喂养管。

（郭瑞红）

第八节　血液净化技术

血液净化（blood purification）技术指各种连续或间断清除体内过多水分、溶质方法的总称。血液净化方法有肾脏替代治疗、血液灌流、免疫吸附、内毒素吸附和血浆置换等。本节重点介绍肾脏替代治疗（continuous renal replacement therapy，CRRT）、血液灌流。

一、连续血液净化

连续性血液净化（continuous blood purification，CBP）也称为连续性肾脏替代治疗（continuous renal replacement therapy，CRRT），是指用净化装置通过体外循环方式，连续、缓慢清除体内代谢产物、异常血浆成分以及蓄积在体内的药物或毒物，以纠正机体内环境紊乱的一组治疗技术。

（一）CRRT基本原理
血液净化选择不同的治疗模式清除的原理也不同；主要通过三种方式来达到清除溶质。

1. **弥散**（diffusion） 溶质从高浓度向低浓度处的运动；主要是清除小分子物质，例如：尿素，肌酐，尿酸，电解质。

2. **对流**（convection） 液体在压力梯度下，透过半透膜的运动，水带溶质，伴随超滤进行；主要清除中、小分子为主；中分子物质有：化学药物、胆红素、维生素。

3. **吸附**（adsorption） 将溶质吸附到滤器膜的表面，与溶质的浓度关系不大，而与溶质与膜的化学亲和力及膜的吸附面积有关，对中、大分子清除效果好；大分子物质有：血脂、免疫球蛋白、白蛋白、内毒素、细胞因子、炎性介质。

（二）**常见的血液净化技术** 见表 11-13。

表 11-13 常见血液净化治疗模式

中文名称	英文名称	英文缩写
连续性静脉 - 静脉血液滤过	continuous venovenous hemofiltration	CVVH
连续性静脉 - 静脉血液透析	continuous venovenous hemodialysis	CVVHD
连续性静脉 - 静脉血液透析滤过	continuous venovenous hemodafiltration	CVVHDF
高容量血液滤过	high volume hemofiltration	HVHF
缓慢持续超滤	slow continuous ultrafiltration	SCUF
血液灌流	hemoperfusion	HP
血浆置换	plasma exchange plasmahoresis	PEX
双重血浆置换	double filtration plasmapheresis	DFPP

（三）**血液净化各种治疗模式比较** 见表 11-14。

表 11-14 血液净化各种治疗模式对比表

模式	原理	补充液体	清除物质
CVVH	对流为主	置换液（分前后稀释法）	大、中、小分子物质（水溶性）
CVVHD	弥散为主	透析液（同置换液成分）	小分子物质（水溶性）
CVVHDF	对流 + 弥散	透析液 + 置换液	大、中、小分子物质
HVHF	对流	置换液	中、大分子物质
SCUF	超滤	无	水
HP	吸附	无	中、大分子物质
PEX	膜式血浆分离	血浆或白蛋白	大、中、小分子物质
DFPP	膜式血浆二级分离	白蛋白	大分子物质

【适应证】

1. 严重高钾血症：血清钾 >6.5mmol/L。

2. 血流动力学不稳定。

3. 水中毒：容量负荷过重引起的心衰。

4. 严重的高血压或肺水肿。

5. 严重代谢酸中毒：pH<7.2，HCO_3^-<12mmol/L。

6. 急性重症胰腺炎。

7. 急性肾衰竭伴有脑水肿。

8. 肝衰、肝性脑病、肝移植术后。

9. 药物、毒物中毒。

10. 重症感染、超高热患者、高脂血症、器官移植。

【禁忌证】

CRRT 治疗无绝对禁忌证，但存在以下情况时要慎用：

1. 无法建立合适的血管通路。

2. 严重的凝血功能障碍。

3. 严重的活动性出血，特别是颅脑出血。

【操作方法】

1. **血管通路建立**　血管通路是指将血液从体内引出，使之进入体外循环装置，再回到体内的途径。CRRT 的血管通路有静脉 - 静脉、动脉 - 静脉两种。

（1）静脉 - 静脉血管通路：临床最常用。置管部位首选股静脉，其次为颈内静脉、锁骨下静脉。

（2）动脉 - 静脉血管通路：临床少见。

2. **操作要点**

（1）血泵：静脉 - 静脉血液滤过时，血泵为血液流动的动力。

（2）血滤器：目前多采用空心纤维型血滤器。它具有：①较好的生物相容性、无毒。②截流分子量明确，中、小分子量物质能顺利通过，而蛋白质等大分子量的物质不能通过。③高通透性、高滤过率及抗高压性的物理性能。

（3）置换液：置换液中溶质的浓度几乎与血浆相等。首选碳酸盐配方，临床上可根据治疗目标做个体化调节。血液滤过过程中置换液的补充途径可分为前稀释（从滤器前动脉管输入）和后稀释（从滤器后静脉管输入）两种方法。

（4）抗凝剂：在进行治疗过程中，适宜的抗凝技术的应用是保证治疗顺利进行的先决条件。

（5）液体平衡管理：血液净化时，计算患者的液体平衡时应将所有的入量与出量考虑在内。

（四）连续性血液净化的并发症及处理

包括技术并发症及临床并发症。

1. **技术性并发症**

（1）血管通路不畅：血管通路不畅是严重的并发症之一，可导致体外循环中血流量下降而影响治疗效果。

（2）滤器凝血：血流量小、抗凝程度不当；电解质紊乱及血滤机滚轴泵机械损伤导致红细胞破坏；可能出现红细胞、血小板等物质的滞留，仪器出现频繁的报警等都会导致凝血。提高血流量，认真检测血管通路是否通畅、选择合适的抗凝方式可以减少滤器凝血危险。

（3）空气栓塞：当置换液更换不及时、静脉通路连接不良时，气体被吸入静脉系统形成空气栓塞。血滤机有特殊的监测和报警系统，可以预防空气栓塞的发生。

（4）水、电解质及酸碱失衡：患者疾病因素、治疗因素及治疗液配方不当可引起水电解质及酸碱失衡。根据病情选择配方，治疗中监测血气分析、电解质、血糖，根据血气结果调整治疗液的配方。

2. 临床并发症

（1）出血：为常见的并发症，包括留置静脉插管出血和体外抗凝引起的出血。采用局部肝素化、前列环素、低分子肝素、枸橼酸盐、前稀释及其他抗凝技术，以减少出血的风险。

（2）血栓：常规应用超声监测血管灌注情况，有助于早期发现血栓并发症的出现。留置静脉插管相关的血栓与插管时的损伤和留置的时间有关。

（3）感染：导管相关感染是严重的并发症。体外循环可成为细菌感染源，管道连接、取样处和管道外露部分成为细菌入侵的部位。因此，严格无菌技术，避免打开管道静脉输液或取血标本，避免出血和血肿，及早拔管，防止导管相关的血流感染。

（4）低温：适当的降低温度有利于保持心血管功能的稳定，但大量液体交换及体外循环可致患者体温不升，血滤机加温装置可纠正此并发症。

（5）过敏反应：人工膜及塑料导管可产生血膜反应。塑料碎裂及残存的消毒液可激活多种细胞因子和补体引起过敏反应。使用高生物相容性的生物膜，能最大限度地避免这种并发症的出现。

（6）其他：营养物质丢失、血液净化不充分、生物相容性不良相关并发症等。

（五）CRRT 监测和护理

CRRT 是一种体外循环技术。保证体外循环的安全及连续运转是完成此项治疗的必要条件。

1. 机器的监测

（1）压力监测：现代化 CBP 机器都具有完善的压力监测装置，通过这些压力的动态变化，反映体外循环的运行状况，因此，CBP 治疗护理监测工作中连续观察和记录这些压力值的变化是有意义的。通常直接监测的压力包括：动脉压（PA）、滤器前压（PBE）、静脉压（PV）、超滤液侧压（PF）等。通过直接测量的值计算的压力参数，包括跨膜压（TMP）、滤器压降（PFD）。

1）PA：又称动脉压，此压力为血泵前的压力，由血泵转动后抽吸产生，通常为负压。此压力值主要反映血管通路所提供的血流量和血泵转速的关系，血流量不足时负压值增大，则需要干预。

2）PBE：滤器前压是体外循环压力最高处。压力大小与血泵流速、滤器阻力及血管通路静脉端阻力相关，PBE 不仅是压力检测指标，还是安全性检测指标。各种原因导致的 PBE 极度升高，易造成循环管路接头处崩裂、失血及导致滤器破膜。

3）PV：又称静脉压，指血液流回体内的压力，是反映静脉入口是否通畅的良好指标，通常为正值。

4）PF：滤出压又称废液压。此处压力由两部分组成：一是滤器中血流的小部分压力通过超滤液传导产生，为正压；另一部分是超滤液泵所产生，为负压。正常情况下为正压，当超滤率增大，或滤器部分凝血，通透性下降后，传导的正压降低，而超滤液泵所产生的负压增大，PF 值为负值。

5）PFD：是 PBE 与 PV 之差，是计算值，与滤器阻力及血流量有关。在血流量不变的情况下，PFD 的变化反映了滤器的凝血情况。

6）TMP：TMP 为计算值，反映滤器要完成目前设定超滤率所需要的压力，此压力为血泵对血流的挤压作用及超滤液泵的抽吸作用之和。TMP 过大，既可反映滤器凝血，也可反映设定的超滤率过大。

（2）安全性监测：压力监测是保证体外循环安全的重要方面。它一方面可防止体外循环出现压力过高现象，避免由此导致的管路连接处崩开、脱落；另一方面当体外循环压力过低，如管路破裂、连接处崩开时，报警引起血泵停止，避免进一步失血。除了压力监测外，CBP 机器最重要的三个安全性监测，即空气监测、漏血监测及容量平衡监测。

1）空气监测：一般采用超声方法探测血液中的气泡。通过空气探测器，保证血液中不含空气才能回到体内。

2）漏血监测：滤器由多个空心纤维组成，只要有一根纤维破裂，血细胞即可持续进入超滤液中，导致机体失血。探测器通过测定超滤液的透明度或颜色改变实现漏血监测。

3）容量平衡监测：自动容量平衡系统一般采用两级控制，即泵和精确的电子秤系统来控制容量平衡。

4）其他监测：还包括温度监测和漏电保护装置。

2. 血液净化治疗中的护理

（1）严密观察生命体征：使用心电监护仪持续监测患者的体温、血压、心率、呼吸、血氧饱和度，密切观察患者意识变化。

（2）液体的管理：正确设置血流量、每小时脱水量、置换液速率等，每小时统计出入总量，根据病情及血流动力学监测指标及时调节各流速，达到良好的治疗效果。

（3）血电解质和血气的监测：严密监测患者的血生化、血气分析等指标。开始 1 小时内必须检测一次，如果无明显异常，可适当延长检测时间。

（4）出血的预防和监测：体外循环中抗凝剂的应用可增加出血危险。因此，密切观察患者各种引流液、大便颜色、伤口渗血、术后肢体血运、皮肤温度、颜色等情况及严密的监测凝血指标，及早发现出血并发症，调整抗凝剂的用量或改用其他抗凝方法，避免引起严重的出血并发症。

（5）预防感染：严格无菌操作是预防感染的重要措施。应加强留置导管的护理：掌握导管留置时间、及时更换导管出口处敷料、必要时抗菌素封管。

（6）血管通路的护理：在血液净化治疗期间，妥善固定血管通路，防止脱管。治疗结束后严格消毒，选择合适的抗凝剂封管，用无菌敷料覆盖，防止扭曲、污染、漏血。

（7）其他：疼痛、焦虑、隔离和各种机器的噪声是危重患者面临的心理应激源，护士应特别加强患者的心理护理、压力性损伤的预防及护理。

二、血液灌流

血液灌流（hemoperfusion，HP）是利用体外循环灌流器中吸附剂的吸附作用清除外源性和内源性毒物、药物及代谢废产物等，达到血液净化的一种治疗方法。

（一）HP 基本原理

将患者的血液引出体外，与固态吸附剂接触，以吸附的方法清除体内某些代谢产物、外源性药物或毒物，然后将净化的血液重返患者体内，从而达到治疗目的。

【适应证】

1. 急性药物或毒物中毒。

2. 尿毒症，尤其是顽固性瘙痒、难治性高血压。

3. 重症肝炎，特别是暴发性肝衰竭导致的肝性脑病、高胆红素血症。

4. 脓毒症或系统性炎症综合征。

5. 银屑病或其他自身免疫性疾病。

6. 其他疾病，如精神分裂症、甲状腺危象、肿瘤化疗等。

【禁忌证】

对灌流器及相关材料过敏者。

【操作方法】

1. 血管通路建立（同连续血液净化）

2. 操作要点

（1）血泵：血液灌流时，血泵为血液流动的动力。

（2）灌流器：灌流器常用的吸附剂是活性炭、树脂、免疫吸附剂。一次性应用的灌流器出厂前已经消毒，所以在使用前注意检查包装是否完整，是否在有效期内。

（3）抗凝剂：在进行治疗过程中，适宜的抗凝技术的应用是保证治疗顺利进行的先决条件。

（二）血液灌流的并发症及处理

1. 生物不相容性　治疗开始后 0.5~1 小时患者出现寒战、发热、胸闷、呼吸困难等症状，一般不需要终止治疗，可静脉推注地塞米松，并进行吸氧等处理。

2. 吸附颗粒栓塞　治疗开始后患者出现胸闷，血压下降，呼吸困难等症状，应考虑是否存在吸附颗粒栓塞，必须终止治疗，给予高压氧吸入，同时对症处理。

3. 出凝血功能紊乱　治疗时会吸附较多的凝血因子，应注意观察及处理。

4. 贫血　灌流治疗均会导致少量的血液丢失，长期进行灌流的患者会加重贫血。

5. 空气栓塞　主要源于灌流治疗前体外循环中气体未完全排除干净，治疗过程中血路连接不牢固或出现破损导致空气进入体内。

6. 体温下降　灌流过程中体外循环无加温设备。

总之，血液净化作为一种新技术是治疗学的一项突破性进展，它是近 30 年来血液净化领域最新成就之一。今后仍需要大规模、多中心、前瞻性的临床研究，探讨血液净化对疾病生理、病理及预后等的影响。

相关链接　　　　　　　双重血液净化

双重血液净化（double filtration plasmapheresis，DFPP）是现今广泛应用的另一种血液净化技术，主要用于治疗高脂血症、系统性红斑狼疮、重症肌无力、ABO 血型不合的同种肾移植、吉兰 - 巴雷综合征等。通过膜式血浆二级分离作用清除大分子物后将血浆与血液一同输回体内，从而达到治疗疾病目的的一种选择性血浆分离疗法。

DFPP 装置主要由血浆分离器、血浆成分分离器和血泵组成。DFPP过程中可能发生发热、出血、血栓、空气栓塞、失血、白蛋白及血小板丢失等并发症，每次治疗时间为2~3小时，治疗结束后监测凝血功能，补充白蛋白，视情况补充凝血因子。

（谭玲玲）

第九节　常用外伤救护技术

一、止血

正常人全身血液总量占体重的7%~8%，体重60kg的人全身血液总量为4200~4800ml，若失血量≤10%（约400ml），可没有任何症状或轻微头晕、交感神经兴奋症状等；失血量达20%（约800ml），会出现失血性休克的症状，如血压下降、脉搏细速、肢端厥冷、意识模糊等；失血量≥30%，患者将出现严重失血性休克，若抢救不及时，短时间内可危急患者生命或发生严重并发症。因此，在保证患者呼吸道通畅的前提下，应及时、准确地进行止血。

【适应证】

凡有外出血的伤口均需止血。

【操作方法】

伤口出血分动脉出血、静脉出血和毛细血管出血。动脉出血呈喷射状，出血速度快、量大；静脉出血速度较缓慢；毛细血管出血呈渗出性，可自行凝固止血。常用的止血方法有以下几种。

1. **指压法**　用手指、手掌或拳头压迫伤口近心端动脉，将动脉压向深部骨骼以阻断血液流通。适用于头部和四肢某些表浅部位的大出血。此种方法无需借助任何器械、简便、有效，但仅作为应急止血措施，因动脉有侧支循环，故止血效果有限，应及时根据现场情况改用其他止血方法。常用的指压点和指压方法如下。

（1）颞浅动脉压迫止血：用于同侧头顶部出血。用拇指或食指用力按压耳屏前上方颧弓根部的波动点（图11-15）。

（2）面动脉压迫止血：用于同侧颜面部出血。用拇指或食指按压伤侧下颌骨下缘、咬肌前缘的面动脉于下颌骨上（图11-15）。

（3）颈总动脉压迫止血：用于同侧头颈部广泛出血。在气管外侧、胸锁乳突肌前缘中点，将伤侧颈总动脉向后压于第五颈椎

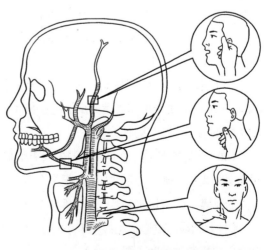

图11-15　头颈部出血常用按压部位

横突上。绝对禁忌同时压迫双侧颈总动脉，以免引起脑缺氧（图11-15）。

（4）枕动脉压迫止血：用于头后枕骨附近出血。用拇指压迫伤侧耳后乳突下稍后方的搏动点，压向乳突（图11-16）。

（5）锁骨下动脉压迫止血：用于同侧腋窝、肩部出血。用拇指在伤侧锁骨上窝中部将锁骨下动脉向下内方压向第一肋骨（图11-17）。

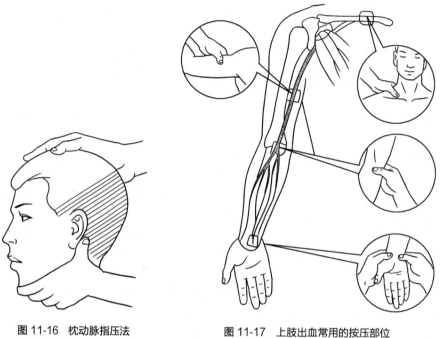

图 11-16　枕动脉指压法　　　　　图 11-17　上肢出血常用的按压部位

（6）腋动脉压迫止血：用于同侧上臂出血。上肢外展90°，在腋窝中点用拇指将腋动脉压向肱骨头（图11-17）。

（7）肱动脉压迫止血：用于同侧前臂出血。用拇指压迫肱二头肌内侧沟中部的搏动点，将动脉压向肱骨干（图11-17）。

（8）尺、桡动脉压迫止血：用于手部出血。用两手的拇指和食指分别压迫伤侧手腕两侧的桡动脉和尺动脉，阻断血流。因为桡动脉和尺动脉在手掌部有广泛的吻合支，所以必须同时压迫手腕双侧（图11-17）。

（9）指（趾）动脉压迫止血：用于手指（脚趾）出血。用拇指和食指分别压迫手指（脚趾）两侧的指（趾）动脉。

（10）股动脉压迫止血：用于同侧大腿出血。可用拳头或双手拇指交叠用力压迫腹股沟中点稍下方的强搏动点，压向耻骨上支（图11-18）。

（11）腘动脉压迫止血：用于小腿出血。在腘窝中部压迫腘动脉（图11-18）。

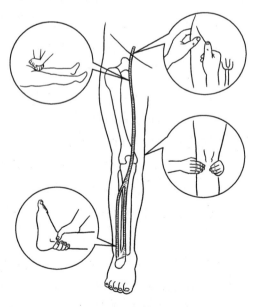

图 11-18　下肢出血常用的按压部位

（12）胫前、胫后动脉压迫止血：用于足部出血。压迫足背中部近脚腕处的搏动点（胫前动脉）和足跟内侧与内踝之间的搏动点（胫后动脉）（图11-18）。

2. 加压包扎止血法　体表及四肢出血，大多数可通过加压包扎和抬高肢体达到暂时止血的目的。将无菌敷料或衬垫覆盖在伤口上，用手或其他物体在包扎伤口的敷料上施加压力，一般需要持续5~15分钟才可奏效。若受伤部位在四肢可将受伤部位抬高。此法适用于小动脉、中、小静脉或毛细血管出血。

3. 填塞止血法　用于较深伤口的止血。将无菌敷料填入伤口内压紧，外加敷料用绷带或三角巾加压包扎。

4. 止血带止血法　适于四肢较大动脉出血、其他止血法不能有效止血而有生命危险时。使用止血带前，应先在止血带下放好衬垫。常用的止血带止血法如下。

（1）橡皮止血带止血法：在肢体伤口的近心端，左手拇指、食指和中指持止血带头端靠在衬垫上，将长的尾端绕肢体一圈后压住头端，再绕肢体一圈，然后用左手食指和中指夹住尾端后将尾端从两圈止血带下方拉出，形成一个活结。如需放松止血带，只需将尾端拉出即可（图11-19）。

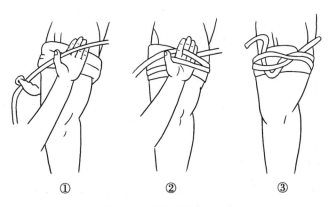

①　　　　②　　　　③

图 11-19　橡皮止血带止血法

（2）充气止血带止血法：将袖带绑在伤口近心端，充气后起到止血作用。

（3）布带绞紧止血法：在上臂或大腿处包裹衬垫，将三角巾折成带状或将其他布带绕伤肢1~2圈后打活结，再插入一小棒绞紧止血。

（4）卡式止血带止血法：将松紧带绕肢体一圈，然后把插入式自动锁卡插进活动锁紧开关内，一只手按住开关，另一手紧拉松紧带至不出血为止。放松时用手向后扳放松板，解开时按压开关即可。

【注意事项】

止血带止血法应用不当可造成神经或软组织损伤、肌肉坏死，甚至危及生命，因此特别强调止血带使用的注意事项。

1. 部位准确　止血带应扎在伤口的近心端并尽量靠近伤口。不强调"标准位置"的限制（以往认为上肢出血应扎在上臂的上1/3处，下肢应扎在大腿根部），也不受前臂和小腿的"成对骨骼"的限制。

2. 压力适中　止血带的标准压力为上肢250~300mmHg，下肢300~500mmHg，无压力表时以达到远端动脉搏动消失、出血停止的止血带最松状态为宜。

3. **下加衬垫** 应先放好衬垫再扎止血带，以防损皮肤。切忌用绳索或铁丝代替止血带。

4. **控制时间** 上止血带的总时间不应超过 5 小时（冬天可适当延长），因远端组织缺血、缺氧而产生大量组胺类毒素，突然松解止血带时，毒素吸收可引起"止血带休克"甚至急性肾衰竭。若使用止血带总时间已超过 5 小时，而肢体确有挽救希望，应先作深筋膜切开引流，观察肌肉血液循环。时间过长且远端肢体已有坏死征象者应立即行截肢术。

5. **定时放松** 每隔 0.5~1 小时放松一次，放松时可用指压法临时止血，每次放松 2~3 分钟，再在稍高的平面上扎止血带，不可在同一平面上反复缚扎。

6. **标记明显** 上止血带的伤员要在手腕或胸前衣服上做明显标记，注明上止血带时间，以便后续救护人员继续处理。

7. **做好松解准备** 松解前应先补充血容量，做好纠正休克和止血用器材的准备。

二、包扎

包扎在创伤急救中应用广泛，可起到保护创面、止血，减少污染，固定敷料、药品和骨折部位及减轻疼痛等作用。

【适应证】

体表各部位的伤口除采用暴露疗法者，一般均需包扎。

【禁忌证】

厌氧菌感染、犬咬伤等需暴露的伤口。

【操作方法】

（一）三角巾包扎

1. **头顶部包扎法** 三角巾底边反折，正中放于伤员前额处，顶角经头顶垂于枕后，然后将两底角经耳上向后扎紧，在枕部交叉再经耳上绕到前额打结。最后将顶角向上反折嵌入底边内（图 11-20）。

图 11-20 头顶部包扎法

2. **头部风帽式包扎法** 在顶角、底边中点各打一结，将顶角结放在额前，底边结置于枕后，然后将两底边拉紧并向外反折数道折后，交叉包绕下颌部后绕至枕后，在预先做成的底边结上打结（图 11-21）。

3. **面具式包扎法** 三角巾顶角打结套在颌下，罩住面部及头部，将底边两端拉紧至枕后交叉，再绕回前额打结。在眼、鼻、口部各剪一小口（图 11-22）。

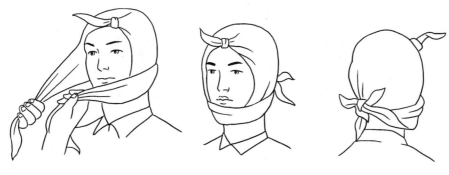

图 11-21　头部风帽式包扎法

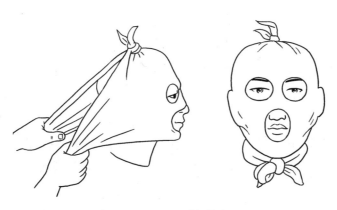

图 11-22　面具式包扎法

4. **额部包扎法**　将三角巾折成约四指宽的带状,将中段压住覆盖伤口的敷料,环绕头部打结,打结位置以不影响睡眠和不压住伤口为宜。

5. **眼部包扎法**　包扎单眼时,将三角巾折成约四指宽的带状,内上外下斜放覆盖住伤眼,外侧较长的一端从患侧耳下反折绕至枕后,经健侧耳上至前额,压住内侧端;内侧端向下反折后经健侧耳下绕头一周至健侧颞部,与另一端打结(图 11-23)。包扎双眼时,可将内侧端在中间部位反折向下,盖住另一伤眼,再经耳下至对侧耳上打结。

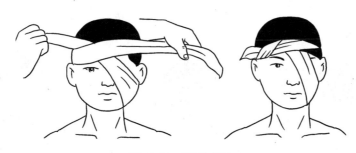

图 11-23　单眼包扎法

6. **下颌部包扎法**　将三角巾折成约四指宽的带状,留出顶角上的带子,置于枕后,两端分别经耳下绕向前,一端托住下颌至对侧耳前与另一端交叉后在耳前向上绕过头顶,另一端交叉后向下绕过下颌经耳后拉向头顶,然后两端和顶角的带子一起打结(图 11-24)。此方法亦可用于下颌骨骨折的临时固定。

7. **单肩燕尾巾包扎法**　用于单侧肩部损伤。将三角巾折成燕尾巾,夹角朝向伤侧颈部,

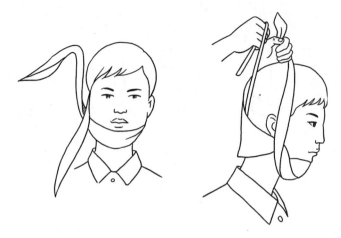

图 11-24　下颌部包扎法

燕尾底边包绕上臂并打结，两角（大片压小片，大片压住伤侧）分别经胸部和背部拉向对侧腋下打结（图 11-25）。

8. 双肩燕尾巾包扎法　用于双侧肩部损伤。将三角巾叠成两燕尾角等大的燕尾巾，夹角朝上对准颈部，燕尾披在双肩上，两燕尾角分别经左、右肩拉到腋下与燕尾底角打结（图 11-26）。

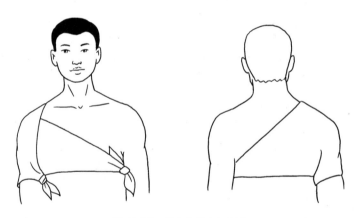

图 11-25　单肩燕尾巾包扎法

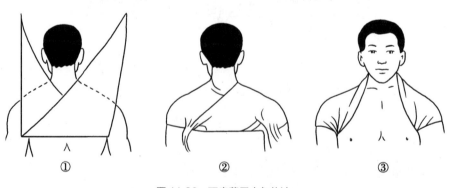

图 11-26　双肩燕尾巾包扎法

9. 胸部三角巾包扎法　将三角巾顶角越过伤侧肩部，垂于背后，使三角巾底边中央位于伤部下方，底边反折约两横指，两底角拉至背后打结，再将顶角上的带子与底角结打在一起（图 11-27）。

① ② ③

图 11-27 胸部三角巾包扎法

10. **胸部燕尾巾包扎法** 将三角巾折成燕尾巾，底边横放于胸部，顶角带子绕至对侧与燕尾巾另一底角打结（图 11-28），两燕尾角经两肩拉到颈后，其中一根带子穿过底边线打结。包扎背部的方法与胸部相同，只是位置相反，结打在胸前。

11. **腹部三角巾包扎法** 将三角巾顶角朝下，底边横放于上腹部，两底角拉紧于腰部打结，顶角带子经会阴拉至后面，同两底角的余头打结。同样用于双臀包扎。

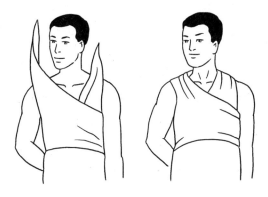

图 11-28 胸部燕尾巾包扎法

12. **单臀（腹）部三角巾包扎法** 将三角巾折叠成燕尾巾，燕尾夹角约 60° 朝下对准外侧裤缝，大片在伤侧臀（腹）部并压住小片，顶角与底边中央分别包绕腰腹部至对侧打结，两底角包绕伤侧大腿根部打结。侧臀（腹）部包扎时，将三角巾的大片置于侧臀（腹）部，压住小片，其余操作同上。

13. **双臀蝴蝶巾包扎法** 用两块三角巾连接成蝴蝶巾，将打结部放在腰骶部，底边的上端在腹部打结后，下端由大腿后方绕向前，与各自的底边打结（图 11-29）。

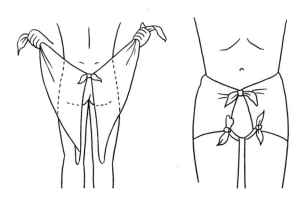

图 11-29 双臀蝴蝶巾包扎法

14. 上肢三角巾包扎法　将三角巾一底角打结后套在伤侧手上，结的余头备用，另一底角沿手臂后方拉至对侧肩上，顶角包裹伤肢后，顶角带子与自身打结，将包好的前臂屈到胸前，拉紧两底角打结（图 11-30）。

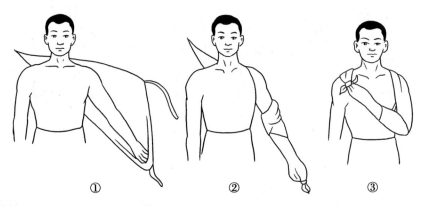

图 11-30　上肢三角巾包扎法

15. 手（足）三角巾包扎法　将手（足）放在三角巾上，手指（脚趾）对准顶角，将顶角折回盖在手背（足背）上，折叠手（足）两侧的三角巾使之符合手（足）的外形，然后将两底角绕腕（踝）部打结（图 11-31）。

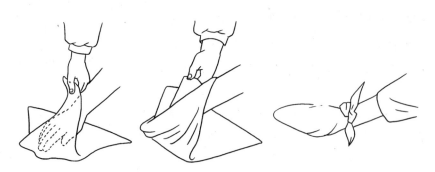

图 11-31　手（足）三角巾包扎法

16. 足与小腿三角巾包扎法　将足放在三角巾的一端，足趾朝向底边，提起顶角和较长的一底角包绕小腿后于膝下打结，再用短的底角包绕足部，于足踝处打结（图 11-32）。

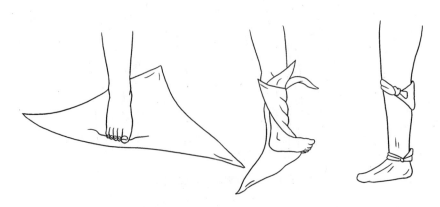

图 11-32　足与小腿三角巾包扎法

17. **上肢悬吊包扎法**　将三角巾顶角冲向伤侧肘部、底角置于健侧肩部，屈曲伤侧肘80°左右放在三角巾上，将三角巾另一底角向上反折经伤侧肩部，在颈后两底角打结，将三角巾顶角折平打结或用安全别针固定，此为大悬臂带。也可将三角巾叠成带状，悬吊伤肢，两端于颈后打结，即为小悬臂带（图 11-33）。

图 11-33　上肢悬吊包扎法

18. **膝（肘）部三角巾包扎法**　将三角巾折成宽度合适的带状，将带的中段放于膝（肘）部，两端分别绕宽带的上下两边绕肢体一周后打结，打结应避开伤口。

（二）绷带包扎

绷带包扎用于制动、固定敷料和夹板、加压止血、促进组织液吸收或防止组织液流失、支撑下肢以促进静脉回流等。常用绷带有棉布、纱布、弹力及石膏绷带等，缠绕绷带应由伤员肢体远心端向近心端包扎，用力均匀防止滑脱，将绷带末端剪开或撕成两股打结，或用胶布固定。绷带包扎的基本方法及适用范围如下。

1. **环形包扎法**　将绷带做环形缠绕，适用于包扎的开始与结束时和包扎粗细均匀部位如颈、腕、胸、腹等处的伤口（图 11-34A）。用于包扎开始时还应将绷带头折回一角在绕第二圈时将其压住。

2. **蛇形包扎法**　先用绷带以环形法缠绕数周，然后斜行上缠，各周互不遮盖。用于夹板固定，或需由一处迅速延伸至另一处及作简单固定时（图 11-34B）。

3. **螺旋形包扎法**　稍微倾斜螺旋向上缠绕，每周遮盖上一周的 1/3~1/2。适用于包扎直径基本相同的部位如上臂、手指、躯干、大腿等（图 11-34C）。

4. **螺旋反折包扎法**　螺旋缠绕时每圈均将绷带向下反折一次，并遮盖上一周的 1/3~1/2，反折部位应位于相同部位，使之成一直线。适用于直径大小不等的部位，如前臂、小腿等。注意不可在伤口上或骨隆突处反折（图 11-34D）。

5. **"8"字形包扎法**　在伤处上下，将绷带自下而上，再自上而下，重复做"8"字形旋转缠绕，每周遮盖上一周的 1/3~1/2。适用于直径不一致的部位或屈曲的关节部位，如肩、髋、膝等（图 11-34E）。

6. **回返式包扎法**　先将绷带以环形法缠绕数周，四指在后面将绷带固定住，反折后绷带由后部经肢体顶端或截肢残端向前，拇指在前将绷带固定住，再反折向后，如此反复包

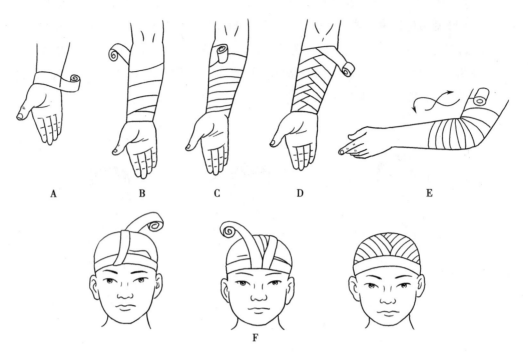

图 11-34　绷带包扎的基本方法

扎，每一来回均覆盖上一圈的1/3~1/2，直至包住整个伤处顶端，最后将绷带螺旋环绕至起始处，再把反折处压住固定。适用于头顶部、指端、截肢残端的包扎（图11-34F）。

【注意事项】

1. 包扎伤口前，应先简单清创并盖上消毒敷料；不可用手或脏物接触伤口，不用水冲洗伤口（化学伤除外），不应盲目取出伤口内异物及还纳脱出的内脏；操作时避免加重疼痛或导致伤口出血及污染。

2. 包扎牢固，松紧适宜，过紧会影响局部血液循环，过松易致敷料脱落或移动影响包扎效果。

3. 包扎时伤员取舒适体位，伤肢保持功能位。皮肤皱褶处与骨隆突处用棉垫或纱布做衬垫。需抬高肢体时，应给予适当的扶托物。

4. 包扎应从从远心端向近心端，以助静脉血液回流。包扎四肢时，应将指（趾）端外露，以便观察血液循环。

5. 绷带固定时的结应打在肢体外侧面，严禁在伤口处、骨隆突处或易于受压部位打结。

6. 解除绷带前，先解开固定结或胶布，然后以两手互相传递松解。紧急时或绷带已被伤口分泌物浸透干涸时，可用剪刀剪开。

三、固定

及时、正确的固定，有助于减少伤部活动，减轻疼痛，预防休克，避免神经、血管、骨骼及软组织的再损伤同时便于伤员的搬运。固定器材常用夹板，有木制夹板、金属夹板、充气夹板、负压气垫、塑料夹板等类型。紧急情况下可因地制宜，就地取材，还可直接用伤员的健侧肢体或躯干进行临时固定。固定还需另备纱布、绷带、三角巾或毛巾、衣物等。

【适应证】

所有四肢骨折均应进行固定，脊柱骨折、骨盆骨折在急救中也应相对固定。

【操作方法】

1. **上臂骨折固定**　如用一块夹板，将夹板置于上臂外侧；用两块夹板时则分别置于上臂后外侧和前内侧。然后用带子在骨折的上、下端固定，使肘关节屈曲90°，用三角巾（或布带）将上肢悬吊于胸前（图11-35）。若无夹板，可用一条三角巾将上臂呈90°悬吊于胸前，另一条三角巾将上臂与胸部固定在一起。

图11-35　上臂骨折夹板固定

2. **前臂骨折固定**　协助伤员将伤肢屈曲90°，拇指在上。取两块夹板，其长度分别为肘关节内、外侧至指尖的长度，分别置于前臂内、外侧，用三条带子固定骨折的上、下端和手掌部，再用大悬臂带将上肢悬吊于胸前。仅有一块夹板时可置于前臂外侧。无夹板时，也可用上臂无夹板固定的方法。

3. **大腿骨折固定**　用长、短两块夹板分别置于大腿的外侧和内侧，长夹板的长度自腋下至足跟，短夹板的长度自大腿根部至足跟。在骨隆突处、关节处和空隙处加衬垫，然后用带子分别在骨折上下端、腋下、腰部和关节上下打结固定，足部呈功能位，"8"字形固定（图11-36）。若无夹板，也可将伤员双下肢中间加衬垫，分段固定在一起（图11-37）。

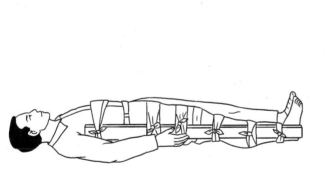

图11-36　大腿骨折夹板固定

图11-37　下肢骨折健肢固定

4. **小腿骨折固定**　取两块相当于大腿根部至足跟长度的夹板，分别置于小腿的内、外侧，在骨隆突处、关节处和空隙处加衬垫，然后用带子分别在骨折上、下端和关节上下打结固定，足部"8"字形固定。无夹板时，也可用大腿无夹板固定的方法。

【注意事项】

1. 伤口应先行止血、包扎，再行骨折固定。若是休克伤员，应先行抗休克处理。

2. 处理开放性骨折时，露出的骨折断端在未清创前不可还纳，以防感染。

3. 夹板固定时，其长度与宽度要与骨折的肢体相适应。下肢骨折夹板长度必须超过骨折上、下两个关节，即"超关节固定"原则；固定时除骨折部位上、下两端外，还要固定上、下两关节。

4. 夹板不可直接与皮肤接触，其间要加衬垫，尤其在夹板两端、骨隆突处和悬空部位应加厚垫，以防局部组织受压或固定不稳。

5. 固定应松紧适度，牢固可靠，但不影响血液循环。肢体骨折固定时，应将指（趾）端露出，以便随时观察末梢血液循环情况，如出现指（趾）端苍白、发冷、麻木、疼痛、水肿或青紫，说明血液循环不良，应重新固定。

6. 固定后避免不必要的搬动，不可强制伤员进行各种活动。

四、搬运

搬运的目的是使伤员迅速脱离危险地带，防止再次损伤。搬运伤员的方法应根据当地、当时的器材和人力而定。

【适应证】

适用于活动受限的伤病员。

【操作方法】

（一）常用搬运方法

1. **担架搬运法**　是最常用的搬运方法，适用于病情较重、转移路途较长的伤病员。常用的担架有帆布担架、板式担架、铲式担架、四轮担架以及自制的临时担架（如绳索担架、被服担架）等。担架搬运的动作要领为：3~4人一组将患者移上担架；伤病员足部向前、头部向后，以便后面的担架员便于观察病情变化；担架员行动一致，平稳前进；向高处抬时，前面的担架员应适当放低，后面的担架员要抬高，使患者保持水平状态；向低处抬时则相反。

2. **徒手搬运法**　适用于现场无担架、转运路途较近，伤员病情较轻的情况。

（1）单人搬运法：①侧身匍匐法：根据伤员的受伤部位，采用左或右侧匍匐法。搬运时，使伤员的伤部向上，将伤员腰部置于搬运者的大腿上，并使伤员的躯干紧靠于搬运者胸前，使伤员的头部和上肢不与地面接触，搬运者携伤员匍匐前进。②牵托法：将伤员放在油布或雨衣上，两个对角或双袖扎在一起固定伤员的身体，用绳子牵拉油布或雨衣前行。③扶持法：伤员靠在搬运者身体一侧并用手臂揽住搬运者的头颈，搬运者用外侧的手牵住伤员的手腕，另一手揽住伤员的腰背部，扶其行走。适用于伤情较轻、能够行走的伤员。④抱持法：搬运者一手托住伤员背部，另一手托其大腿，将伤员抱起。清醒的伤员可配合抱住搬运者的颈部。⑤背负法：搬运者站在伤员一侧，一手抓紧伤员双臂，另一手抱其腿，用力翻身，使其附于搬运者的背上，然后慢慢站起（图11-38）。

（2）双人搬运法：①椅托式搬运法：两搬运者并排蹲下，外侧膝盖跪地，外侧手握在一起，伤员坐在其上，内侧手彼此交叉扶持伤员的背部，慢慢将伤员抬起（图11-39）。②拉车式搬运法：一搬运者站在伤员的后方，两手插至伤员的腋下，将伤员抱在怀里，另一搬运者站在伤员的前方，抬起伤员的双腿，两人步调一致抬伤员前行（图11-40）。③平抬或平抱搬运法：两人并排将伤员平抱，或一左一右、一前一后将伤员平抬起。注意此法不适用于脊柱损伤者。

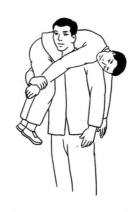

图 11-38　单人搬运法（背负法）

图 11-39　椅托式搬运法

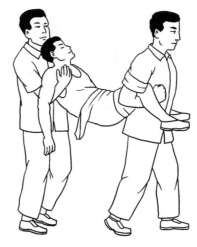

图 11-40　拉车式搬运法

（3）多人搬运法：三人可并排将伤员抱起，步调一致行进（图 11-41）。第四人可负责固定头部。多于四人，可面对面，将伤员平抱进行搬运。

图 11-41　三人搬运法

（二）特殊伤员搬运方法

1. **腹部脏器脱出的伤员**　伤员双腿屈曲，腹肌放松，防止内脏继续脱出。已脱出的脏器严禁回纳腹腔，以免加重污染。先用大小合适的碗或其他的替代物扣住内脏或取腰带做成略大于脱出物的环，围住脱出的内脏，然后用腹部三角巾包扎。包扎后伤员取仰卧位，下肢屈曲，并注意腹部保暖，以防肠管过度胀气，之后行担架或徒手搬运。

2. **昏迷伤员**　伤员侧卧或俯卧于担架上，头偏向一侧，避免误吸。

3. **骨盆损伤的伤员**　用三角巾或大块包扎材料做包扎后，让伤员仰卧于硬质担架或门板上膝微屈，膝下加垫。

4. 脊柱、脊髓损伤的伤员 搬运此类伤员时，应使脊柱保持正中位，严禁颈部与躯干前屈或扭转。对于颈椎伤的伤员，一般应由 4 人一起搬运，1 人负责头部的固定，保持头部与躯干成一直线，其余 3 人位于伤员的同一侧，2 人托躯干，1 人托下肢，4 人同步将伤员抬起放在硬质担架上，伤员头部两侧须用沙袋固定住，并用带子分别将伤员胸部、腰部、下肢与担架固定在一起（图 11-42）。对于胸、腰椎伤的伤员，可由 3 人于伤员身体一侧搬运，方法与颈椎伤伤员的搬运法相同。

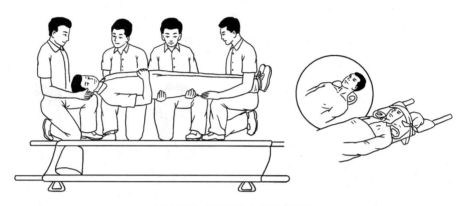

图 11-42 颈椎损伤伤员的搬运法

5. 异物刺入的伤员 先包扎伤口，妥善固定好刺入物后，方可搬运。搬运途中避免震动、挤压、碰撞，防止刺入物脱出或继续深入。刺入物外露部分较长时，应有专人负责保护。

【注意事项】

1. 搬运动作应轻柔、敏捷、步调一致，避免震动，避免增加伤病员的痛苦。

2. 根据不同的伤情和环境采取不同的搬运方法，避免二次损伤或因搬运不当造成意外伤害。

3. 搬运途中应注意观察伤员的伤势与病情变化。

（谭玲玲　郭瑞红）

由于各类急危重症患者病情复杂多变，往往同时存在多器官、多系统的病理生理改变，这就要求医护人员必须掌握各种急危重症救护技术的操作，掌握多种现代化监测和治疗设备的正确使用方法，以便于在临床工作中能及时解决威胁患者生命的主要问题。如遇有气道阻塞患者时，根据自身技能、身边可获取设备及患者的临床情况，及时、合理的使用气道管理技术；合理应用机械通气给呼吸功能不全的患者以呼吸支持；及时发现患者出现室颤、室扑等需要进行除颤的心律失常并立即进行除颤；为各类外伤、手术、休克、严重心功能不全等危重患者采取适宜血流动力学监测方法；应用合适的药物减轻或消除患者焦虑、疼痛、应激反应以及人机对抗等不良情况，以减少并发症的发生，加快患者的康复等。医护人员尽早、有效的使用各种救护技术可以最大限度地确保患者的生命，提高急危重患者生存率及生存质量。

1. 引起人工气道意外脱管的原因有哪些？如何处理和预防？

2. 机械通气应用中的护理措施有哪些？

3. 有创血压监测的注意事项？结合血压说明中心静脉压不同值代表的临床意义是什么。

4. 危重患者营养支持应用的原则是什么？

5. 连续血液净化及血液灌流的并发症有哪些？如何处理？

参考文献

<<<<<< 1　安润，冉飘，徐梅，等．急性冠脉综合征的院外诊治进展．中国急救复苏与灾害医学杂志，2013，8（12）：1127-1128.

<<<<<< 2　曹文广．灾害医学．北京：军事医学科学出版社，2011.

<<<<<< 3　曹相原．重症医学教程．北京：人民卫生出版社，2014.

<<<<<< 4　冯维，宋旸，李满祥．成人重症哮喘发病机制及治疗的进展．中华肺部疾病杂志，2015，8（4）：73-77.

<<<<<< 5　高旭光．脑出血的治疗．中国医师进修杂志，2016，39（1）：2-3.

<<<<<< 6　韩雅玲．中国经皮冠状动脉介入治疗指南（2016）解读．中国循环杂志，2016，31：5-8.

<<<<<< 7　胡必杰，宗志勇，顾克菊．多重耐药菌感染控制最佳实践．上海：上海科学技术出版社，2012.

<<<<<< 8　ICU 中血液净化应用的指南（2011 版）．中华医学会重症医学分会，2011.

<<<<<< 9　姜平，姜丽华．急诊护理学．北京：中国协和医科大学出版社，2015.

<<<<<< 10　刘洪琪，闫利，邢玉玺，等．脱细胞异体真皮与自体皮复合移植一期修复面部．中国急救复苏与灾害医学杂志，2013，8（2）：139-142.

<<<<<< 11　刘化侠，李武平．急危重症护理学．北京：人民卫生出版社，2007.

<<<<<< 12　刘均娥．急诊护理学．第 2 版．北京：北京大学医学出版社，2012.

<<<<<< 13　李武平，郑文芳．医院感染控制．西安：第四军医大

学出版社，2012.

<<<<< 14 李秀华．灾害护理学．北京：人民卫生出版社，2015.

<<<<< 15 尚蕾，王泽青．创伤后的应激障碍及其预测因素．中国临床康复，2005，16（9）：127-129.

<<<<< 16 沈宏，陈湘玉，王晓静，等．国内外急诊专科护士培训及资格认定的研究进展．护理学杂志，2009，24（1）：91-93.

<<<<< 17 沈洪，刘中民．急诊与灾难医学．第2版．北京：人民卫生出版社，2013.

<<<<< 18 苏位贤，尹咏梅，于安寿．急性冠脉综合征诊治的研究进展．中西医结合心脑血管病杂志，2013，11（2）：204-206.

<<<<< 19 王辰．呼吸治疗教程．北京：人民卫生出版社，2012.

<<<<< 20 王丽华，李庆印．重症护理学—ICU专科护士资格认证培训教程．第2版．北京：人民军医出版社，2011.

<<<<< 21 王云，程丽，秦楠，等．灾害护理发展现状及备灾护理教育必要性的思考．齐鲁杂志，2013，19（3）：47-48.

<<<<< 22 王志红，周兰姝．危重症护理学．第2版．北京：人民军医出版社，2007.

<<<<< 23 魏玉平，蒋国华，江雪红，等．32例急性重症支气管哮喘的治疗体会．临床肺科杂志，2013，18（3）：498-499.

<<<<< 24 温韬雪．危重症临床护理指南．北京：人民卫生出版社，2013.

<<<<< 25 谢多双，胡菽，来瑞平．实用医院感染预防与控制手册．武汉：华中科技大学出版社，2015.

<<<<< 26 熊云新，叶国英．外科护理学．第3版．北京：人民卫生出版社，2014.

<<<<< 27 薛富善．现代呼吸道管理学：麻醉与危重症治疗关键技术．郑州：郑州大学出版社，2002.

<<<<< 28 血液净化标准操作规程．湖南省医学会肾脏病专业委员会，湖南省医学会血液净化专业委员会，湖南省血液透析质量控制中心，2010.

<<<<< 29 尤黎明，吴瑛．内科护理学．第5版．北京：人民卫生出版社，2012.

<<<<<< 30 院前医疗急救管理办法（国家卫生和计划生育委员会令第3号）.国家卫生和计划生育委员会.2013-12-19.

<<<<<< 31 袁月华，郭丰.呼吸治疗学精要.第4版.北京：人民军医出版社，2015.

<<<<<< 32 俞森洋.现代呼吸治疗学.北京：科学技术文献出版社，2006.

<<<<<< 33 于学忠，黄子通.急诊医学.北京：人民卫生出版社，2015.

<<<<<< 34 于学忠，张新超，朱华栋.急性冠脉综合征急诊快速诊疗指南.中华急诊医学杂志，2016，25（4）：397-404.

<<<<<< 35 张波，桂莉.急危重症护理学.第3版.北京：人民卫生出版社，2012.

<<<<<< 36 张海燕，甘秀妮.急危重症护理学.北京：北京大学医学出版社，2015.

<<<<<< 37 张萍，吴翠芬.急性冠脉综合征的急救护理进展.国际护理学杂志，2012，31（3）：388-390.

<<<<<< 38 张荣，李忠峰.急危重症护理.北京：中国医药科技出版社，2015.

<<<<<< 39 张文武.急诊内科学.第3版.北京：人民卫生出版社，2014.

<<<<<< 40 中华人民共和国国家卫生和计划生育委员会.多重耐药菌医院感染预防与控制技术指南（试行）.2011.

<<<<<< 41 中华人民共和国国家卫生和计划生育委员会.重症监护病房感染预防与控制规范.2016.

<<<<<< 42 中华医学会呼吸病学分会呼吸治疗学组.成人气道分泌物的吸引专家共识（草案）.中华结核和呼吸杂志，2014，37（11）：809-811.

<<<<<< 43 中华医学会呼吸病学分会呼吸治疗学组.人工气道气囊的管理专家共识（草案）.中华结核和呼吸杂志，2014，37（11）：816-819.

<<<<<< 44 中华医学会重症医学分会.呼吸机相关性肺炎预防、诊断和治疗指南（2013）.中华内科杂志，2013，52（6）：1-20.

<<<<<< 45 中华医学会.重症医学2016.北京：人民卫生出版社，2016.

<<<<<< 46 周会兰.急危重症护理学.第2版.北京：人民卫生出版社，2013.

<<<<<< 47 周忻，徐伟，袁艺，等.灾害风险感知研究方法与应用综述.灾害学，2012，27（2）：114-117.

<<<<<< 48 周谊霞，田永明.急危重症护理学.北京：中国医药科技出版社，2016.

<<<<<< 49 AARC Clinical Practice Guideline：Respir Care, 2012, 57（5）：782-788.

<<<<<< 50 Antonio Esquinas. Humidification in the Intensive Care Unit：The Essentials.Berlin：Springer Berlin Heidelberg, 2012.

<<<<<< 51 Neumar RW, Shuster M, Callaway CW, et al.Part I：executive summary：2015 American Heart Association Guidelines Update for Cardiopulmonary Resuscitation and Emergency Cardiovasecular Care.circulation.2015,132（18）（suppl 2）：S315-367.

索 引